WUXI STATISTICAL YEAR BOOK

无锡统计年鉴 2017

(总第26期 No.26)

无 锡 市 统 计 局
国家统计局无锡调查队 编

Complied by Wuxi Municipal Statistics Bureau and
Wuxi Investigation Team of the National Bureau of Statistics

中国统计出版社
China Statistics Press

图书在版编目(CIP)数据

无锡统计年鉴.2017/ 无锡市统计局，国家统计局无锡调查队编.
--北京：中国统计出版社，2017.7
ISBN 978-7-5037-8151-3

I.①无…　II.①无…　②国…　III.①统计资料—无锡— 2017 —年鉴
IV. ① C832.533-54

中国版本图书馆 CIP 数据核字(2017)第 129105 号

无锡统计年鉴— 2017

作　　者／ 无锡市统计局　国家统计局无锡调查队
责任编辑／ 陈越月
装帧设计／ 李　蓉
出版发行／ 中国统计出版社
地　　址／ 北京市丰台区西三环南路甲 6 号　邮政编码 ／ 100073
电　　话／ 邮购(010) 63376909　书店(010) 68783171
网　　址／ http://csp.stats.gov.cn
印　　刷／ 无锡轻工大学印刷厂
经　　销／ 新华书店
开　　本／ 890mm × 1240mm　1/16
字　　数／ 1100 千字
印　　张／ 35
版　　别／ 2017 年 7 月第 1 版
版　　次／ 2017 年 7 月第 1 次印刷
定　　价／ 350.00 元

如有印装差错，由本社发行部调换。

地区生产总值（亿元）

Gross Domestic Products (10^8yuan)

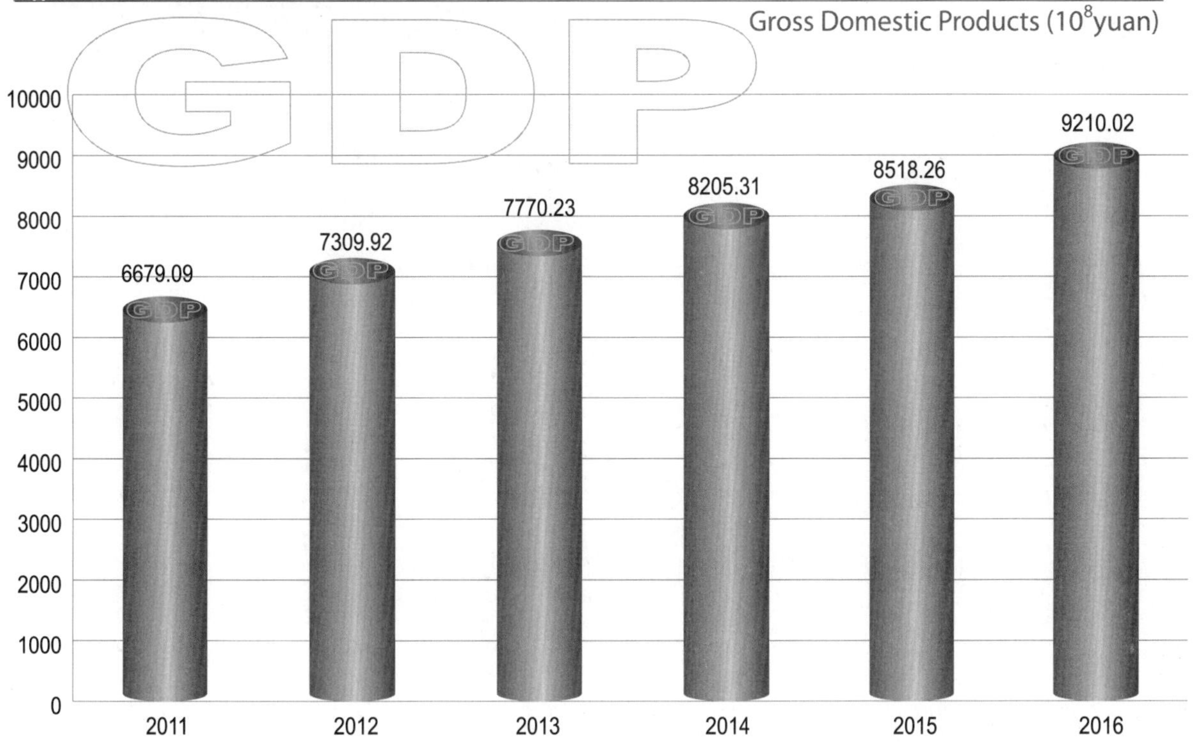

三次产业构成（%）

Comprosition of Industries (percent)

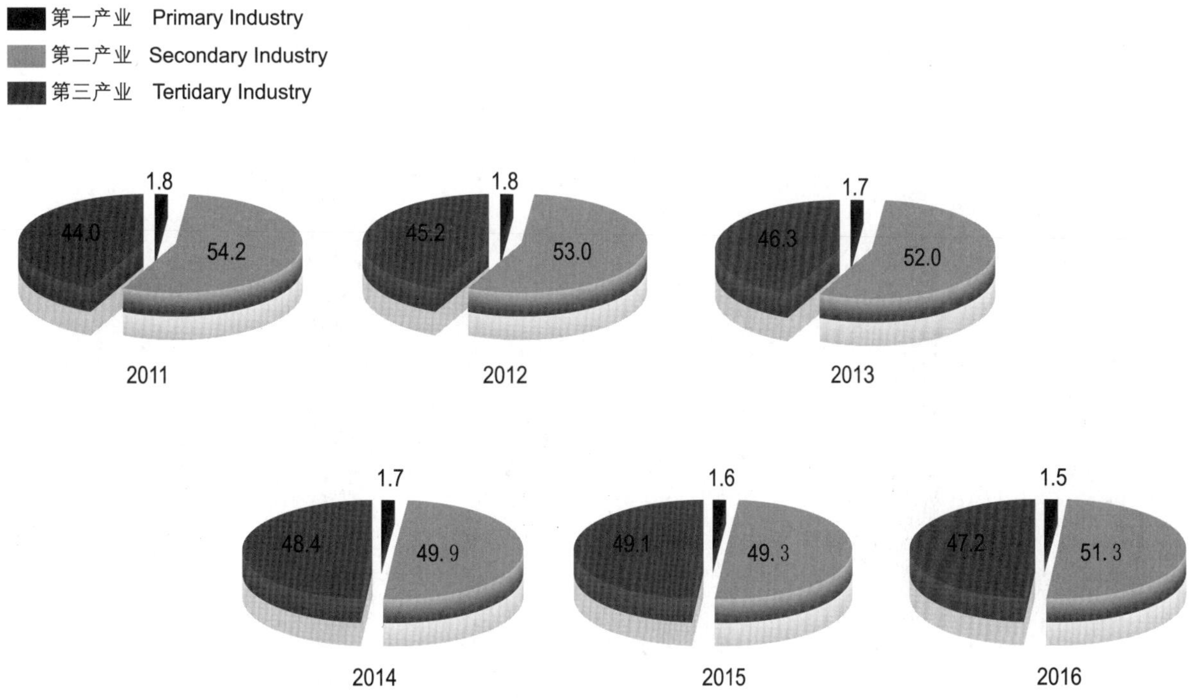

人均生产总值（元）

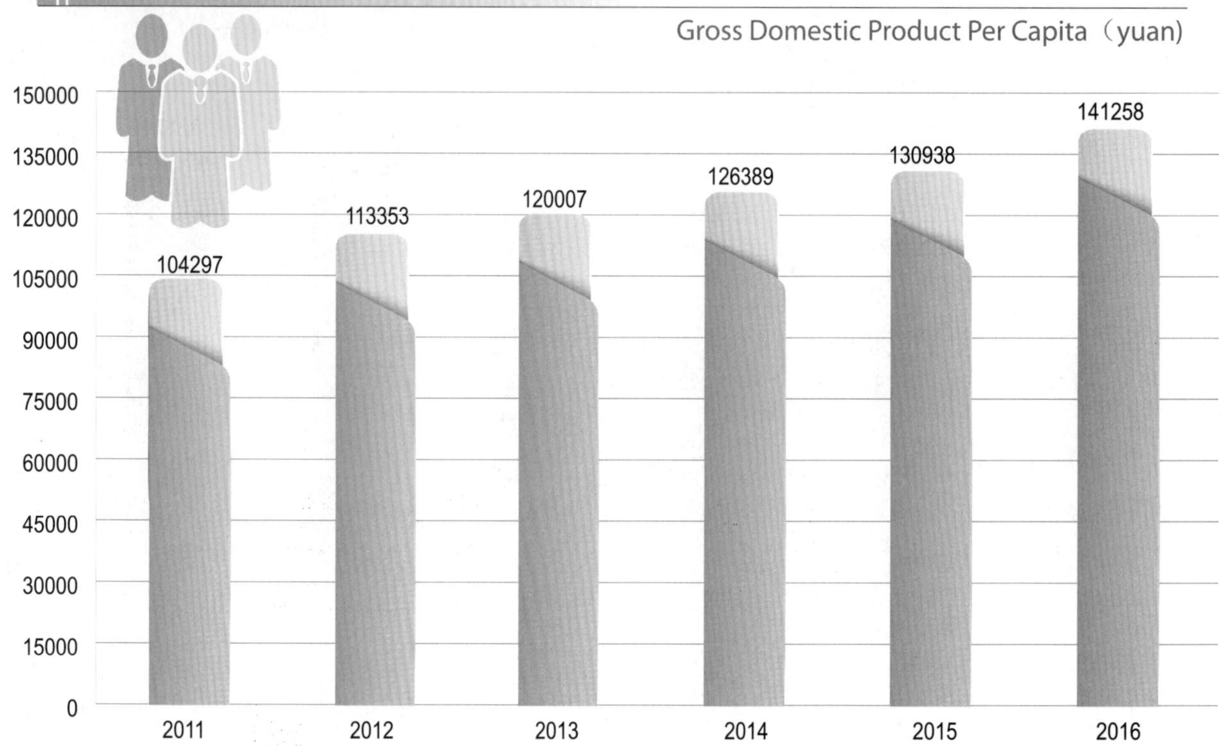

常住人口（万人）

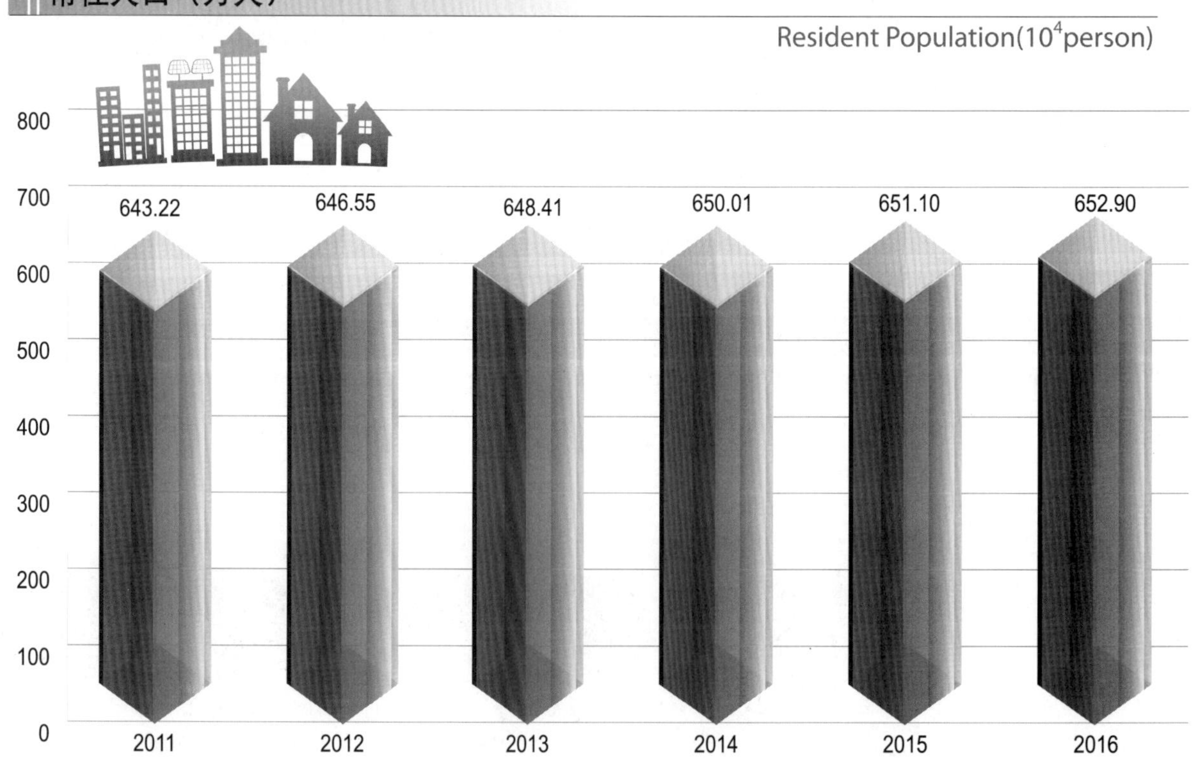

一般公共预算收入（亿元）

Public Finance Buget Receipts(10^8yuan)

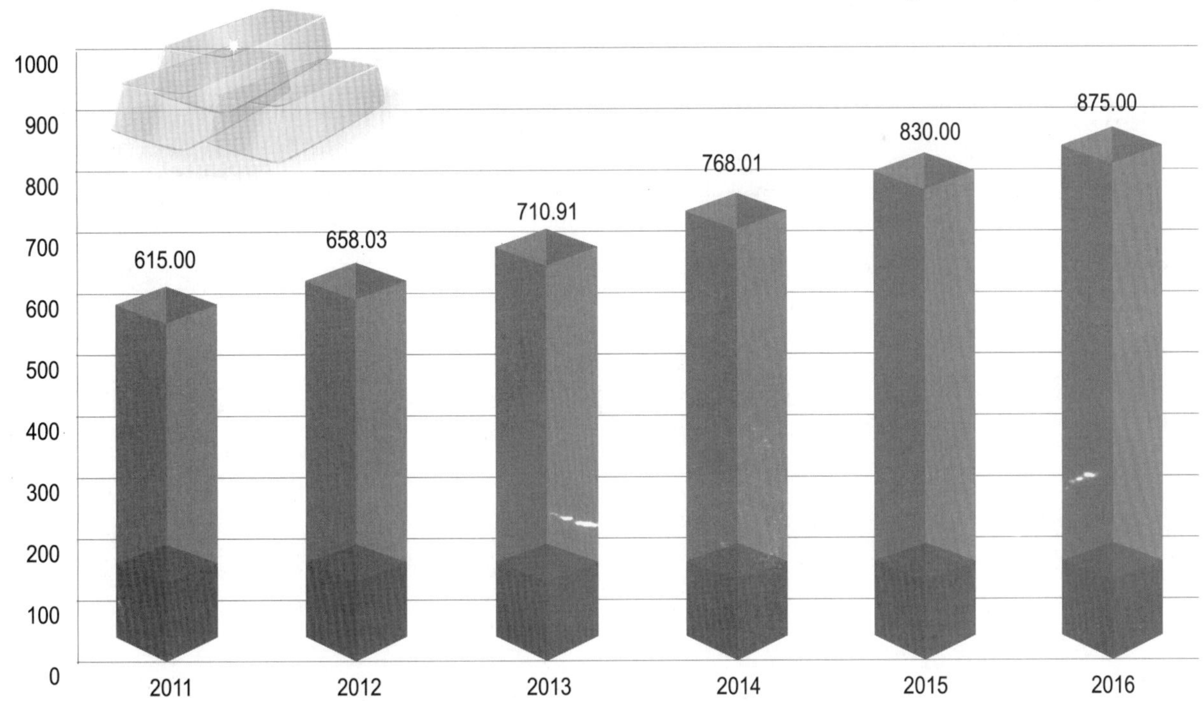

规模以上工业总产值（亿元）

Gross Output Value of Industry(10^8yuan)

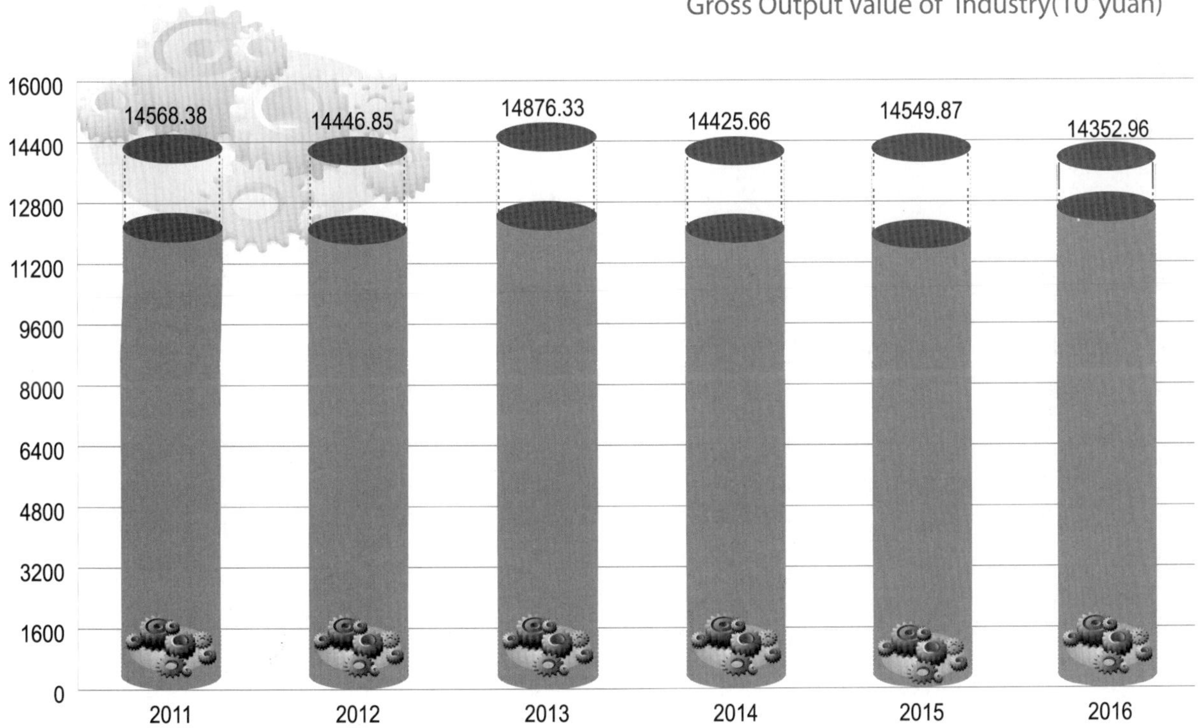

固定资产投资（亿元）

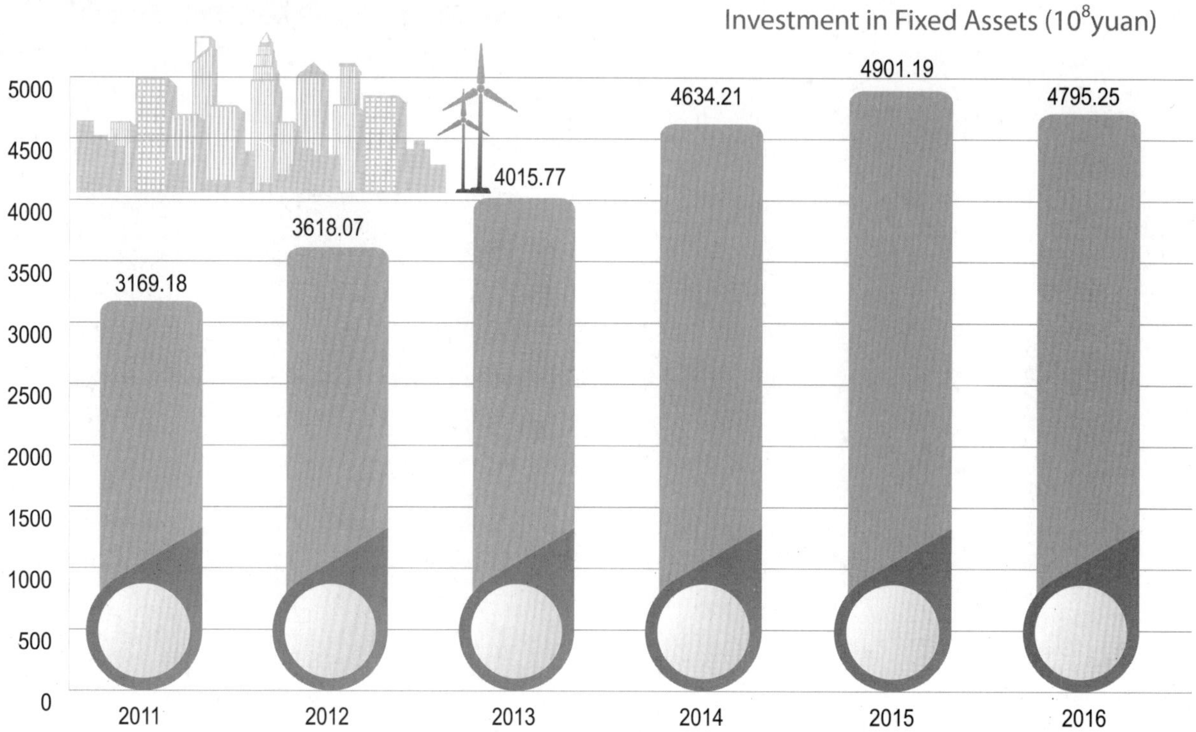

社会消费品零售总额（亿元）

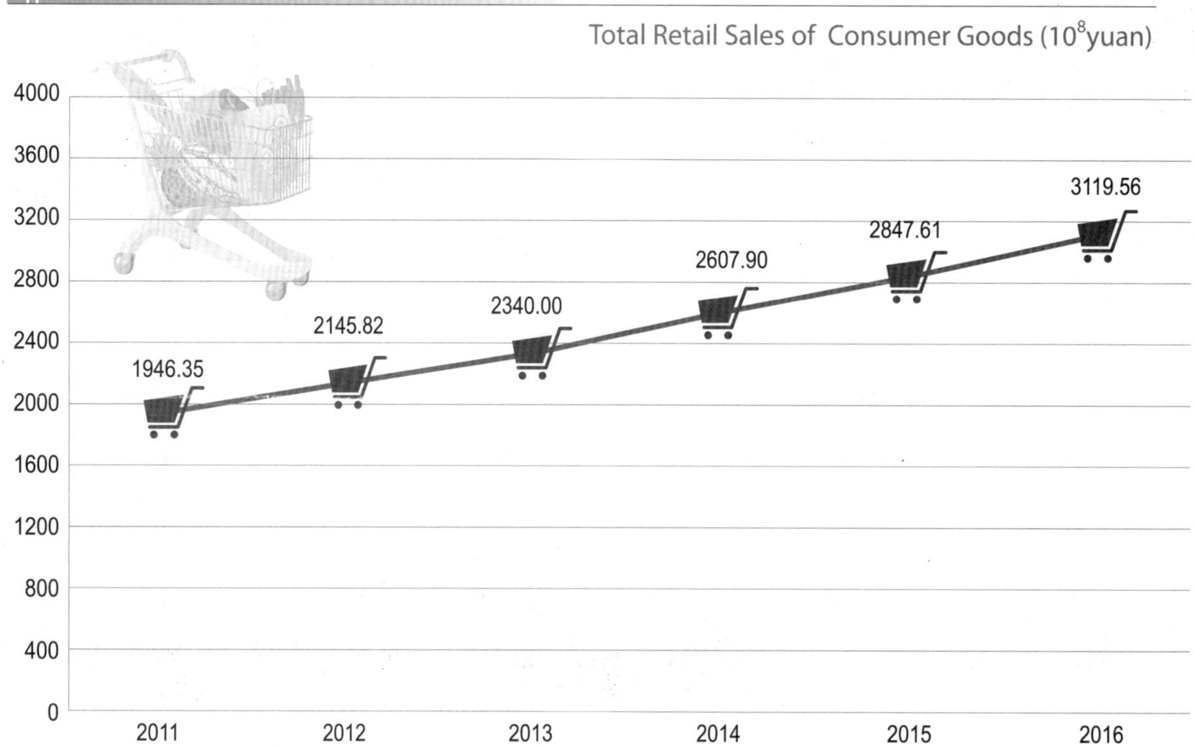

进出口总值（亿美元）

Total Value of Imports and Exports (10^8USD)

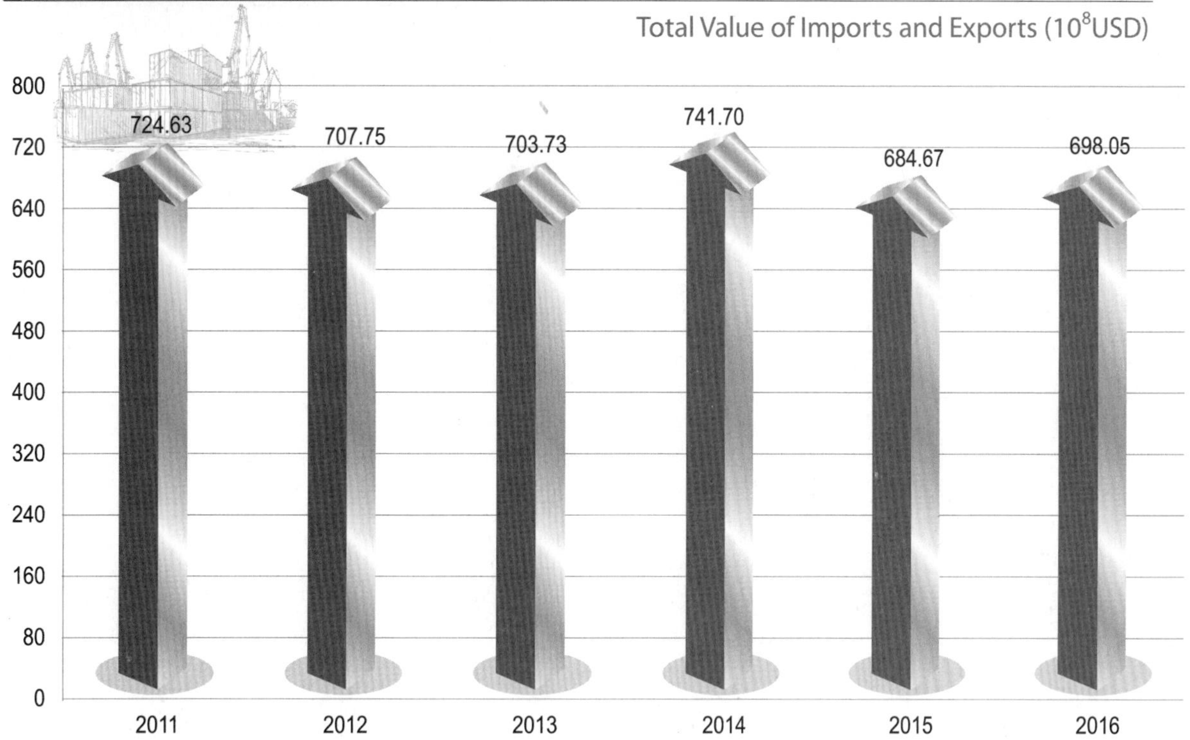

出口总值（亿美元）

Total Exports (10^8USD)

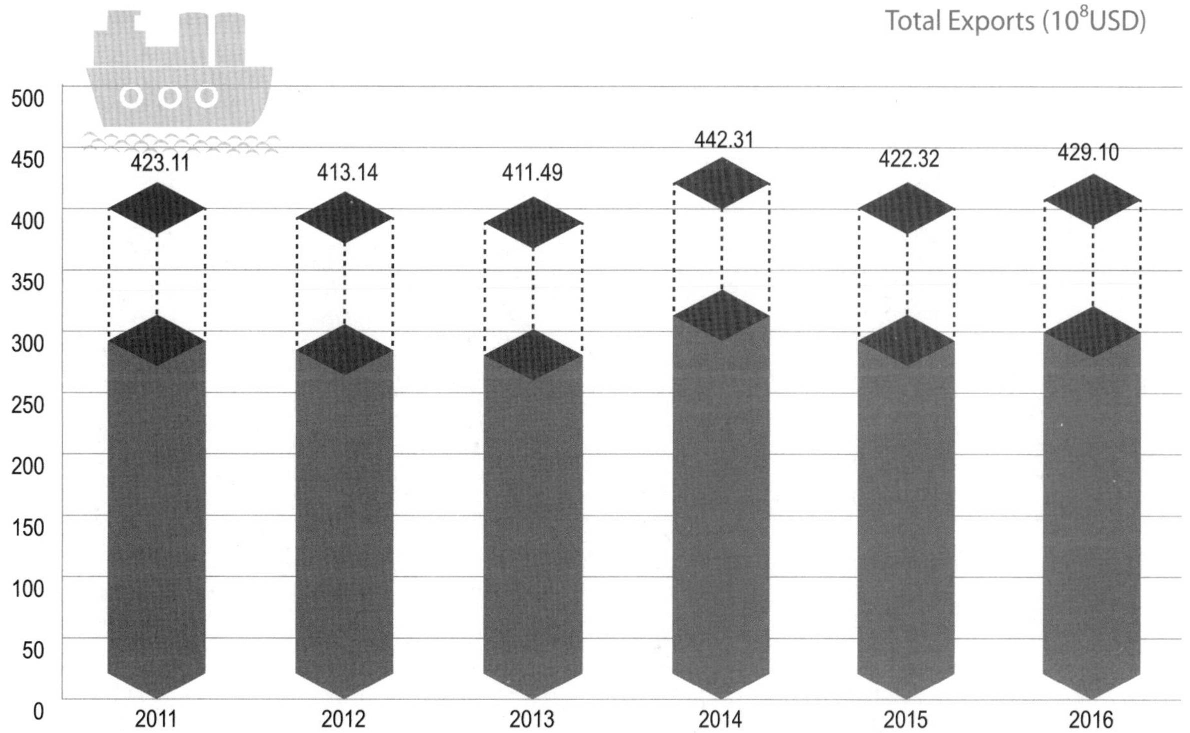

到位注册外资（亿美元）

Value of Capital Actually Used (10^8USD)

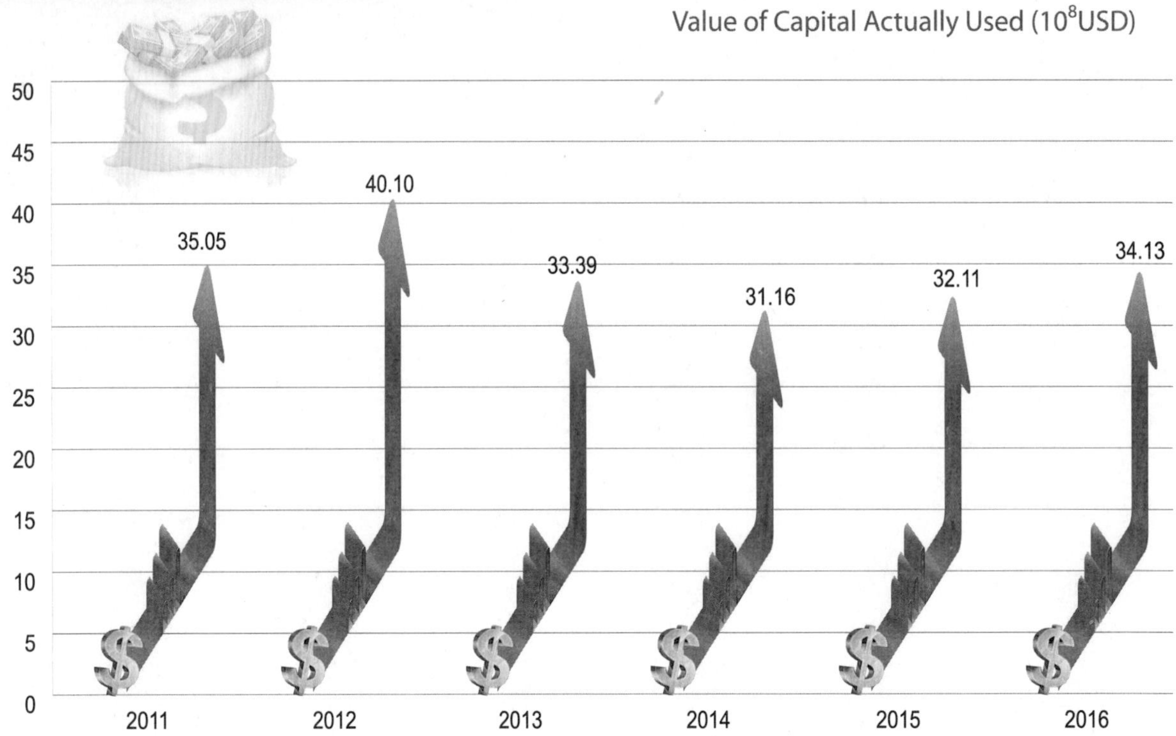

各类专业技术人员（万人）

Scientific and Technical Personnel (10^4person)

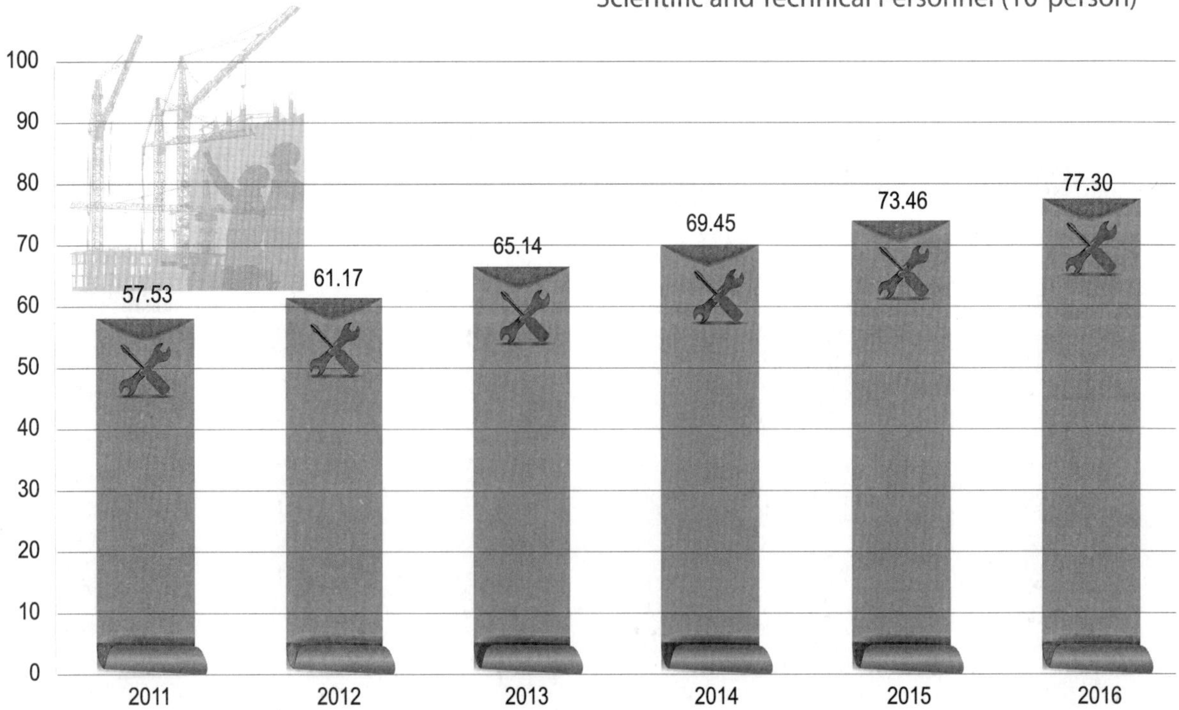

普通高校在校人数（人）

Student Enrollment of General Higher Educationg (person)

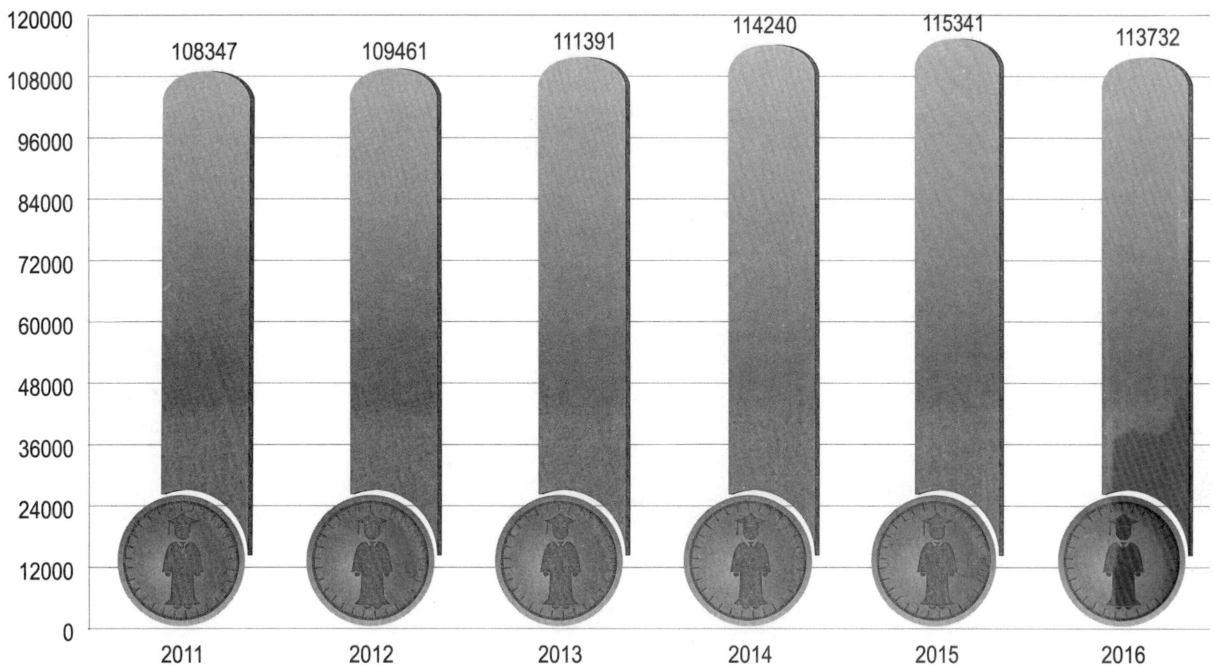

卫生技术人员数（人）

Medical Personnel (person)

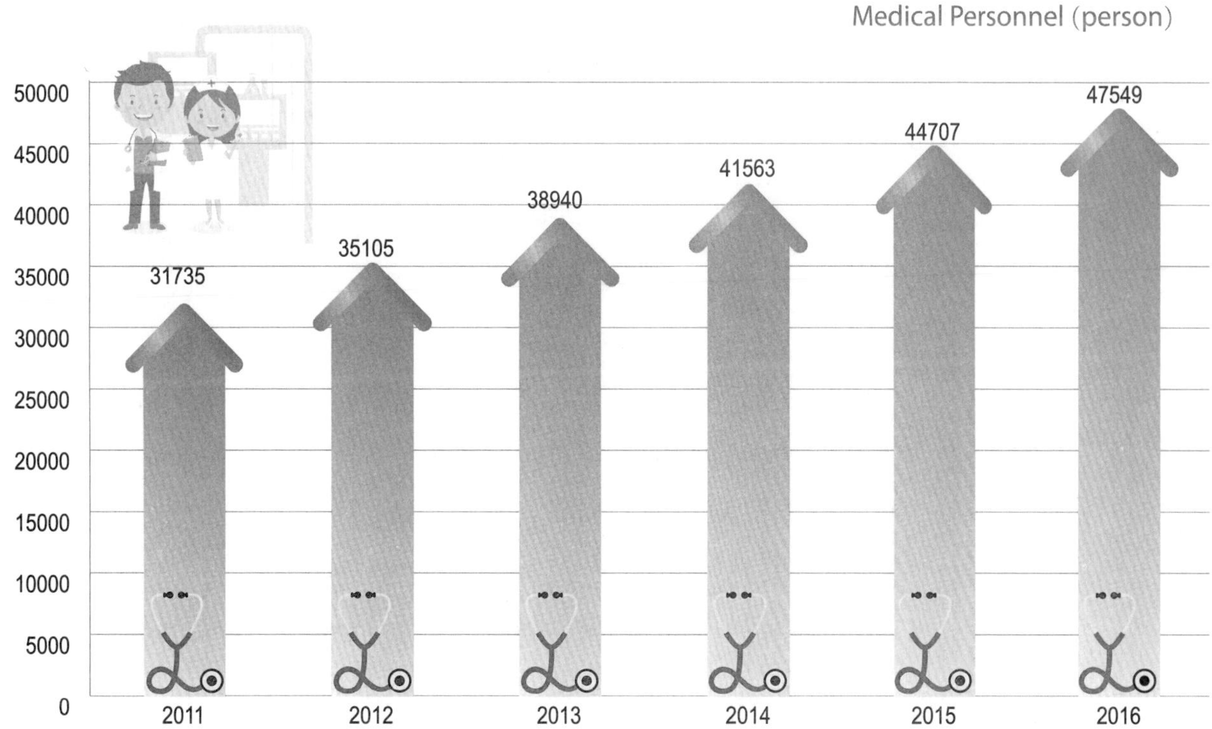

城镇常住居民人均可支配收入（元）

Disposable Income of Urban Resident (yuan)

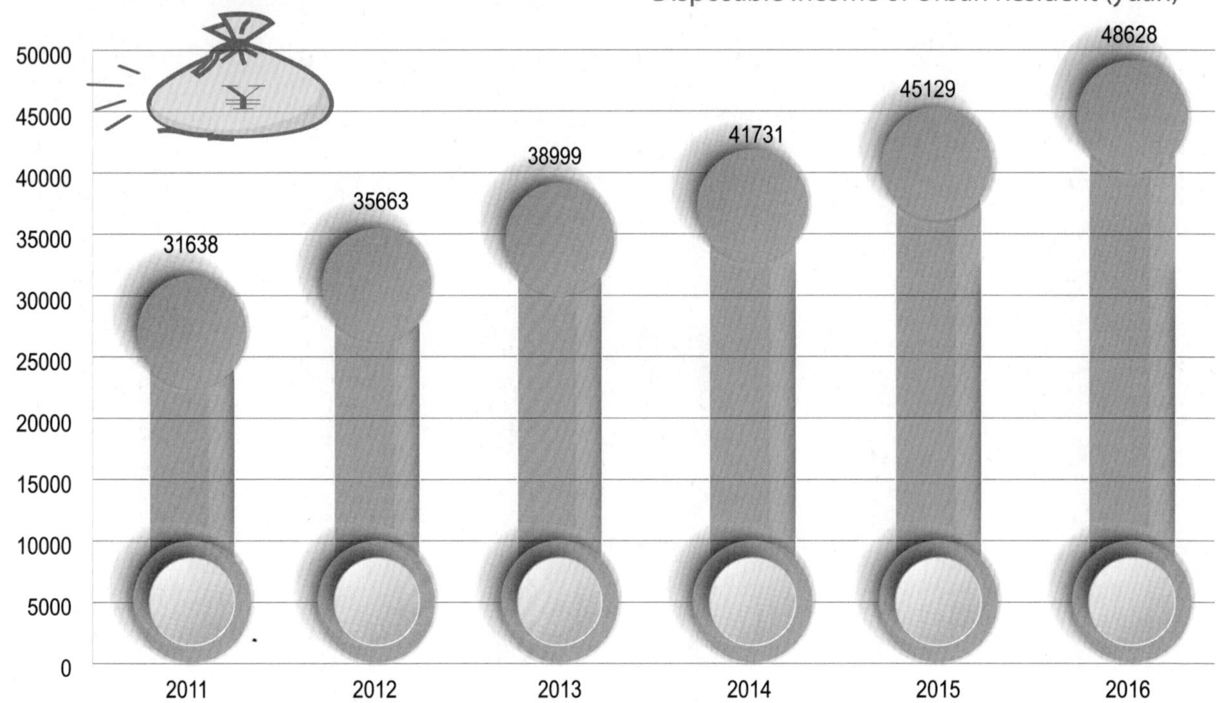

农村常住居民人均可支配收入（元）

Disposable Income of Rural Residents (yuan)

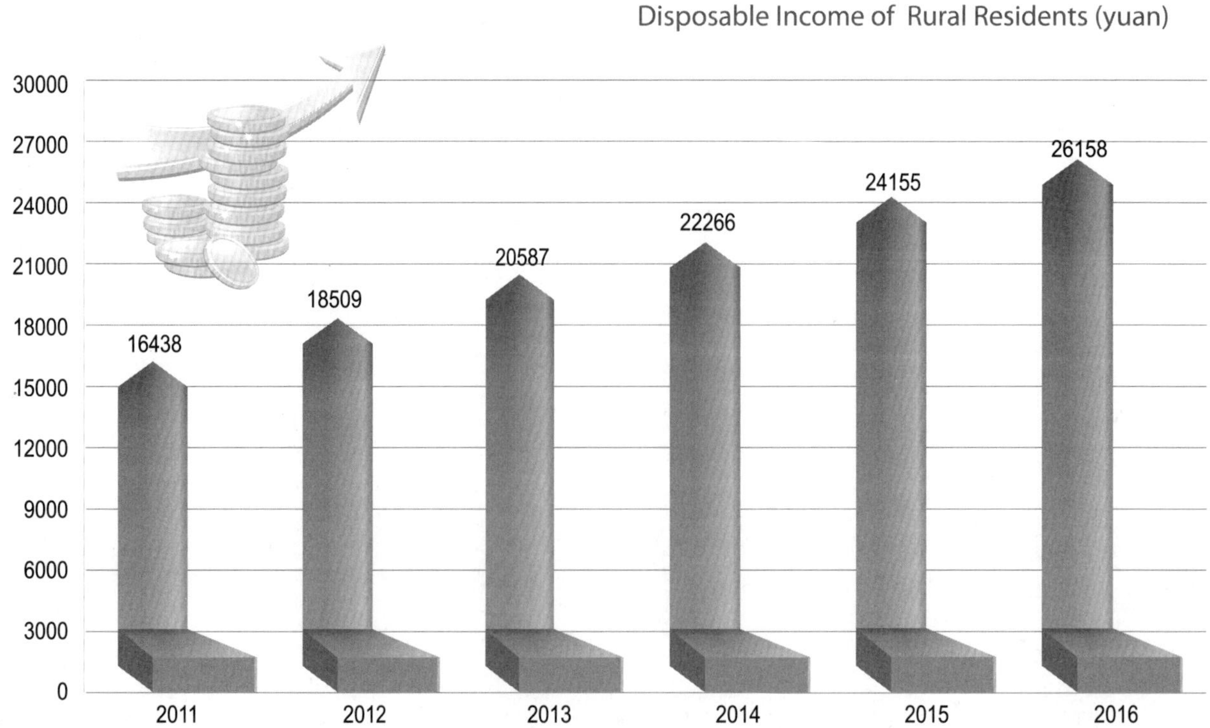

编 者 说 明

一、《无锡统计年鉴—2017》是一本信息高度集中的资料工具书。本书收录了2016年无锡经济和社会等各方面的数据，以及历史重要年份和改革开放以来的主要统计数据。

二、全书内容分为22个篇目，即：1.综合；2.人口、劳动力；3.人民生活；4.物价；5.固定资产投资；6.城市建设、环境保护；7.农业；8.工业；9.建筑业；10.服务业；11.交通运输、邮电通信；12.国内贸易；13.对外经济贸易和旅游；14.财政、金融、保险；15.能源、电力；16.科学技术；17.教育、文化；18.卫生、体育；19.民政、司法；20.城市资料；21.统计公报；22.主要统计指标解释。

三、资料中所使用的度量衡单位均使用国际统一标准计量单位。

四、本年鉴部分数据合计数或相对数由于单位取舍不同产生的计算误差均未作机械调整。

五、本年鉴中的符号使用说明：

“…”表示数据不足本表最少单位数；

“#”表示其中的主要项。

六、读者使用历史资料时，凡与本年鉴有出入的，均以本年鉴为准。

七、2016年无锡市行政区划发生较大变化，撤销崇安区、南长区、北塘区，三区合并设立梁溪区；成立新吴区，锡山区的鸿山街道和滨湖区的江溪、旺庄、硕放、梅村、新安街道划归新吴区管辖。敬请读者注意资料可比性。

八、《无锡统计年鉴》公开出版以来，受到了国内外广大读者的关心和支持，对本年鉴的内容和编辑工作提出了许多宝贵的意见，对此我们深表谢意。鉴于我们的水平有限，欢迎读者继续对年鉴的不足给予批评和指正，帮助我们进一步改进年鉴的编辑工作，以期更好地为广大读者服务。

EDITOR'S NOTE

Ⅰ. Wuxi Statistical Yearbook 2017 contains comprehensive statistics of Wuxi s social economic development in 2016 and selected data of some important years and of the periods since China adopted the policy of reform and opening-door to the outside world.

Ⅱ. The book is composed of 22 parts, which include1.General Survey; 2.Population and Labor Force; 3. People s Livelihood; 4.Prices; 5.Investment in Fixed Assets; 6.Urban Construction and Environmental Protection; 7.Agriculture; 8.Industry; 9.Constuction; 10. Services; 11.Transportation, Post and Telecommunication; 12.Domestic Trade; 13.Foreign Trade and Tourism; 14.Finance, Banking and Insurance; 15.Energy and Electricity; 16.Science and Technology; 17.Education and Culture; 18.Health and Physical Culture; 19.Civil administration and Judicature; 20.Statistics of Major Cities; 21. Statistical Communique; 22.Explanatory Notes to Major Statistical Indicators.

Ⅲ. The international standard units of measurement are applied in this book.

Ⅳ. Statistical discrepancies in this book due to rounding are not adjusted.

Ⅴ. Marks in this book, "…" means not large enough to be rounded into the least unit; "#" indicates major items in a category.

Ⅵ. In any case, the data of this book shall be deemed as the authoritative ones.

Ⅶ. Wuxi municipality had a bag change in 2016. Liangxi city replaced with Chongan city、Nanchang city and Beitang city, Xinwu district. Hongshan street of Xishan District, Jiangxi, Wang Zhuang, Shuo Fang, Meicun, Xi an streets of Binhu District Owned by Xinwu District jurisdiction. Readers pay attention to in using the materials.

Ⅷ. Previous versions of Wuxi Statistical Yearbook have won acclaim among the readers. In order to excel, we welcome all candid comments and criticism from our readers to improve our work.

目 录
CONTENTS

第一篇 综 合
CHAPTER Ⅰ GENERAL SURVEY

第二篇　人口　劳动力
CHAPTER II POPULATION AND LABOUR FORCE

第三篇　人民生活
CHAPTER III PEOPLE'S LIVELIHOOD

第四篇 物 价
CHAPTER IV PRICES

第五篇 固定资产投资
CHAPTER V INVESTMENT IN FIXED ASSETS

第六篇　城市建设　环境保护
CHAPTER VI URBAN CONSTRUCTION AND ENVIRONMENTAL PROTECTION

第七篇 农 业
CHAPTER VII AGRICULTURE

第八篇 工　业
CHAPTER VIII INDUSTRY

第九篇 建筑业
CHAPTER IX CONSTRUCTION

第十篇 服务业
CHAPTER X SERVICES

第十一篇 交通运输、邮电通信
CHAPTER XI TRANSPORTATION, POST AND TELECOMMUNICATIONS

第十二篇 国内贸易
CHAPTER XII COMESTIC TRADE

第十三篇 对外经济贸易和旅游
CHAPTER XIII FOREIGN TRADE AND TOURISM

第十四篇 财政 金融 保险
CHAPTER X IV FINANCE, BANKING AND INSURANCE

第十五篇 能源 电力
CHAPTER X V ENERGY AND ELECTRICITY

第十六篇 科学 技术
CHAPTER X VI SCIENCE AND TECHNOLOGY

第十七篇 教育 文化
CHAPTER X VII EDUCATION AND CULTURE

第十八篇 卫生 体育
CHAPTER X VIII HEALTH AND PHYSICAL CULTURE

第十九篇 民政 司法
CHAPTER X IX CIVIL ADMINISTRATION JUDICATURE

第二十篇 城市资料
CHAPTER X X STATISTICS ON MAJOR CITIES

第二十一篇 统计公报
CHAPTER XXI STATISTICAL COMMUNIQUE

第二十二篇 主要统计指标解释
CHAPTER XXII EXPALNATORY NOTES TO MAJOR STATISTICAL INDICATORS

CHAPTER

第 1 篇

综 合

GENERAL AURVEY

第一篇　综　合
CHAPTER Ⅰ　GENERAL SURVEY

● 全市地区生产总值 Total Gross Domestic Product	9210.02亿元	(10^8yuan)
比上年增长 Over the Previous Year	7.5%	
● 全市第一产业增加值 Total Primary Industry	135.19亿元	(10^8yuan)
比上年增长 Over the Previous Year	-2.4%	
● 全市第二产业增加值 Total Secondary Industry	4346.78亿元	(10^8yuan)
比上年增长 Over the Previous Year	6.8%	
● 全市第三产业增加值 Total Added Value of Tertiary Industry	4728.05亿元	(10^8yuan)
比上年增长 Over the Previous Year	8.6%	
● 全市人均地区生产总值 Total Per Capita Gross Domestic Product	141258元	(yuan)
比上年增长 Over the Previous Year	7.2%	
● 市区地区生产总值 Urban Districts Gross Domestic Product	4749.02亿元	(10^8yuan)
比上年增长 Over the Previous Year	7.7%	
● 市区人均生产总值 Urban Districts Gross Domestic Product Per Capite Per Capita	130935元	(yuan)
比上年增长 Over the Previous Year	7.5%	

自 然 概 貌

位置：

无锡位于东经119度31分至120度36分，北纬31度7分至32度。地处长江三角洲江湖间的走廊部分，江苏省的东南部，沪宁铁路中段。东临上海，西接常州，南濒太湖，北临长江，与泰州市所辖的靖江市隔江相望。

地貌：

无锡地形以平原为主，星散分布着低山、残丘。东部平原，沃野无边，水源充足，地面高程1-5米，地形由中西向东缓缓倾斜。无锡市区的西南部太湖沿岸丘陵起伏，群山连绵，其中惠山三茅峰为最高，海拔329米，锡山为75米。

面积：

全市总面积4627平方公里，其中水域面积为1287平方公里，占27.8%，城市建成区面积为332平方公里。

河流：

无锡南濒太湖，北枕长江，京杭运河穿越而过，地表水丰富，外来水源补给充足，属长江下游太湖水网区。太湖总面积2250平方公里，东西宽56公里，南北长68公里，平均水深2米；京杭运河全长1794公里，其中无锡境内古运河12.4公里，河床宽30-90米。

气候：

无锡属亚热带季风海洋性气候，常年主导风为东南风，四季变化分明，气候温和湿润，雨量充沛，无霜期长，热量丰富。

Location and Climate

LOCATION:

Wuxi is situated between 119 °31' - 120°36' E and 31°7' - 32° N and on the passageway of the Yangtze River Delta between the River and Tiahu Lake. It lies in the east of Jiangsu Province and the middle of Shanghai-Nangjing Railway. Is's east to Shanghai, South to the Taihu Lake and west to Changzhou. Whereas to the north is by Yangtze River with Jingjiang City which under the jurisdiction of Taizhou City situated on the other side of the River.

LANDFORM:

Wuxi is mainly featured with plains,with some low hills scattering around.In the east of Wuxi, there are boundless fertile soil, crisscrossed by rivers and canals.Its altitude difference is between 1m to 5ms and the topography slightly descends from the middle to the east.In the southeast of Wuxi, along the Taihu Lake, there is a chain of undulating hills, with Sanmaofeng Peak, 329ms above the sea level, being the highest peak of Huishan Hill, while that of the Xishan Hill being 75ms.

AREA:

The city covers an area of 4627 km^2,among which 1287 km^2 is waters, covering 27.8% and area while the urban district occupies an area of 332 km^2.

RIVERS AND LAKES:

Wuxi lies between the Taihu Lake in its south and the Yangtze River in the north, with the Great Canal running through the city. The city is riching round water resources and has abundant external water supply source, belonging to the Taihu Water Network of the lower reaches of the Yangtze River. The Taihu Lake covers an area of 2,250 km^2, extending about 56 kms from the east to the west and nearly 68 kms from the north to the south. The average depth of the lake is 2 meters. The Great Canalis1,794 kms in its full length, among which, the Ancient Canal in Wuxi territory is12.4 kms in length and the width of the riverbed ranges from 30ms to 90ms.

CLIMATE:

Wuxi belongs to the subtropical zone with a monsoon and maritime cliamte. The southeast wind dominates the whole year round. The city boasts its four distinct seasons, with a mild climate and plenty of rainfalll, as well as a long non-frost period and rich quantity of heat.

从统计看2016年的无锡市
View Wuxi by Statistics '2016

无锡的经济和社会发展
Economic and Social Development of Wuxi

		1950-2016年 平均增长% Average Annual Growth Rate	1979-2016年 平均增长% Average Annual Growth Rate	1992-2016年 平均增长% Average Annual Growth Rate
地区生产总值	Gross Domestic Product	10.9	13.8	14.4
社会消费品零售总额	Total Retail sales of Consumer Goods	11.6	17.3	17.2
固定资产投资	Total Investment in Fixed Assets	26.5	23.2	19.4
住宅竣工面积	Floor Space of Housing Completed	16.0	10.4	12.4

无锡的城市建设
Urban Construction of Wuxi

道路长度	Length of paved Road	3715公里	（km）
城市道路面积	Area of Road in Cities	6679万平方米	（10^4sq.m）
城市路灯盏数	Number of Street Lamps	326395盏	（lamp）
自来水供应管线长度	Length of Water Supply Pipelines	5789公里	（km）
公共交通运营车辆	Number of Operating Buses	3026辆	（vehicle）
城市园林绿地面积	Total Area of Parks, Gardens and greenland Green Area in Cities	18905公顷	（hectare）

无锡的人口
Population of Wuxi

年末人口	Year-end Population	486.20万人	(10^4person)
从业人员	Employment	387.00万人	(10^4person)
出生人口	Births	44836人	(person)
死亡人口	Deaths	31253人	(person)
结婚对数	Marriages	36342对	(pairs)
离婚对数	Divorces	13975对	(pairs)
人口密度	Density of Population	1051人/平方公里	(persons/sq.km)
平均期望寿命	Life Expectancy	82.24岁	(year)

无锡的一天
One Day in Wuxi

地区生产总值	Gross Domestic Product	252329万元	(10^4yuan)
工业总产值	Gross Ouput Value of Industry	393232万元	(10^4yuan)
农业总产值	Gross Ouput Value of Agriculture	6849万元	(10^4yuan)
一般公共预算收入	Public Finance Buget Receipts	23973万元	(10^4yuan)
社会消费品零售总额	Total Retail sales of Consumer Goods	85467万元	(10^4yuan)
固定资产投资	Total Investment in Fixed Assets	131377万元	(10^4yuan)
进出口总额(海关数)	Total Value of Imports andExports(Through Customs)	19125万美元	(10^4USD)
#出口	Exports	11756万美元	(10^4USD)
实际利用外资金额	Value of Foreign Capital Actually Used	935万美元	(10^4USD)
货物运输量	Total Freight Traffic	43.37万吨	(10^4ton)
旅客运输量	Total Passenger Traffic	23.67万人	(10^4persons)
液化气供应量	Supply of liquefied Petroleum	108.07吨	(ton)
城市供水总量	Total Annual Supply of Tap Water	100.93万吨	(10^4ton)
全社会用电量	Total Electricity Consumed	17498万千瓦时	(10^4kwh)
接待境外旅客	Overseas Visitors Received	1203人次	(person-times)
国内游园人数	Domestic Visitors to Parks and Zoos	23.52万人次	(10^4 person-times)
出生人口	Births	123人	(person)
死亡人口	Deaths	86人	(person)
结婚对数	Marriages	100对	(couple)
离婚对数	Divorces	38对	(couple)

1－1 行政区划和土地面积

Administrative Division and Total Areas

（2016年末）

地 区	District	镇（个）Town (Unit)	街道（个）Subdistrict (Unit)	居民委员会（个）Neighbourhood Committee (Unit)	村民委员会（个）Villagers' Committee (Unit)	土地面积（平方公里）Area (sq·km)	其中 of Which #水域面积 Water Area
全 市	**Total**	**30**	**51**	**590**	**639**	**4627.46**	**1286.67**
市 区	**Urban Districts**	**7**	**41**	**438**	**181**	**1643.88**	**487.59**
梁溪区	Liangxi District		17	156		71.50	4.81
锡山区	Xishan District	4	5	45	75	399.11	56.63
惠山区	Huishan District	2	5	55	55	325.12	41.67
滨湖区	Binhu District	1	8	104	7	628.14	369.26
新吴区	Xinwu District		6	78	44	220.01	15.22
市（县）	**City(County)**	**23**	**10**	**152**	**458**	**2983.58**	**799.08**
江阴市	Jiangyin City	10	5	55	243	986.97	171.60
宜兴市	Yixing City	13	5	97	215	1996.61	627.48

注：水域面积为水域及水利设施用地面积之和。
Note:Water area refers to the sum of water and water conservancy facilities.

1－2 街道、镇名单

List of Subdistrict Offices and Towns

（2016年末）

地　区 District	镇（个）Town (unit)	街道（个）Subdistrict (unit)	街道、镇名称 Names
市　区	**7**	**41**	
Urban Districts			
梁溪区		17	崇安寺街道、通江街道、广瑞路街道、上马墩街道、江海街道、广益街道、迎龙桥街道、 南禅寺街道、清名桥街道、金星街道、金匮街道、扬名街道、北大街街道、惠山街道、山北街道、黄巷街道、五河街道
Liangxi District			
锡山区	4	5	东亭街道、安镇街道、云林街道、厚桥街道、东北塘街道，羊尖镇、鹅湖镇、锡北镇、东港镇
Xishan District			
惠山区	2	5	堰桥街道、长安街道、钱桥街道、前洲街道、玉祁街道，洛社镇、阳山镇
Huishan District			
滨湖区	1	8	河埒街道、荣巷街道、蠡湖街道、蠡园街道、马山街道、华庄街道、太湖街道、雪浪街道，胡埭镇
Binhu District			
新吴区		6	新安街道、旺庄街道、硕放街道、江溪街道、梅村街道、鸿山街道
Xinwu District			
市　（县）	**23**	**10**	
City(County)			
江阴市	10	5	澄江街道、临港街道、南闸街道、云亭街道、城东街道，璜土镇、月城镇、青阳镇、徐霞客镇、华士镇、周庄镇、新桥镇、长泾镇、顾山镇、祝塘镇
Jiangyin City			
宜兴市	13	5	新庄街道、宜城街道、屺亭街道、新街街道，芳桥街道，张渚镇、西渚镇、太华镇、徐舍镇、官林镇、杨巷镇、新建镇、和桥镇、高塍镇、万石镇、周铁镇、丁蜀镇、湖汊镇
Yixing City			

1—3 分月气象情况

Monthly Meteorological Data

（2016年）

月 份 Month		平均气温 (摄氏度) Average Temperature (°C)	降水量 (毫米) Precipitation (mm)	日照时数 (小时) Sunshine Time (hour)
全 年	**Total Year**	**17.4**	**1890.4**	**1622.2**
1月	Jan.	3.8	64.1	87.2
2月	Feb.	6.7	21.5	179.3
3月	Mar.	11.2	42.9	142.6
4月	Apr.	17.3	220.3	136.3
5月	May.	20.6	186.8	129.2
6月	June.	24.5	353.6	77.1
7月	July.	30.0	234.0	152.6
8月	Aug.	29.8	27.7	256.9
9月	Sept.	24.5	292.6	146.6
10月	Oct.	30.0	314.8	53.0
11月	Nov.	29.8	83.4	111.8
12月	Dec.	24.5	48.7	149.6

（2015年）

月 份 Month		平均气温 (摄氏度) Average Temperature (°C)	降水量 (毫米) Precipitation (mm)	日照时数 (小时) Sunshine Time (hour)
全 年	**Total Year**	**16.8**	**1545.7**	**1571.3**
1月	Jan.	5.3	45.9	117.0
2月	Feb.	6.4	70.4	107.7
3月	Mar.	10.6	92.6	105.7
4月	Apr.	16.2	117.6	180.9
5月	May.	21.4	85.2	167.3
6月	June.	24.5	598.5	98.1
7月	July.	27.0	112.6	122.1
8月	Aug.	27.9	132.5	171.3
9月	Sept.	23.9	83.5	157.4
10月	Oct.	18.8	46.7	161.3
11月	Nov.	13.1	106.7	69.7
12月	Dec.	7.0	53.5	112.8

1－4 气象、水文概况（2015－2016）

Yearly Hydro-Meteorological Data (2015-2016)

指标		Items		2015	2016
温度：年平均气温（摄氏）	（度）	Temperature:Average Annual Temperature	(°C)	16.8	17.4
年极端最高气温	（度）	Annual Utmost highest Air Temperature	(°C)	38.5	39.7
出现日期	（月、日）	Date It Appeared	(Day/month)	8月5日	7月24日
年极端最低气温	（度）	Annual Utmost Lowest Air Temperature	(°C)	-5.3	-8.6
出现日期	（月、日）	Date It Appeared	(Day/month)	1月2日	1月24日
降水：年降水量	（毫米）	Precipitation:Total Annual Precipitation	(mm)	1545.7	1890.4
年降水日数	（日）	Annual number of heaviest Precipitation	(day)	138	144
一日最大降水量	（毫米）	In one day the Heaviest Precipitation	(mm)	160.7	96.2
出现日期	（月、日）	Date It Appeared	(Day/month)	6月17日	9月16日
日照：年日照时数	（时）	Sunshine:Annual Sunshine Time	(hour)	1571.3	1622.2
年日照百分率	（%）	Annual Sunshine Percentage	(%)	35.0	36.6
年平均相对湿度	（%）	Average Annual Relative Humidity	(%)	75.0	77.0
年平均风力	（米/秒）	Average Annual Wind-force	(m/second)	2.2	2.2
年平均气压	（毫巴）	Average Annual Atmospheric Pressure	(millibar)	1016.4	1016.1
水位：最高水位	（米）	Water Level:Peak level	(m)	5.18	5.28
发生日期	（月、日）	Date It Happened	(Day/month)	6月17日	7月3日
最低水位	（米）	Lowest Water Level	(m)	3.12	3.20
发生日期	（月、日）	Date It Happened	(Day/month)	2月14日	3月5日
年平均水位	（米）	Annual Average Water Level	(m)	3.61	3.72

附：1.无霜期:242天。

2.霜期：初霜日2016年11月24日 ,终霜日2016年3月26日。

3.雪期：初雪日2016年11月23日 ，终雪日2016年2月14日。

4.水位为大运河无锡水位(吴淞基面)。

Note: 1. Non-frost Season:242days.

2. Frost season: The first day:11/24/2016, the final day:3/26/2016.

3. Snow season: The first day:11/23/2016 , the final day:2/14/2016.

4.Water level is measured at great cannel of wuxi. (wusong basic level).

1—5 国民经济和社会发展总量与速度指标（2011—2016）

指 标		Items		2011	2012
人口	（万人）	**Population**	**(10^4 persons)**		
年末人口		Year-end Population		467.96	470.07
就业	（万人）	**Employment**	**(10^4 persons)**		
从业人数		Employment		386.00	389.10
第一产业		Primary Industry		18.40	18.20
第二产业		Secondary Industry		223.10	223.80
第三产业		Tertiary Industry		144.50	147.10
城镇失业登记人数	（人）	Registered Unemployed in Urban areas	(person)	48245	47044
宏观经济	（亿元）	**Macro Economy**	**(10^8yuan)**		
地区生产总值		Gross Domestic Product		6679.09	7309.92
第一产业		Primary Industry		119.39	132.54
第二产业		Secondary Industry		3619.17	3875.14
第三产业		Tertiary Industry		2940.53	3302.24
工农业总产值	（亿元）	Gross Output Value of Industry and Agriculture	(10^8yuan)	14770.40	14671.00
农业总产值		Gross Output Value of Agriculture		202.02	224.15
工业总产值		Gross Output Value of Industry		14568.38	14446.85
#轻工业		Light Industry		3553.29	3446.20
重工业		Heavy Industry		11015.09	11000.65
工业	（亿元）	**Industry**	**(10^8yuan)**		
主营业务收入		Main Business Revenue		14567.14	14191.69
利润总额		Total Profit		1149.38	878.69

注:地区生产总值绝对数为现价,增幅为可比价。工业总产值2011年为规模以上口径。

Note:Absolute values of gross domestic product is present price.From 2011 the total industrial output value of above-scale caliber.

Indices of Total Number and Speed of National Economy and Social Development (2011-2016)

2013	2014	2015	2016	2016年为下列各年% 2016 as the Percentage of Following Years				
				2011	2012	2013	2014	2015
472.23	477.14	480.90	486.20	103.9	103.4	103.0	101.9	101.1
389.20	389.50	390.00	387.00	100.3	99.5	99.4	99.4	99.2
18.10	17.80	17.60	17.10	92.9	94.0	94.5	96.1	97.2
222.50	220.50	219.40	214.90	96.3	96.0	96.6	97.5	97.9
148.60	151.20	153.00	155.00	107.3	105.4	104.3	102.5	101.3
42635	41042	40713	39757	82.4	84.5	93.2	96.9	97.7
7770.23	8205.31	8518.26	9210.02	149.9	136.2	124.6	115.1	107.5
130.40	138.13	137.72	135.19	108.7	103.9	100.9	97.5	97.6
4044.93	4095.89	4197.43	4346.78	141.9	129.8	119.4	112.1	106.8
3594.90	3971.29	4183.11	4728.05	161.2	144.8	131.3	119.0	108.6
15117.76	14679.42	14608.56	14602.94	107.8	104.1	103.6	105.5	103.7
241.43	253.76	255.60	249.98	123.7	111.5	103.5	98.5	97.8
14876.33	14425.66	14549.87	14352.96	110.2	107.1	104.6	105.7	103.8
3533.06	3625.16	3642.34	3870.62	118.4	109.3	107.4	105.5	102.0
11343.27	10800.50	10710.62	11213.64	110.3	108.9	106.2	108.3	106.9
14655.46	14190.87	14120.23	14643.13	104.7	105.6	103.5	104.5	104.6
833.47	873.14	895.09	968.02	107.8	124.8	129.3	111.8	109.6

续表1

指 标		Items		2011	2012
农业产品产量		**Output of Farm Products**			
粮 食	（万吨）	Grain	(10^4 tons)	82.22	81.65
油 料	（万吨）	Oil-Bearing Crop	(10^4 tons)	0.93	0.87
生猪年末存栏数	（万头）	Number of Hogs On Hand(year-end)	(10^4 units)	55.61	56.65
水产品	（万吨）	Aquatic Products	(10^4 tons)	12.20	12.61
茶 叶	（吨）	Tea	（ton）	6494	6652
水 果	（吨）	Fruits	（ton）	144304	155189
运输和邮电		**Transportation Postal and Telecommunication Service**			
客运量	（万人）	Passenger Traffic	（10^4 persons）	30643	32996
货运量	（万吨）	Freight Traffic	(10^4 tons)	15387	18268
旅客周转量	（万人公里）	Passenger Traffic Volume	(10^4 persons/km)	2352923	2723614
货物周转量	（万吨公里）	Freight traffic of PTS	(10^4 tons/km)	1433219	1733411
邮电业务总量	（万元）	Business Revenue of PTS	(10^4 yuan)	943363	1007976
函 件	（万件）	Letters Delivered	(10^4 pieces)	10146	8576
订销报纸累计份数	（万份）	Newspapers and Magazines Accumulatively Distributed	(10^4 units)	19793	18671
固定资产投资		**Investment in Fixed Assets**			
固定资产投资	（亿元）	Total Investment in Fixed Assets	(10^8 yuan)	3169.18	3618.07
#房地产开发		Real Estate Development		877.78	974.37

注：2011年起固定资产投资为计划总投资500万元以上口径。

Note: The caliber of fixed assets investment is the plan of general investment over 5 million since 2011.

continued 1

2013	2014	2015	2016	2016年为下列各年% 2016 as the Percentage of Following Years				
				2011	2012	2013	2014	2015
79.64	77.20	72.28	59.16	72.0	72.5	74.3	76.6	81.8
0.90	0.94	0.86	0.81	87.1	93.1	90.0	86.2	94.2
62.69	46.43	49.14	41.10	73.9	72.6	65.6	88.5	83.6
12.68	13.00	12.53	12.67	103.9	100.5	99.9	97.5	101.1
6049	6543	6710	6507	100.2	97.8	107.6	99.4	97.0
170057	186086	176902	176222	122.1	113.6	103.6	94.7	99.6
25978	9751	8882	8638	—	—	—	88.6	97.3
18398	15318	15353	15830	—	—	—	103.3	103.1
1341331	1047752	1055305	1014005	—	—	—	96.8	96.1
2190407	4079218	4418204	4627073	—	—	—	113.4	104.7
1282584	1247982	1590178	1960699	—	—	—	157.1	123.3
8020	10538	7909	3697	36.4	43.1	46.1	35.1	46.7
19433	18893	16742	15890	80.3	85.1	81.8	84.1	94.9
4015.77	4634.21	4901.19	4795.25	173.7	149.6	126.6	109.1	102.0
1128.91	1269.48	991.66	1033.62	117.7	106.0	91.5	81.4	104.2

续表2

指 标		Items		2011	2012
内外贸易、旅游		**Domestic and Foreign Trade and Tourism**			
社会消费品零售总额	（亿元）	Total Retail Sales of Consumer Goods	(10^8yuan)	1946.35	2145.82
进出口总额	（亿美元）	Total Value of Imports and Exports	(10^8USD)	724.63	707.75
#出口		Exports		423.11	413.14
实际利用外资	（亿美元）	Value of Foreign Capital Actually Used	(10^8USD)	35.05	40.10
接待境外旅客人数	（万人次）	Overseas Visitors Received	(10^4 persons-times)	100.38	110.42
财政	（亿元）	**Finance**	**(10^8 yuan)**		
一般公共预算收入		Public Finance Buget Receipts		615.00	658.03
一般公共预算支出		Public Finance Buget Expenditures		592.67	648.61
物价		**Price**			
居民消费价格总指数		Overall Resident Consumption Price Index		105.1	102.5
商品零售物价总指数		Overall Retail Price Index		104.1	101.8
科技、教育	**（万人）**	**Science,Technical Personnel**	**(10^4 persons)**		
各类专业技术人员		Scientific and Technical Personnel		57.53	61.17
#中级以上职称		Above Medium Qualifications		14.75	15.21
各类学校在校学生		Student Enorollment of Various School		74.36	72.29
#高等学校		Institutions of Higher Education		10.83	10.95
中等专业学校		Specialized Schools		5.35	4.85
普通中学		Regular Secondary Schools		21.76	21.05
小学		Primary School		31.74	31.94
卫生		**Health Care**			
卫生机构数	（个）	Number of Herlth-Care Institutions	(unit)	1938	1951
#医院、卫生院		Hospital		197	201
床位数	（张）	Number of Beds	(bed)	28780	30453
#医院、卫生院		Hospital		27334	29073
卫生技术人员	（万人）	Number of Medical Profressionals	(10^4 persons)	3.17	3.51
#医生		Doctor		1.23	1.31
人民生活	**（元）**	**People's Livelihood**	**(yuan)**		
农村常住居民人均可支配收入		Disposable Income of Rural Residents		16438	18509
城镇常住居民人均可支配收入		Disposable Income of Urban Residents		31638	35663
住户存款	（亿元）	Household Deposits	(10^8 yuan)	3312.38	3731.83

注：住户存款2010-2014年为城乡居民储蓄存款口径。
Note:The caliber of household deposits in 2010--2014 is Savings Deposit of Residents .

2013	2014	2015	2016	2016年为下列各年% 2016 as the Percentage of Following Years				
				2011	2012	2013	2014	2015
2340.00	2607.90	2847.61	3119.56	160.3	145.4	133.3	119.6	109.6
703.73	741.70	684.67	698.05	96.3	98.6	99.2	94.1	102.0
411.49	442.31	422.32	429.10	101.4	103.9	104.3	97.0	101.6
33.39	31.16	32.11	34.13	97.4	85.1	102.2	109.5	106.3
39.12	40.31	39.13	43.92	43.8	39.8	112.3	109.0	112.2
710.91	768.01	830.00	875.00	142.3	133.0	123.1	113.9	105.4
711.49	748.06	821.86	867.36	146.3	133.7	121.9	115.9	105.5
102.1	102.2	101.8	102.3	111.4	108.6	106.4	104.1	102.3
101.7	101.5	100.0	100.9	106.0	104.1	102.4	100.9	100.9
65.14	69.45	73.46	77.30	134.4	126.4	118.7	111.3	105.2
15.58	16.01	16.60	16.93	114.8	111.3	108.7	105.7	102.0
72.19	73.13	74.26	75.77	101.9	104.8	105.0	103.6	102.0
11.14	11.42	11.53	11.37	105.0	103.9	102.1	99.6	98.6
4.38	4.24	4.20	4.43	82.8	91.3	101.1	104.4	105.4
20.82	20.94	21.09	21.54	99.0	102.3	103.5	102.9	102.1
32.53	33.62	34.84	36.13	113.8	113.1	111.1	107.5	103.7
2027	2155	2243	2308	119.1	118.3	113.9	107.1	102.9
220	228	239	248	125.9	123.4	112.7	108.8	103.8
33243	34998	37366	39732	138.1	130.5	119.5	113.5	106.3
31716	33527	36191	38474	140.8	132.3	121.3	114.8	106.3
3.89	4.16	4.47	4.75	149.8	135.5	122.2	114.3	106.4
1.48	1.56	1.66	1.81	147.6	138.2	122.3	116.1	109.1
20587	22266	24155	26158	161.3	143.2	128.8	116.9	107.8
38999	41731	45129	48628	156.7	139.1	127.1	117.1	108.3
4086.84	4341.45	4639.66	4867.43	—	—	—	—	104.9

1－6 各时期国民经济主要指标年平均增长速度

单位：%

指 标	Items	"一五"时期 "First Five-year Plan" Period	"二五"时期 "Second Five-Year Plan" Period	调整时期 Readjusting Period	"三五"时期 "Third Five-Year Plan" Period	"四五"时期 "Forth Five-Year Plan" Period
年末总人口	**Year-end Population**	**1.9**	**0.9**	**2.2**	**1.5**	**1.2**
职工人数	**Staff and Workers**	**17.4**	**2.8**	**5.1**	**1.0**	**5.4**
地区生产总值	**Gross Domestic Product**	**4.6**	**0.5**	**16.1**	**5.0**	**9.7**
工农业总产值	**Gross Output Value of Industry and Agriculture**	**3.5**	**0.1**	**17.9**	**6.7**	**9.9**
农业总产值	Gross Output Value of Agriculture	0.4	-1.7	16.8	-1.5	5.0
工业总产值	Gross Output Value of Industry	8.1	2.1	19.0	12.7	12.0
轻工业	Light Industry	6.8	-0.4	15.0	7.8	10.6
重工业	Heavy Industry	32.2	18.9	30.1	23.1	13.2
工业产品产量	**Output of Industry Products**					
钢	Steel		-10.2		57.8	45.6
钢材	Rolled-steel		57.4	51.7	6.9	19.6
化肥	Chemical Fertilizer			11.3	58.1	17.1
水泥	Cement		-32.1	213.3	21.7	26.5
金属切削机床	Metal-cutting Machines	27.0			23.1	22.5
自行车	Bicycles		186.2			45.1
电视机	Television Sets					
洗衣机	Washers					
纱	Yarn	3.1	-6.9	21.1	8.1	0.7
布	Cloth	4.7	-10.7	24.6	6.0	-1.6
呢绒	Wool Fabric	50.9	13.4	19.5	4.7	1.8
丝	Silk	4.3	-25.6	24.3	76.9	3.3
丝织品	Silk Products		36.5	31.1	-1.1	4.9
农产品产量	**Output of Farm Products**					
粮食	Grain	0.8	8.2	17.4	-1.2	6.6
油料	Oil-Bearing Crops	-12.4	11.6	24.8	10.1	10.1
水产品	Aquatic Products	11.1	-2.9	13.7	0.2	6.5

Yearly Average Growth Rates of Main Economic Indicators During Each Period

(percent)

"五五"时期 "Fifth Five-Year Plan" Period	"六五"时期 "Sixth Five-Year Plan" Period	"七五"时期 "Seventh Five-Year Plan" Period	"八五"时期 "Eighth Five-Year Plan" Period	"九五"时期 "Ninth Five-Year Plan" Period	"十五"时期 "Tenth Five-Year Plan" Period	"十一五"时期 "Eleventh Five-Year Plan" Period	"十二五"时期 "Eleventh Five-Year Plan" Period
1.4	**0.7**	**1.3**	**0.5**	**0.3**	**0.8**	**0.6**	**0.6**
7.3	**4.6**	**1.5**	**-0.9**	**-3.3**	**-2.8**	**5.0**	**10.9**
14.2	**16.1**	**8.0**	**24.6**	**11.7**	**14.4**	**13.6**	**9.2**
12.3	**17.9**	**14.6**	**35.1**	**9.2**	**19.1**	**15.8**	**0.8**
0.2	6.2	5.9	9.7	2.9	1.1	12.4	8.4
15.5	19.5	15.3	36.2	9.4	19.6	15.8	4.7
14.3	14.1	12.1	28.3	22.9	17.0	4.2	6.7
13.2	18.6	14.3	28.2	21.1	31.4	17.1	2.6
15.5	10.3	12.1	16.3	4.0	36.6	14.7	3.1
14.4	5.2	1.5	43.6	7.8	25.8	10.1	-1.4
17.1	-4.7	3.9	4.2	15.6	7.7	13.5	1.1
27.6	13.8	4.1	19.6	2.2	21.5	8.9	0.6
-16.0	-1.7	-1.5	21.0	-14.2	7.1	0.7	-16.0
36.7	25.0	-1.9	0.1	-29.5	13.5	-23.2	-16.7
172.0	46.8	10.2	-6.4	-18.5	-6.0		
	135.5	-24.3	69.5	13.9	3.7	27.6	2.2
3.6	1.5	5.3	7.2	8.2	18.9	4.3	-1.0
5.5	0.3	3.5	5.4	-2.2	8.9	-10.3	12.6
10.0	28.63	9.5	42.8	-9.6	1.9	15.6	-5.1
1.6	6.8	-3.6	12.1	-8.3	-2.7	-27.7	2.6
11.6	16.7	4.4	17.8	-6.2	-14.8	-36.5	3.3
3.4	3.4	1.7	-0.1	-3.7	-8.9	0.2	-2.1
-3.7	21.2	-3.1	-1.6	8.9	-10.3	-19.6	-5.7
5.5	16.4	11.3	3.3	5.6	3.4	平	0.7

单位：% 续表

指 标	Items	"一五"时期 "First Five-year Plan" Period	"二五"时期 "Second Five-Year Plan" Period	调整时期 Readjusting Period	"三五"时期 "Third Five-Year Plan" Period
运输 、邮电	**Transportation,Postal and Telecommunication Services**				
客运量	Passenger Traffic	17.4	-5.7	3.7	3.1
货运量	Freight Traffic	13.5	7.0	11.4	-3.2
邮电业务总量	Business Revenue of PTS	9.0	1.5	4.0	2.6
固定资产投资完成额	**Fulfilled Value of Fixed Assets Investment**	**2.5**	**44.9**	**34.9**	**9.9**
内外贸易	**Domestic and Foreign Trade**				
社会消费品零售总额	Total Retail Sales of Consuming Goods	2.5	5.1	1.9	3.0
实际利用外资	Value of Foreign Capital Actually Used				
财政	**Finance**				
财政收入	Financial Revenue	9.0	-0.1	24.8	0.1
财政支出	Financial Expenditure	23.7	-3.7	12.3	8.4
教育	**Education**				
各类学校在校学生	Student Enrollment of Various Schools	3.5	2.3	6.2	-1.5
#高等学校在校学生	Student Enrollment of Institutions of Higher Education	5.9	32.8	1.7	
中等专业学校在校学生	Student Enrollment of Specialized Schools	8.0	-16.0	-2.4	
普通中学在校学生	Student Enrollment of Regular Secondary Schools	8.1	3.6	1.6	9.9
小学在校学生	Student Enrollment of Primary School	2.6	2.2	4.5	-2.1
卫生	**Health Care**				
卫生机构数	Number of Health-Care Institutions	17.7	4.7	3.0	10.5
#医院	Hospital	-2.9	38.5	-0.2	10.2
床位数	Number of Beds	19.8	5.7	3.9	-0.4
#医院	Hospital	9.5	15.4	3.9	2.2
卫生技术人员数	Number of Medical Profressionals	5.9	1.6	1.9	-2.9
#医生	Hospital	2.3	2.0	4.3	-2.3
人民生活	**People's Livelihood**				
职工工资总额	Total Wages of Staff and Workers	18.2	1.9	2.5	-0.8
职工年平均工资	Average Annual Wages of Staff and Workers	0.6	1.6	-2.5	0.1
城乡居民储蓄存款余额	Savings Deposit Balance of Urban and Rural Residents	19.2	1.4	24.6	0.2

注：“十二五”期间财政收入为一般公共预算收入，财政支出为一般公共预算支出。

Note:The revenue of the "twelve five" is public budget revenue. The expenditure of the "twelve five" is public budget Expenditure.

continued (percent)

"四五"时期 "Forth Five-Year Plan" Period	"五五"时期 "Fifth Five-Year Plan" Period	"六五"时期 "Sixth Five-Year Plan" Period	"七五"时期 "Seventh Five-Year Plan" Period	"八五"时期 "Eighth Five-Year Plan" Period	"九五"时期 "Ninth Five-Year Plan" Period	"十五"时期 "Tenth Five-Year Plan" Period	"十一五"时期 "Eleventh Five-Year Plan" Period	"十二五"时期 "Eleventh Five-Year Plan" Period
6.3	13.5	19.8	-7.0	-1.6	10.8	4.6	6.0	—
6.9	7.4	4.4	-3.3	-4.7	-7.5	2.5	9.7	—
6.5	8.4	22.8	18.3	56.5	27.0	13.7	10.7	8.9
8.9	**29.1**	**26.9**	**14.5**	**48.5**	**7.0**	**30.7**	**17.4**	**15.0**
8.1	16.0	18.5	12.8	32.6	11.1	13.9	17.5	10.8
			19.5	96.8	-0.1		10.5	-0.5
0.7	6.0	9.7	17.1	17.6	18.4	30.4	30.2	10.1
8.6	13.0	17.2	14.0	26.4	23.2	34.1	33.0	11.0
4.1	1.9	-0.5	-0.3	1.6	2.1	2.3	-1.8	-0.2
	9.0	21.7	6.3	5.7	25.5	24.8	7.0	1.0
	12.0	27.6	8.5	21.5	0.5	16.2	-5.9	-6.4
8.6	0.9	-1.1	1.9	5.1	2.6	2.9	-4.5	-1.5
2.5	-3.3	-1.1	-2.0	0.2	1.4	-4.1	-0.7	2.6
-8.8	6.2	3.4	0.7	-1.0	6.2	4.2	1.9	2.4
0.3	…	-0.3	0.5	-0.3	0.3	1.6	2.8	3.7
8.1	2.0	4.0	3.6	1.9	-0.2	2.1	5.1	7.6
9.9	4.0	3.2	3.3	1.9	1.1	4.9	5.6	7.8
8.4	6.9	6.3	3.1	1.9	1.5	1.7	4.7	8.9
2.7	4.6	8.1	5.9	0.9	1.5	0.6	3.0	7.1
6.2	14.0	15.0	19.3	23.3	5.9	12.6	19.3	21.7
0.7	6.0	9.7	17.1	24.0	8.8	18.5	14.1	9.1
10.3	20.4	32.2	26.6	29.8	29.3	20.5	16.9	—

1－7 国民经济主要指标年平均每人水平（2013－2016）

Per Capita Main National Economic Indicators (2013-2016)

指 标		Items		2013	2014	2015	2016
地区生产总值	**（元）**	**Gross Domestic Product**	**(yuan)**	**120007**	**126389**	**130938**	**141258**
工农业总产值		**Gross Output Value of Industry and griculture**		**233486**	**226112**	**227580**	**223971**
工业总产值		Gross Output Value of Industry		229757	222203	223651	220137
农业总产值		Gross Output Value of Agriculture		3729	3909	3929	3834
一般公共预算收入		Public Finance Buget Receipts		10980	11830	12758	13420
一般公共预算支出		Public Finance Buget Expenditures		10989	11523	12633	13303
主要工业产品产量		**Turnover of Major Industrial Products**					
纱	（公斤）	Yarn	(kg)	91.91	87.77	86.90	85.35
布	（米）	Cloth	(m)	150.29	137.31	135.86	120.14
服装	（件）	Clothing	(unit)	94.88	84.92	85.68	85.72
自行车	（辆）	Bicycles	(Vehicle)	0.02	0.01	0.01	0.004
家用洗衣机	（台）	Washers	(Piece)	0.71	0.79	1.07	1.57
发电量	（千瓦·时）	Electricity	(kwh)	6054	5658	5576	6638
钢	（公斤）	Steel	(kg)	2514	2431	2120	1935
成品钢材		Rolled-Steel Final Products		4554	4247	3408	3465
主要农产品产量	**（公斤）**	**Output of Major Farm Products**	**(kg)**				
粮 食		Grain		169	162	150	122
油 料		Oil-Bearing Crops		1.9	2.0	1.8	1.7
茶 叶		Tea		1.28	1.37	1.40	1.34
猪 肉		Pork		15.33	13.14	11.00	10.63
水产品		Aquatic Products		26.84	27.25	26.05	26.06
牛 奶		Cow Milk		6.05	6.02	6.23	5.41
水 果		Fruit		36.01	39.00	36.79	36.24
社会消费品零售总额	**（元）**	**Retail Sales of Consumer Goods**	**(yuan)**	**36140**	**40170**	**43772**	**47846**
住户存款		**Household Deposits**		**63029**	**66791**	**71259**	**74551**

注：住户存款2010-2014年为城乡居民储蓄存款口径。

Note: The caliber of household deposits in 2010--2014 is Savings Deposit of Residents .

1－8 人民物质文化生活水平（2013－2016）

People's Livelihood Level in Materials and Culture (2013-2016)

指标		Items		2013	2014	2015	2016
城镇常住居民人均可支配收入	（元）	**Disposable Income of Urban Residents**	**(yuan)**	**38999**	**41731**	**45129**	**48628**
农村常住居民人均可支配收入	（元）	**Disposable Income of Rural Residents**	**(yuan)**	**20587**	**22266**	**24155**	**26158**
城镇常住居民消费性支出	（元）	Urban Households'consumption Expenditures	(yuan)	25392	27358	29466	31438
#食品支出	（元）	Expenditures of Food	(yuan)	8787	7862	8333	8818
恩格尔系数	（%）	Engel Coefficient	(percent)	34.6	28.7	28.3	28.0
农民生活费支出	（元）	Rural Household'Consumption Expenditures	(yuan)	14147	15114	16469	18463
储蓄		**Savings**					
住户存款	（亿元）	Household Deposits	(10^8yuan)	4087	4341	4640	4867
平均每人存款额	（元）	Per Capita Household Deposits	(yuan)	63029	66791	71259	74551
交通		**Transportation**					
每万人拥有公共车辆	（辆）	Buses Per 10000 Persons	(Vehicle)	16.80	17.00	18.40	18.13
公交车日均载客量	（万人次）	Daily average Passenger Volume	(10000person-times)	117.40	119.20	110.60	109.60
通讯、电信		**Communications and Telecommunications**					
人均用邮量	（元/人）	Per Capita Volume of Post Business	(yuan/person)	1981	1922	2444	3007
平均每人年函件交寄	（件）	Annual Mails Delivered Per Capita	(Piece)	12.39	16.23	12.16	5.67
煤气		**Gas**					
家用煤气普及率	（%）	Rate of Popularization of Households with Gas	(%)	100.0	100.0	100.0	100.0

注：1、2009年起城镇居民人均可支配收入为全市口径。2、住户存款2010-2014年为城乡居民储蓄存款口径。

Note: 1、The disposable income of urban residents is the citywide data since 2009. 2、The caliber of household deposits in 2010--2014 is Savings Deposit of Residents .

续 表 continued

指标		Items		2013	2014	2015	2016
自来水		**Tap Water**					
人均日生活用水量	(升)	Daily Per Capita Volume of Residential Use	(1000ml)	209	205	216	216
文化		**Culture**					
每百户城镇居民家庭拥有	(台)	Possessed by Per 100 Urban Households	(piece)				
照相机		Cameras		48.1	46.6	45.0	40.3
电视机		Television Sets		188.9	194.2	194.8	198.4
家用电脑		Computer		105.1	95.4	96.4	98.9
教育	**(人)**	**Education**	**(person)**				
每万人拥有各类专业技术人员		Scientific and Technical Personnel Per 10000 Persons		1005	1068	1128	1184
每万人拥有中级职称以上专业技术人员		Scientific and Technical Personnel above Medium qualification Per 10000 Persons		240	246	255	259
每万人拥有高校在校学生		Students Enrollment of Institutions of Higher Education Per 10000 Persons		172	176	177	174
卫生		**Health Care**					
每万人拥有医院床位	(张)	Hospital Beds Per 10000 Persons	(bed)	49.0	51.6	55.6	58.9
每万人拥有医生	(人)	Doctors Per 10000 Persons	(person)	22.8	23.9	25.5	27.7
婴儿死亡率	(‰)	Infant Death Rate	(‰)	3.18	2.67	3.13	2.38
就业		**Employment**					
市区每一就业者负担人口	(人)	Persons Supported by Each Urban Employee	(person)	1.67	1.68	1.68	1.70
绿化		**Greening**					
市区绿化覆盖率	(%)	Coverage Rate of Urban Green Areas	(percent)	42.8	42.9	43.0	43.0
市区人均占有公园绿地面积	(平方米)	Per Capita Urban Public Green Areas	(sq·m)	14.7	14.8	14.9	14.9

1－9 无锡的一天（2013－2016）

One Day in Wuxi (2013-2016)

指标		Items		2013	2014	2015	2016
全市每天创造的财富		**Daily Production**					
地区生产总值	(万元)	Gross Domestic Product	(10000 yuan)	212883	224803	233377	252329
工农业总产值	(万元)	Gross Output Value of Industry and Agriculture	(10000 yuan)	414186	402176	405630	400081
工业总产值		Gross Output Value of Industry		407571	395224	398627	393232
农业总产值		Gross Output Value of Agriculture		6615	6952	7003	6849
一般公共预算收入	(万元)	Public Finance Buget Receipts	(10000 yuan)	19477	21041	22740	23973
钢	(吨)	Steel	(ton)	44604	43233	37779	34562
钢材	(吨)	Rolled-steel	(ton)	80780	75538	60751	61896
纱	(吨)	Yarn	(ton)	1630	1561	1549	1525
布	(万米)	Cloth	(10000m)	267	244	242	215
呢绒	(万米)	Wool Fabric	(10000m)	34	32	31	31
自行车	(辆)	Bicycles	(Vehicel)	280	190	128	76
洗衣机	(台)	Washers	(Piece)	12608	14135	19097	28043
每天其他经济活动		**Other Daily Economic Activities**					
货物运输量	(万吨)	Freight Traffic	(10000 tons)	71.17	41.97	42.06	43.37
旅客运输量	(万人)	Passenger Traffic	(10000 persons)	50.41	26.72	24.33	23.67
房屋建筑竣工面积	(平方米)	Floor Space of Buildings Completed	(sq·m)	82312	99131	94578	61149
#住宅建筑面积		Floor Space of Residential Housing Completed		29528	20617	34656	29243
邮寄函件	(万件)	Letters Delivered	(10000 pieces)	21.97	28.87	21.67	10.13
接待境外游客	(人次)	Overseas Visitors Received	(person-times)	1072	1104	1072	1203
国内游园人数	(万人次)	Domestic Visitors to Parks and Zoos	(10000person-times)	19.16	20.74	22.04	23.52
每天人口变动和婚姻		**Daily Population Changes and Marriages**					
出生人数	(人)	Births	(person)	113	135	111	123
死亡人数	(人)	Deaths	(person)	88	90	93	86
结婚对数	(对)	Marriages	(couple)	128	120	117	100
离婚对数	(对)	Divorces	(couple)	37	39	39	38

1－10 无锡市国民经济主要指标占全省比重

（2016年）

指　标		Items		全省 The Whole Province	无锡市 Wuxi City	占全省比重（%） Ratio in the Province
人口	**（万人）**	**Population**	**(10000 persons)**			
年末总人口		Year-end Total Population		7998.60	486.20	6.1
地区生产总值	**（亿元）**	**Gross Domestic Product**	**(10^8yuan)**	**76086.17**	**9210.02**	**12.1**
#第三产业		Tertiary Industry Value Added		38151.96	4728.05	12.4
规模以上工业增加值		Over-norm Gross Added Value of Industry		35433.23	3075.49	8.7
固定资产投资	**（亿元）**	**Fixed Assets Investment**	**(10^8yuan)**			
固定资产投资		Total Value of Investment in Fixed Assets		49663.21	4795.25	9.7
房地产开发		Real Estate Development		8956.37	1033.62	11.5
社会消费品零售总额	**（亿元）**	**Total Retail Sales of Consumer Goods**	**(10^8yuan)**	**28707.12**	**3119.56**	**10.9**
出口总值	（亿美元）	Export	(10^8USD)	3193.44	429.10	13.4
财政	**（亿元）**	**Finance**	**(10^8yuan)**			
一般公共预算收入		Public Finance Buget Receipts		8121.23	875.00	10.8
一般公共预算支出		Public Finance Buget Expenditures		9990.13	867.36	8.7
物价		**Price**				
居民消费价格指数		Consuming Price Index of Urban Residents		102.3	102.3	（平）
商品零售物价总指数		Overall Retail Price Index		100.8	100.9	(+0.1个点)
人民生活	**（元）**	**People's Livelihood**	**(yuan)**			
农村常住居民人均可支配收入		Disposable Income of Rural Residents		17606	26158	(+8552元)
城镇常住居民人均可支配收入		Disposable Income of Urban Residents		40152	48628	(+8476元)
住户存款	（亿元）	Household Deposits	(10^8yuan)	43900.5	4867.43	11.1

Percentage of Wuxi's Main Economic Indicators in The Whole Province

续表 continued

指标		Items		全省 The Whole Province	无锡市 Wuxi City	占全省比重（%） Ratio in the Province
教育	（万人）	**Education**	**(10000persons)**			
高等学校在校学生		Students Enrollment in Institutions of Higher Education		174.58	11.37	6.5
普通中学在校学生		Students Enrollment in Regular Secondary Schools		290.10	21.54	7.4
小学在校学生		Students Enrollment in Primary Schools		522.20	36.13	6.9
卫生		**Health Care**				
卫生机构数	（个）	Number of Health Care Organizations	(unit)	32135	2308	7.2
#医院、卫生院		Hospital		2720	248	9.1
医院床位数	（万张）	Number of Hospital Beds	(10000 beds)	41.50	3.85	9.3
卫生技术人员数	（万人）	Number of Hospital Technical Personnel	(10000 persons)	51.71	4.75	9.2
#执业医师、执业助理医师		Doctors		20.47	1.81	8.8
主要工农业产品产量		**Output of Major Industrial Products and Agriculture Products**				
粮食	（万吨）	Grain	(10000 tons)	3466.01	59.16	1.7
油料		Oil-Bearing Grops		131.93	0.81	0.6
水产品		Aquatic Products		524.75	12.67	2.4
钢		Steel		11080.49	1261.51	11.4
钢材		Rolled-Steel		13469.72	2259.22	16.8
发电量	（亿千瓦时）	Electricity	(10^8kwh)	4667.73	432.78	9.3
水泥	（万吨）	Cement	(10000 tons)	17989.78	1853.56	10.3
纱		Yarn		536.86	55.65	10.4
布	（亿米）	Cloth	(10^8m)	91.46	7.83	8.6
化学纤维	（万吨）	Chemical Fibers	(10000 tons)	1456.19	393.08	27.0

1-11 分市（县）主要经济指标

（2016年）

指标		Items		全市 Total
年末户籍人口	（万人）	Year-end Total Population	(10000 persons)	486.20
年末常住人口		Year-end Total Population		652.90
年末从业人员		Year-end Employment		387.00
土地面积	(平方公里)	Land Area	(sq·km)	4627
#建成区		Developed		538
地区生产总值	（亿元）	Gross Domestic Product	(10^8 yuan)	9210.02
第一产业		Primary Industry		135.19
第二产业		Secondary Industry		4346.78
第三产业		Tertiary Industry		4728.05
人均地区生产总值	（元）	Gross Domestic Product Per Capita	(yuan)	141258
地区生产总值指数	(上年=100)	Indices of GDP	(preceding year=100)	107.5
固定资产投资	（万元）	Total Investment in Fixed Assets	(10000 yuan)	47952497
#工 业		Industry		20455407
房地产开发投资		Fulfilled Investment Of Real Estate		10336226
一般公共预算收入		Public Finance Buget Receipts		8750005
一般公共预算支出		Public Finance Buget Expenditures		8673579
年末金融机构各项存款余额		Year-end Total Deposit Balance of Financial Institutions		141013973
#住户存款		Household Deposits		48674266
年末金融机构各项贷款余额		Year-end Total Loan Balance of Financial Institutions		103829309
规模以上工业总产值		Over-Norm Gross Output Value of Industrial Enterprises		143529610
社会消费品零售总额		Total Retail Sales of Consuming Goods		31195622
进出口总额(海关数)	(万美元)	Total Value of Import and Export Trade by Customs	(10000 USD)	6980480
#出口总额		Total Value of Foreign-Trade Export		4290999
到位注册外资		Foreign Capital Actually Used		341273
星级饭店数	(个)	Hotels with stars	(unit)	42

Major Economic Indicators by City

市 区 Urban Districts	其中 of Which					江阴市 Jiangyin City	宜兴市 Yixing City
	梁溪区 Liangxi District	锡山区 Xishan District	惠山区 Huishan District	滨湖区 Binhu District	新吴区 Xinwu District		
253.05	77.23	44.33	46.83	49.26	35.41	124.80	108.34
363.31	95.45	70.44	70.95	70.15	56.32	164.15	125.44
214.09	42.21	45.28	45.36	34.83	46.41	98.99	73.92
1643	71	399	325	628	220	987	1997
332						125	81
4749.02	1071.30	708.25	722.40	829.07	1408.01	3083.26	1377.74
42.11		17.45	16.77	4.21	2.73	44.34	48.74
1956.28	170.30	368.54	427.18	364.37	883.88	1680.99	709.51
2750.63	901.00	322.26	278.45	460.49	521.40	1357.93	619.49
130935	112325	100661	102027	118439	250714	188101	109881
107.7	107.1	107.7	107.7	108.4	108.1	107.4	106.7
31249060	1975869	7138791	6565343	6003886	1284597	11330316	5373121
12309524	142038	3622150	2369286	1150030	1002535	4937231	3208652
6638210	987189	678906	793359	3430071	748685	2810985	887031
5364446	424304	722367	814110	927848	1605417	2299056	1086503
5236835	392595	731266	771275	668853	1017805	2262583	1174161
86887503						35093970	19032500
28291064						10797164	9586038
63009887						26899080	13920342
63880947	2340477	11309139	12257768	4928680	33044883	53760113	25888550
17871398	9035538	1646543	1763227	2597788	2828302	7760544	5563680
4622752	225302	426305	269777	237734	3463634	1987737	369991
2797002	202848	334567	232959	177963	1848665	1192248	301749
219947	3106	35052	30266	25157	126366	105509	15817
22	6		1	10	5	11	9

续表1

指　　标		Items		全 市 Total
公共汽(电)车运营车数	(辆)	Operating Public Transportation Vehicles	（vehicle）	4562
公共汽(电)车客运总量	(万人次)	Passengers Carried by Public Traffic Vehicles	（10000 person-times）	52724
出租汽车数	(辆)	Taxis	（vehicle）	5141
供气总量	(万立方米)	Total Supply of Coal Gas	（10000 cu.m）	187520
用气人口	(万人)	Gas-Consuming Population	（10000persons）	306
学校总数	（个）	Number of Schools	（unit）	435
在校学生人数	（人）	Student Enrollment	（person）	757661
专任教师总数		Number of Full-time Teachers		53178
专利申请受理量	（件）	Number of Patent Applicaticns	（pieces）	71673
专利申请授权量		Number of Patent Applicaticn Certified		29865
体育场馆数	（个）	Stadiums and Gymnasiums	（unit）	79
公共图书馆		Public Libraries		8
公共图书馆图书藏量	（千册、件）	Collections of Books in Public Libraries	（1000 pieces）	7098
卫生机构数	（个）	Number of Health Care Institutions	（unit）	2308
#医院、卫生院		Hospital		191
卫生机构床位数	（张）	Number of Beds in Health-Care Institutions	（bed）	39732
#医院、卫生院		Hospital		36150
卫生技术人员	（人）	Medical Professionals	（person）	47549
#医院、卫生院		Hospital		35973
城镇常住居民人均可支配收入	（元）	Disposable Income of Urban Residents	（yuan）	48628
农村常住居民人均可支配收入		Disposable Income of Rural Residents		26158
社会福利收养性单位数	（个）	Social Welfare Institutions	（unit）	145
社会福利收养性单位床位数	（张）	Beds in Social Welfare Institutions	（bed）	39136

continued 1

市 区 Urban Districts	其中 of Which 梁溪区 Liangxi District	锡山区 Xishan District	惠山区 Huishan District	滨湖区 Binhu District	新吴区 Xinwu District	江阴市 Jiangyin City	宜兴市 Yixing City
3026						1055	481
40010						8042	4672
4040						618	483
93030						55534	38956
235						34	37
231	47	38	36	34	22	99	105
474292	60738	65277	76176	49591	40698	165783	117586
31885	4180	4396	4715	3824	2453	12189	9104
45782	3702	11134	12447	8844	9655	18537	7354
21648	1382	6036	5614	4249	4367	4912	3305
35	5	8	6	16		34	10
6	1	1	1	1	1	1	1
3755	716	207	146	118	348	2528	815
1281	408	199	229	294	151	584	443
106	46	12	8	30	10	45	40
26332	10793	2133	2394	9904	1108	8080	5320
22995	10128	2030	1634	8476	727	7965	5190
30257	13946	3061	3209	8128	1913	9405	7887
22106	11162	2216	1718	6093	917	7294	6573
46979	46629	46295	47190	48503	47357	54631	46092
26250		26331	26333	26239	23948	28181	23709
89	34	14	12	19	6	26	30
21150	5240	2809	3167	4957	2109	8636	9350

1－12 历年地区生产总值及构成

Gross Domestic Product and Its Composition

年 份 Year	地区生产总值（万元） Gross Domestic Product (10000 yuan)	其中 of Which			三次产业比重（%） the Proportion			人均生产总值（元） Gross Domestic Product Per Capita(yuan)
		第一产业 Primary Industry	第二产业 Secondary Industry	第三产业 Tertiary Industry	第一产业 Primary Industry	第二产业 Secondary Industry	第三产业 Tertiary Industry	
1978	249298	35624	170352	43322	14.3	68.3	17.4	687
1979	295388	45087	201183	49118	15.3	68.1	16.6	799
1980	355476	43594	250871	61011	12.3	70.5	17.2	947
1981	376037	45913	266703	63421	12.2	70.9	16.9	993
1982	407486	64801	275164	67521	15.9	67.5	17.4	1064
1983	461594	76188	306708	78698	16.5	66.4	17.1	1196
1984	592932	100420	389506	103006	16.9	65.7	17.4	1529
1985	798489	105501	559675	133313	13.2	70.1	16.7	2049
1986	890066	126234	602871	160961	14.2	67.7	18.1	2264
1987	1036087	131959	710283	193845	12.7	68.6	18.7	2602
1988	1337157	171815	903926	261416	12.8	67.6	19.6	3311
1989	1450446	167154	988607	294685	11.5	68.2	20.3	3451
1990	1604402	175301	1076655	352446	10.9	67.1	22.0	3865
1991	1848170	163546	1272268	412356	8.8	68.8	22.3	4406
1992	3040588	224462	1988019	828107	7.4	65.4	27.2	7196
1993	4403627	255056	2848031	1300540	5.8	64.7	29.5	10356
1994	6045959	344235	3755473	1946250	5.7	62.1	32.2	14145
1995	7556513	397458	4562918	2596137	5.3	60.4	34.4	17656
1996	8617833	439466	5177540	3000827	5.1	60.1	34.8	20041
1997	9478380	444654	5680959	3352768	4.7	59.9	35.4	21963

续表 Continued

年 份 Year	地区生产总值 (万元) Gross Domestic Product (10000 yuan)	其中 of Which 第一产业 Primary Industry	 第二产业 Secondary Industry	 第三产业 Tertiary Industry	三次产业比重（%） the Proportion 第一产业 Primary Industry	 第二产业 Secondary Industry	 第三产业 Tertiary Industry	人均生产总值 (元) Gross Domestic Product Per Capita(yuan)
1998	10382660	451043	6145713	3785904	4.3	59.2	36.5	24042
1999	11205509	456007	6623449	4126054	4.1	59.1	36.8	25891
2000	11765434	462451	6903286	4399697	3.9	58.7	37.4	27109
2001	13286491	520604	7580878	5185008	3.9	57.1	39.0	30526
2002	15341334	542272	8759695	6039366	3.5	57.1	39.4	35087
2003	18334524	512057	11050029	6772437	2.8	60.3	36.9	41616
2004	22506420	442600	13773700	8290120	2.0	61.2	36.8	50592
2005	28088400	521200	17009800	10557400	1.9	60.5	37.6	51034
2006	33108800	600200	19804800	12703800	1.8	59.8	38.4	57899
2007	38797000	695500	22766100	15335400	1.8	58.7	39.5	65570
2008	44606200	868000	25765400	17972800	1.9	57.8	40.3	73733
2009	49475900	927900	28113100	20434900	1.9	56.8	41.3	80429
2010	56825600	1029300	31474600	24321700	1.8	55.4	42.8	90405
2011	66790900	1193900	36191700	29405300	1.8	54.2	44.0	104297
2012	73099200	1325400	38751400	33022400	1.8	53.0	45.2	113351
2013	77702300	1304000	40449300	35949000	1.7	52.0	46.3	120007
2014	82053100	1381300	40958900	39712900	1.7	49.9	48.4	126389
2015	85182600	1377200	41974300	41831100	1.6	49.3	49.1	130938
2016	92100200	1351900	43467800	47280500	1.5	47.2	51.3	141258

注：（1）2005年起人均地区生产总值以常住人口计算。

（2）2009年—2014年数据按第三次经济普查口径调整

Note:（1）The per-capita GDP is calculated on permanent residents from 2005.

（2）Data from 2009 to 2014 was adjusted acording to the statistics coverage of the national economil census.

1－13 社会总产出、地区生产总值

Social Gross Output and Gross Domestic Product

单位：亿元　　（2016年）　　(10^8 yuan)

指　标	Items	全市 Total	其中 of Which 市区 Urban Districts	江阴市 Jiangyin City	宜兴市 Yixing City
社会总产出	**Social Gross Output**	**32768.78**	**16599.24**	**10834.17**	**5335.38**
第一产业	Primary Industry	221.66	66.89	75.56	79.21
第二产业	Secondary Industry	23564.32	11680.67	7707.96	4175.69
第三产业	Tertiary Industry	8982.80	4851.67	3050.65	1080.48
地区生产总值	**Gross Domestic Product**	**9210.02**	**4749.02**	**3083.26**	**1377.74**
第一产业	Primary Industry	135.19	42.11	44.34	48.74
第二产业	Secondary Industry	4346.78	1956.28	1680.99	709.51
第三产业	Tertiary Industry	4728.05	2750.63	1357.93	619.49
人均地区生产总值（元）	**Gross Domestic Product Per Capita (yuan)**	141258	130935	188101	109881

1－14 地区生产总值结构情况

Structure Of Gross Domestic Product

单位：%　　（2016年）　　(percent)

指　标	Items	全市 Total	其中 of which 市区 Urban Districts	江阴市 Jiangyin City	宜兴市 Yixing City
地区生产总值	**Gross Domestic Product**	**100.0**	**100.0**	**100.0**	**100.0**
第一产业	Primary Industry	1.5	0.9	1.4	3.5
第二产业	Secondary Industry	47.2	41.2	54.5	51.5
第三产业	Tertiary Industry	51.3	57.9	44.0	45.0

1－15 全市生产总值构成

Structure of Gross Domestic Product

单位：亿元　　（2016年）　　(10^8 yuan)

指　标	Items	全市 Total	其中 of Which 市区 Urban Districts	江阴市 Jiangyin City	宜兴市 Yixing City
合　计	**Total**	**9210.02**	**4749.02**	**3083.26**	**1377.74**
按行业分	**Grouped by Trade**				
农、林、牧、渔业	Primary Industry	154.74	48.00	52.92	53.82
工　业	Industry	3977.58	1757.28	1612.25	608.05
建筑业	Construction	369.68	199.10	69.12	101.46
批发和零售业	Wholesale and Retail	1460.27	812.64	480.11	167.52
交通运输、仓储和邮政业	Transportation,Storage,Post and Telecommunications	195.19	103.35	70.59	21.25
住宿和餐饮业	Catering Trade	259.90	126.73	67.89	65.28
信息传输、软件和信息技术服务业	Information Transmission, Software and IT Services	210.42	175.55	22.20	12.67
金融业	Banking	686.76	446.70	159.66	80.40
房地产业	Real Estate	467.49	251.24	135.04	81.21
租赁和商务服务业	Hiring and Commercial Services	444.38	323.57	90.33	30.48
科学研究和技术服务业	Scientific Research,Technical Services	87.93	55.23	10.54	22.16
水利、环境和公共设施管理业	Water Conservancy,Environment and Publi Facilities Administration	54.65	32.20	9.18	13.27
居民服务、修理和其他服务业	Commurity Services, Repair and Others	179.59	56.12	103.18	20.29
教育	Education	193.43	146.69	17.92	28.82
卫生和社会工作	Health Care, Social Affairs	95.53	69.91	13.01	12.61
文化、体育和娱乐业	Culture,Sports and Entertainment	92.28	30.30	54.33	7.65
公共管理、社会保障和社会组织	Public Administration,Social Ensure and Social Organization	280.20	114.43	114.97	50.80
按产业分	**Grouped by Industry**				
第一产业	Primary Industry	135.19	42.11	44.34	48.74
第二产业	Secondary Industry	4346.78	1956.28	1680.99	709.51
第三产业	Tertiary Industry	4728.05	2750.63	1357.93	619.49

1—16 按支出法计算的地区生产总值（2015—2016）

Gross Domestic Product by Expenditure (2015-2016)

单位：亿元、% (10[8] yuan, percent)

指 标	Items	2015	2016	2016为2015%(可比价)
支出法地区生产总值	**Gross Domestic Product by Expenditure**	**8518.26**	**9210.02**	**107.5**
最终消费	**Final Consumption**	**3142.46**	**3564.28**	**111.8**
居民消费	Resident Consumption	2406.48	2730.22	112.2
农村居民	Village Residents	500.43	572.74	112.8
城镇居民	Urban Residents	1906.05	2157.48	112.0
政府消费	Government Consumption	735.98	834.06	110.8
资本形成总额	**Total Capital**	**4445.04**	**4652.35**	**105.6**
固定资本形成总额	Fixed Capital	3776.27	3947.02	105.8
存货增加	Goods in Stock	668.77	705.33	104.6
货物和服务净出口	**Net Export of Goods and Services**	**930.76**	**993.39**	**101.8**

续表 continued

指 标	Items	2015	2016
支出法地区生产总值	**Gross Domestic Product by Expenditure**	**100.0**	**100.0**
最终消费	Final Consumption	36.9	38.7
资本形成总额	Total Capital	52.2	50.5
货物和服务净出口	Net Export of Goods and Services	10.9	10.8

CHAPTER

第 2 篇

人口 劳动力

POPULATION AND LABOUR FORCE

第二篇　　人口　劳动力
CHAPTER II　POPULATION AND LABOUR FORCE

● 总户数 Total Households	163.87万户	(10^4households)
比上年增长 Over the Previous Year	1.4%	
● 全市总人口 Total Population	486.20万人	(10^4persons)
比上年增长 Over the Previous Year	1.1%	
● 市区人口 Urban Dristricts Population	253.05万人	(10^4persons)
比上年增长 Over the Previous Year	1.8%	
● 从业人员 Employees	387.00万人	(10^4persons)
比上年增长 Over the Previous Year	-0.8%	
● 城镇非私营单位从业人员人数 Employees in Non-private Urban Units	112.48万人	(10^4persons)

2-1 历年总人口及平均人口

Total Population and Average Population

单位:万人 (10000 persons)

年 份 Year	全 市 Total	其中 of Which 市 区 Urban Districts	江阴市 Jiangyin City	宜兴市 Yixing City	锡山市 Xishan City	年平均人口 Average Annual Population
1978	365.21	66.51	98.48	99.47	100.75	362.59
1980	376.90	76.49	99.96	99.59	100.86	375.41
1981	380.84	78.10	100.92	100.12	101.70	378.87
1982	385.16	79.88	101.92	100.90	102.46	383.00
1983	387.00	81.23	102.14	101.15	102.48	386.08
1984	388.48	82.51	102.26	101.26	102.45	387.74
1985	390.95	84.27	102.65	101.35	102.68	389.72
1986	395.46	86.08	103.70	102.14	103.54	393.21
1987	400.86	87.80	105.16	103.22	104.68	398.16
1988	406.80	89.86	106.72	104.50	105.72	403.83
1989	412.42	91.32	108.40	105.80	106.90	409.61
1990	417.71	92.80	110.30	106.74	107.87	415.07
1991	421.22	93.73	111.51	107.48	108.50	419.47
1992	423.90	94.44	112.26	108.20	108.99	422.56
1993	426.53	95.53	112.88	108.69	109.43	425.22
1994	428.32	96.07	113.36	109.07	109.82	427.42
1995	429.19	107.48	113.72	109.12	98.88	427.98
1996	430.82	108.43	114.16	109.25	98.98	430.01
1997	432.29	109.56	114.26	109.40	99.07	431.56
1998	432.21	110.21	114.44	108.40	99.16	431.86
1999	433.40	111.69	114.59	108.24	98.88	432.80
2000	434.61	112.99	115.18	107.79	98.65	434.00
2001	435.90	213.06	115.39	107.44		435.25
2002	438.58	215.92	115.78	106.88		437.24
2003	442.54	219.60	116.70	106.24		440.56
2004	447.19	223.57	117.77	105.85		444.86
2005	452.84	228.49	118.62	105.73		450.02
2006	457.80	232.30	119.45	106.05		455.32
2007	461.74	235.92	119.77	106.05		459.77
2008	464.20	237.42	120.00	106.78		462.97
2009	465.65	238.12	120.35	107.18		464.92
2010	466.56	238.60	120.71	107.24		466.10
2011	467.96	239.47	120.88	107.61		467.26
2012	470.07	241.08	121.26	107.73		469.02
2013	472.23	242.61	121.73	107.88		471.15
2014	477.14	245.74	123.21	108.19		474.68
2015	480.90	248.51	124.10	108.29		479.02
2016	486.20	253.05	124.80	108.34		483.55

2－2 历年人口自然变动情况

Natural Changes of Population

年份 Year	出生 Birth 人数（人）Population (person)	出生 Birth 出生率（‰）Birth Rate (‰)	死亡 Death 人数（人）Population (person)	死亡 Death 死亡率（‰）Death Rate (‰)	自然增长 Natural Growth 人数（人）Population (person)	自然增长 Natural Growth 自然增长率（‰）Natural Growth Rate (‰)
1978	57612	15.87	23258	6.41	34354	9.46
1980	47415	12.63	23797	6.34	23618	6.29
1981	60284	15.91	24158	6.38	36126	9.53
1982	58588	15.30	23737	6.20	34851	9.10
1983	37767	9.78	26158	6.78	11609	3.00
1984	32265	8.32	25286	6.52	6979	1.80
1985	39748	10.20	26028	6.68	13720	3.52
1986	56256	14.31	25652	6.52	30604	7.79
1987	66380	16.67	26922	6.76	39458	9.91
1988	67480	16.71	27530	6.82	39950	9.89
1989	67535	16.49	26053	6.36	41482	10.13
1990	70850	17.07	27347	6.59	43503	10.48
1991	55485	13.23	26628	6.35	28857	6.88
1992	47628	11.27	28230	6.68	19398	4.59
1993	47508	11.17	27244	6.41	20264	4.76
1994	45787	10.71	28130	6.58	17657	4.13
1995	45749	10.67	27671	6.45	18078	4.22
1996	46358	10.76	28773	6.68	17585	4.09
1997	37461	8.68	27834	6.45	9627	2.23
1998	43635	10.09	30497	7.06	13138	3.03
1999	35213	8.14	28903	6.68	6310	1.46
2000	40918	9.43	32114	7.40	8804	2.03
2001	32579	7.49	27398	6.29	5181	1.20
2002	33503	7.66	28375	6.49	5128	1.17
2003	30934	7.02	30915	7.02	19	0.00
2004	34567	7.77	30338	6.82	4229	0.95
2005	33108	7.36	30101	6.69	3007	0.67
2006	30491	6.70	31741	6.97	-1250	-0.27
2007	33395	7.26	30274	6.58	3121	0.68
2008	32651	7.05	32674	7.05	-23	0.00
2009	32503	6.99	31324	6.74	1179	0.25
2010	36504	7.83	33234	7.13	3270	0.70
2011	35734	7.65	31294	6.70	4440	0.95
2012	42697	9.10	33384	7.12	9313	1.99
2013	41364	8.78	32020	6.80	9344	1.98
2014	49285	10.38	32766	6.90	16519	3.48
2015	40571	8.47	33769	7.05	6802	1.42
2016	44836	9.27	31253	6.46	13583	2.81

单位：万人 续表 continued (10000 persons)

年 份 Year	总人口按性别分 Total Population Grouped by Sex		男、女人口占总人口比重 Male/Female Percentage of total Population		性别比 (%) Male/ Female (Percent)	户数 (万户) Total Households (10000 Household)	平均每户数 (人) Average Persons Per Household (person)	人口密度 (人/平方公里) Density of Population (person/sq·km)
	男 Male	女 Female	男 Male	女 Female				
1978	185.71	179.50	50.85	49.15	103.46	95.23	3.84	763
1980	191.85	185.05	50.90	49.10	103.67	100.87	3.74	787
1981	193.89	186.95	50.91	49.09	103.71	104.93	3.63	795
1982	196.34	188.82	50.98	49.02	103.98	106.58	3.61	804
1983	197.46	189.54	51.02	48.98	104.18	107.96	3.58	808
1984	198.09	190.39	50.99	49.01	104.04	110.66	3.51	811
1985	199.25	191.70	50.97	49.03	103.94	113.65	3.44	817
1986	201.60	193.86	50.98	49.02	103.99	115.67	3.42	826
1987	204.39	196.47	50.99	49.01	104.03	119.35	3.36	837
1988	207.27	199.53	50.95	49.05	103.88	126.42	3.22	850
1989	210.03	202.39	50.93	49.07	103.77	131.01	3.15	861
1990	212.50	205.21	50.87	49.13	103.55	134.26	3.11	872
1991	214.24	206.98	50.86	49.14	103.51	136.15	3.09	880
1992	215.53	208.37	50.84	49.16	103.44	139.04	3.05	885
1993	216.91	209.62	50.85	49.15	103.48	139.68	3.05	891
1994	217.71	210.61	50.83	49.17	103.37	140.51	3.05	895
1995	218.14	211.05	50.83	49.17	103.36	142.91	3.00	896
1996	218.79	212.03	50.78	49.22	103.19	145.10	2.97	900
1997	219.38	212.91	50.75	49.25	103.04	147.70	2.93	903
1998	219.16	213.05	50.71	49.29	102.87	147.71	2.93	903
1999	219.42	213.98	50.63	49.37	102.54	148.55	2.92	905
2000	219.66	214.95	50.54	49.46	102.19	150.06	2.90	908
2001	220.09	215.81	50.49	49.51	101.98	150.95	2.89	910
2002	221.12	217.46	50.42	49.58	101.68	152.94	2.87	916
2003	222.73	219.81	50.33	49.67	101.33	151.00	2.93	924
2004	224.68	222.51	50.24	49.76	100.98	150.67	2.97	934
2005	227.24	225.60	50.18	49.82	100.73	151.21	2.99	946
2006	229.11	228.69	50.05	49.95	100.18	151.93	3.01	956
2007	230.80	230.94	49.98	50.02	99.94	153.10	3.02	964
2008	232.10	232.10	50.00	50.00	100.00	153.82	3.02	970
2009	232.51	233.14	49.90	50.10	99.73	154.53	3.01	973
2010	232.32	234.23	49.80	50.20	99.18	155.56	3.00	1008
2011	232.67	235.30	49.72	50.28	98.88	156.31	2.99	1011
2012	233.41	236.66	49.65	50.35	98.62	157.12	2.99	1016
2013	234.08	238.14	49.57	50.43	98.30	158.09	2.99	1020
2014	236.16	240.98	49.49	50.51	98.00	159.78	2.99	1031
2015	237.69	243.21	49.43	50.57	97.73	161.67	2.97	1039
2016	240.02	246.18	49.37	50.63	97.50	163.87	2.97	1051

2-3 人口数

Population

单位：人、% （2016年） (person, percent)

地 区	District	总人口 Total Population	按性别分 Grouped by Sex 男 Male	女 Female	男、女人口占总人口比重 Male/Female Percentage of total Population 男 Male	女 Female	性别比Male/Female
全 市	**Total**	**4861951**	**2400150**	**2461801**	**49.4**	**50.6**	**97.5**
市 区	Urban Districts	2530547	1246457	1284090	49.3	50.7	97.1
梁溪区	Liangxi District	772212	381409	390803	49.4	50.6	97.6
锡山区	Xishan District	443301	216832	226469	48.9	51.1	95.7
惠山区	Huishan District	468342	231474	236868	49.4	50.6	97.7
滨湖区	Binhu District	492601	241917	250684	49.1	50.9	96.5
新吴区	Xinwu District	354091	174825	179266	49.4	50.6	97.5
市（县）	**City(County)**	**2331404**	**1153693**	**1177711**	**49.5**	**50.5**	**98.0**
江阴市	Jiangyin city	1248036	619577	628459	49.6	50.4	98.6
宜兴市	Yixing city	1083368	534116	549252	49.3	50.7	97.2

2-4 户数、平均人口、人口密度

Households,Average Population and Density of Population

单位：户、人 （2016年） (household, person)

地 区	District	总户数 Total Households	平均每户 Average Persons Per Household	平均人口 Average Population	人口密度（人/平方公里） Density of Population (person/sq·km)
全 市	**Total**	**1638660**	**2.97**	**4835479**	**1051**
市 区	Urban Districts	889411	2.85	2507790	1539
梁溪区	Liangxi District	298106	2.59	769571	10800
锡山区	Xishan District	133017	3.33	439204	1111
惠山区	Huishan District	146442	3.20	462567	1441
滨湖区	Binhu District	188967	2.61	486011	784
新吴区	Xinwu District	122879	2.88	350438	1609
市（县）	**City(County)**	**749249**	**3.11**	**2327689**	**781**
江阴市	Jiangyin city	373233	3.34	1244541	1265
宜兴市	Yixing city	376016	2.88	1083149	543

2－5　人口自然变动

Natural Changes of Population

单位：人、‰　　（2016年）　　(person, ‰)

地　区	District	出　生 Birth		死　亡 Death		自然增长 Natural Growth	
		人数 Population	出生率 Birth Rate	人数 Population	死亡率 Death Rate	人数 Population	增长率 Growth Rate
全　市	**Total**	**44836**	**9.27**	**31253**	**6.46**	**13583**	**2.81**
市　区	Urban Districts	24001	9.57	15066	6.01	8935	3.56
梁溪区	Liangxi District	6421	8.34	4820	6.26	1601	2.08
锡山区	Xishan District	3960	9.02	3006	6.84	954	2.18
惠山区	Huishan District	4575	9.89	2481	5.36	2094	4.53
滨湖区	Binhu District	5008	10.30	2738	5.63	2270	4.67
新吴区	Xinwu District	4037	11.52	2021	5.77	2016	5.75
市（县）	**City(County)**	**20835**	**8.95**	**16187**	**6.95**	**4648**	**2.00**
江阴市	Jiangyin city	11617	9.33	8079	6.49	3538	2.84
宜兴市	Yixing city	9218	8.51	8108	7.49	1110	1.02

2－6　计划生育和婚姻情况

Family Planning and Marriage Statistics

单位：%、对　　（2016年）　　(percent, pair)

地　区	District	晚婚率 Late Marriage Rate	计划生育率 Family Planning Rate	节育率 Birth Control Rate	独生子女率 the Sole Child Family Rate	结婚对数 Marriages	离婚对数 Divorces
全　市	**Total**	**79.20**	**99.89**	**88.86**	**71.33**	**36342**	**13975**
市　区	Urban Districts	79.58	99.97	88.49	70.39	18177	7586
梁溪区	Liangxi District	90.41	99.89	89.02	75.70	5469	2518
锡山区	Xishan District	84.83	99.72	91.00	65.51	2981	1233
惠山区	Huishan District	87.49	100.00	89.06	67.91	3159	1379
滨湖区	Binhu District	55.01	100.00	87.42	71.35	3875	1429
新吴区	Xinwu District	88.71	100.00	84.61	71.41	2693	1027
市（县）	**City(County)**	**78.83**	**99.85**	**89.42**	**72.76**	**18165**	**6389**
江阴市	Jiangyin city	77.01	99.92	91.38	68.52	9066	3233
宜兴市	Yixing city	81.51	99.76	86.07	80.02	9099	3156

2－7 历年按三次产业划分的社会从业人员及构成

Number of Socaial Labourers and The Compostion by Types of Industries

单位：万人、%　　　　（10000 persons,percent）

年份 Year	从业人员 Employment	其中 of Which			构成（以合计为100）		
		第一产业 Primary Industry	第二产业 Secondary Industry	第三产业 Tertiary Industry	第一产业 Primary Industry	第二产业 Secondary Industry	第三产业 Tertiary Industry
1978	198.49	111.38	65.73	21.38	56.1	33.1	10.8
1980	205.67	102.06	78.87	24.74	49.6	38.3	12.1
1981	211.26	99.91	87.31	24.04	47.3	41.3	11.4
1982	217.61	98.63	93.05	25.93	45.3	42.8	11.9
1983	222.84	92.20	102.36	28.28	41.4	45.9	12.7
1984	228.25	79.74	115.74	32.77	34.9	50.7	14.4
1985	236.78	61.18	133.38	42.27	25.8	56.3	17.9
1986	241.46	56.99	135.11	49.36	23.6	56.0	20.4
1987	244.95	50.83	144.56	49.56	20.8	59.0	20.2
1988	247.57	49.67	146.99	50.91	20.1	59.4	20.5
1989	246.51	54.37	143.60	48.54	22.1	58.2	19.7
1990	244.99	54.49	143.50	47.00	22.2	58.6	19.2
1991	245.69	51.80	145.52	48.37	21.1	59.2	19.7
1992	245.57	47.59	147.29	50.69	19.4	60.0	20.6
1993	245.92	47.83	147.86	50.23	19.4	60.1	20.5
1994	241.17	46.31	138.93	55.93	19.2	57.6	23.2
1995	237.98	39.29	136.21	62.48	16.5	57.2	26.3
1996	235.50	40.86	128.71	65.93	17.3	54.7	28.0
1997	232.59	48.66	123.10	60.83	20.9	52.9	26.2
1998	228.51	51.64	115.51	61.36	22.6	50.6	26.8
1999	224.97	52.09	109.39	63.49	23.2	48.6	28.2
2000	221.07	50.09	106.44	64.54	22.7	48.1	29.2
2001	241.08	48.65	123.55	68.88	20.2	51.2	28.6
2002	250.25	45.01	130.11	75.13	18.0	52.0	30.0
2003	260.08	39.28	139.50	81.30	15.1	53.6	31.3
2004	274.67	35.11	150.48	89.08	12.8	54.8	32.4
2005	289.20	34.18	159.43	95.59	11.8	55.1	33.1
2006	307.90	30.20	171.80	105.90	9.8	55.8	34.4
2007	325.23	28.27	183.27	113.69	8.7	56.3	35.0
2008	350.02	25.66	199.48	124.88	7.3	57.0	35.7
2009	364.31	18.76	213.67	131.88	5.1	58.7	36.2
2010	382.30	18.60	222.70	141.00	4.9	58.3	36.8
2011	386.00	18.40	223.10	144.50	4.8	57.8	37.4
2012	389.10	18.20	223.80	147.10	4.7	57.5	37.8
2013	389.20	18.10	222.50	148.60	4.6	57.2	38.2
2014	389.50	17.80	220.50	151.20	4.6	56.6	38.8
2015	390.00	17.60	219.40	153.00	4.5	56.3	39.2
2016	387.00	17.10	214.90	155.00	4.4	55.5	40.1

2—8 从业人数

Number of Employees

单位：万人　　（2016年）　　(10000 persons)

行业	Sectors	全市 Total	其中 of Which 市区 Urban Districts	江阴市 Jiangyin City	宜兴市 Yixing City
总计	**Total**	**387.00**	**214.09**	**98.99**	**73.92**
按产业分	**Grouped by Industry**				
第一产业	Primary Industry	17.10	3.62	4.86	8.62
第二产业	Secondary Industry	214.90	113.51	61.03	40.36
第三产业	Tertiary Industry	155.00	96.96	33.10	24.94
按行业分	**Grouped by Trade**				
农林牧渔业	Farming ,Forestry,Animal Husbandry and Fishery	17.10	3.62	4.86	8.62
采矿业	Excavation	0.01			0.01
制造业	Manufacturing	188.05	103.26	54.91	29.88
电力、热力、燃气及水的生产和供应业	Power,Heating Power,Gas and Water Production and Supply	1.89	1.28	0.36	0.25
建筑业	Construction	24.95	8.97	5.76	10.22
批发和零售业	Wholesale and Retail	49.60	28.89	12.18	8.53
交通运输、仓储和邮政业	Transportation,Storage,Post and Telecornmunications	8.75	4.78	2.21	1.76
住宿和餐饮业	Catering Trade	10.70	6.84	2.33	1.53
信息传输、软件和信息技术服务业	Information Transmission, Software and IT Services	3.63	2.87	0.42	0.34
金融业	Banking	4.16	3.08	0.60	0.48
房地产业	Real Estate	4.44	2.69	0.97	0.78
租赁和商务服务业	Hiring and Commercial Services	9.51	7.03	1.42	1.06
科学研究和技术服务业	Scientific Research,Technical Services	11.59	6.94	2.94	1.71
水利、环境和公共设施管理业	Water Conservancy,Environment and Public Facilities Administration	2.39	1.68	0.35	0.36
居民服务、修理和其他服务业	Community Services, Repair and Others	29.85	20.06	5.22	4.57
教育	Education	6.70	3.71	1.66	1.33
卫生和社会工作	Health Care, Social Work	4.60	2.71	1.04	0.85
文化、体育和娱乐业	Culture,Sports and Entertainment	1.95	1.18	0.52	0.25
公共管理、社会保障和社会组织	Public Administration,Social Ensure and Social Organization	7.13	4.50	1.24	1.39

2－9 历年全部城镇单位职工人数

Total Number of Staff and Workers in Urban Units

单位：人 (person)

年 份 Year	全 市 Total	其中 of Which 市 区 Urban Districts	江阴市 Jiangyin City	宜兴市 Yixing City	锡山市 Xishan City
1978	517938	322962	67020	75741	52215
1980	592049	372522	79523	79801	60203
1981	621954	392477	82227	83671	63579
1982	643445	408695	83573	85886	65291
1983	670002	430326	85570	86757	67349
1984	692730	444008	89037	88825	70860
1985	740093	473148	96852	93358	76735
1986	770224	501584	97046	96344	75250
1987	788131	507608	102639	100074	77810
1988	815180	525939	106703	102065	80473
1989	797766	511042	105346	101971	79407
1990	798628	505341	107156	104212	81919
1991	805287	508220	109215	104437	83415
1992	804224	504552	110890	103114	85668
1993	794939	492766	111475	105007	85691
1994	774523	472930	109220	104992	87381
1995	762608	460141	107526	102479	92462
1996	742795	444439	105869	100715	91772
1997	722358	430613	103248	99725	88772
1998	705550	424074	97189	97377	86910
1999	684983	415131	94655	92953	82244
2000	643231	396330	91677	78957	76267
2001	585894	426169	91664	68061	
2002	557269	401600	91866	63803	
2003	535316	382342	90418	62556	
2004	527262	367517	94257	65488	
2005	549395	381441	98587	69367	
2006	536291	362255	106510	67526	
2007	561698	375127	119620	66951	
2008	590263	400739	123938	65586	
2009	594474	381503	136098	76873	
2010	701673	416978	186310	98385	
2011	805519	538886	164616	102017	
2012	813730	536378	165880	111472	
2013	1178911	747663	273716	157532	
2014	1219986	797049	268402	154535	
2015	1179087	763337	266296	149454	
2016	1124818	740158	240340	144320	

注：1. 2008年前为原城镇集体以上单位口径，2009年起为城镇非私营单位口径，2011年起为城镇非私营单位在岗职工口径，在岗职工含劳务派遣人员，2014年起为城镇非私营单位从业人员口径（下同）。

2.本表部分数据未包含个别特殊情况企业的数据（下同）。

Note:1. Data for 2008 and the earlier years base on the data of urban collective-owned units, data since 2009 base on the data of non-private urban units.From the beginning of 2011,data is the staff and workers,staff includes labor dispatch personnel. data since 2014 base on the data of employees in non-private urban units.(the same as in the following tables).

2.Some data in this table does not contain data for individual special circumstances.(the same as in the following tables).

2－10 历年城镇单位职工工资总额

Salaries of Staff and Workers in Urban Units

单位：万元 （10000 yuan）

年 份 Year	全 市 Total	其中 of which 市 区 Urban Districts	江阴市 Jiangyin City	宜兴市 Yixing City	锡山市 Xishan City
1978	27714	18161	3281	3621	2651
1980	39872	25908	4987	4979	3998
1981	42595	27945	5211	5301	4138
1982	47197	30991	5662	5925	4619
1983	49556	32649	6054	5934	4919
1984	69712	46098	8624	8159	6831
1985	80034	52315	10198	9016	8505
1986	101583	68395	12030	11424	9734
1987	118148	78743	14343	13494	11568
1988	158002	105897	19966	17396	14743
1989	180874	119826	23288	19991	17769
1990	193065	127514	24690	21577	19284
1991	214070	142144	27374	23527	21025
1992	272092	181532	35305	29316	25939
1993	364806	242190	49158	38306	35152
1994	483523	311456	66318	52019	53730
1995	550545	347789	75523	62759	64474
1996	599230	374849	83118	69342	71921
1997	624002	391196	86258	73395	73154
1998	643958	406061	88078	75823	73996
1999	693568	449514	92603	76722	74729
2000	730420	485716	94841	74711	75152
2001	759845	587054	99430	73361	
2002	811401	623769	111359	76273	
2003	941427	693150	162114	86163	
2004	1084383	787857	190729	105797	
2005	1321770	955565	237197	129008	
2006	1540560	1098113	292339	150108	
2007	1843546	1274967	392063	176516	
2008	2262516	1580216	479916	202384	
2009	2545327	1682893	591761	270673	
2010	3199399	2018804	811430	369165	
2011	4108959	2765934	870717	472308	
2012	4518871	2965707	982829	570335	
2013	7141961	4531713	1764380	845868	
2014	8179762	5434017	1829965	915780	
2015	8535347	5653380	1904035	977932	
2016	8738312	5880761	1830003	1027548	

2－11 历年城镇单位职工年平均工资

Annual Average Wages of Staff and Workers in Urban Units

单位：元 (yuan)

年 份 Year	全 市 Total	其中 of which 市 区 Urban Districts	江阴市 Jiangyin City	宜兴市 Yixing City	锡山市 Xishan City
1978	550	574	512	493	532
1980	699	724	656	639	685
1981	703	733	652	641	663
1982	745	773	688	692	719
1983	753	773	720	686	757
1984	1037	1073	1000	931	998
1985	1113	1137	1086	987	1151
1986	1353	1401	1281	1202	1324
1987	1541	1595	1444	1372	1537
1988	1981	2056	1919	1731	1886
1989	2252	2319	2209	1962	2249
1990	2449	2550	2335	2119	2394
1991	2679	2816	2516	2265	2573
1992	3422	3659	3168	2811	3113
1993	4560	4845	4455	3636	4166
1994	6085	6308	6061	4985	6170
1995	7192	7488	6998	6153	7079
1996	8058	8403	7834	6927	7875
1997	8611	9026	8325	7401	8272
1998	9068	9610	8678	7743	8391
1999	9867	10606	9112	8169	8942
2000	10966	11988	9685	8835	9584
2001	12534	13367	10504	10132	
2002	14358	15354	11998	11549	
2003	17365	17873	17707	13722	
2004	20442	21295	20252	15956	
2005	24047	25038	23955	18695	
2006	28381	29702	27757	22145	
2007	33233	34758	32805	25808	
2008	37987	39129	38171	30656	
2009	42623	44027	42852	35226	
2010	46430	49243	44076	38851	
2011	51518	51798	53357	47041	
2012	56883	57417	58974	51361	
2013	60581	60612	64460	53695	
2014	67048	68177	68180	59260	
2015	71882	73254	71471	65521	
2016	78145	80287	75620	71479	

2－12 按市（县）分城镇非私营单位从业人员平均工资

（2016年）

指　　标	Items
总　计	**Total**
按执行会计制度分	**Grouped by Accounting System Executed**
企　业	Enterprises
事　业	Institutions
机　关	Governmental Agencies
民间非营利组织	Non Profit Organization
按国民经济行业分	**Grouped by Economic Sectors**
农林牧渔业	Farming ,Forestry,Animal Husbandry and Fishery
采矿业	Excavation
制造业	Manufacturing
电力、热力、燃气及水生产和供应业	Power,Gas and Water Production and Supply
建筑业	Construction
批发和零售业	Wholesale and Retail
交通运输、仓储和邮政业	Transportation,Storage,Post and Telecommunications
住宿和餐饮业	Catering Trade
信息传输、软件和信息技术服务业	Information Transmission,Computer and Software Services
金融业	Banking
房地产业	Real Estate
租赁和商务服务业	Hiring and Commercial Services
科学研究和技术服务业	Scientific Research,Technical Services and Geological Prospecting
水利、环境和公共设施管理业	Water Conservancy,Environment and Publi Facilities Administration
居民服务、修理和其他服务业	Commurity Services,Repair and Others
教育	Education
卫生和社会工作	Health Care,Social Ensure and Social Welfare
文化、体育和娱乐业	Culture,Sports and Entertainment
公共管理、社会保障和社会组织	Public Administration and Social Organization

Average Annual Wage of Employees in Non-private Urban Units by County

从业人员平均工资 (元) Average Wages (yuan)	其中 of which		
	市 区 Urban Districts	江阴市 Jiangyin City	宜兴市 Yixing City
78145	80287	75620	71479
73086	76068	68004	65487
101179	102672	102366	93557
117167	115040	156909	95405
54839	54839		
93584	40482	97444	103407
72929	75486	65687	73478
102955	95449	130244	79015
48993	50182	46416	48562
60758	59498	70217	56695
68890	67935	71054	72352
36584	35003	45900	41122
117646	118663	104421	105696
130822	130042	157743	99668
85950	88759	87035	68066
69486	68874	77199	69185
113074	116219	105726	83859
74604	78812	76027	47134
43440	67998	33396	97216
100765	102202	98722	99948
93262	94195	102835	79178
73771	70087	89838	73837
116475	114734	144321	94248

2－13 按市(县)分城镇非私营单位从业人员人数

Number of Employees in Non-private Urban Units by City

单位:人 （2016年） (person)

指标	Items	全市 Total	其中 of Which 市区 Urban Districts	江阴市 Jiangyin City	宜兴市 Yixing City
总计	**Total**	1124818	740158	240340	144320
按执行会计制度分	**Grouped by Accounting System Executed**				
企业	Enterprises	946555	635301	197336	113918
事业	Institutions	132290	75903	35920	20467
机关	Governmental Agencies	45442	28638	6924	9880
民间非营利组织	Non Profit Organization	88	88		
按国民经济行业分	**Grouped by Economic Sectors**				
农林牧渔业	Farming ,Forestry,Animal Husbandry and Fishery	1391	217	9	1165
采矿业	Excavation				
制造业	Manufacturing	625123	420656	151311	53156
电力、热力、燃气及水生产和供应业	Power,Gas and Water Production and Supply	10002	3869	3458	2675
建筑业	Construction	91076	42211	12946	35919
批发和零售业	Wholesale and Retail	42150	30638	6152	5360
交通运输、仓储和邮政业	Transportation,Storage,Post and Telecornmunications	31034	22251	6624	2159
住宿和餐饮业	Catering Trade	21927	18509	2715	703
信息传输、软件和信息技术服务业	Information Transmission,Computer and Software Services	26562	24614	1577	371
金融业	Banking	39385	30497	5200	3688
房地产业	Real Estate	20075	15557	1969	2549
租赁和商务服务业	Hiring and Commercial Services	15224	11709	1038	2477
科学研究和技术服务业	Scientific Research,Technical Services and Geological Prospecting	15924	13147	1826	951
水利、环境和公共设施管理业	Water Conservancy,Environment and Publi facilities Administration	10690	7584	1883	1223
居民服务、修理和其他服务业	Commurity Services and Others	4025	1186	2657	182
教育	Education	66483	34960	19874	11649
卫生和社会工作	Health Care,Social Ensure and Social Welfare	43205	25696	9271	8238
文化、体育和娱乐业	Culture,Sports and Entertainment	6525	4578	1057	890
公共管理、社会保障和社会组织	Public Administration and Social Organization	54017	32279	10773	10965

2－14 城镇社会保险基本情况表

Conditions of Urban Social Insurance

单位：万人　（2016年）　(10000 persons)

指 标	Items	全 市 Total	其中 of Which 市 区 Urban Districts	江阴市 Jiangyin City	宜兴市 Yixing City
企业离退休人数	Retirees from Enterprises	75.01	48.44	16.97	9.60
机关事业离退休人数	Retirees from State Organs and Institutions	2.98	2.10	0.59	0.29
参加基本养老保险参保人数	Endowment Insurance Underwriters	239.96	149.05	56.70	34.20
机关事业养老参保人数	Endowment Insurance Urderwriters from State Organs and Institutions	4.20	2.87	0.82	0.51
参加医疗保险人数	Medical Insurance Underwriters	314.53	194.43	71.85	48.25
#职 工	Employees	232.91	141.70	54.03	37.18
退 休	Retirees	81.62	52.73	17.82	11.07
参加失业保险人数	Unemplayment Insurance Underwriters	204.25	132.72	44.03	27.50
参加工伤保险人数	Work-related Injury Insurance Underwriters	198.55	131.39	42.89	24.26
参加生育保险人数	Birth Insurance Undewriters	199.00	131.45	43.29	24.26

（2015年）

指 标	Items	全 市 Total	其中 of Which 市 区 Urban Districts	江阴市 Jiangyin City	宜兴市 Yixing City
企业离退休人数	Retirees from Enterprises	70.87	46.56	15.59	8.72
机关事业离退休人数	Retirees from State Organs and Institutions	2.92	2.06	0.58	0.28
参加基本养老保险参保人数	Endowment Insurance Underwriters	236.27	147.16	55.37	33.74
机关事业养老参保人数	Endowment Insurance Urderwriters from State Organs and Institutions	4.24	2.89	0.84	0.51
参加医疗保险人数	Medical Insurance Underwriters	307.53	189.34	70.32	47.87
#职 工	Employees	230.72	139.03	53.92	37.77
退 休	Retirees	76.81	50.31	16.40	10.10
参加失业保险人数	Unemplayment Insurance Underwriters	200.37	130.24	43.13	27.00
参加工伤保险人数	Work-related Injury Insurance Underwriters	198.00	129.53	42.76	25.71
参加生育保险人数	Birth Insurance Undewriters	197.29	130.02	42.92	24.36

2—15 城镇就业和失业变化情况

Number of Being Employed and Being Unemployed in Urban Areas

单位：人　　（2016年）　　(person)

指 标	Items	全 市 Total	其中 of Which 市 区 Urban Districts	江阴市 Jiangyin City	宜兴市 Yixing City
全年城镇登记失业人员总数	**Registered Urban Unemployees**	**124923**	**80346**	**31318**	**13259**
上年末结转人数	From the Previous Year	40713	29559	6685	4469
本年增加失业人数	Added this Year	84210	50787	24633	8790
#再就业转失业	Reemployed to Unemployed	64212	46522	12015	5675
年末失业人员就业数	Year-end Unemployed-Reemployees	83937	50235	24860	8842
#女性	Female	36576	23484	8705	4387
其他原因减少的失业人员数	Unemployees Reduced for Other Reasons	1229	1011	207	11
年末尚有失业人员数	Year-end Unemployees	39757	29100	6251	4406
#女性	Female	15693	11204	3017	1472
失业率（%）	**Unemployment Rate (Percent)**	**1.85**	**1.74**	**2.29**	**2.19**

（2015年）

指 标	Items	全 市 Total	其中 of Which 市 区 Urban Districts	江阴市 Jiangyin City	宜兴市 Yixing City
全年城镇登记失业人员总数	**Registered Urban Unemployees**	**138221**	**92903**	**31155**	**14163**
上年末结转人数	From the Previous Year	41042	30131	6481	4430
本年增加失业人数	Added this Year	97179	62772	24674	9733
#再就业转失业	Reemployed to Unemployed	79630	55829	15600	8201
年末失业人员就业数	Year-end Unemployed-Reemployees	95969	61814	24470	9685
#女性	Female	38599	28385	7310	2904
其他原因减少的失业人员数	Unemployees Reduced for Other Reasons	1539	1530		9
年末尚有失业人员数	Year-end Unemployees	40713	29559	6685	4469
#女性	Female	15882	11452	2930	1500
失业率（%）	**Unemployment Rate (Percent)**	**1.89**	**1.76**	**2.45**	**2.22**

2017 STATISTICAL YEARBOOK OF WUXI

2017

CHAPTER 3

第3篇

人民生活

PEOPLE'S LIVELIHOOD

第三篇　人民生活

CHAPTER III　PEOPLE'S LIVELIHOOD

● 全体居民人均可支配收入	42757元	(yuan)
Per Capita Disposable Income of Residents		
比上年增长	8.4%	
Over the Previous Year		
● 全体居民人均生活消费支出	27932元	(yuan)
Per capita Consuming Expenditures of Residents		
比上年增长	7.6%	
Over the Previous Year		
● 城镇常住居民人均可支配收入	48628元	(yuan)
Per Capita Disposable Income of Urban Residents		
比上年增长	7.8%	
Over the Previous Year		
● 城镇常住居民人均生活消费支出	31438元	(yuan)
Per capita Consuming Expenditures of Urban Residents		
比上年增长	6.7%	
Over the Previous Year		
● 农村常住居民人均可支配收入	26158元	(yuan)
Per Capita Disposable Income of Rural Residents		
比上年增长	8.3%	
Over the Previous Year		
● 农村常住居民人均生活消费支出	18463元	(yuan)
Per capita Consuming Expenditures of Rural Residents		
比上年增长	12.1%	
Over the Previous Year		

3－1 人民生活（1978－2016）

Living Standards (1978-2016)

年 份 Year	全体居民人均可支配收入(元) Disposable Income of Residents (yuan)	城镇常住居民人均可支配收入(元) Disposable Income of Urban Residents (yuan)	农村常住居民人均可支配收入(元) Disposable Income of Rural Residents (yuan)	居民人均储蓄存款(元) Per Capita Savings Deposit of Residents (yuan)	商品零售物价指数 Retail Price Index	居民消费价格指数 Residents' Consumption Price Index
1978		340	181	39	101.0	101.0
1980		456	239	65	107.1	106.7
1981		508	280	80	101.7	101.6
1982		574	372	107	101.4	101.3
1983		595	450	150	101.4	101.4
1984		786	633	193	103.2	103.4
1985		958	698	302	112.9	112.1
1986		1088	807	435	105.9	105.8
1987		1289	925	624	112.7	112.0
1988		1454	1255	613	127.1	126.1
1989		1625	1415	929	115.8	116.1
1990		1833	1496	1337	103.8	104.5
1991		2007	1507	1737	109.2	109.4
1992		2391	1904	2093	107.6	109.1
1993		3325	2419	2437	119.3	120.3
1994		5054	3127	3287	121.4	124.9
1995		5763	3976	4708	112.5	115.7
1996		6500	4510	6792	107.8	111.8
1997		6935	4849	8790	99.9	103.1
1998		7178	5018	10816	99.0	100.9
1999		7920	5126	12264	96.4	99.9
2000		8603	5256	12763	100.0	98.6
2001		9454	5524	14785	99.0	100.2
2002		9988	5860	18529	99.3	99.2
2003		11647	6329	22546	100.9	101.0
2004		13588	7115	25943	103.4	104.0
2005		16005	8004	31140	101.6	102.0
2006		18189	8880	28847	101.4	101.7
2007		20898	10026	28389	102.5	103.8
2008		23605	11280	36938	105.2	105.1
2009		25027	12403	43587	99.1	99.5
2010		27750	14002	48313	102.5	103.4
2011		31638	16438	51497	104.1	105.1
2012		35663	18509	57719	101.8	102.5
2013		38999	20587	63029	101.7	102.1
2014	36471	41731	22266	66791	101.5	102.2
2015	39461	45129	24155	71259	100.0	101.8
2016	42757	48628	26158	74551	100.9	102.3

注：1、2009年起城镇居民人均可支配收入为全市口径；2014年起为城乡一体化住户调查新口径数据，城镇和农村居民收入统一为可支配收入，2013年以前农村居民为人均纯收入。 2、2015年居民储蓄存款为住户存款口径。

Note:1、The disposable income of urban residents is the citywide data since 2009.According to the new caliber of survey of the integration of urban and rural residents，the incomes of urban and rural residents were unified as disposable income。The income of rural residents was the net income of rural residents.

2、The Per Capita Savings Deposit of Residents in 2015 is Household Deposits.

3－2 全体居民家庭基本情况
Basic Conditions of Households

（2016年）

指 标		Items		全市调查户平均水平 Total Average
调查户数	（户）	**Households Surveyed**	**(household)**	**981**
平均每户家庭人口	（人）	Average Number of Persons Per Household	(person)	3.02
平均每户就业人口	（人）	Average Number of Employees Per Household	(person)	1.80
平均每一就业人口负担人数	（人）	Persons Supported by Each Employee	(person)	1.39
（不包括离、退休人口数)		(No Include Retired Veteran Caders and Retired People)		
住房情况		Housing Situation		
人均自有现住房面积	（m^2）	Per Capita Self-owned Housing Area	(sq·m)	47.86
1.按现住房房屋来源分	（户）	Grouped by The Source of Housing	(person)	981
租赁公房		Rent Publicly Owned Residence		3
租赁私房		Rent Privately Owned Residence		37
自建住房		Self-built Housing		402
购买商品房		Buy Commercial Residential Building		273
购买房改住房		Buy Apartments Through Housing Reform		52
购买保障性住房		Buy Affordable Housing		1
拆迁安置房		Resettlement Housing		184
继承或获赠住房		The Housing of Inheritance or Gift		
免费借用房		Free Rent Housing		4
雇主提供免费住房		Free Housing Provided by Employer		20
其他来源		Other Sources		5
2.按住户居住空间样式分		Grouped by Design of Living Space		981
单栋楼房		Separate Buildings		416
单栋平房		Separate Bungalow		18
四居室及以上单元房		Four-room and Above Apartments		36
三居室单元房		Three-room Apartments		314
二居室单元房		Two-room Apartments		162
一居室单元房		One-room Apartments		33
筒子楼或连片平房		Tube-shaped Apartment or Shall Bungalow		2
其他		Others		
3.按住户主要饮用水来源情况分		Gouped by The Source of Drinking Water		981
经过净化处理的自来水		The Purified Tap Water		980
受保护的井水和泉水		The Protected Well Water and Spring		
不受保护的井水和泉水		The Unprotected Well Water and Spring		
江河湖泊水		Rivers and Lakes Water		
收集雨水		Gathered Rain		
桶装水		Bottled Water		1
其他水源		Other Sources		

3—3 全体居民家庭收入情况

Living Income of Households

单位：元 （2016年） (yuan)

指 标	Items	2015	2016
可支配收入	**Disposable Income**	**39461**	**42757**
一、工资性收入	**Income from Wages and Salaries**	**26680**	**28944**
（一）工资	Wages	25987	28157
（二）其他工资性收入	Other Wage Income	605	735
二、经营净收入	**Net Income from Household Operations**	**4168**	**4483**
（一）第一产业经营净收入	Net Income from Household Operations of Primary Industry	177	156
（二）第二产业经营净收入	Net Income from Household Operations of The Secondary Industry	1016	1493
（三）第三产业经营净收入	Net Income from Household Operations of The Tertiary Industry	2975	2834
三、财产净收入	**Net Income of Property**	**3342**	**3623**
（一）利息净收入	NetInterest Income	144	197
（二）出租房屋财产性收入	Income of Property by Renting Out House	951	876
四、转移净收入	**Net Income from Transfers**	**5271**	**5707**
（一）转移性收入	Income From Transfers	7785	9302
养老金或离退休金	Pension	6731	7364
（二）转移性支出	Expenses on Transgers	2514	2782

3—4 全体居民家庭支出情况

Living Expenditure of Households

单位：元 （2016年） （yuan）

指标	Items	2015	2016
生活消费支出	**Consuming Expenditures**	**25954**	**27932**
（一）食品烟酒	Foods,Tobacco and Alcohol	7476	7922
1.食品	Foods	4926	5136
2.烟酒	Tobacco and Alcohol	1077	1086
3.饮料	Drinks	107	111
4.饮食服务	Catering Services	1366	1589
（二）衣着	Clothing	2266	2440
1.衣类	The clothes	1814	2001
2.鞋类	The Shoe	452	439
（三）居住	Residence	5367	5836
1.租赁房房租	Rent of House	82	152
2.住房维修及管理	The Repair and Management of House	658	839
3.水电燃料及其他	Water, Electric, Fuel, Etc.	913	1024
4.自有住房虚拟租金	Virtual Rent of Private House	3714	3821
（四）生活用品及服务	Daily Necessities and Service	1436	1532
1.家具及室内装饰品	The Furniture and Interior Decoration	207	228
2.家用器具	Household Appliances	318	330
3.家用纺织品	Home Textiles	129	133
4.家庭日用杂品	The Family Daily Sundry Goods	392	406
5.个人用品	Personal Items	260	310
6.家庭服务	Domestic Service	131	125
（五）交通通信	Transportation and Communications	3971	4224
1.交通	Transportation	3052	3019
2.通信	Communications	919	1205
（六）教育文化娱乐	Education Culture and Entertainment	3005	3358
1.教育	Education	1616	1736
2.文化娱乐	Culture and Entertainment	1389	1622
（七）医疗保健	Medicines and Medical Services	1583	1726
1.医疗器具及药品	Drugs and Medical Devices	537	547
2.医疗服务	Medical Service	1046	1179
（八）其他用品和服务	Other Goods and Services	850	894
1.其他用品	Other Goods	454	425
2.其他服务	Other Services	396	469

3—5 全体居民家庭每百户期末耐用品拥有量

Year-End Possession of Durable Consuming Goods Per 100 Households

（2016年）

商品名称		Commodity names		2016
家用汽车	（辆）	Domestic Automobile	(unit)	57.72
摩托车	（辆）	Motorcycle	(unit)	19.30
助力车	（台）	Electric Bicycle	(unit)	95.86
洗衣机	（台）	Washer	(unit)	100.87
电冰箱(柜)	（台）	Refrigerator	(unit)	102.15
微波炉	（台）	Microwave Oven	(unit)	92.45
彩色电视机	（台）	Color TV Set	(unit)	190.75
其中：接入有线电视	（台）	Among Them: Cable TV	(unit)	157.90
空调	（台）	Air Conditione	(unit)	226.33
热水器	（台）	Water Heater	(unit)	101.42
其中：太阳能热水器	（台）	Among Them:Solar Water Heater	(unit)	48.05
消毒碗柜	（台）	Cupboard's Sterilizer	(unit)	10.08
洗碗机	（台）	Dishwasher	(unit)	2.24
排油烟机	（台）	Lampblack Machine	(unit)	89.09
固定电话	（线）	Fixed Telephone	(unit)	76.56
移动电话	（部）	Mobile Phone	(unit)	237.56
其中：接入互联网	（部）	Among Them: Access to The Internet	(unit)	154.11
计算机	（台）	Computer	(unit)	90.67
其中：接入互联网	（台）	Among Them: Access to The Internet	(unit)	81.28
摄像机	（台）	TV Camera	(unit)	7.60
照相机	（台）	Camera	(unit)	35.49
中高档乐器	（架）	Medium and High-Grade Musical Instrument	(unit)	6.20
健身器材	（台）	Health Care Instrument	(unit)	7.53
组合音响	（套）	Hi-Fi System	(unit)	12.85

3－6 城镇常住居民家庭基本情况
Basic Conditions of Urban Households

（2016年）

指 标		Items		全市调查户平均水平 Total Average
调查户数	（户）	**Households Surveyed**	**(household)**	**695**
平均每户家庭人口	（人）	Average Number of Persons Per Household	(person)	3.00
平均每户就业人口	（人）	Average Number of Employees Per Household	(person)	1.73
平均每一就业人口负担人数	（人）	Persons Supported by Each Employee	(person)	1.38
（不包括离、退休人口数)		(No Include Retired Veteran Caders and Retired People)		
住房情况		Housing Situation		
人均自有现住房面积	（m^2）	Per Capita Self-owned Housing Area	(sq·m)	45.34
1.按现住房房屋来源分	（户）	Grouped by The Source of Housing	(household)	695
租赁公房		Rent Publicly Owned Residence		3
租赁私房		Rent Privately Owned Residence		32
自建住房		Self-built Housing		168
购买商品房		Buy Commercial Residential Building		264
购买房改住房		Buy Apartments Through Housing Reform		52
购买保障性住房		Buy Affordable Housing		1
拆迁安置房		Resettlement Housing		166
继承或获赠住房		The Housing of Inheritance or Gift		
免费借用房		Free Rent Housing		4
雇主提供免费住房		Free Housing Provided by Employer		
其他来源		Other Sources		5
2.按住户居住空间样式分		Grouped by Design of Living Space		695
单栋楼房		Separate Buildings		162
单栋平房		Separate Bungalow		10
四居室及以上单元房		Four-room and Above Apartments		34
三居室单元房		Three-room Apartments		297
二居室单元房		Two-room Apartments		159
一居室单元房		One-room Apartments		31
筒子楼或连片平房		Tube-shaped Apartment or Shall Bungalow		2
其他		Others		
3.按住户主要饮用水来源情况分		Gouped by The Source of Drinking Water		695
经过净化处理的自来水		The Purified Tap Water		694
受保护的井水和泉水		The Protected Well Water and Spring		
不受保护的井水和泉水		The Unprotected Well Water and Spring		
江河湖泊水		Rivers and Lakes Water		
收集雨水		Gathered Rain		
桶装水		Bottled Water		1
其他水源		Other Sources		

3—7 城镇常住居民家庭收入情况

Living Income of Urban Households

单位：元 （2016年） (yuan)

指 标	Items	2015	2016
可支配收入	**Disposable Income**	**45129**	**48628**
一、工资性收入	**Income from Wages and Salaries**	**30882**	**33305**
（一）工资	Wages	29923	32288
（二）其他工资性收入	Other Wage Income	869	969
二、经营净收入	**Net Income from Household Operations**	**4195**	**4479**
（一）第一产业经营净收入	Net Income from Household Operations of Primary Industry	63	66
（二）第二产业经营净收入	Net Income from Household Operations of The Secondary Industry	707	1485
（三）第三产业经营净收入	Net Income from Household Operations of The Tertiary Industry	3425	2928
三、财产净收入	**Net Income of Property**	**3795**	**4109**
（一）利息净收入	NetInterest Income	140	223
（二）出租房屋财产性收入	Income of Property by Renting Out House	1100	941
四、转移净收入	**Net Income from Transfers**	**6257**	**6735**
（一）转移性收入	Income From Transfers	9296	11167
养老金或离退休金	Pension	8173	8862
（二）转移性支出	Expenses on Transgers	3039	3332

3－8 城镇常住居民家庭支出情况

Living Expenditure of Urban Households

单位：元　　（2016年）　　（yuan）

指标	Items	2015	2016
生活消费支出	**Consuming Expenditures**	**29466**	**31438**
（一）食品烟酒	Foods,Tobacco and Alcohol	8333	8818
1.食品	Foods	5500	5712
2.烟酒	Tobacco and Alcohol	1122	1113
3.饮料	Drinks	118	121
4.饮食服务	Catering Services	1593	1873
（二）衣着	Clothing	2570	2729
1.衣类	The clothes	2063	2247
2.鞋类	The Shoe	507	482
（三）居住	Residence	6126	6574
1.租赁房房租	Rent of House	99	187
2.住房维修及管理	The Repair and Management of House	796	908
3.水电燃料及其他	Water, Electric, Fuel, Etc.	903	1044
4.自有住房虚拟租金	Virtual Rent of Private House	4327	4435
（四）生活用品及服务	Daily Necessities and Service	1657	1748
1.家具及室内装饰品	The Furniture and Interior Decoration	238	263
2.家用器具	Household Appliances	372	354
3.家用纺织品	Home Textiles	150	157
4.家庭日用杂品	The Family Daily Sundry Goods	412	442
5.个人用品	Personal Items	314	369
6.家庭服务	Domestic Service	171	163
（五）交通通信	Transportation and Communications	4540	4760
1.交通	Transportation	3579	3371
2.通信	Communications	961	1389
（六）教育文化娱乐	Education Culture and Entertainment	3535	3923
1.教育	Education	1894	1990
2.文化娱乐	Culture and Entertainment	1641	1933
（七）医疗保健	Medicines and Medical Services	1743	1886
1.医疗器具及药品	Drugs and Medical Devices	636	620
2.医疗服务	Medical Service	1107	1266
（八）其他用品和服务	Other Goods and Services	962	1000
1.其他用品	Other Goods	534	497
2.其他服务	Other Services	428	503

3—9 城镇常住居民家庭每百户期末耐用品拥有量

Year-End Possession of Durable Consuming Goods Per 100 Urban Households

（2016年）

商 品 名 称		Commodity names		2016
家用汽车	（辆）	Domestic Automobile	(unit)	60.91
摩托车	（辆）	Motorcycle	(unit)	14.63
助力车	（台）	Electric Bicycle	(unit)	90.03
洗衣机	（台）	Washer	(unit)	102.37
电冰箱(柜)	（台）	Refrigerator	(unit)	104.04
微波炉	（台）	Microwave Oven	(unit)	94.24
彩色电视机	（台）	Color TV Set	(unit)	198.36
其中：接入有线电视	（台）	Among Them: Cable TV	(unit)	162.91
空调	（台）	Air Conditione	(unit)	242.94
热水器	（台）	Water Heater	(unit)	104.73
其中：太阳能热水器	（台）	Among Them:Solar Water Heater	(unit)	36.44
消毒碗柜	（台）	Cupboard's Sterilizer	(unit)	10.91
洗碗机	（台）	Dishwasher	(unit)	1.29
排油烟机	（台）	Lampblack Machine	(unit)	94.96
固定电话	（线）	Fixed Telephone	(unit)	77.86
移动电话	（部）	Mobile Phone	(unit)	241.30
其中：接入互联网	（部）	Among Them: Access to The Internet	(unit)	161.24
计算机	（台）	Computer	(unit)	98.91
其中：接入互联网	（台）	Among Them: Access to The Internet	(unit)	88.40
摄像机	（台）	TV Camera	(unit)	8.13
照相机	（台）	Camera	(unit)	40.34
中高档乐器	（架）	Medium and High-Grade Musical Instrument	(unit)	8.52
健身器材	（台）	Health Care Instrument	(unit)	7.46
组合音响	（套）	Hi-Fi System	(unit)	13.14

3－10 农村常住居民家庭基本情况
Basic Conditions of Rural Households

（2016年）

指 标		Items		全市调查户平均水平 Total Average
调查户数	（户）	**Households Surveyed**	**(household)**	**286**
平均每户家庭人口	（人）	Average Number of Persons Per Household	(person)	3.07
平均每户就业人口	（人）	Average Number of Employees Per Household	(person)	1.97
平均每一就业人口负担人数	（人）	Persons Supported by Each Employee	(person)	1.40
（不包括离、退休人口数)		(No Include Retired Veteran Caders and Retired People)		
住房情况		Housing Situation		
人均自有现住房面积	（m^2）	Per Capita Self-owned Housing Area	(sq·m)	55.47
1.按现住房房屋来源分	（户）	Grouped by The Source of Housing	(household)	286
租赁公房		Rent Publicly Owned Residence		
租赁私房		Rent Privately Owned Residence		5
自建住房		Self-built Housing		234
购买商品房		Buy Commercial Residential Building		9
购买房改住房		Buy Apartments Through Housing Reform		
购买保障性住房		Buy Affordable Housing		
拆迁安置房		Resettlement Housing		18
继承或获赠住房		The Housing of Inheritance or Gift		
免费借用房		Free Rent Housing		
雇主提供免费住房		Free Housing Provided by Employer		20
其他来源		Other Sources		
2.按住户居住空间样式分		Grouped by Design of Living Space		286
单栋楼房		Separate Buildings		254
单栋平房		Separate Bungalow		8
四居室及以上单元房		Four-room and Above Apartments		2
三居室单元房		Three-room Apartments		17
二居室单元房		Two-room Apartments		3
一居室单元房		One-room Apartments		2
筒子楼或连片平房		Tube-shaped Apartment or Shall Bungalow		
其他		Others		
3.按住户主要饮用水来源情况分		Gouped by The Source of Drinking Water		286
经过净化处理的自来水		The Purified Tap Water		286
受保护的井水和泉水		The Protected Well Water and Spring		
不受保护的井水和泉水		The Unprotected Well Water and Spring		
江河湖泊水		Rivers and Lakes Water		
收集雨水		Gathered Rain		
桶装水		Bottled Water		
其他水源		Other Sources		

3－11 农村常住居民家庭收入情况

Living Income of Rural Households

单位：元　　（2016年）　　(yuan)

指标	Items	2015	2016
可支配收入	**Disposable Income**	**24155**	**26158**
一、工资性收入	**Income from Wages and Salaries**	**15333**	**16618**
（一）工资	Wages	15201	16475
（二）其他工资性收入	Other Wage Income	67	74
二、经营净收入	**Net Income from Household Operations**	**4096**	**4494**
（一）第一产业经营净收入	Net Income from Household Operations of Primary Industry	386	411
（二）第二产业经营净收入	Net Income from Household Operations of The Secondary Industry	1406	1517
（三）第三产业经营净收入	Net Income from Household Operations of The Tertiary Industry	2305	2566
三、财产净收入	**Net Income of Property**	**2118**	**2247**
（一）利息净收入	NetInterest Income	145	125
（二）出租房屋财产性收入	Income of Property by Renting Out House	523	693
四、转移净收入	**Net Income from Transfers**	**2608**	**2799**
（一）转移性收入	Income From Transfers	3703	4027
养老金或离退休金	Pension	2846	3130
（二）转移性支出	Expenses on Transgers	1095	1228

3—12 农村常住居民家庭支出情况

Living Expenditure of Rural Households

单位：元 （2016年） （yuan）

指标	Items	2015	2016
生活消费支出	**Consuming Expenditures**	**16469**	**18463**
（一）食品烟酒	Foods,Tobacco and Alcohol	5161	5502
1.食品	Foods	3429	3579
2.烟酒	Tobacco and Alcohol	892	1016
3.饮料	Drinks	76	86
4.饮食服务	Catering Services	765	821
（二）衣着	Clothing	1446	1662
1.衣类	The clothes	1147	1339
2.鞋类	The Shoe	299	323
（三）居住	Residence	3316	3840
1.租赁房房租	Rent of House	60	55
2.住房维修及管理	The Repair and Management of House	340	653
3.水电燃料及其他	Water, Electric, Fuel, Etc.	927	968
4.自有住房虚拟租金	Virtual Rent of Private House	1990	2164
（四）生活用品及服务	Daily Necessities and Service	841	949
1.家具及室内装饰品	The Furniture and Interior Decoration	143	135
2.家用器具	Household Appliances	173	267
3.家用纺织品	Home Textiles	70	68
4.家庭日用杂品	The Family Daily Sundry Goods	325	306
5.个人用品	Personal Items	113	151
6.家庭服务	Domestic Service	17	22
（五）交通通信	Transportation and Communications	2435	2779
1.交通	Transportation	1649	2072
2.通信	Communications	786	707
（六）教育文化娱乐	Education Culture and Entertainment	1571	1830
1.教育	Education	863	1051
2.文化娱乐	Culture and Entertainment	708	779
（七）医疗保健	Medicines and Medical Services	1151	1294
1.医疗器具及药品	Drugs and Medical Devices	300	351
2.医疗服务	Medical Service	851	943
（八）其他用品和服务	Other Goods and Services	548	607
1.其他用品	Other Goods	218	231
2.其他服务	Other Services	330	376

3－13　农村常住居民家庭每百户期末耐用品拥有量

Year-End Possession of Durable Consuming Goods Per 100 Rural Households

（2016年）

商品名称		Commodity names		2016
家用汽车	（辆）	Domestic Automobile	(unit)	49.94
摩托车	（辆）	Motorcycle	(unit)	30.80
助力车	（台）	Electric Bicycle	(unit)	110.00
洗衣机	（台）	Washer	(unit)	97.20
电冰箱(柜)	（台）	Refrigerator	(unit)	97.55
微波炉	（台）	Microwave Oven	(unit)	88.10
彩色电视机	（台）	Color TV Set	(unit)	172.23
其中：接入有线电视	（台）	Among Them: Cable TV	(unit)	145.62
空调	（台）	Air Conditione	(unit)	185.88
热水器	（台）	Water Heater	(unit)	93.35
其中：太阳能热水器	（台）	Among Them:Solar Water Heater	(unit)	76.31
消毒碗柜	（台）	Cupboard's Sterilizer	(unit)	8.10
洗碗机	（台）	Dishwasher	(unit)	4.60
排油烟机	（台）	Lampblack Machine	(unit)	74.80
固定电话	（线）	Fixed Telephone	(unit)	73.40
移动电话	（部）	Mobile Phone	(unit)	228.47
其中：接入互联网	（部）	Among Them: Access to The Internet	(unit)	136.76
计算机	（台）	Computer	(unit)	70.60
其中：接入互联网	（台）	Among Them: Access to The Internet	(unit)	63.94
摄像机	（台）	TV Camera	(unit)	6.30
照相机	（台）	Camera	(unit)	23.69
中高档乐器	（架）	Medium and High-Grade Musical Instrument	(unit)	0.70
健身器材	（台）	Health Care Instrument	(unit)	7.70
组合音响	（套）	Hi-Fi System	(unit)	12.14

2017

2017 STATISTICAL YEARBOOK OF WUXI

CHAPTER

第 4 篇

物 价

PRICES

第四篇　　物　　价

CHAPTER IV　PRICES

- 市区居民消费价格总指数　102.3
  Urban District Overall Residents Consumption Price Index
- 市区食品烟酒类价格指数　103.4
  Urban District Food and Tobacco Price Index
- 市区衣着类价格指数　99.5
  Urban District Clothing Price Index
- 市区生活用品及服务类价格指数　103.4
  Urban Household Facilities and Services Price Index
- 市区医疗保健类价格指数　115.3
  Urban District Helth Protection Price Index
- 市区交通和通信类价格指数　97.8
  Urban District Transportation and Communication Price Index
- 市区教育文化和娱乐类价格指数　99.1
  Urban District Education、Culture Aricles and Recreation Price Index
- 市区居住类价格指数　102.2
  Urban District Residence Price Index
- 市区服务项目指数　103.6
  Urban District Services Price Index
- 市区商品零售价格总指数　100.9
  Urban District Overall Retail Price Index

4－1 历年市区居民消费价格总指数及商品零售价格总指数

Consumption Price Indices and Retail Price Indices of Commodities over the Years of Per Urban Resident

（以上年价格为100） (preceding year=100)

年 份 Year	居民消费价格总指数 General Residents Consumption Price Index	其中 of Which				商品零售价格总指数 General Retail Price Index
		#食品类 Food	#衣着类 Clothing	#居住类 Inhabitation	#服务项目 Services	
1978	101.0					101.0
1979	101.0					101.1
1980	106.7					107.1
1981	101.6	100.4	99.8		101.1	101.7
1982	101.3	103.5	97.3		100.3	101.4
1983	101.4	101.9	101.5		101.2	101.4
1984	103.4	105.1	100.3		104.8	103.2
1985	112.1	119.0	101.0		104.6	112.9
1986	105.8	107.4	103.0		105.3	105.8
1987	112.0	117.0	111.1		105.2	112.7
1988	126.1	134.7	124.9		113.3	127.1
1989	116.1	113.1	123.3		119.6	115.8
1990	104.5	103.8	112.7		112.6	103.8
1991	109.4	113.4	103.5		111.3	109.2
1992	109.1	109.9	106.9		125.7	107.6
1993	120.3	121.5	121.8		130.8	119.3
1994	124.9	134.1	124.9	107.5	122.1	121.4
1995	115.7	121.5	116.8	107.9	124.5	112.5
1996	111.8	110.6	112.1	147.0	112.2	107.8
1997	103.1	100.5	104.7	113.0	121.3	99.9
1998	100.9	97.1	101.0	117.8	109.2	99.0
1999	99.9	94.6	100.6	107.2	122.2	96.4
2000	100.0	97.7	99.2	105.6	108.5	98.6
2001	100.2	99.9	98.9	102.6	103.4	99.0
2002	99.2	99.0	98.7	99.4	101.1	99.3
2003	101.0	103.3	100.1	102.1	100.9	100.9
2004	104.0	111.2	101.2	103.6	101.2	103.4
2005	102.0	103.3	100.4	106.9	101.6	101.6
2006	101.7	102.1	103.2	102.8	102.2	101.4
2007	103.8	108.1	103.3	104.2	101.5	102.5
2008	105.1	113.5	98.7	102.8	100.6	105.2
2009	99.5	100.6	97.0	97.6	98.9	99.1
2010	103.4	107.3	101.0	103.0	101.9	102.5
2011	105.1	111.1	97.9	104.0	103.6	104.1
2012	102.5	105.0	102.7	103.1	101.9	101.8
2013	102.1	104.1	104.9	101.9	101.4	101.7
2014	102.2	102.0	105.0	102.2	102.5	101.5
2015	101.8	102.8	101.8	102.0	102.1	100.0
2016	102.3	104.2	99.5	102.2	103.6	100.9

4－2 历年市区居民消费价格总指数及商品零售价格总指数

Consumption Price Indices and Retail Price Indices of Commodities over the Years of Per Urban Resident

（以所列年份为100） (the price of 1977,1978,…,2015=100)

年 份 Year	居民消费价格总指数 General Residents Consumption Price Index	其中 of Which				商品零售价格总指数 General Retail Price Index
		#食品类 Food	#衣着类 Clothing	#居住类 Inhabitation	#服务项目 Services	
1977	818.8					601.7
1978	810.7					595.7
1979	802.6					589.2
1980	752.2	1364.1	529.7		1379.3	550.2
1981	740.4	1358.7	530.8		1364.3	541.0
1982	730.9	1312.7	545.5		1360.2	533.5
1983	720.8	1288.2	537.4		1344.0	526.1
1984	697.1	1225.7	535.8		1282.5	509.8
1985	621.9	1030.0	530.5		1226.1	451.6
1986	587.8	959.1	515.1		1164.4	426.8
1987	524.8	819.7	463.6		1106.8	378.7
1988	416.2	608.5	371.2		976.9	298.0
1989	358.5	538.1	301.0		816.8	257.3
1990	343.0	518.4	267.1		725.4	247.9
1991	313.5	457.1	258.1		651.8	227.0
1992	287.4	415.9	241.4		518.5	211.0
1993	238.9	342.3	198.2	382.0	396.4	176.8
1994	191.3	255.3	158.7	355.3	324.7	145.7
1995	165.3	210.1	135.9	329.3	260.8	129.5
1996	147.9	190.0	121.2	224.0	232.4	120.1
1997	143.4	189.0	115.8	198.2	191.6	120.2
1998	142.1	194.7	114.6	168.3	175.5	121.5
1999	142.3	205.8	113.9	157.0	143.6	126.0
2000	142.3	210.6	114.9	148.7	132.3	127.8
2001	142.0	210.8	116.1	144.9	128.0	129.1
2002	143.1	213.0	117.7	145.8	126.6	130.0
2003	141.7	206.2	117.5	142.8	125.5	128.8
2004	136.3	185.4	116.1	137.8	124.0	124.6
2005	133.6	179.5	115.7	128.9	122.0	122.6
2006	131.4	175.8	112.1	125.4	119.4	120.9
2007	126.6	162.6	108.5	120.3	117.6	118.0
2008	120.4	143.3	109.9	117.1	116.9	112.1
2009	121.0	142.4	113.3	119.9	118.2	113.2
2010	117.1	132.7	112.2	116.4	116.1	110.4
2011	111.4	119.4	114.6	111.9	112.0	106.0
2012	108.7	113.8	111.6	108.6	109.9	104.2
2013	106.4	109.3	106.4	106.5	108.4	102.4
2014	104.1	107.1	101.3	104.2	105.8	100.9
2015	102.3	104.2	99.5	102.2	103.6	100.9

4—3 居民消费价格指数

Per Resident Consumption Price Indices

（以上年价格为100） （2016年） (preceding year=100)

指 标	Items	2016
居民消费价格总指数	**General Consumption Price Index of Per Resident**	**102.3**
非食品价格指数	Non-food Price Index	101.9
服务项目价格指数	Services Price Index	103.6
扣除鲜菜鲜果总指数	Allow for Fresh Vegetables and Fruits Price Index	102.3
消费品价格指数	Overall Retail Price Index	101.4
一、食品烟酒	**Food and Tobacco**	**103.4**
1. 食品	Food	104.2
(1) 粮食	Grain	100.4
(2) 薯类	Potatoes	111.8
(3) 豆类	Beans	101.4
(4) 食用油	Edible oil	98.8
(5) 菜	Vegetables	109.0
#鲜 菜	Fresh Vegetables	109.2
(6) 畜肉类	Meats	109.6
#猪 肉	pork	113.9
(7) 禽肉类	Poultry	100.5
(8) 水产品	Aquatic Products	107.7
(9) 蛋类	Eggs	95.5
(10) 奶类	Milk	100.9
(11) 干鲜瓜果类	Dried Fruit	96.8
#鲜瓜果	Fresh Melon and Fruits	95.4
(12) 糖果糕点类	Candy and Cake	98.8
(13) 调味品	Flavoring	108.0
(14) 其他食品类	Others	99.5
2. 茶及饮料	Tea and Beverages	101.1
3. 烟酒	Tobacco and Liquor	101.5
(1) 烟草	Tobacco	101.9
(2) 酒类	Liquor	100.6
4. 在外餐饮	Dine Out	102.6
二、衣着	Clothing	**99.5**
1. 服装	Garments	98.3
2. 服装材料	Clothing Material	103.7
3. 其他衣着及配件	Other clothing and accessories	98.9
4. 衣着加工服务费	Clothing Processing	101.7
5. 鞋类	Shoes	103.6

续表 continued

指　标	Items	2016
三、居住	**Occupancy**	**102.2**
1. 租赁房房租	Rent Residence	102.0
2. 住房保养维修及管理	The Repair and Management of House	103.9
3. 水电燃料	Water, Electricity and Fuels	100.8
4. 自有住房	Privately Owned Residence	102.2
四、生活用品及服务	**Daily Necessities and Service**	**103.4**
1. 家具及室内装饰品	The Furniture and Interior Decoration	102.7
2. 家用器具	Household Appliances	102.3
3. 家用纺织品	Home Textiles	100.7
4. 家庭日用杂品	The Family Daily Sundry Goods	100.9
5. 个人护理用品	Personal Care Items	101.5
6. 家庭服务	Domestic Service	116.2
五、交通和通信	**Transportation and Communications**	**97.8**
1. 交通	Transportation	96.4
(1) 交通工具	Transportation Tools	95.7
(2) 交通工具用燃料	Vehicles for Transport	95.6
(3) 交通工具使用和维修	Service and Repair for Vehicle	100.7
(4) 交通费	Traffic	99.0
2. 通信	Telecommunications	101.1
(1) 通信工具	Telecommunications Tools	106.5
(2) 通信服务	Telecommunications Services	99.2
(3) 邮递服务	Mail service	100.1
六、教育文化和娱乐	**Education ,Recreationand Culture**	**99.1**
1. 教育	Education	100.4
(1) 教育用品	Ducation Items	97.4
(2) 教育服务	Education and Child-Care Fee	100.5
2. 文化娱乐	Cultural and Recreational Articles	97.7
(1) 文娱耐用消费品	Cultural and entertainment durable consumer goods	98.9
(2) 其他文娱用品	Other Cultural and Recreational Articles	100.6
(3) 文化娱乐服务	Cultural and Recreational Service	100.5
(4) 旅游	Travel and Outing	95.9
七、医疗保健	**Medicine and Medical Care**	**115.3**
1. 药品及医疗器具	Drugs and Medical Devices	102.5
(1) 中药	Chinese Medicine	100.6
(2) 西药	Western Medicine	98.8
(3) 滋补保健品	Health care products	110.9
(4) 医疗卫生器具	Medicine Utersil	97.2
(5) 保健器具	Health care equipment	100.2
2. 医疗服务	Medical Service	123.0
八、其他用品和服务	**Other Goods and Services**	**103.3**
1. 其他用品类	Other Goods	106.8
2. 其他服务类	Other Services	100.5

4—4 分月居民消费价格总指数及商品零售价格总指数

（以上年价格为100） （2016年）

指 标	Items	全 年 Annual Total	1月 Jan	2月 Feb
城市居民消费价格总指数	**Urban General Consumption Price Index**	**102.3**	**102.5**	**102.6**
非食品价格指数	Non-food Price Index	101.9	102.3	101.7
服务项目价格指数	Services Price Index	103.6	104.4	102.5
扣除鲜菜鲜果总指数	Allow for Fresh Vegetables and Fruits Price Index	102.3	102.4	102.2
消费品价格指数	**Overall Retail Price Index**	**101.4**	**101.3**	**102.6**
1.食品烟酒	Food and Tobacco	103.4	103.3	105.4
2.衣着	Clothing	99.5	101.0	101.1
3.居住	Residence	102.2	102.4	101.3
4.生活用品及服务	Household Facilities and Service	103.4	106.9	104.6
5.交通和通信	Transportation and Telecommunication	97.8	97.7	98.0
6.教育文化和娱乐	Education ,Recreationand Culture	99.1	99.2	96.9
7.医疗保健	Medicine and Medical Care	115.3	117.1	117.2
8.其他用品和服务	Other Goods and Services	103.3	97.4	99.7
城市商品零售价格总指数	**Urban General Retail Price Index**	**100.9**	**100.4**	**101.4**
1.食品	Food	103.9	103.5	106.1
2.饮料、烟酒	Beverages, Tobacco and Liquor	101.4	103.5	104.4
3.服装、鞋帽	Garments，Shoes and Hats	99.4	100.8	101.1
4.纺织品	Textiles	100.9	104.3	103.2
5.家用电器及音像器材	Household Facilities and Moviolas	101.9	100.2	101.0
6.文化办公用品	Office Articles	98.3	99.0	98.6
7.日用品	Articles for Daily Use	102.1	102.1	102.0
8.体育娱乐用品	Sports and Recreation Articles	101.2	99.8	99.9
9.交通、通信用品	Transportation and Telecommunications	99.4	100.8	101.2
10.家具	Furniture	102.7	109.9	109.9
11.化妆品	Cosmetics	102.3	101.4	103.9
12.金银珠宝	Treasures	108.6	87.0	96.1
13.中西药品及医疗保健用品	Chinese and Western Medicine and Health Appliances	102.7	98.1	98.2
14.书报杂志及电子出版物	Books, Newspapers, Magazines and Electronic Publications	98.4	99.9	99.8
15.燃料	Fuels	96.5	94.5	95.6
16.建筑材料及五金电料	Building and Hardware Materials	101.0	99.6	100.6

Monthly Overall Resident Consumption Price Indices and Retail

续表 Continued (preceding year=100)

3月 Mar	4月 Apr	5月 May	6月 Jun	7月 Jul	8月 Aug	9月 Sept	10月 Oct	11月 Nov	12月 Dec
102.8	**102.2**	**102.1**	**101.9**	**101.8**	**101.9**	**102.4**	**102.9**	**102.4**	**102.2**
102.2	101.7	101.7	101.5	101.4	101.9	102.1	102.4	101.7	102.3
104.2	103.2	104.0	104.2	103.7	104.0	103.8	104.7	102.0	102.6
102.5	102.3	102.4	102.2	102.0	102.1	102.3	102.4	101.9	102.4
101.8	**101.6**	**100.8**	**100.3**	**100.5**	**100.5**	**101.5**	**101.6**	**102.8**	**102.0**
104.6	103.8	102.8	102.3	103.0	101.7	103.1	104.1	105.0	102.2
99.4	100.6	100.1	100.2	99.6	100.9	101.2	99.0	95.9	95.5
102.1	101.4	102.1	102.8	101.9	102.6	101.5	101.8	102.8	103.6
104.8	103.3	102.9	102.3	101.8	102.5	102.7	102.3	103.0	103.8
97.0	97.6	97.0	95.6	95.4	96.0	97.6	97.7	101.0	103.5
100.2	98.2	98.5	97.8	97.6	98.0	99.1	101.4	101.0	101.2
117.7	117.5	117.7	119.2	118.9	119.0	118.8	118.8	103.0	103.1
101.7	102.1	102.9	103.1	106.4	106.1	106.6	104.1	105.5	104.1
101.0	**100.8**	**100.6**	**100.0**	**99.9**	**100.2**	**100.9**	**100.7**	**102.5**	**102.4**
105.1	104.2	103.4	102.9	103.4	101.8	103.7	105.0	106.0	102.3
104.3	104.0	102.0	100.8	100.8	100.6	99.8	98.8	98.9	99.5
99.4	100.5	100.0	100.0	99.3	100.8	101.1	98.8	95.4	95.2
103.2	100.1	99.3	97.4	96.0	97.7	102.7	102.8	102.3	101.4
98.8	98.6	100.8	101.5	102.3	101.9	102.5	102.9	105.5	106.2
99.1	97.6	99.1	99.6	99.4	99.4	97.9	96.8	97.2	95.6
101.7	101.7	101.4	101.9	101.9	103.0	103.4	102.3	101.9	102.1
99.6	99.2	99.5	99.8	98.9	98.9	103.3	104.2	104.9	106.0
101.9	102.4	102.2	97.9	96.1	96.0	96.3	96.2	100.9	102.0
109.9	109.9	108.9	103.1	98.2	98.2	98.2	98.3	95.5	95.5
103.7	101.6	99.2	99.8	103.6	104.3	104.9	101.9	102.6	101.2
103.0	101.1	106.5	108.9	123.0	122.3	119.7	110.9	118.4	112.3
99.6	99.0	99.6	104.0	103.5	103.8	103.3	103.3	110.0	110.3
99.8	99.8	99.8	99.8	99.4	99.4	95.8	95.7	95.6	95.6
91.4	92.0	90.8	93.1	94.5	97.0	100.9	100.9	102.4	106.6
101.7	100.6	100.2	99.1	99.9	101.7	100.7	102.1	103.0	102.9

4−5 商品零售价格指数
Retail Price Indices of Commodities

（以上年价格为100）　　（2016年）　　(preceding year=100)

指 标	Items	2016
商品零售价格总指数	**General Retail Price Index**	**100.9**
一、食品	**Food**	**103.9**
1.粮食	Grain	100.4
2.薯类	Yam Products	111.8
3.豆类	Beans	101.4
4.食用油	Edible oil	98.8
5.菜	Vegetables	109.0
6.畜肉类	Meats	109.6
7.禽肉类	Poultry	100.6
8.水产品	Aquatic Products	107.6
9.蛋类	Eggs	95.5
10.奶类	Milk	100.9
11.干鲜瓜果类	Dried Fruit	96.8
12.糖果糕点类	Candy and Cake	98.7
13.调味品	Condiments	108.2
14.其他食品类	Others	99.5
15.在外餐饮	Dine Out	102.5
二、饮料、烟酒	**Beverage, Tobacco and Liquor**	**101.4**
1.茶及饮料	Teas and Beverages	101.1
2.烟草	Tobacco	101.9
3.酒类	Liquor	100.5

续表 1 continued 1

	指　　标 Items	2016
三、服装、鞋帽	**Garments, Shoes and Hats**	**99.4**
1.服装	Garments	98.3
2.鞋帽袜	Shoes, Socks and Hats	103.4
3.其他衣着配件	Other clothing	97.5
四、纺织品	**Textiles**	**100.9**
1.服装材料	Clothing Material	103.7
2.床上用品	Beding Articles	100.4
五、家用电器及音像器材	**Household Facilities and Moviolas**	**101.9**
1.家庭设备	Household Facilities	102.6
2.文娱用耐用消费品	Cultural and Recreational Durables	101.4
3.专业音像器材	Professional Moviolas	98.6
六、文化办公用品	**Cultural and Office Articles**	**98.3**
七、日用品	**Articles for Daily Use**	**102.1**
1.日用百货	Articles for Daily Use	101.3
2.厨具餐具茶具	Kitchen utensils tableware	102.7
3.清洗用品	Detergent	100.9
4.其他日用品	Others	104.0
八、体育娱乐用品	**Sports and Recreation Articles**	**101.2**
1.体育户外用品	Sports outdoor supplies	102.4
2.娱乐用品	Recreation Articles	100.7

续表 2 continued 2

指　　标 Items		2016
九、交通、通信用品	**Transportation and Telecommunications**	**99.4**
1.交通运输机械	Transport tools	97.5
2.通信器材	Communications tools	106.3
十、家具	**Furniture**	**102.7**
十一、化妆品	**Cosmetics**	**102.3**
十二、金银饰品	**Treasures**	**108.6**
十三、中西药品及医疗保健用品	**Chinese and Western Medicine and Health Appliances**	**102.7**
1.医疗卫生器具	Medicine Utersil	97.2
2.中药	Chinese Medicine	100.6
3.西药	Western Medicine	98.6
4.保健器具及用品	Health Appliances	109.2
十四、书报杂志及电子出版物	**Books, Newspapers, Magazines and Electronic Publications**	**98.4**
1.教材及参考书	Teaching Materials and Reference Books	97.4
2.书报杂志	Books, Newspapers and Magazines	98.6
3.计算机办公软件	office software	99.9
十五、燃料	**Fuels**	**96.5**
1.煤炭及制品	Coal and Its Products	99.6
2.石油及制品	Petroleum and Its Products	96.3
十六、建筑材料及五金电料	**Building and Hardware Materials**	**101.0**
1.建筑装璜材料	Building Decoration Movterials	100.8
2.五金水暖	Hardware Materials	101.7

2017 STATISTICAL YEARBOOK OF WUXI

CHAPTER 5

第 5 篇

固定资产投资

INVESTMENT IN FIXED ASSETS

第五篇 固定资产投资
CHAPTER V INVESTMENT IN FIXED ASSETS

● 固定资产投资额 Total Investment in Fixed Assets	4795.25亿元	(10^8 yuan)
比上年增长 Over the Previous Year	2.0%	
● 第一产业投资 Investment of the Primary Industry	9.05亿元	(10^8 yuan)
比上年增长 Over the Previous Year	-11.4%	
● 第二产业投资 Investment of the Secondany Industry	2048.65亿元	(10^8 yuan)
比上年增长 Over the Previous Year	7.0%	
● 其中：工业投资 Insustrial Investment	2045.54亿元	(10^8 yuan)
比上年增长 Over the Previous Year	7.1%	
● 第三产业投资 Investment of the tertiany Industry	2737.55亿元	(10^8 yuan)
比上年增长 Over the Previous Year	-1.4%	
● 竣工房屋面积 Floor Spale of Completed Buildings	2231.93万平方米	(10^4 sq.m)
比上年增长 Over the Previous Year	-35.3%	
● 竣工住宅面积 Floor Spale of Completed Residential Buildings	1067.37万平方米	(10^4 sq.m)
比上年增长 Over the Previous Year	-15.6%	

5－1 历年固定资产投资完成额

Total Investment Fulfilled in Fixed Assests

单位：万元 （10000 yuan）

年 份 Years	总 计 Total	其中 of Which 市区 Urban Districts	江阴市 Jingyin City	宜兴市 Yixing City
1978	17244	13359	2693	1192
1980	29029	23561	3565	1903
1981	41371	35966	3099	2306
1982	43218	36037	4464	2717
1983	43350	31143	8838	3369
1984	55916	35062	16995	3859
1985	95621	49612	39458	6551
1986	208648	162136	37617	8895
1987	289853	224700	52407	12746
1988	424617	330536	65628	28453
1989	341137	286284	40409	14444
1990	353027	303865	37087	12075
1991	565941	462594	80838	22509
1992	1305696	1029642	235173	40881
1993	1829668	1309442	404661	115565
1994	1899938	1357973	432523	109442
1995	2495883	1676097	528693	291093
1996	2506959	1833239	432682	241038
1997	2662870	1835288	511947	315635
1998	2772222	1875399	574802	322021
1999	3108154	2109286	638044	360824
2000	3500963	2391999	706506	402458
2001	4050050	2769798	810150	470102
2002	5378011	3583404	1203073	591534
2003	8933173	5356482	2535588	1041103
2004	11141332	6978803	2841319	1321210
2005	13360359	8326855	3315823	1717681
2006	14749480	9566442	3443454	1739584
2007	16742189	10936726	3721512	2083951
2008	18770168	12471832	4003308	2295028
2009	23875622	15992119	5007871	2875632
2010	29856548	19994048	6265177	3597323
2011	31691820	20450683	7119153	4121984
2012	36180721	23032290	8342829	4805602
2013	40157738	25116513	9487872	5553353
2014	46342111	29860872	10459732	6021507
2015	49011946	31090546	11285875	6635525
2016	47952497	31249060	11330316	5373121

5－2 历年竣工房屋面积和住宅面积

Completed Floor Area of Buildings and Housing Area

单位：万平方米 (10000 sq·m)

年　份 Years	竣工房屋面积 Completed Floor Area of Buildings	其中 of Which 商品房 Commodity Housing	竣工住宅面积 Completed Floor Area of Housing	其中 of Which 商品房 Commodity Housing
1978	65.30		25.17	
1980	99.92		50.03	
1981	136.88		85.30	
1982	156.81		83.19	
1983	151.48		73.65	
1984	147.53		77.90	
1985	179.83		77.37	
1986	192.53		85.01	
1987	187.99	41.80	74.48	39.37
1988	197.27	65.31	82.97	60.11
1989	168.72	49.81	58.03	42.15
1990	122.59	38.43	52.21	35.62
1991	156.64	47.75	57.62	39.43
1992	207.12	82.27	84.25	66.91
1993	314.21	162.80	163.10	141.14
1994	345.66	156.61	165.04	128.81
1995	430.16	251.33	233.82	206.09
1996	437.70	229.39	192.99	166.25
1997	374.38	241.03	189.94	173.06
1998	339.03	218.00	187.35	165.70
1999	367.05	264.09	234.81	223.02
2000	365.05	236.76	199.74	196.61
2001	347.44	247.88	208.24	205.34
2002	395.73	290.87	259.12	254.06
2003	961.08	508.01	521.55	456.29
2004	1190.72	483.35	477.31	403.32
2005	1637.76	689.77	647.33	544.03
2006	1878.03	788.57	702.91	612.49
2007	1949.97	737.53	749.89	597.86
2008	1845.81	711.39	681.96	589.55
2009	2276.29	719.77	729.66	554.21
2010	2885.47	1209.34	1156.91	931.77
2011	2492.68	939.14	972.14	714.49
2012	2710.60	825.96	713.05	571.06
2013	3004.40	1150.82	1077.77	859.32
2014	3618.27	958.21	752.53	627.84
2015	3452.11	1180.03	1264.94	886.17
2016	2231.93	1325.22	1067.37	970.64

注:2003年后为城镇规模以上数据。

Note: Those data from 2003 are their of above the set scale of urban.

5－3 固定资产投资主要指标

单位：万元 （2016年）

指 标	Items	投资额 Investment Quota
总 计	**Total**	**47952497**
按隶属关系分	**Grouped by Administrative Relationship**	
中央	Central Investment	492657
省	Provincial Investment	423749
省辖市	Provincial City	1135019
市(县)、区	Cities(or Counties)、Districts	2969754
其他	Others	42931318
按构成分	**Grouped by Composition of Projects**	
建筑工程	Building Projects	24386225
安装工程	Installment Projects	3982657
设备工器具购置	Purchasing of Facilities, Tools and Instruments	15882287
其他费用	Others	3701328
按产业分	**Grouped by Industry**	
第一产业	Primary Industry	90468
第二产业	Secondary Industry	20486525
#工 业	Industry	20455407
第三产业	Tertiary Industry	27375504
#住宅	Residence	7097792
按登记注册类型分	**Grouped by Ownership**	
内资	Domestic	41051686
国有	State-Owned	8290940
集体	Collective-Owned	1731358
股份合作	Share-holding Coorperation	90292
国有联营	State-Owned Joint Operation Companies	
集体联营	Collective-Owned Joint Operation Companies	5300
国有与集体联营	State-Owned with Collective Owned Joint Operation Companies	
其他联营	Others Joint Operation Companies	7080
国有独资公司	Ventures Exclusively with State-owned Investment	309211
其他有限责任公司	Others Co., Ltd.	10442289
股份有限公司	Share-holding Companies with Limited Liabilities	1040745
私营	Private	19061826
其他	Others	72645
港澳台商投资	HongKong/Macao/Taiwan-Invested	3219877
合资经营	Joint Venture	1473086
合作经营	Cooperative business Operation	85278
独资	Ventures Exclusively	1576856
股份有限	Limited-liability	42357
其他	Others	42300
外商投资	Foreigner-Invested	3644615
合资经营	Joint Venture	1002561
合作经营	Cooperative business Operation	85364
独资	Ventures Exclusively	2329548
股份有限	Limited-liability	214840
其他	Others	12302

Investment Items in Fixed Assets

(10000 yuan)

按市（县）分 by Cities(or Counties)			按报表种类分 by Report Forms	
市区 Urban Districts	江阴市 Jiangyin City	宜兴市 Yixing City	项目投资 Project Investment	房地产开发 Real Estate Development Investment
31249060	**11330316**	**5373121**	**37616271**	**10336226**
239634	159674	93349	287375	205282
201804		221945	389954	33795
984326	131386	19307	850190	284829
1651139	891778	426837	2702153	267601
28172157	10147478	4611683	33386599	9544719
16314927	5655343	2415955	17585305	6800920
2739764	788928	453965	2813744	1168913
10038802	3692109	2151376	15716020	166267
2155567	1193936	351825	1501202	2200126
5900	55500	29068	90468	
12323792	4954081	3208652	20486525	
12309524	4937231	3208652	20455407	
18919368	6320735	2135401	17039278	10336226
4427552	2042439	427801	253544	6844248
26303280	9807412	4940994	31916078	9135608
6403154	1351295	536491	8286340	4600
1161098	370595	199665	1687458	43900
76356	8086	5850	90292	
5300			5300	
7080			7080	
230618		78593	110612	198599
6938348	2448377	1055564	5042230	5400059
427152	471142	142451	980752	59993
11037229	5105917	2918680	15633369	3428457
16945	52000	3700	72645	
1699637	1218968	301272	2392680	827197
319323	1012534	141229	1279069	194017
52300	23978	9000	32978	52300
1307932	158071	110853	995976	580880
20082	18485	3790	42357	
	5900	36400	42300	
3242643	278976	122996	3271194	373421
876467	66226	59868	951838	50723
85364			13764	71600
2063122	208098	58328	2078450	251098
206890	3150	4800	214840	
10800	1502		12302	

单位：万元　　　　续表

指　标	Items	投资额 Investment Quota
个体经营	**Individual Venture**	**36319**
个体户	Self-employed laborer	35269
个人合伙	Individual Partner	1050
按国民经济行业分	**Grouped by Economic Sectors**	
1.农、林、牧、渔业	Farming ,Forestry,Animal Husbandry and Fishery	90468
2.采矿业	Excavation	
3.制造业	Manufacturing	19811424
4.电力、热力、燃气及水的生产和供应业	Power,Heating Power,Gas and Water Production and Supply	643983
5.建筑业	Construction	31118
6.批发和零售业	Wholesale and Retail	796252
7.交通运输、仓储和邮政业	Transportation,Storage,Post and Telecornmunications	1495884
8.住宿和餐饮业	Catering Trade	598710
9.信息传输、软件和信息技术服务业	Information Transmission, Software and IT Services	828268
10.金融业	Banking	80075
11.房地产业	Real Estate	12468230
12.租赁和商务服务业	Hiring and Commercial Services	1194244
13.科学研究和技术服务业	Scientific Research,Technical Services	561746
14.水利、环境和公共设施管理业	Water Conservancy,Environment and Publi facilities Administration	7463096
15.居民服务和其他服务业	Commurity Services, repair and Others	236917
16.教育	Education	365191
17.卫生和社会工作	Health Care, Social Affairs	301511
18.文化、体育和娱乐业	Culture,Sports and Entertainment	372121
19.公共管理、社会保障和社会组织	Public Administration,Social Ensure and Social Organization	613259
新增固定资产	**Newly Increased Fixed Assets**	**37319704**
项目个数(个)	**Numer of Projects (unit)**	
施工项目个数	Construction Projects	7106
投产项目个数	Projects put into production	5619
房屋建筑面积（平方米）	**Building Area of Houses (Sq·m)**	
施工房屋面积	Floor space of Buildings under Construction	78931809
#住宅	Residence	43919620
竣工房屋面积	Floor Space of Buildings Completed	22319282
#住宅	Residence	10673656
本年资金来源合计	**Total funds by source this year**	**53554837**
1.上年末结余资金	Funds Balanced the Previous Year	5179255
2.本年资金来源小计	Funds Added this year	48375582
#国家预算内资金	State Budgetary Funds	545569
国内贷款	Domestic loans	3454579
利用外资	Utilization of Foreign Funds	2653068
自筹资金	Self-Raised Funds	32777197
其他资金来源	Others	8869169
本年各项应付款合计	**Total Sums of Money to be paid This year**	**9048775**
#工程款	Projects Funds	3944040
按项目规模分(不包括房地产)	**Grouped by Construction Scale**	
500-1000万元	5-10 million yuan	237794
1000-3000万元	10-30 million yuan	1948790
3000-5000万元	30-50 million yuan	21971172
5000-1亿元	50-100 million yuan	1041450
1亿元-5亿元	100-500 million yuan	5956134
5亿元-10亿元	500-1000 million yuan	1997776
10亿元以上	Above 1000 million yuan	4463155

continued (10000 yuan)

按市（县）分 by Cities(or Counties)			按报表种类分 by Report Forms	
市 区 Urban Districts	江阴市 Jiangyin City	宜兴市 Yixing City	项目投资 Project Investment	房地产开发 Real Estate Development Investment
3500	**24960**	**7859**	**36319**	
3500	23910	7859	35269	
	1050		1050	
5900	55500	29068	90468	
11957397	4732600	3121427	19811424	
352127	204631	87225	643983	
14268	16850		31118	
679930	24991	91331	796252	
701318	625186	169380	1495884	
210667	244837	143206	598710	
795718	3000	29550	828268	
80075			80075	
8578525	2960520	929185	2132004	10336226
921260	139215	133769	1194244	
379652	134423	47671	561746	
5010600	2036313	416183	7463096	
211982	9870	15065	236917	
235304	107845	22042	365191	
242976	25075	33460	301511	
317042	5400	49679	372121	
554319	4060	54880	613259	
25540691	**6553140**	**5225873**	**29979195**	**7340509**
5017	958	1131	7106	
4028	788	803	5619	
50722700	18758496	9450613	19064223	59867586
27955744	11337620	4626256	1104908	42814712
15285559	3561442	3472281	9067091	13252191
6872970	2274750	1525936	967238	9706418
35078839	**12574113**	**5901885**	**34381514**	**19173323**
3830859	884932	463464	294963	4884292
31247980	11689181	5438421	34086551	14289031
183897	360482	1190	545569	
2533227	578439	342913	1306663	2147916
2428797	203768	20503	2592908	60160
19718131	8865166	4193900	28874981	3902216
6383928	1605326	879915	690430	8178739
6226949	**1376130**	**1445696**	**5220104**	**3828671**
2677205	605526	661309	1768223	2175817
123109	80751	33934		
1176828	504559	267403		
16656707	2506590	2807875		
569440	308979	163031		
3076945	2138771	740418		
893781	833452	270543		
2114040	2146229	202886		

5－4 工业各行业固定资产投资主要指标

单位：万元 （2016年）

指 标	Items
制造业	**Manufacturing**
农副食品加工业	Processing of Food from Agricultural Products
食品制造业	Manufacture of Foods
酒、饮料和精制茶制造业	Manufacture of Wine, Beverage and Refined Tea Manufacturing
纺织业	Manufacture of Textile
纺织服装、服饰业	Manufacture of Textile Wearing Apparel, Clothing
皮革、毛皮、羽毛及其制品和制鞋业	Manufacture of Leather, Fur, Feather, Related and Footwear Products
木材加工和木、竹、藤、棕、草制品业	Processing of Timber, Manufacture of Wood,Bamboo, Rattan, Palm and Straw Products
家具制造业	Manufacture of Furniture
造纸和纸制品业	Manufacture of Paper and Paper Products
印刷和记录媒介复制业	Printing, Reproduction of Recording Media
文教、工美、体育和娱乐用品制造业	Manufacture of Culture, Art, Sports and Entertainment Products
石油加工、炼焦和核燃料加工业	Processing of Petroleum, Coking, Processing of Nuclear Fuel
化学原料和化学制品制造业	Manufacture of Raw Chemical Materials and Chemical Products
医药制造业	Manufacture of Medicines
化学纤维制造业	Manufacture of Chemical Fibers
橡胶和塑料制品业	Manufacture of Rubber,Plastics
非金属矿物制品业	Manufacture of Non-metallic Mineral Products
黑色金属冶炼和压延加工业	Smelting and Pressing of Ferrous Metals
有色金属冶炼和压延加工业	Smelting and Pressing of Non-ferrous Metals
金属制品业	Manufacture of Metal Products
通用设备制造业	Manufacture of General Purpose Machinery
专用设备制造业	Manufacture of Special Purpose Machinery
汽车制造业	Manufacture of Automotive
铁路、船舶、航空航天和其他运输设备制造业	Manufacture of Railroads, Ships, Aerospace and Other Transportation Equipment
电气机械和器材制造业	Manufacture of Electrical Machinery and Equipment
计算机、通信和其他电子设备制造业	Manufacture of Communication Equipment, Computers and Other Electronic Equipment
仪器仪表制造业	Manufacture of Measuring Instruments
其他制造业	Other Manufacturing
废弃资源综合利用业	Comprehensive Utilization of Waste Resources
金属制品、机械和设备修理业	Manufacture of Metal Products, Machinery and Equipment Repair
电力、热力、燃气及水的生产和供应业	**Production and Supply of Electricity,Heat,Gas and Water**
电力、热力生产和供应业	Production and Supply of Electric Power and Heat Power
燃气生产和供应业	Production and Supply of Gas
水的生产和供应业	Production and Supply of Water

Investment Items in Fixed Assets

(10000 yuan)

投资额 Investment Quota	按市（县）分 by Cities(or Counties)		
	市 区 Urban Districts	江阴市 Jiangyin City	宜兴市 Yixing City
19811424	**11957397**	**4732600**	**3121427**
43172	26372		16800
126292	96312	7030	22950
14250	4200		10050
660437	286877	280745	92815
540592	198259	326813	15520
9036	8100	936	
45165	36665	4900	3600
108679	86180	5100	17399
195033	149206	31027	14800
273357	233100	35257	5000
117646	100146	10500	7000
43020	39920	2700	400
1127170	412694	514718	199758
154891	119471	25540	9880
189369	38385	127235	23749
1214082	783971	334601	95510
541838	137432	97554	306852
582633	315957	225276	41400
327310	137572	96368	93370
1497513	949740	394353	153420
2996688	2039903	621290	335495
2312968	1025620	343941	943407
1016178	800764	162314	53100
299338	268989	29149	1200
1722769	985659	279398	457712
3202612	2335275	709787	157550
335530	253622	65368	16540
96018	69868		26150
13220	13220		
4618	3918	700	
643983	**352127**	**204631**	**87225**
469118	249518	175451	44149
17972	13572		4400
156893	89037	29180	38676

5—5 固定资产投资效果情况

（2016年）

指标 Items			总计 Total	按投资性质分 by Nature 项目投资 Project Investment	房地产开发 Real Estute Development
施工建设项目	(个) Construction Projects	(unit)	7106	7106	
全部建成投产项目	Operating Ones of the Completed		5619	5619	
项目建成投产率	(%) Operating Ones over the Completed	(Percent)	79.1	79.1	
计划总投资	(万元) Total Planned Investment	(10000 yuan)	129019103	61301207	67717896
本年完成投资	Accomplished Investment This Year		47952497	37616271	10336226
建设周期	(年) Construction Period	(year)	2.69	1.63	6.55
新增固定资产	(万元) Increased Fixed Assets	(10000 yuan)	37319704	29979195	7340509
固定资产交付使用率	(%) The Operation Rate of the Fixed assets	(Percent)	77.8	79.7	71.0
房屋施工面积	(万平方米) Floor Space of the Constructing Housing	(10000 sq·m)	7893.18	1906.42	5986.76
房屋竣工面积	Floor Space of the Buildings Completed		2231.93	906.71	1325.22
房屋竣工率	(%) Completion Rate of the Buildings	(Percent)	28.3	47.6	22.1

Outcome of Fixed Assets Investment Results

全市 Total	按地区分 by Region		
	市区 Urban Districts	江阴市 Jiangyin City	宜兴市 Yixing City
7106	5017	958	1131
5619	4028	788	803
79.1	80.3	82.3	71.0
129019103	91591627	22867072	14560404
47952497	31249060	11330316	5373121
2.69	2.93	2.02	2.71
37319704	25540691	6553140	5225873
77.8	81.7	57.8	97.3
7893.18	5072.27	1875.85	945.06
2231.93	1528.56	356.14	347.23
28.3	30.1	19.0	36.7

5－6 房地产开发投资完成额

Fulfilled Investment of Real Estate

单位：万元 （2016年） （10000 yuan）

指 标	Items	全市 Total	其中 of Which 市区 Urban Districts	江阴市 Jiangyin City	宜兴市 Yixing City
总 计	**Total**	**10336226**	**6638210**	**2810985**	**887031**
按隶属关系分	**Grouped by Administrative Relationship**				
省（自治区、直辖市）	Provincial Investment	33795			33795
地区（州、盟、省辖市）	Municipalities	284829	284829		
县（旗、县级市）	Cities(or Counties)、Districts	267601		36428	57399
乡镇(街道)	Towns	60495	60215	22	258
其他	Others	9689506	6293166	2774535	795579
按用途分	**Grouped by use**				
住 宅	Residence	6844248	4192908	2027539	623801
#90平方米以下	Under 90 m^2	1762011	1348301	330949	82761
144平方米以上住房	Above 144 m^2	2482361	1455583	687445	339333
别墅、高档公寓	Villas and Top-Grade Apartments	665899	351321	138645	175933
办公楼	Office Buildings	374107	284717	84509	4881
商业营业用房	Managing Housing for Trade and Catering	2134832	1440386	496860	197586
其 他	Others	983039	720199	202077	60763
按资质分	**Grouped by Qualifications**				
一 级	Grade Ⅰ	294727	127355	163752	3620
二 级	Grade Ⅱ	2311685	1664242	343129	304314
三 级	Grade Ⅲ	255354	151932	95402	8020
四 级	Grade Ⅳ				
暂 定	Tentative	4750550	2830337	1356704	563509
其 它	Others	2723910	1864344	851998	7568

单位：万元 续表 continued (10000 yuan)

指标	Items	全市 Total	其中 of Which 市区 Urban Districts	江阴市 Jiangyin City	宜兴市 Yixing City
按登记注册类型分	**Grouped by Ownership**				
国有	State-Owned	4600			4600
集体	Collective-Owned	43900		43900	
股份合作	Share-holding Coorperation				
国有独资公司	Ventures Exclusively with State-Owned Investment	198599	157923		40676
其他有限责任公司	Others Limited Liability Corporations	5400059	3864417	1081626	454016
股份有限公司	Share-holding Companies with Limited Liabilites	59993	24405	34588	1000
私营独资	Ventures Exclusively with Private Investment	10600	1000		9600
私营合伙	Private in Partnership				
私营有限责任公司	Private Limited Liability Company	3393202	1596869	1486164	310169
私营股份有限公司	Private Share-holding Companies with Limited Liabilities	24655	22600	300	1755
其他	Others				
港澳台投资	HongKong/Macao/Taiwan-Invested	827197	657424	144207	25566
外商投资	Foreigner-Invested	373421	313572	20200	39649
按构成分	**Grouped by Composition of Projects**				
建筑工程	Building Projects	6800920	4297517	1966410	536993
安装工程	Installment Projects	1168913	739145	304266	125502
设备、工器具购置	Purchasing of the Facilities, Tools and Instruments	166267	120372	33287	12608
其他费用	Others Expenses	2200126	1481176	507022	211928

5－7 房屋建设与销售情况
Construction and Sales of Buildings

单位：万平方米　　（2016年）　　(10000 sq·m)

指标	Itmes	总计 Total	按投资性质分 by Nature 项目投资 Project Investment	房地产开发 Real Estate Development	按地区分 by Region 市区 Urban Districts	江阴市 Jiangyin City	宜兴市 Yixing City
施工房屋面积	Floor Space of Buildings Under construction	7893.18	1906.42	5986.76	5072.27	1875.85	945.06
竣工房屋面积	Floor Space of Buildings Completed	2231.93	906.71	1325.22	1528.56	356.14	347.23
竣工房屋价值（万元）	Value of Buildings Completed (10000 yuan)	9242672	2777610	6465062	6752642	1142485	1347545
施工住宅面积	Floor Space of Residence under coustruction	4391.96	110.49	4281.47	2795.57	1133.76	462.63
竣工住宅面积	Floor Space of Residence Completed	1067.37	96.72	970.64	687.30	227.48	152.59
竣工住宅价值（万元）	Value of Residence Completed (10000 yuan)	4900280	302098	4598182	3423558	715061	761661
商品房屋销售额（万元）	Sales Volume of Commodity Housing (10000 yuan)	11080267		11080267	8343438	1692686	1044143
#住　宅	Residence	10003516		10003516	7606218	1512684	884614
商品房屋销售面积	Floor Space of Commodity Housing Sold	1276.41		1276.41	908.23	233.05	135.13
#住　宅	Residence	1168.43		1168.43	836.46	214.81	117.16

5－8 房地产开发房屋施工及竣工情况

Floor Space of Buildings Construction and The Completed

单位：平方米　　　　（2016年）　　　　(sq·m)

指标	Items	全市 Total	其中 of Which 市区 Urban Districts	江阴市 Jiangyin City	宜兴市 Yixing City
房屋施工面积	**Floor Space of Constructing Buildings**	**59867586**	**38390222**	**15326138**	**6151226**
住　宅	Residence	42814712	27050506	11250620	4513586
#别墅、高档公寓	Villas and Top Grade Apartments	4083790	2485291	782334	816165
办公楼	Office Buildings	2416894	1708116	672575	36203
商业营业用房	Managing Housing for Trade and Catering	10003690	6533936	2437534	1032220
其 他	Others	4632290	3097664	965409	569217
本年新开工面积	**Floor Space of New Construction Projects This Year**	**9781838**	**5861632**	**2769125**	**1151081**
住 宅	Residence	7299523	4378060	2098798	822665
#别墅、高档公寓	Villas and Top Grade Apartments	442484	258635	47969	135880
办公楼	Office Buildings	164047	135254	5943	22850
商业营业用房	Managing Housing for Trade and Catering	1605815	965299	439636	200880
其 他	Others	712453	383019	224748	104686
竣工房屋面积	**Floor Space of the Housing Completed**	**13252191**	**8426372**	**2610369**	**2215450**
住 宅	Residence	9706418	5977732	2202750	1525936
#别墅、高档公寓	Villas and Top Grade Apartments	919749	663645	77484	178620
办公楼	Office Buildings	445412	306775	110641	27996
商业营业用房	Managing Housing for Trade and Catering	1983013	1315321	153918	513774
其 他	Others	1117348	826544	143060	147744
竣工房屋价值 （万元）	**Value of the Completed Housing (10000 yuan)**	**6465062**	**4554675**	**889034**	**1021353**
住 宅	Residence	4598182	3133260	703261	761661
#别墅、高档公寓	Villas and Top-Grade Apartments	685679	498223	42341	145115
办公楼	Office Buildings	181400	103051	70199	8150
商业营业用房	Managing Housing for Trade and Catering	1315143	1026349	77216	211578
其 他	Others	370337	292015	38358	39964

5—9 商品房销售情况

The Selling State of Commercial Housing

单位：平方米、万元 （2016年） (sq·m, 10000 yuan)

指标	Items	全市 Total	其中 of Which 市区 Urban Districts	江阴市 Jiangyin City	宜兴市 Yixing City
商品房销售面积	**The Sold Area of Commercial Housing**	**12764141**	**9082321**	**2330508**	**1351312**
住宅	Residence	11684279	8364599	2148129	1171551
#别墅、高档公寓	Villas and Top Grade Apartments	814897	506949	140373	167575
办公楼	Office Buildings	297431	241233	38545	17653
商业营业用房	Managing Housing for Trade and Catering	742739	462850	130988	148901
其他	Others	39692	13639	12846	13207
现房销售面积	**The Sold Area of Finished Housing**	**3865914**	**2507981**	**806307**	**551626**
住宅	Residence	3248432	2103713	690740	453979
#别墅、高档公寓	Villas and Top Grade Apartments	347206	215447	36019	95740
办公楼	Office Buildings	213246	165191	30402	17653
商业营业用房	Managing Housing for Trade and Catering	372347	229817	75485	67045
其他	Others	31889	9260	9680	12949
期房销售面积	**The Sold Area of Forward Delivery Housing**	**8898227**	**6574340**	**1524201**	**799686**
住宅	Residence	8435847	6260886	1457389	717572
#别墅、高档公寓	Villas and Top Grade Apartments	467691	291502	104354	71835
办公楼	Office Buildings	84185	76042	8143	
商业营业用房	Managing Housing for Trade and Catering	370392	233033	55503	81856
其他	Others	7803	4379	3166	258
商品房销售额	**The sales of Commercial Housing**	**11080267**	**8343438**	**1692686**	**1044143**
住宅	Residence	10003516	7606218	1512684	884614
#别墅、高档公寓	Villas and Top Grade Apartments	894472	578061	118581	197830
办公楼	Office Buildings	224461	188816	22545	13100
商业营业用房	Managing Housing for Trade and Catering	833938	539116	150058	144764
其他	Others	18352	9288	7399	1665
现房销售额	**The Sales of Finished Housing**	**3149727**	**2177432**	**586230**	**386065**
住宅	Residence	2648136	1859291	473997	314848
#别墅、高档公寓	Villas and Top Grade Apartments	359569	226116	36532	96921
办公楼	Office Buildings	141456	110649	17707	13100
商业营业用房	Managing Housing for Trade and Catering	348475	202615	89326	56534
其他	Others	11660	4877	5200	1583
期房销售额	**The Sales of Forward Delivery Housing**	**7930540**	**6166006**	**1106456**	**658078**
住宅	Residence	7355380	5746927	1038687	569766
#别墅、高档公寓	Villas and Top Grade Apartments	534903	351945	82049	100909
办公楼	Office Buildings	83005	78167	4838	
商业营业用房	Managing Housing for Trade and Catering	485463	336501	60732	88230
其他	Others	6692	4411	2199	82

CHAPTER

第 6 篇

城市建设 环境保护

URBAN CONSTRUCTION ADN ENVIRONMENTAL PROTECTION

第六篇　　城市建设　环境保护
CHAPTER VI　URBAN CONSTRUCTION AND ENVIRONMENTAL PROTECTION

● 建成区面积 Urban Area of the Constructed Regions	332平方公里	(sq.km)
● 市区人口密度 Density of Population in Urban Districts	1539人/平方公里	(person/sq.km)
● 市区实有道路面积 Area of Roads in Urban Districts	6679万平方米	(10^4sq.m)
● 市区人均公园绿地面积 Per Capita Green Area of Parks in Urban Districts	14.9平方米	(sq.m)
● 市区出租车营运数量 Taxies in Operation in Urban Districts	4040辆	(vehicles)
● 市区气化率 Percentage of Population Using Gas for Cooking in Urban Disricts	100.0%	(percent)

6－1 历年城市道路、路灯

Urban Road and Street Lamp

年 份 Years	建成区面积 (平方公里) Urban Area of Constructed Regions (sq·km)	城市道路长度 (3.5米以上)(公里) Length of Urban Roads (above 3.5m) (km)	城市道路面积 (万平方米) Floor Space of Urban Roads (10000 sq·m)	城市路灯 (盏) Urban Street Lamps (lamp)	排水管道长度 (公里) Length of Urban Drain (km)
1978	35	100	88	6005	238
1980	36	123	104	7002	252
1981	37	147	108	7627	255
1982	37	163	130	8318	260
1983	38	196	150	9239	266
1984	39	199	154	10834	272
1985	42	284	263	9643	252
1986	48	295	278	10098	282
1987	48	314	314	12445	354
1988	50	328	341	14000	478
1989	51	350	363	14673	505
1990	65	356	370	15845	650
1991	65	367	394	15988	614
1992	70	400	530	17956	639
1993	73	582	563	18356	718
1994	74	568	591	19393	741
1995	78	675	642	20073	1126
1996	83	746	711	23401	1288
1997	90	782	742	26028	1176
1998	94	809	771	26991	1113
1999	98	880	877	31076	1243
2000	102	1192	1090	34345	1258
2001	164	4189	3561	72847	2913
2002	176	4261	3995	105623	3153
2003	180	4424	4355	111920	3356
2004	188	4108	4583	131091	4633
2005	193	4324	4717	109637	5176
2006	198	4382	4906	110470	5354
2007	203	4407	5086	223000	5581
2008	208	4441	5219	247984	5973
2009	217	4491	5379	252623	8321
2010	231	4609	5580	261676	8880
2011	289	3265	5831	274040	11111
2012	316	3306	5936	285257	12250
2013	325	3358	6081	301507	12536
2014	328	3422	6213	301595	12687
2015	329	3687	6586	324526	12963
2016	332	3715	6679	326395	13105

6－2 历年城市园林绿化

Urban Parks, Gardens and Green Areas

年 份 Years	园林绿地面积 （公顷） Floor Space of the Parks, Gardens and Green Areas (hectare)	其中 of Which #公园绿地 Green Area of Parks	建成区绿化覆盖率（%） Rate of the Green Space in Constructed Area (percent)	人均占有公园绿地面积（平方米） Green Area of Parks per Capita (sq·m)
1978	247		11.4	4.2
1980	343		11.0	1.4
1981	418	136	12.4	2.2
1982	435	154	12.5	2.1
1983	435	175	12.4	1.1
1984	516	122	14.2	1.8
1985	497	140	17.0	2.0
1986	512	153	18.0	2.1
1987	557	196	20.0	2.6
1988	558	234	21.0	3.0
1989	948	283	21.0	3.5
1990	1284	331	22.0	4.0
1991	1361	429	23.0	5.0
1992	1970	423	28.9	6.3
1993	2160	543	30.6	6.4
1994	2279	565	31.6	6.5
1995	2389	588	32.7	6.6
1996	2861	620	33.1	6.8
1997	2992	658	34.0	7.1
1998	3067	691	33.9	7.4
1999	3361	737	34.8	7.6
2000	3566	792	35.7	8.0
2001	10052	974	29.7	4.6
2002	10722	1121	31.4	5.2
2003	11842	1283	36.1	5.8
2004	13445	1833	37.5	8.2
2005	14001	2308	40.0	10.1
2006	15023	2555	41.2	11.0
2007	15751	2814	42.2	11.9
2008	15747	2990	43.0	12.6
2009	16557	3229	43.2	13.6
2010	17227	3418	42.6	14.4
2011	17583	3485	42.6	14.5
2012	17958	3554	42.7	14.6
2013	18333	3616	42.8	14.7
2014	18543	3648	42.9	14.8
2015	18723	3672	43.0	14.9
2016	18905	3744	43.0	14.9

6－3 历年城市公共交通

Urban Public Traffic

年 份 Years	年底营运车辆数 （辆） Vehicles in Operation at the Year-End (vehicle)	年底营运线路 （条） Route in Operation at the Year-End (line)	运营线路长度 （公里） Length of the Operating Route (km)	运客总数 （万人次） Total Travellers Carried (10000 persons-times)	年底出租汽车 （辆） Taxies at the Year-End (vehicle)
1978	149	15		8277	59
1980	178	15		12406	106
1981	205	15		13146	128
1982	235	18		14366	134
1983	244	18		14529	137
1984	251	21		15679	118
1985	270	24		15651	116
1986	296	25		14620	127
1987	301	29		14423	552
1988	322	30		13326	848
1989	364	33		12202	701
1990	371	29		11910	654
1991	384	29		12176	572
1992	522	31		12599	629
1993	672	34		11844	978
1994	656	40		11745	1340
1995	677	39		12689	1868
1996	800	35		12406	2306
1997	839	36		13253	2292
1998	758	42		13692	2493
1999	786	50		16109	2493
2000	995	65	799	19519	2496
2001	1768	83	1179	22237	3850
2002	1980	89	1260	27645	3840
2003	1944	105	1463	25069	3730
2004	2075	113	1569	28335	3840
2005	2954	114	1665	29878	3840
2006	2826	120	1758	30907	3840
2007	2855	128	2071	27784	3840
2008	3109	172	3221	30052	4040
2009	2984	201	3839	33881	4040
2010	3125	220	4354	39842	4040
2011	3081	229	4701	43012	4040
2012	3144	232	5023	43483	4040
2013	3261	251	5124	42849	4040
2014	3017	263	5203	43506	4040
2015	3042	280	5481	40370	4040
2016	3026	283	5609	40010	4040

6-4 历年城市自来水

Urban Running Water Supply

年 份 Years	年底水厂数(个) Number of Water Factories at Year-End (unit)	自来水生产能力(万吨/日) Production Capacity of Running Water (10000 tons Per day)	供水管道长度(公里) Length of the Water Supply Pipelines (km)	自来水供水总量(万吨) Total Volume of Water Supply (10000 tons)	其中 of Which		平均每人生活用水量(升/日) Consumption of Water for Livelihood per Capita (litre per day)
					#生产用量 For Production	#生活用量 For Livelihood	
1978	3	13.0	395	4282	2610	1257	79
1980	3	22.0	523	6223	4116	1773	105
1981	4	24.0	591	7556	4757	2355	119
1982	4	25.0	601	8765	5561	2558	123
1983	4	25.0	694	9423	6277	2437	113
1984	5	25.3	791	9938	6433	2866	122
1985	5	31.1	902	11405	7159	3577	135
1986	5	35.5	966	12955	8292	3779	124
1987	5	36.8	1055	14565	9385	3908	126
1988	5	37.6	1112	15485	10310	4537	139
1989	5	42.2	1189	17149	11228	4624	141
1990	5	42.5	1297	18630	10745	6481	175
1991	5	57.4	1311	18247	10028	5721	150
1992	6	76.0	1334	19848	11298	6518	171
1993	6	77.5	1440	22708	13140	7401	212
1994	6	92.5	1518	24578	14539	7770	222
1995	6	92.5	1559	25667	14144	9048	231
1996	6	109.6	1624	26041	13447	10401	262
1997	7	111.7	1692	24012	13188	8983	225
1998	7	109.6	1745	23521	12246	8816	219
1999	7	109.6	1801	24368	8883	11587	284
2000	6	109.6	1851	24872	8519	10970	266
2001	6	141.6	5550	23902	11841	10649	149
2002	6	138.1	4688	24683	10993	9373	153
2003	6	140.8	4691	24825	10154	12309	164
2004	6	133.8	5010	26670	9811	14012	181
2005	6	145.6	5050	23990	8872	15022	184
2006	6	151.3	5112	29509	12809	15967	190
2007	6	128.1	5312	33380	12273	15643	183
2008	6	206.0	5557	36043	12000	18063	209
2009	6	206.0	5968	34937	11015	18108	208
2010	6	206.0	6293	35889	10197	19762	228
2011	6	195.0	3739	34237	10045	18462	211
2012	6	195.0	4637	34407	10473	18149	204
2013	6	245.0	5031	34871	10219	18792	209
2014	6	245.0	5167	34226	10015	18436	205
2015	6	245.0	5705	36168	10553	19427	216
2016	6	245.0	5789	36838	10745	19781	216

6－5 历年城市液化气

Urban Liquefied Petroleum Gas

年 份 Years	液化气供气总量 (吨) Total Supply of Liquefied Gas(ton)	其中 of Which #家庭用量 For Households	用气户数（户） Gas-Consuming Households (household)	家庭用天然气液化气 普及率（%） Popularization Percent of Gas and Liquefied Gas (percent)
1978	50	50	920	0.6
1980	409	362	2517	1.7
1985	1069	1028	5483	8.1
1990	8303	6993	50000	29.2
1991	12293	12043	56694	47.6
1992	16734	16622	109032	59.8
1993	24299	23802	134665	70.7
1994	50439	47739	176813	78.8
1995	33895	33838	165172	80.9
1996	29201	25605	169133	82.0
1997	27371	26564	208031	87.3
1998	29281	28252	245268	89.2
1999	32445	29870	254629	91.6
2000	33336	29961	260321	93.5
2001	64067	62903	479267	88.1
2002	65050	63010	497293	90.3
2003	71836	64572	510304	91.8
2004	91778	80740	501016	92.6
2005	16442	14465	464512	95.0
2006	19330	12291	245000	96.1
2007	20628	13352	396000	98.0
2008	74849	45991	369000	98.5
2009	67305	31893	313780	99.5
2010	55005	37562	257200	99.6
2011	73487	40303	194846	99.7
2012	65988	40344	209207	99.8
2013	44122	27030	202464	100.0
2014	46314	21946	123568	100.0
2015	39995	20753	123224	100.0
2016	39446	18901	123483	100.0

6－6 城市建设用地情况（2012－2016）

Land for Urban Construction (2012-2016)

单位：平方公里 (sq·km)

指标	Items	2012	2013	2014	2015	2016
城市面积	Area of the city	1643.9	1643.9	1643.9	1643.9	1643.9
建成区面积	Area of the Constructed Regions	315.9	325.1	327.6	329.4	332.0
城市建设用地面积	Floor space of urban constructed Area	278.0	286.6	285.7	286.8	286.6
#居住用地	Residential Area	90.6	94.2	88.8	87.7	86.6
公共管理与公共服务用地	Public utility Area	12.4	18.8	19.5	20.0	20.0
工业用地	Industrial Area	75.1	74.5	69.7	69.0	69.2
物流仓储用地	Storage and Warehouse	6.7	6.7	6.3	6.2	5.9
交通设施用地	Space for Transportation	29.2	31.7	40.6	41.9	42.4
公用设施用地	Space for Road and Square	6.9	7.2	4.3	3.7	3.7
商业服务业设施用地	Space for Public Facility	30.3	24.8	25.3	26.3	26.2

6－7 城市市政设施情况（2012－2016）

Urban Municipal Engineering Installation (2012-2016)

指标		Items		2012	2013	2014	2015	2016
实有道路长度	（公里）	Length of Roads	(km)	3306	3358	3422	3687	3715
道路面积	（万平方米）	Area of Roads	(10000 sq·m)	5936	6081	6213	6586	6679
桥梁数	（座）	Number of Bridges	(unit)	2673	2720	2748	2857	2882
排水管道长度	（公里）	Length of Drain	(km)	12250	12536	12687	12963	13105
污水日处理能力	（万吨）	Daily Disposal Capacity of Sewage	(10000 tons)	119	126	126	130	132
路灯盏数	（盏）	Street Lamps	(lamp)	285257	301507	301595	324526	326395

6－8 城市园林绿化情况(2012－2016)

Statistics on Urban Park, Gardens and Green Areas (2012-2016)

指标		Items		2012	2013	2014	2015	2016
园林绿地面积	（公顷）	Parks, Gardens and Green Areas	(hectare)	17958	18333	18543	18723	18905
#公园绿地		Green Area of Parks		3554	3616	3648	3672	3744
建成区绿化覆盖面积	（公顷）	Green Space in Constructed Areas	(hectare)	13483	13908	14056	14159	14270
建成区绿化覆盖率	（%）	Rate of the Green Space in Constructed Areas	(Percent)	42.7	42.8	42.9	43.0	43.0
人均公园绿地面积	（平方米）	Green Area of Parks per Capita	(sq·m)	14.61	14.71	14.81	14.91	14.91

6－9 城市公共汽车、出租汽车情况(2012－2016)

Statistics on Urban Public Buses and Taxis (2012-2016)

指标		Items		2012	2013	2014	2015	2016
公共汽车		**Public Buses**						
年底营运车辆数	（辆）	Number in Operation at Year-end	(vehicle)	3144	3261	3017	3042	3026
年底营运线路	（条）	Routes in Operation at Year-end	(line)	232	251	263	280	283
线路长度	（公里）	Length of Operating Route Net at Year-end	(km)	5023	5214	5203	5481	5609
运客总量	(万人次)	Total volume of Travellers	(10000 times-persons)	43483	42848	43506	40370	40010
平均每日运客量	(万人次)	Average volume of Travellers daily	(10000 times-persons)	119.10	117.40	119.20	110.60	109.60
每万人拥有营运车辆	（标台）	Average Operating Vehicles per 10000 Persons	(standard units)	16.35	16.80	17.00	18.40	18.13
出租汽车		**Taxis**						
营运车辆	（辆）	Operating Vehicles	(vehicle)	4040	4040	4040	4040	4040

6—10 城市自来水情况（2012—2016）

Statistics on Urban Running Water Supply (2012-2016)

指标		Items		2012	2013	2014	2015	2016
水厂个数	（个）	Water Factories	(unit)	6	6	6	6	6
水厂综合生产能力	(万吨/日)	Production Capacity of Water Factories	(10000 tons perday)	195	245	245	245	245
供水管道长度	（公里）	Length of Water Supply Pipelines	(km)	4637	5031	5167	5705	5789
供水总量	（万吨）	Total Water Supply	(10000 tons)	34407	34871	34226	36168	36838
#生产用水量		Water for Production		10473	10219	10015	10553	10745
生活用水量		Water for Livelihood		18149	18792	18436	19427	19781
用水人口	（万人）	Water-Consumption Population	(10000 persons)	243.3	245.8	246.3	246.3	251.1
人均日生活用水量	（升）	Daily Consumption of Water for Livelihood Per Capita	(litre)	204	209	205	216	216
自来水普及率	（%）	Rate of Tap Water Popularization	(Percent)	100.0	100.0	100.0	100.0	100.0

6—11 城市天然气、液化石油气情况（2012—2016）

Statistics on Urban Natural Gas and Liquefied Petroleum Gas Supply (2012-2016)

指标		Items		2012	2013	2014	2015	2016
天然气		**Artificial Gas**						
天然气管道长度	（公里）	Length of Artificial Gas	(km)	2016	2179	2351	2475	2603
供气总量	(万立方米)	Total Gas Supply	(10000 m^3)	56521	62975	69289	69963	93030
#家庭用量		For Households		10689	12415	13999	16091	17521
用气户数	（户）	Number of Units and Households Using Gas	(household)	750499	850045	933300	1019825	1120188
#家庭用户		Households		747766	846913	929844	1016174	1116298
用气人口	（万人）	Gas-Consuming Population	(10000 persons)	209.37	220.20	221.29	223.99	235.19
液化石油气		**Liquefied Petroleum Gas**						
供气总量	（吨）	Total Gas Supply	(ton)	65988	44122	46314	39995	39446
#家庭用气		For Households		40344	27030	21946	20753	18901
家庭用气户数	（户）	Number of Households	(Household)	188121	184949	103063	101399	101709
用气人口	（万人）	Gas-Consuming Population	(10000 persons)	33.40	25.57	24.98	22.31	15.86
天然气液化气普及率	**（%）**	**Gas Consumption Popularization**	**(Percent)**	**99.8**	**100.0**	**100.0**	**100.0**	**100.0**

6－12 工业“三废”排放处理及综合利用情况

（2016年）

指 标		Items	
工业废水排放总量	**（万吨）**	**Total Discharging of the Industrial Waste Water**	**(10000 tons)**
COD产生量		Volume of COD	
COD排放量		Discharging of COD	
氨氮产生量	（吨）	Volume of Ammonia and Nitrogen	(ton)
氨氮排放量		Discharging of Ammonia and Nitrogen	
工业废气排放总量	**（亿标立米）**	**Total Discharging of Industrial Waste Gas**	**(10^8 standardized m^3)**
二氧化硫产生量	（万吨）	Volume of Sulfur Dioxide	(10000 tons)
二氧化硫排放量		Discharging of Sulfur Dioxide	
氮氧化物产生量		Volume of Nitrogen Oxides	
氮氧化物排放量		Discharging of Nitrogen Oxides	
工业烟（粉）尘产生量	**（万吨）**	**Volume of Soot (Dust) Emission**	**(10000 tons)**
工业烟（粉）尘排放量		Discharging of Soot (Dust) Emission	
工业固体废物产生量	**（万吨）**	**Yielding of Solid Industrial Waste**	**(10000 tons)**
工业固体废物综合利用量		Utilization of Solid Industrial Waste	
工业固体废物处置量		Processing of Solid Industrial Waste	
工业重金属产生量	（吨）	Industrial production amount of heavy metals	**(tons)**
工业重金属排放量		Industrial emissions of heavy metals	

Discharging and Disposal of Three Wastes

全 市 Total	其中 of Which 市 区 Urban Districts	江阴市 Jiangyin City	宜兴市 Yixing City
20935.30	**8891.70**	**10207.00**	**1836.60**
10.31	3.73	5.34	1.24
0.98	0.40	0.51	0.07
4143	1782	1879	481
456	190	232	34
5968.40	**2033.40**	**3014.30**	**920.70**
30.12	2.75	22.24	5.12
6.16	1.15	3.92	1.09
15.37	1.39	10.87	3.11
8.37	0.91	5.93	1.53
493.14	**40.92**	**366.59**	**85.63**
6.76	1.11	5.06	0.59
957.60	**165.80**	**680.70**	**111.10**
908.40	152.60	648.30	107.50
49.20	13.20	32.40	3.60
53.77	37.16	7.47	9.14
1.26	0.89	0.10	0.27

6－13 环境综合整治情况（2015－2016）

Environment Improvement (2015-2016)

指标		Items		2015	2016
一、环境质量		**Environment Quality**			
可吸入颗粒物（PM10）日平均值	（微克/立方米）	The Average Daily Indicators of Particulate Matter Inhaled	(ug/m^3)	93	82
二氧化硫日平均值	（微克/立方米）	The Average Daily Indicators of Sulfur Dioxide	(ug/m^3)	26	18
二氧化氮平均值	（微克/立方米）	The Average Indicators of NO_2	(ug/m^3)	41	47
饮用水源水质达标率	（%）	Up-to-Standard Rate of Urban Drinking Water Quality	(Percent)	100.0	100.0
空气质量达到及好于二级标准的天数比例	（%）	The Ratio of days Which Air quality better than two standard	(Percent)	64.1	66.9
区域环境噪声平均值昼	（分贝）	Average Daily Noise Value	(decibel)	57.2	56.6
交通干线噪声平均值	（分贝）	Average Indicator of Noise at Main Traffic Lines	(decibel)	66.7	66.4
二、污染控制		**Pollution Control**			
烟尘控制区覆盖率	（%）	Coverage Rate of Soot Control	(Percent)	100.0	100.0
工业固体废物综合利用率	（%）	Rate of Comprehensive Utilization of Solid Industrial Waste	(Percent)	94.4	94.9
危险废物处置率	（%）	Rate of Disposal of Hazardous Waste	(Percent)	100.0	100.0
三、环境建设		**Environment Improvement**			
城市气化率	（%）	Rate of Gas Utilization in the City	(Percent)	100.0	100.0
建成区绿化覆盖率	（%）	Green Coverage Rate in Urban Constructed Areas	(Percent)	43.0	43.0

2017

2017 STATISTICAL YEARBOOK OF WUXI

CHAPTER

第 7 篇

农 业

AGRICULTURE

第七篇 农 业
CHAPTER VII AGRICULTURE

● 乡村从业人员	109.81万人	(10^4 persons)
Growth of Rural Laborers		
比上年增长	-2.2%	
Over the Previous Year		
● 农业总产值	249.98亿元	(10^8 yuan)
Gross Output Value of Agriculture		
比上年增长	-2.2%	
Over the Previous Year		
● 粮食产量	59.16万吨	(10^4 tons)
Grain Output		
比上年增长	-18.1%	
Over the Previous Year		
● 油料产量	0.81万吨	(10^4 tons)
Oil-Bearing Output		
比上年增长	-6.5%	
Over the Previous Year		
● 猪肉产量	5.17万吨	(10^4 tons)
Output of Pork		
比上年增长	-2.3%	
Over the Previous Year		
● 水产品产量	12.67万吨	(10^4 tons)
Output of Aquatic Products		
比上年增长	1.2%	
Over the Previous Year		

7—1 历年农产品产量

Output of Major Farm Products

年 份 Years	粮食 (万吨) Grain (10000 tons)	油料 (吨) Oil-Bearing Crops (ton)	蚕茧 (吨) Silkworm Cocoon (ton)	茶叶 (吨) Tea (ton)	水果 (吨) Fruit (ton)	猪肉 (吨) Pork (ton)	水产品 (吨) Aquatic Products (ton)
1978	176.12	21713	4387	1784	5256	64095	15532
1980	146.68	18546	5658	2023	6587	96968	19189
1981	132.15	30613	4881	2416	4767	67525	21109
1982	171.86	42348	5375	2854	7461	73554	24790
1983	172.05	29481	4305	3012	7104	74900	29026
1984	188.19	27112	5021	3009	9753	73809	35900
1985	146.98	41431	4131	3614	11109	80822	44074
1986	162.31	37135	3117	4310	14161	83149	51859
1987	153.64	39030	2044	5180	15963	70504	59538
1988	152.94	34902	1858	5778	18536	81681	65306
1989	150.14	35979	1966	5674	20355	79957	64535
1990	153.95	41741	2304	5870	22342	85522	66591
1991	138.65	43657	2324	5657	19042	86723	56676
1992	150.80	42880	2980	5898	18979	91091	67687
1993	149.94	35904	3273	6154	20909	88836	69654
1994	144.96	25592	3398	5036	22024	84695	76971
1995	153.54	38510	3607	4543	23365	86184	78178
1996	158.38	40689	1904	4682	23579	85940	80554
1997	157.83	38346	1139	4992	21888	68014	81634
1998	149.77	20297	1428	5082	19113	73018	87914
1999	144.90	41356	1217	4926	24665	85137	90932
2000	127.03	59134	1115	4898	27199	90057	102518
2001	106.30	53283	1176	4820	42127	94090	107275
2002	96.29	37905	1022	4848	45629	89500	111146
2003	71.70	24734	725	4910	61567	88617	112220
2004	81.27	36719	603	4680	78047	89394	113927
2005	79.53	34364	444	4802	82242	92840	120908
2006	73.74	26844	394	5929	106762	73208	127332
2007	72.93	17664	347	6791	122390	64506	122919
2008	79.94	16959	235	6798	129345	66261	124220
2009	80.51	18426	130	6866	137960	64837	121690
2010	80.44	11551	91	6426	139713	69398	120960
2011	82.22	9274	87	6494	144304	71799	121956
2012	81.65	8653	77	6652	155189	73352	126052
2013	79.64	8953	72	6049	170057	72414	126761
2014	77.20	9395	73	6543	186086	62673	130036
2015	72.28	8634	…	6710	176902	52880	125271
2016	59.16	8073	…	6507	176222	51665	126715

7－2 历年人均农产品产量

Output of Major Farm Products Per Capita

单位：公斤/人 (kg/person)

年 份 Years	粮食 Grain	油料 Oil-Bearing Crops	蚕茧 Silkworm Cocoon	茶叶 Tea	水果 Fruit	猪肉 Pork	水产品 Aquatic Products
1978	485.22	5.98	1.21	0.49	1.45	17.66	4.28
1980	390.72	4.94	1.51	0.54	1.72	20.50	5.11
1981	348.77	8.08	1.29	0.64	1.26	17.82	5.57
1982	448.72	11.06	1.40	0.75	1.95	19.20	6.47
1983	445.63	7.64	1.12	0.78	1.82	19.40	7.52
1984	485.35	6.99	1.29	0.78	2.52	19.04	9.26
1985	377.12	10.49	1.06	0.93	2.85	20.74	11.31
1986	412.83	9.44	0.79	1.10	3.60	21.15	13.19
1987	385.88	9.80	0.51	1.30	4.01	17.71	14.90
1988	378.75	8.64	0.46	1.43	4.59	20.23	16.17
1989	366.52	8.78	0.48	1.39	4.97	19.52	15.76
1990	370.90	10.06	0.56	1.41	5.38	20.60	16.04
1991	330.54	10.41	0.55	1.35	4.54	20.67	13.51
1992	356.87	10.15	0.75	1.40	4.49	21.56	16.02
1993	352.63	8.44	0.77	1.45	4.92	20.89	16.39
1994	336.81	5.99	0.80	1.18	5.15	19.82	18.01
1995	357.74	8.98	0.84	1.06	5.44	20.08	18.22
1996	368.31	9.46	0.44	1.09	5.48	19.99	18.73
1997	365.10	8.87	0.26	1.15	5.06	15.73	18.88
1998	346.52	4.70	0.33	1.18	4.42	16.89	20.34
1999	334.33	9.54	0.28	0.93	5.69	19.69	20.98
2000	292.29	13.61	0.26	1.13	6.26	20.72	23.59
2001	243.86	12.22	0.27	1.11	9.66	21.59	24.61
2002	219.55	8.61	0.23	1.10	10.40	20.41	25.34
2003	162.02	5.59	0.16	1.11	13.91	20.03	25.35
2004	181.73	8.21	0.13	1.05	17.45	19.99	25.48
2005	175.26	7.59	0.10	1.06	18.16	20.50	26.70
2006	161.07	5.86	0.09	1.30	23.32	15.99	27.81
2007	157.95	3.83	0.08	1.47	26.51	13.97	26.62
2008	172.67	3.66	0.05	1.47	27.94	14.31	26.83
2009	173.17	3.96	0.03	1.48	29.67	13.95	26.17
2010	172.41	2.48	0.02	1.38	29.95	14.87	25.93
2011	175.70	1.98	0.02	1.39	30.84	15.34	26.06
2012	173.70	1.84	0.02	1.42	33.01	15.60	26.82
2013	168.65	1.90	0.02	1.28	36.01	15.33	26.84
2014	161.80	1.97	0.02	1.37	39.00	13.14	27.25
2015	150.29	1.80	…	1.40	36.79	11.00	26.05
2016	121.68	1.66	…	1.34	36.24	10.63	26.06

7—3 农村基本情况（2012—2016）

Basic Conditions of Rural Areas (2012-2016)

单位：万人 (10000 Persons)

	指 标 Items	2012	2013	2014	2015	2016
乡村从业人员合计	**Total Employees in Rural Areas**	**117.24**	**115.10**	**112.77**	**112.31**	**109.81**
按性别分	**By Sex**					
男	Male	62.40	60.72	59.50	59.26	57.85
女	Female	54.84	54.38	53.27	53.05	51.96
按行业分	**By Sector**					
农林牧渔业	Farming , Forestry , Animal Husbandry and Fishing	20.84	19.41	18.97	18.60	16.30
#种植业	Planting	14.57	13.96	13.50	13.30	11.86
工业	Industry	68.91	67.57	67.38	66.78	67.21
建筑业	Building	8.03	7.88	7.76	7.15	6.39
交通运输仓储、邮电业	Transportation, Warehouse Management, Post and Telecommunications	3.79	3.79	3.74	3.62	3.34
批零贸易业、餐饮业	Wholesale and Retail Trade,Catering Industry	8.07	7.90	7.93	8.22	8.20
金融保险业	Finance and Insurance	0.47	0.48	0.48	0.54	0.65
其他	Non-Agriculture	7.93	8.07	6.51	7.40	7.72

7—4 农村基本情况

Basic Conditions of Rural Areas

单位：万人 （2016年） (10000 persons)

	指 标 Items	全市 Total	其中 of Which 市区 Urban Districts	江阴市 Jiangyin City	宜兴市 Yixing City
乡村从业人员合计	**Total Employees in Rural Areas**	**109.81**	**39.46**	**35.20**	**35.15**
按性别分	**By Sex**				
男	Male	57.85	20.90	18.60	18.35
女	Female	51.96	18.56	16.60	16.80
按行业分	**By Sector**				
农林牧渔业	Farming, Forestry, Animal Husbandry and Fishing	16.30	3.40	4.93	7.97
#种植业	Planting	11.86	2.35	3.78	5.73
工业	Industry	67.21	26.80	21.75	18.66
建筑业	Building	6.39	1.42	1.76	3.21
交通运输仓储、邮电业	Transportation, Warehouse Management, Post and Telecommunications	3.34	1.01	1.30	1.03
批零贸易业、餐饮业	Wholesale and Retail Trade,Catering Industry	8.20	2.90	2.96	2.34
金融保险业	Finance and Insurance	0.65	0.25	0.21	0.19
其他	Others	7.72	3.68	2.29	1.75

7—5 现价农业总产值

Gross Agricultural Output Value

单位：万元 （2016年） (10000 yuan)

地 区	District	合 计 Total	其中 of Which 农 业 Farming	林 业 Forestry	牧 业 Animal Husbandry	渔 业 Fishing	农林牧渔服务业 Service Trade of FFAF
全市	**Total**	**2499775**	**1403030**	**185341**	**274623**	**353606**	**283175**
市 区	Urban District	755756	485651	68555	37427	77297	86826
#锡山区	Xishan District	323256	193197	29270	13466	42593	44730
惠山区	Huishan District	301922	198915	22450	16429	28279	35849
滨湖区	Binhu District	81834	58899	7578	7115	4923	3319
新吴区	Xinwu District	48744	34640	9257	417	1502	2928
江阴市	Jiangyin City	878250	410561	81771	165594	97675	122649
宜兴市	Yixing City	865769	506818	35015	71602	178634	73700

注：本表按当年价格计算。

Note: The data in the form is calculated at current prices.

7—6 现价农业总产值构成

Composition of Gross Agricultural Output Value

单位：% （2016年） (percent)

地 区	District	合 计 Total	其中 of Which 农 业 Farming	林 业 Forestry	牧 业 Animal Husbandry	渔 业 Fishing	农林牧渔服务业 Service Trade of FFAF
全市	**Total**	**100.0**	**56.1**	**7.5**	**11.0**	**14.1**	**11.3**
市 区	Urban District	100.0	64.2	9.1	5.0	10.2	11.5
#锡山区	Xishan District	100.0	59.7	9.1	4.2	13.2	13.8
惠山区	Huishan District	100.0	65.9	7.4	5.4	9.4	11.9
滨湖区	Binhu District	100.0	71.9	9.3	8.7	6.0	4.1
新吴区	Xinwu District	100.0	71.0	19.0	0.9	3.1	6.0
江阴市	Jiangyin City	100.0	46.7	9.3	18.9	11.1	14.0
宜兴市	Yixing City	100.0	58.5	4.1	8.3	20.6	8.5

7—7 农业总产值分项情况

Gross Agricultural Output Value by Branch

单位：万元　　（2016年）　　(10000 yuan)

指　标	Items	按现行价格计算 By Current Price
农林牧渔业总产值	**Gross Output Value of Agriculture**	**2499775**
一、农业产值	**Output Value of Farming**	**1403030**
1.谷物及其他作物	Grain and Other Crops	223919
2.蔬菜园艺作物	Veget Ables in Orchards	800747
3.水果坚果饮料和香料	Fruit,Nut,Beverage and Perfume	338049
4.其他	Others	40315
二、林业产值	**Output Value of Forestry**	**185341**
1.林木的培养	Forestry Afforesting	178011
2.竹木采运	Bamboo Cutting	5146
3.林产品	Woods Products	2184
三、牧业产品	**Output Value of Animal Husbandry**	**274623**
1.牧畜饲养	Animal Husbandry Raising	24038
2.猪的饲养	Pigs Raising	144313
3.家禽	Poultry	105105
4.其他	Others	1167
四、渔业产值	**Output Value of Fishing**	**353606**
# 鱼类	Fishing	204159
虾蟹类	Shrimp and Crab	125512
五、农林牧渔服务业	**Service Trade of FFAF**	**283175**

7—8 农业总产值、中间消耗及增加值（2015—2016）

Gross Agricultural Output Value, Farm Commodity Value, Decrement and Added Value (2015-2016)

指 标	Items	2015 绝对数（万元）Absolute Number (10000 yuan)	2015 构 成（%）Composition (Percent)	2016 绝对数（万元）Absolute Number (10000 yuan)	2016 构 成（%）Composition (Percent)
农业总产值	**Gross Agricultural Output Value**	**2555980**	**100.0**	**2499775**	**100.0**
农业	Farming	1441332	56.4	1403030	56.1
林业	Forestry	181240	7.1	185341	7.5
牧业	Animal Husbandry	288082	11.3	274623	11.0
渔业	Fishing	359060	14.0	353606	14.1
农林牧渔服务业	Service Trade of FFAF	286266	11.2	283175	11.3
农业中间消耗	**Agricultural Decrement**	**972107**	**100.0**	**952339**	**100.0**
农业	Farming	514687	52.9	493121	51.7
林业	Forestry	70908	7.4	79624	8.4
牧业	Animal Husbandry	145304	14.9	140687	14.8
渔业	Fishing	161667	16.6	151263	15.9
农林牧渔服务业	Service Trade of FFAF	79541	8.2	87644	9.2
农业增加值	**Agricultural Added Value**	**1583873**	**100.0**	**1547436**	**100.0**
农业	Farming	926645	58.4	909909	58.8
林业	Forestry	110332	7.0	105717	6.8
牧业	Animal Husbandry	142778	9.0	133936	8.7
渔业	Fishing	197393	12.5	202343	13.1
农林牧渔服务业	Service Trade of FFAF	206725	13.1	195531	12.6

注：本表按当年价格计算。

Note: The data in the form is calculated at current prices.

7—9 农作物播种面积

Sown Area of Farm Crops

单位：千公顷 （2016年） (1000 ha.)

指 标	Items	全市 Total	其中 of Which 市区 Urban Districts	江阴市 Jiangyin City	宜兴市 Yixing City
农作物总播种面积	**Total Sown Area of Farm Crops**	**160.31**	**32.99**	**40.15**	**87.17**
一、粮食作物	Grain Crops	94.06	11.80	22.72	59.54
1.夏收粮食	Summer Harvest of Grain	46.93	5.79	10.91	30.23
#小麦	Wheat	45.39	5.79	10.43	29.17
蚕豌豆	Broad and Pea Bean	1.54		0.48	1.06
2.秋收粮食	Autumn Harvest of Grain	47.13	6.01	11.81	29.31
(1)稻谷	Rice	42.26	5.45	10.72	26.09
#单季晚稻	Late-Season Rice	42.26	5.45	10.72	26.09
(2)薯类	Potatoes	1.59	0.13	0.37	1.09
(3)秋收豆类	Autumn Beans	2.79	0.43	0.66	1.70
#大豆	Soybean	2.61	0.43	0.65	1.53
(4)其它	Others	0.49		0.06	0.43
二、油料作物	Oil-Bearing Crops	3.65	0.17	1.08	2.40
#油菜籽	Oil Vegetable Seeds	2.95	0.17	0.82	1.96
三、蔬菜瓜类	Vegetable and Fruits	51.59	18.60	15.07	17.92
四、其他农作物	Others	11.01	2.42	1.28	7.31
#青饲料	Vegetable Feed	0.86	0.03	0.60	0.23
绿肥	Green Manure	0.20	0.04		0.16

7－10 农作物总产量和单产

Total Output and Per Hectare Yield of Farm Crops

（2016年）

指 标	Items	全市 Total	其中 of Which 市区 Urban Districts	江阴市 Jiangyin City	宜兴市 Yixing City
农作物总产量 （吨）	**Total Output of Farm Crops (ton)**				
一、粮食作物合计	Total Grain Crops	591627	76197	144929	370501
1.夏收粮食	Summer Harvest of Grain	201877	23987	43317	134573
#小麦	Wheat	197818	23987	42041	131790
蚕豌豆	Broad and Pea Bean	4059		1276	2783
2.秋收粮食	Autumn Harvest of Grain	389750	52210	101612	235928
(1)稻谷	Rice	371938	50177	96930	224831
#单季晚稻	Late-Season Rice	371938	50177	96930	224831
(2)薯类	Potatoes	7032	621	1950	4461
(3)秋收豆类	Autumn Beans	8819	1412	2358	5049
(4)其它	Other	1961		374	1587
二、油料作物	Oil-Bearing Crops	8073	367	2654	5052
#油菜籽	Oil Vegetable Seeds	6484	367	1766	4351
农作物单产（公斤/公顷）	**Per Hectare Yield of Farm Crops (kg/ha.)**				
一、粮食作物	Grain Crops	6290	6457	6379	6223
1.夏收粮食	Summer Harvest of Grain	4302	4143	3970	4452
#小麦	Wheat	4358	4143	4031	4518
2.秋收粮食	Autumn Harvest of Grain	8270	8687	8604	8049
稻谷	Rice	8801	9207	9042	8618
#单季晚稻	Late-Season Rice	8801	9207	9042	8618
二、油料作物	Oil-Bearing Crops	2212	2159	2457	2105
#油菜籽	Oil Vegetable Seeds	2198	2159	2154	2220

7—11 蔬菜作物生产情况

Situations of Vegetables Production

单位：面积：公顷、产量：吨　　（2016年）　　(area：ha.;output:ton)

	指 标 Items	全市 Total	其中 of Which 市区 Urban Districts	江阴市 Jiangyin City	宜兴市 Yixing City
一、蔬菜合计面积	**Total Vegetables Areas**	**45896**	**17392**	**13158**	**15346**
产量	Output	1413526	356858	488302	568366
1.叶菜类面积	Areas of Leaf Vegetables	15006	6644	4715	3647
产量	Output	386223	118010	153886	114327
2.白菜类面积	Areas of Cabbage Output	4107	1234	1002	1871
产量	Output	146829	29702	47168	69959
3.瓜菜类面积	Areas of Melon Vegetables	4709	1963	1010	1736
产量	Output	177948	47882	48651	81415
4.块根、块茎类面积	Areas of Root Tuber Vegetables	4106	1171	1103	1832
产量	Output	167854	28028	50059	89767
5.茄果菜类面积	Areas of Eggplant Vegetables	4827	1950	1116	1761
产量	Output	162210	47699	57539	56972
6.葱蒜类面积	Areas of Onion and Garlic	3655	1181	1042	1432
产量	Output	100416	21567	38200	40649
7.菜用豆类面积	Areas of Kidney Bean	2365	1178	632	555
产量	Output	53654	18337	18907	16410
8.水生菜类面积	Areas of Water Plant	1737	816	433	488
产量	Output	43013	16962	12797	13254
9.其它蔬菜面积	Others Vegetables	5384	1255	2105	2024
产量	Output	167880	24893	58190	84797
10.食用菌(干鲜混合)产量	Edible Fungi (Fresh and Dried) Output	7499	3778	2905	816
二、常年种蔬菜面积	**Areas of perennial planting vegetables**	**18310**	**4730**	**6120**	**7460**

7－12 林业、茶叶、水果生产情况

Production of Forest, Tea and Fruits

（2016年）

指标 Items				全市 Total	其中 of Which 市区 Urban Districts	江阴市 Jiangyin City	宜兴市 Yixing City
林业生产	（公顷）	**Forestry**	**(ha.)**				
造林面积		Man-Made Forest Space		630	237	190	203
四旁植树	（万株）	Tree Planting	(10000 trees)	185.87	53.23	92.64	40.00
育苗面积		Seedling Area		7631	2841	4700	90
茶叶产量	（吨）	**Tea Output**	**(ton)**	**6507**	**384**	**4**	**6119**
红毛茶		Black Tea		2367	28		2339
绿毛茶		Green Tea		4139	356	3	3780
其他茶		Others		1		1	
年末茶园面积	（公顷）	Year-End Tea Plantation Area	(ha.)	5676	666	17	4993
#本年采摘面积		Picking Area of This Year		5591	581	17	4993
水果产量	（吨）	**Fruit Output**	**(ton)**	**176222**	**75722**	**75028**	**25472**
#柑桔		Oranges and Tangerines		3276	2900	73	303
梨		Pear		16873	2506	10246	4121
葡萄		Grape		82756	26227	49649	6880
桃子		Peach		49369	33078	12224	4067
年末果园面积	（公顷）	**Year-End Orchard Area**	**(ha.)**	**16346**	**6016**	**3246**	**7084**
#柑桔园		Orange and Tangerine Garden		209	141	26	42
梨园		Pear Garden		1142	181	363	598
葡萄园		Grape Garden		4102	1659	1832	611
桃园		Peach Garden		3855	2722	668	465

7—13 畜牧业生产情况

Production of Animal Husbandry

（2016年）

指 标		Items		全市 Total	其中 of Which 市区 Urban Districts	江阴市 Jiangyin City	宜兴市 Yixing City
牲畜年末头数		**Year-End Livestock**					
大牲畜	（万头）	Large Animal	(10000 units)	0.52	0.05	0.40	0.07
#牛		Oxen		0.52	0.05	0.40	0.07
#乳牛		Milk Cows		0.51	0.05	0.40	0.06
猪	（万头）	Pigs	(10000 units)	41.10	3.97	25.94	11.19
羊	（万只）	Sheep	(10000 units)	2.34	0.30	0.32	1.72
山羊		Goats		2.30	0.30	0.32	1.68
绵羊		Sheep		0.04			0.04
畜产品产量		**Yield of Livestock Products**					
当年出栏大牲畜	（万头）	Yearly Fully-grown Large Animal	(10000 units)	0.02	0.02		
当年出栏猪头数		Yearly Fully-grown Pigs		61.41	6.61	32.20	22.60
当年出栏羊头数		Yearly Fully-grown Sheep		2.64	0.50	0.58	1.56
当年出栏家禽数	（万只）	Yearly Fully-grown Poultry	(10000 units)	1282.51	98.07	722.00	462.44
当年出栏兔只数		Yearly Fully-grown Rabbits		1.19	0.02	0.52	0.65
肉类产量	（吨）	Meat Output	(ton)	73481	9273	39593	24615
牛肉		Beef		38	38		
猪肉		Pork		51665	7115	27600	16950
羊肉		Mutton		319	72	60	187
禽肉		Poultry Meat		20261	1827	11025	7409
兔肉		Rabbit Meat		21		8	13
其他		Others		1177	221	900	56
其他畜产品产量	（吨）	Other Livestock Products	(ton)				
牛奶产量		Milk Output		26290	2148	22253	1889
蜂蜜		Honey		203	90	34	79
禽蛋		Poultry Eggs		27017	6444	7141	13432

7—14 水产品产量
Output of Aquatic Products

单位：吨 （2016年） (ton)

指标	Items	全市 Total	其中 of Which 市区 Urban Districts	江阴市 Jiangyin City	宜兴市 Yixing City
水产品产量	**Output of Aquatic Products**	**126715**	**17799**	**27034**	**81882**
按品种分	By Variety				
鱼类	Fishes	108454	16338	24083	68033
虾蟹类	Shrimps and Crabs	15350	1279	2004	12067
贝类	Shellfishes	1863	105	334	1424
其他	Others	1048	77	613	358
按生产性质分	By Production Way				
淡水捕捞	Catching in Fresh Water	13044	3025	1279	8740
人工养殖	Breeding	113671	14774	25755	73142
#池塘产量	Output from Ponds	100557	12619	24136	63802
淡水养殖面积 （公顷）	**Breeding Area in Fresh Water (ha.)**	**19085**	**1344**	**3870**	**13871**
#池塘面积	Pond Area	16652	1247	3512	11893
人工育珠 （公斤）	**Pearl Cultivation (kg)**	**1000**		**1000**	

7－15 主要农副产品产量与建国以来最高年产量比较
Output of Major Grain and Sideline Products in Comparison with The Peak Year After Liberation

单位：吨 (ton)

指标		Items		2016	建国以来最高年 Peak Yearafter Liberation		2016年为建国以来最高年% Output Percentage of 2016 in the Peak Liberation
					年份 Years	产量 Output	
农产品产量		**Output of Farm Products**					
粮食总产量	（万吨）	Total Output of Grain	(10000 tons)	59.16	1986	188.19	31.4
夏粮		Summer Grain		20.19	1984	50.56	39.9
秋粮		Autumn Grain		38.97	1978	140.87	27.7
油菜籽产量	（万吨）	Output of Oil Vegetable Seeds	(10000 tons)	0.65	2000	5.89	11.0
水果产量	（吨）	Fruit Output	(ton)	176222	2014	186086	94.7
茶叶产量	（吨）	Tea Output	(ton)	6507	2009	6866	94.8
畜产品产量		**Output of Livestock Products**					
猪年末存栏数	（万头）	Pigs at Year-End	(10000 Units)	41.10	1980	165.16	24.9
猪肉产量	（吨）	Pork Output	(ton)	51665	2001	94090	54.9
禽肉产量	（吨）	Poultry Meat Output	(ton)	20261	2005	51423	39.4
牛奶产量	（吨）	Milk Output	(ton)	26290	2003	112083	23.5
禽蛋产量	（吨）	Poultry Egg Output	(ton)	27017	2007	31511	85.7
水产品产量	**（吨）**	**Output of Aquatic Products**	**(ton)**	**126715**	**2006**	**131297**	**96.5**

7－16 农业主要经济效益指标（2012－2016）
Major Indicators of Agriculture (2012-2016)

指 标 Items				2012	2013	2014	2015	2016
每个农林牧渔业劳动力创造的		**Each FFAF Laborer Created**						
农林牧渔业总产值	（万元）	Gross Output Value of Agriculture	(10000yuan)	11.19	12.44	13.38	13.74	15.34
农林牧渔业增加值	（万元）	Net Output Value of FFAF	(10000yuan)	6.85	7.65	8.27	8.52	9.49
粮食产量	（公斤）	Output of Grain	(kg)	4075	4103	4069	3886	3630
油料产量	（公斤）	Output of Oil-Bearing Crops	(kg)	43	46	50	46	50
肉类产量	（公斤）	Output of Meat	(kg)	546	532	469	409	451
水产品产量	（公斤）	Output of Aquatic Products	(kg)	629	653	685	674	777

注：产值为当年价格。

Note : Gross output value at current price.

7—17 农业现代化情况

Modernization in Agriculture

单位：千公顷 （2016年） （1000 ha.）

指 标		Items		全市 Total	其中 of Which 市区 Urban Districts	江阴市 Jiangyin City	宜兴市 Yixing City
农业机械化情况		**Agricultural Mechanization**					
机耕面积		Machine-Cultivated Land Area		98.23	15.88	21.05	61.30
机播面积		Machine-Sown Area		87.42	11.19	20.01	56.22
机械植保面积		Mechanically Protected Plant Area		97.15	17.74	19.46	59.95
机械收割面积		Mechanically Reaped Area		93.02	11.46	20.93	60.63
农村电气化情况		**Rural Electrification**					
农村用电量	（万千瓦时）	Rural Consumption of Electricity	(10000 kw·h)	3943787	1399650	1701577	842560
农村化肥施用情况	（折纯量·吨）	**Rural Chemical Fertilizer Application**	**(Net · ton)**	**51835**	**14478**	**13144**	**24213**
氮肥		Nitrogenous Fertilizer		21608	5106	5410	11092
磷肥		Phosphate Fertilizer		3160	1292	803	1065
钾肥		Potash Fertilizer		6019	1715	945	3359
复合肥		Compound Fertilizer		21048	6365	5986	8697
农药使用量	（吨）	**Use of Pesticides**	**(ton)**	**2487**	**285**	**815**	**1387**
农用塑料薄膜使用量	（吨）	**Use of Farm Plastic Film**	**(ton)**	**3783**	**2350**	**1229**	**204**
农田水利情况		**Water Conservancy of Farm Land**					
有效灌溉面积		Effectively Irrigated Area		112.86	28.63	26.89	57.34
#耕地灌溉面积		Farmland Irrigated Area		96.66	24.02	24.45	48.19

7－18 农业机械拥有量

Possession of Agricultural Machinery

（2016年）

指　标		Items		全市 Total	其中 of Which 市区 Urban Districts	江阴市 Jiangyin City	宜兴市 Yixing City
农业机械总动力	**（千瓦）**	**General Power Capacity of Agricultural Machinery**	**(kw)**	**992206**	**214470**	**256261**	**521475**
大中型拖拉机	（台）	Largeand Medium Tractors	(unit)	2160	449	686	1025
	（千瓦）		(kw)	100416	18157	34834	47425
小型拖拉机	（台）	Walking Tractors	(unit)	4482	620	1207	2655
	（千瓦）		(kw)	41668	5475	11017	25176
种植业机械		Planting Machiery					
旋耕机	（台）	Rotary Cultivator	(unit)	5575	1087	1093	3395
水稻插秧机	（部）	Rice-Seedling-Transplanting Machine	(unit)	3204	643	615	1946
排灌动力机械	（台）	Irrigaton and Drainage Machinery	(unit)	14126	2993	3220	7913
	（千瓦）		(kw)	233863	73481	65405	94977
农用水泵	（台）	Farm Pumps	(unit)	12393	2993	2828	6572
植保机械		Plant Protecting Machine					
机动喷雾粉机	（台）	Power-Driven-Spraying Machines	(unit)	17636	3849	4886	8901
	（千瓦）		(kw)	29502	6706	11812	10984
收获机械		Harvest Machiery					
联合收割机	（套）	Combined Harvesters	(unit)	1463	269	368	826
	（千瓦）		(kw)	52202	6656	15405	30141
脱粒烘干机械		Rice-Separating and Crop-Drying Machine					
机动脱粒机	（台）	Motorized Thresher	(unit)	7763	734	5524	1505
畜牧业机械	（台）	Machinery for Aimed Husbandry	(unit)	3687	1653	890	1144
	（千瓦）		(kw)	20718	3782	9064	7872
林果业机械	（台）	Forestry and Fruit Industry Machine	(unit)	2301	762	507	1032
	（千瓦）		(kw)	4314	996	751	2567
渔业机械	（台）	Fishing Machine	(unit)	43570	6954	5885	30731
	（千瓦）		(kw)	123529	17955	12543	93031
水稻工厂化育秧	（套）	Factory Rice-Seedling Cultivation Equipment	(unit)	226	36	85	105
粮食加工机械	（台）	Grain-Processing Machine	(unit)	3539	685	903	1951

7—19 分镇基本情况

Basic Indicators by Townships

（2016年）

	镇名称 Township	总人口（人） Total Population (person)	从业人数（人） Employee (person)	财政收入（万元） Financial Revenue (10000 yuan)	农民人均可支配收入（元） Disposa Income of Rural Residents (yuan)	粮食总产量（吨） Total Output of Grain (ton)	农业机械总动力（千瓦） Total Power of Farming Machinery (kw)
江阴市	**Jingyin City**						
澄江街道	Chengjiang Subdistrict	433655	222371	562475	40029	1322	5427
璜土镇	Huangtu Town	94039	60070	52380	31690	12960	20453
临港街道	Lingang Subdistrict	179980	152712	446267	32040	18575	35818
月城镇	Yuecheng Town	51365	31185	56491	31789	3928	17363
青阳镇	Qingyang Town	100794	57937	68658	27523	16720	30351
徐霞客镇	Xuxiake Town	154913	78010	142901	26804	18435	38772
南闸街道	Nanzha Subdistrict	71611	33577	57718	35406	3743	11744
云亭街道	Yunting Subdistrict	82001	52925	145991	36742	4001	9155
华士镇	Huashi Town	157601	88883	235556	39027	8310	8685
周庄镇	Zhouzhuang Town	146341	87769	202365	41880	10720	13105
新桥镇	Xinqiao Town	53424	38264	354825	42038	812	5177
长泾镇	Changjing Town	91051	63415	64614	29276	15439	11544
顾山镇	Gushan Town	94334	61264	104300	30799	7195	11826
祝塘镇	Zhutang Town	134795	83778	105636	31931	16673	17027
宜兴市	**Yixing City**						
宜城街道	Yicheng Subdistrict	259300	93620	123256	27662	517	8171
新庄街道	Xinzhuang Subdistrict	34375	20148	28159	21895	16146	13922

续表 1 continued 1

镇名称 Township		总人口（人） Total Population (person)	从业人数（人） Employee (person)	财政收入（万元） Financial Revenue (10000 yuan)	农民人均可支配收入（元） Disposa Income of Rural Residents (yuan)	粮食总产量（吨） Total Output of Grain (ton)	农业机械总动力（千瓦） Total Power of Farming Machinery (kw)
张渚镇	Zhangzhu Town	85601	48355	62442	25028	16312	16462
西渚镇	Xizhu Town	27758	16423	11407	22822	16529	25540
太华镇	Taihua Town	26730	14652	14300	21177	1753	6582
徐舍镇	Xushe Town	100199	55952	48899	23496	84357	71915
官林镇	Guanlin Town	89247	39433	121430	27654	23963	53668
杨巷镇	Yangxiang Town	45879	24263	21577	23490	25152	38044
新建镇	Xinjian Town	29066	18892	21794	23187	3962	25077
和桥镇	Heqiao Town	81945	50350	62929	24933	36939	58815
高塍镇	Gaochen Town	60213	35807	101509	25203	33136	35049
万石镇	Wanshi Town	40175	19981	46211	27800	24825	26590
周铁镇	Zhoutie Town	60857	27551	62971	27528	27895	31360
芳桥街道	Fangqiao Subdistrict	27922	12225	19537	28229	24654	17266
丁蜀镇	Dingshu Town	196913	94456	170755	27469	17156	40384
湖㳇镇	Hufu Town	23424	13165	23582	32410	3732	4903
环科园	Huankeyuan	34375	20148	28159	21895	16146	13922
开发区	Development Area	65613	49010	272756	25055	21715	14624
锡山区	**Xishan District**						
安镇街道	Anzhen Subdistrict	106602	51435	165083	29525	586	2259
羊尖镇	Yangjian Town	58103	35014	49839	27845	14807	11712
鹅湖镇	Ehu Town	71980	39653	43136	27987	3983	18039

续表 2　continued 2

镇名称	Township	总人口（人）Total Population (person)	从业人数（人）Employee (person)	财政收入（万元）Financial Revenue (10000 yuan)	农民人均可支配收入（元）Disposa Income of Rural Residents (yuan)	粮食总产量（吨）Total Output of Grain (ton)	农业机械总动力（千瓦）Total Power of Farming Machinery (kw)
东北塘街道	Dongbeitang Subdistrict	53400	43600	83828	28386		3606
锡北镇	Xibei Town	97848	52547	70323	27834	11458	31727
东港镇	Donggang Town	131294	78000	161100	29677	17926	24000
惠山区	**Huishan District**						
堰桥街道	Yanqiao Subdistrict	153263	100985	181456	28130	726	12835
钱桥街道	Qianqiao Subdistrict	120143	55267	141680	30896	145	9421
前洲街道	QianZhou Subdistrict	73058	40950	105187	29139	4162	12400
玉祁街道	Yuqi Subdistrict	64459	41277	110479	28023	12993	15883
洛社镇	Luoshe Town	163896	101215	232075	28597	909	3967
阳山镇	Yangshan Town	55611	31998	44573	29835		12203
滨湖区	**Binhu District**						
雪浪街道	Xuelang Subdistrict	113331	46538	150000	30267		2627
华庄街道	Huazhuang Subdistrict	88384	41320	72000	35032	85	1814
马山街道	Mashan Subdistrict	40818	28903	130000	29452	485	5401
胡埭镇	Hudai Town	52783	30500	64428	29340	600	5830
新吴区	**Xinwu District**						
鸿山街道	Hongshan Subdistrict	110248	83804	122984	29300	5060	720
旺庄街道	Wangzhuang Subdistrict	195212	121510	211520	40187	353	900
硕放街道	Shuofang Subdistrict	100494	57859	220466	38564	5468	
江溪街道	Jiangxi Subdistrict	188482	50570	207855	40300		
新安街道	Xinan Subdistrict	53182	34481	22021	29980	139	500
梅村街道	Meicun Subdistrict	98594	62783	198675	38856	1325	2250

2017 2017 STATISTICAL YEARBOOK OF WUXI

CHAPTER

第 8 篇

工 业

INDUSTRY

第八篇　　工　　业
CHAPTER VIII INDUSTRY

● 规模以上工业总产值	14352.96亿元	(10^8 yuan)
Total Output Value of Over-Norm Industrial		
比上年增长	3.8%	
Over the Previous Year		
● 规模以上工业主营业务收入	14120.24亿元	(10^8 yuan)
Main Business Revenue of Over-Norm Industry		
比上年增长	4.6%	
Over the Previous Year		
● 规模以上工业利润总额	968.02亿元	(10^8 yuan)
Total Profit ofOver-Norm Industrial		
比上年增长	9.6%	
Over the Previous Year		

8－1 分市（县）规模以上工业经济指标

单位：万元　　　　　　　　　　　　　　（2016年）

指 标		Items		全 市 Total	市 区 Urban Districts
企业单位数	（个）	Number of Enterprises	(unit)	4888	2664
#亏损企业	（个）	Deficit Enterprise	(unit)	903	485
工业总产值	（当年价）	Gross Industrial Output Value		143529610	63880947
工业销售产值		Sales Output Value of Industry		140968512	62835215
资产合计		Total Assets		150956342	65475085
流动资产合计		Total Current Assets		92180583	40099437
#应收帐款净额		Net Funds Acceptable		28500419	14011039
产成品		Finished Products In Stock		7661076	3649547
固定资产原价		Original Value of Fixed Assets		69252144	34949209
累计折旧		Accumulated Depreciation		33914375	18033098
负债合计		Total Liabilities		80858399	31820787
所有者权益合计		Total Owners' Equities		69947817	33653412
实收资本		Paid-in Capital		33143656	17578225
#国家资本		State-Owned Capital		1708382	923958
港澳台及外商资本		HongKong, Macao, Taiwan and Foreign Capical		12306520	9103930
主营业务收入		Main Business Revenue		141202388	62806466
#主营业务成本		Main Business Cost		120977503	52329773
主营业务税金及附加		Main Business Tax and Extra Charges		589818	312947
销售费用		Cost of Sales		3384333	1950565
管理费用		Management Expense		6805327	3752639
财务费用		Accounting Expense		1530415	300210
#利息收入		Interest Income		225614	93713
利息支出		Interest Expense		1600706	386471
盈亏相抵后利润总额		Net Total Profit		9680213	4930838
#亏损企业亏损额		Losses of Deficit Enterprises		629189	356745
本年应交增值税		Value-Added Tax Payable This Year		3104420	1415881
从业人员平均人数	（人）	Average Employees	(person)	1167825	602395

(10000yuan)

梁溪区 Liangxi District	锡山区 Xishan District	惠山区 Huishan District	滨湖区 Binhu District	新吴区 Xinwu District	江阴市 Jiangyin City	宜兴市 Yixing City
101	637	808	404	714	1356	868
15	117	160	64	129	222	196
2340477	11309139	12257768	4928680	33044883	53760113	25888550
2306366	11161235	11835311	4744619	32787683	52790182	25343116
3355229	12478843	11099261	6642770	31898981	61635252	23846006
1779370	7429383	7040001	4466753	19383930	35309278	16771868
400665	2298053	2245849	1656876	7409595	8222980	6266401
103567	775756	806435	316357	1647432	2672828	1338700
1956603	4943624	4765118	2101828	21182037	26345920	7957015
727387	2322670	2196890	952774	11833377	12353326	3527950
2273542	6133427	6626227	2937791	13849800	34811718	14225895
1073007	6338009	4473026	3704974	18064396	26812744	9481661
526597	3335553	2462796	1345048	9908231	10128042	5437390
350034	52305	62855	115706	343058	249564	534861
34122	1279333	490298	248836	7051340	2381637	820954
2297085	11014766	11952645	4764833	32777138	53932624	24463297
1744978	9278728	10081533	3591075	27633459	47516366	21131364
13905	50303	70041	30701	147997	200813	76057
158248	341303	231765	301736	917512	897743	536025
139381	711361	647428	438739	1815730	1981355	1071333
8631	80887	108115	26891	75687	869389	360816
6716	26828	16835	5406	37927	80754	51147
15560	114481	117088	33129	106212	879006	335229
283876	727541	874750	436134	2608537	3378372	1371003
16851	61570	61885	38152	178287	158351	114093
82267	279673	318998	155331	579613	1263195	425345
18156	128981	110437	62405	282416	414166	151264

8－2 分市（县）规模以上国有及国有控股工业企业经济指标

Economic Indicators of Above-Scale State-Owned and State-holding Industrial Enterprises by County

单位：万元　　　　（2016年）　　　　(10000 yuan)

指标	Items	全市 Total	其中 of Which 市区 Urban Districts	江阴市 Jiangyin City	宜兴市 Yixing City
企业单位数（个）	Number of Enterprises (unit)	110	69	14	27
#亏损企业（个）	Deficit Enterprise (unit)	27	15	2	10
工业总产值（当年价）	Gross Industrial Output Value	7849184	5379526	1285095	1184563
工业销售产值	Sales Output Value of Industry	7685905	5183639	1307590	1194677
资产合计	Total Assets	12185402	8065397	1980099	2139907
流动资产合计	Total Current Assets	6123022	4203498	1039104	880420
#应收帐款净额	Net Funds Acceptable	1318069	1003487	140315	174268
产成品	Finished Products In Stock	489863	374546	63200	52118
固定资产原价	Original Value of Fixed Assets	7396810	4267514	1533235	1596061
累计折旧	Accumulated Depreciation	3126895	1673477	825970	627447
负债合计	Total Liabilities	7039184	4746878	1006095	1286212
所有者权益合计	Total Owners' Equities	5158497	3318518	986284	853695
实收资本	Paid-in Capital	2581684	1454517	424234	702934
#国家资本	State-Owned Capital	1369823	750414	104539	514870
港澳台及外商资本	HongKong, Macao, Taiwan and Foreign Capical	181884	122942	40629	18314
主营业务收入	Main Business Revenue	7775819	5145690	1342196	1287932
#主营业务成本	Main Business Cost	6453717	4238296	1110310	1105112
主营业务税金及附加	Main Business Tax and Extra Charges	82403	49711	27764	4928
销售费用	Cost of Sales	225734	189153	17985	18596
管理费用	Management Expense	432777	308046	54721	70010
财务费用	Accounting Expense	90748	29129	16357	45262
#利息收入	Interest Income	32241	11489	6880	13872
利息支出	Interest Expense	80936	37574	12120	31243
盈亏相抵后利润总额	Net Total Profit	852046	559428	140369	152248
#亏损企业亏损额	Losses of Deficit Enterprises	76291	35818	10771	29701
本年应交增值税	Value-Added Tax Payable This Year	216406	145700	36627	34079
从业人员平均人数（人）	Average Employees (person)	53664	36140	9001	8523

8－3 分市（县）规模以上集体工业经济指标

Economic Indicators of Above-Scale Collectively-Owned Industry by County

单位：万元 （2016年） (10000 yuan)

指标		Items		全市 Total	其中 of Which 市区 Urban Districts	江阴市 Jiangyin City	宜兴市 Yixing City
企业单位数	（个）	Number of Enterprises	(unit)	19	7	11	1
#亏损企业	（个）	Deficit Enterprise	(unit)	3	2		1
工业总产值	（当年价）	Gross Industrial Output Value		1736237	22065	1690595	23577
工业销售产值		Sales Output Value of Industry		1744504	22239	1699623	22642
资产合计		Total Assets		1320382	24245	1240852	55285
流动资产合计		Total Current Assets		806166	20509	744124	41534
#应收帐款净额		Net Funds Acceptable		154300	7998	121730	24571
产成品		Finished Products In Stock		85734	1796	81604	2334
固定资产原价		Original Value of Fixed Assets		694497	13532	665601	15365
累计折旧		Accumulated Depreciation		469362	10430	454429	4503
负债合计		Total Liabilities		876389	13011	828251	35127
所有者权益合计		Total Owners' Equities		443993	11234	412601	20158
实收资本		Paid-in Capital		184381	2393	157399	24588
#国家资本		State-Owned Capital		55	55		
港澳台及外商资本		HongKong, Macao, Taiwan and Foreign Capical		8086		8086	
主营业务收入		Main Business Revenue		1802955	22032	1759425	21498
#主营业务成本		Main Business Cost		1640594	19347	1601050	20197
主营业务税金及附加		Main Business Tax and Extra Charges		2751	84	2576	91
销售费用		Cost of Sales		6597	119	6354	125
管理费用		Management Expense		27917	1763	25596	559
财务费用		Accounting Expense		16768	219	15221	1329
#利息收入		Interest Income		674		571	103
利息支出		Interest Expense		16476	240	15639	598
盈亏相抵后利润总额		Net Total Profit		111275	799	111000	-524
#亏损企业亏损额		Losses of Deficit Enterprises		763	239		524
本年应交增值税		Value-Added Tax Payable This Year		40377	660	39399	318
从业人员平均人数	（人）	Average Employees	(person)	15520	393	14902	225

8-4 分市（县）规模以上三资工业经济指标

Economic Indicators of Above-Scale Sino-Foreign Joint Ventures, Sino-Foreign Cooperative and Wholly Foreign-Owned Industry by County

单位：万元 （2016年） (10000 yuan)

指标		Items		全市 Total	其中 of Which 市区 Urban Districts	江阴市 Jiangyin City	宜兴市 Yixing City
企业单位数	（个）	Number of Enterprises	(unit)	1195	803	246	146
#亏损企业	（个）	Deficit Enterprise	(unit)	260	160	53	47
工业总产值	（当年价）	Gross Industrial Output Value		52449097	35828624	12069995	4550478
工业销售产值		Sales Output Value of Industry		51948967	35423966	12003477	4521524
资产合计		Total Assets		54519191	32615262	17189539	4714390
流动资产合计		Total Current Assets		33445534	19939763	9932816	3572955
#应收帐款净额		Net Funds Acceptable		11728851	7498656	2613789	1616406
产成品		Finished Products In Stock		2371008	1622117	475197	273694
固定资产原价		Original Value of Fixed Assets		32708400	23252662	8053048	1402691
累计折旧		Accumulated Depreciation		17636755	13154577	3844669	637510
负债合计		Total Liabilities		24968730	13846188	8216805	2905736
所有者权益合计		Total Owners' Equities		29550855	18776696	8972533	1801626
实收资本		Paid-in Capital		15942962	11053140	3653075	1236747
#国家资本		State-Owned Capital		322420	216064	57603	48754
港澳台及外商资本		HongKong, Macao, Taiwan and Foreign Capical		11979109	8972983	2248881	757245
主营业务收入		Main Business Revenue		51899372	35321251	12176185	4401936
#主营业务成本		Main Business Cost		43401977	29507078	10258329	3636570
主营业务税金及附加		Main Business Tax and Extra Charges		231927	168153	47279	16495
销售费用		Cost of sales		1372345	955582	277000	139763
管理费用		Management Expense		2651363	1876072	584330	190962
财务费用		Accounting Expense		178279	57628	84213	36438
#利息收入		Interest Income		89511	53753	24835	10923
利息支出		Interest Expense		250857	120441	100394	30023
盈亏相抵后利润总额		Net Total Profit		4548459	2991524	1191246	365689
#亏损企业亏损额		Losses of Deficit Enterprises		270838	173914	55580	41343
本年应交增值税		Value-Added Tax Payable This Year		1103463	698080	305281	100102
从业人员平均人数	（人）	Average Employees	(person)	432069	319661	79304	33104

8－5 分市（县）大中型工业企业经济指标
Indicators of Large and Medium Industrial Enterprises by County

单位：万元 （2016年） (10000 yuan)

指标		Items		全市 Total	其中 of Which 市区 Urban Districts	江阴市 Jiangyin City	宜兴市 Yixing City
企业单位数	（个）	Number of Enterprises	(unit)	720	384	229	107
#亏损企业	（个）	Deficit Enterprise	(unit)	71	39	18	14
工业总产值	（当年价）	Gross Industrial Output Value		97341970	42694762	40804425	13842784
工业销售产值		Sales Output Value of Industry		95676974	42029390	40089327	13558257
资产合计		Total Assets		106241048	43711443	49444374	13085231
流动资产合计		Total Current Assets		61529266	25414118	26897577	9217570
#应收帐款净额		Net Funds Acceptable		16469677	8329491	4871527	3268659
产成品		Finished Products In Stock		5040289	2433794	1863884	742611
固定资产原价		Original Value of Fixed Assets		51986096	25979655	21665693	4340748
累计折旧		Accumulated Depreciation		25884196	13774988	10076059	2033149
负债合计		Total Liabilities		55988730	20657425	27371410	7959895
所有者权益合计		Total Owners' Equities		50267534	23069238	22072962	5125335
实收资本		Paid-in Capital		21358129	11561103	7371198	2425828
#国家资本		State-Owned Capital		1129467	718443	169841	241184
港澳台及外商资本		HongKong, Macao, Taiwan and Foreign Capical		8873267	6807544	1640755	424968
主营业务收入		Main Business Revenue		96322085	41935391	41053144	13333550
#主营业务成本		Main Business Cost		82239770	34909837	36049164	11280770
主营业务税金及附加		Main Business Tax and Extra Charges		398709	216803	143643	38263
销售费用		Cost of sales		2392099	1357173	694294	340631
管理费用		Management Expense		4291757	2241638	1421900	628219
财务费用		Accounting Expense		1053227	135886	710207	207134
#利息收入		Interest Income		174735	72182	67839	34715
利息支出		Interest Expense		1163981	220313	744667	199001
盈亏相抵后利润总额		Net Total Profit		7394920	3612367	2862979	919575
#亏损企业亏损额		Losses of Deficit Enterprises		250020	162426	61596	25998
本年应交增值税		Value-Added Tax Payable This Year		2149944	900038	1005101	244805
从业人员平均人数	（人）	Average Employees	(person)	730414	373175	281419	75820

8－6 规模以上工业经济指标

单位：万元 （2016年）

指 标	Items	企业单位数（个）Number of Enterprises (unit)	#亏损企业 Deficit Enterprise
总 计	**Total**	**4888**	**903**
#亏损企业	Deficit Enterprise	903	903
#国有及国有控股企业	State-Owned and State Share-holding Enterprise	110	27
#民营工业	Non-public Industrial Enterprise	3599	619
一、按登记注册类型分	**Grouped by Ownership**		
内资企业	Domesticly-Funded Enterprise	3693	643
国有企业	State-Owned Enterprise	4	
集体企业	Collectivly-Owned Enterprise	19	3
股份合作企业	Joint Share-holding Enterprise	5	
有限责任公司	Company with Limited Liability	354	73
股份有限公司	Share-Limited Company	194	40
私营企业	Private Enterprise	3113	527
其它企业	Others	4	
港、澳、台商投资企业	Hong Kong/Macao/Taiwan-Invested Enterprise	463	104
外商投资企业	Foreigner-Funded	732	156
二、按轻重工业分	**Grouped by Light and Heavy Industry**		
轻工业	Light Industry	1405	224
重工业	Heavy Industry	3483	679
三、按企业规模分	**Grouped by Scale of Enterprise**		
大型企业	Large	129	5
中型企业	Medium	591	66
小型企业	Small	4026	783
微型企业	Micro Enterprise	142	49
四、按行业分	**Grouped by Sector**		
农副食品加工业	Processing of Food from Agricultural Products	17	5
食品制造业	Manufacture of Foods	30	5
酒、饮料和精制茶制造业	Manufacture of Wine, Beverage and Refined Tea Manufacturing	9	1
纺织业	Manufacture of Textile	380	71

Economic Indicators of Above-Scale Industry

(10000yuan)

工业总产值（当年价）Total Industrial Output Value	工业销售产值 Sales Value of Industry	资产合计 Total Assets	流动资产合计 Total Current Assets	应收帐款净额 Net Funds Acceptable	产成品 End Product in Stock
143529610	**140968512**	**150956342**	**92180583**	**28500419**	**7661076**
10404477	10257575	16058072	9466241	3316766	932776
7849184	7685905	12185402	6123022	1318069	489863
84498938	82592159	86003387	53477751	15667221	4869098
91080513	89019545	96437151	58735049	16771568	5290068
1180465	1141649	686764	494414	94956	64957
1736237	1744504	1320382	806166	154300	85734
23328	25308	33648	26257	14602	2512
18548362	18192132	22131504	11741749	2697197	1075219
10762904	10212529	19397469	11962449	2666320	890660
58811084	57685599	52848718	33691520	11136124	3170874
18135	17824	18667	12494	8070	113
17364519	17195597	18861819	10897426	3478080	775340
35084577	34753370	35657372	22548108	8250771	1595667
36423381	36006921	34631501	20678991	5191785	2246712
107106228	104961591	116324842	71501592	23308634	5414364
64172738	63229174	70912420	38913654	8943705	3052580
33169232	32447800	35328628	22615612	7525972	1987709
45098802	44207088	43617171	29872228	11781830	2553988
1088838	1084450	1098124	779089	248912	66799
166226	163749	125304	81156	18569	6519
650161	613063	841393	571311	240482	99233
504968	510954	379044	220899	137539	23997
7844917	7587593	5928444	3819007	1157859	481611

单位：万元　　　　续表 1

指 标	Items	企业单位数（个）Number of Enterprises (unit)	#亏损企业 Deficit Enterprise
纺织服装、服饰业	Manufacture of Textile Wearing Apparel, Clothing	238	31
皮革、毛皮、羽毛及其制品和制鞋业	Manufacture of Leather, Fur, Feather, Related and Footwear Products	10	3
木材加工和木、竹、藤、棕、草制品业	Processing of Timber, Manufacture of Wood,Bamboo, Rattan, Palm and Straw Products	14	1
家具制造业	Manufacture of Furniture	15	3
造纸和纸制品业	Manufacture of Paper and Paper Products	31	4
印刷和记录媒介复制业	Printing, Reproduction of Recording Media	109	14
文教、工美、体育和娱乐用品制造业	Manufacture of Culture, art, sports and entertainment Products	54	4
石油加工、炼焦和核燃料加工业	Processing of Petroleum, Coking, Processing of Nuclear Fuel	19	6
化学原料和化学制品制造业	Manufacture of Raw Chemical Materials and Chemical Products	325	39
医药制造业	Manufacture of Medicines	48	5
化学纤维制造业	Manufacture of Chemical Fibers	88	25
橡胶和塑料制品业	Manufacture of Rubber,Plastics	283	45
非金属矿物制品业	Manufacture of Non-metallic Mineral Products	235	88
黑色金属冶炼和压延加工业	Smelting and Pressing of Ferrous Metals	271	60
有色金属冶炼和压延加工业	Smelting and Pressing of Non-ferrous Metals	168	32
金属制品业	Manufacture of Metal Products	376	83
通用设备制造业	Manufacture of General Purpose Machinery	549	111
专用设备制造业	Manufacture of Special Purpose Machinery	445	81
汽车制造业	Manufacture of Automotive	195	25
铁路、船舶、航空航天和其他运输设备制造业	Manufacture of Railroads, Ships, Aerospace and Other Transportation Equipment	117	30
电气机械和器材制造业	Manufacture of Electrical Machinery and Equipment	479	72
计算机、通信和其他电子设备制造业	Manufacture of Communication Equipment, Computers and Other Electronic Equipment	260	46
仪器仪表制造业	Manufacture of Measuring Instruments	74	9
其他制造业	Other Manufacturing	8	1
废弃资源综合利用业	Comprehensive Utilization of Waste Resources	6	1
电力、热力生产和供应业	Production and Supply of Electric Power and Heat Power	26	2
燃气生产和供应业	Production and Supply of Gas	5	
水的生产和供应业	Production and Supply of Water	4	

continued 1 (10000 yuan)

工业总产值（当年价）Total Industrial Output Value	工业销售产值 Sales Value of Industry	资产合计 Total Assets	流动资产合计 Total Current Assets	应收帐款净额 Net Funds Acceptable	产成品 End Product in Stock
6087724	6098662	6909741	3795765	433410	703318
57081	56297	46218	30159	8651	3013
181943	180297	159761	128984	52112	12019
107089	108485	135045	64744	21518	8888
686995	690184	816332	462808	160542	31622
1346103	1305506	1349883	803011	279926	67691
436845	435649	351714	207162	59909	23682
1387754	1345894	665742	434831	91550	41090
13740985	13506943	12209367	7362659	2219331	502743
2344832	2412215	2514889	1651760	520957	152417
4877843	4807179	3466302	1614139	255893	107632
3257255	3206065	3513267	2157399	913147	184268
2339651	2292915	3196718	2268461	1115849	134458
11048636	10686577	13081599	6772370	743678	579247
9695240	9577268	4807563	3620076	1098377	320799
8032264	7906307	7924088	5023457	1691454	512288
7841475	7670540	10559252	6887155	2483108	534619
6519678	6356147	8592318	6065561	2288704	505634
7937181	7657195	7022764	4422850	1463667	536099
2826333	2820490	6021762	3880065	635661	83121
20525994	20191107	23857530	16581052	6156468	963261
19152813	18898751	18456973	9872638	3749677	926647
1254768	1202275	1758660	1161384	320535	108138
76263	79871	67763	41031	12153	3915
36600	36128	30224	14826	1828	2297
1849149	1849361	3525478	1067473	133833	51
555834	555834	605279	308218	19818	672
159012	159012	2035927	788173	14218	87

单位：万元 续表 2

指 标	Items	固定资产原值 Original Value of Fixed Assets	累计折旧 Accumulated Depreciation	负债合计 Total Liabilities
总计	**Total**	**69252144**	**33914375**	**80858399**
#亏损企业	Deficit Enterprise	7410077	3335103	10992243
#国有及国有控股企业	State-Owned and State Share-holding Enterprise	7396810	3126895	7039184
#民营工业	Non-public Industry	30657849	13937626	49828155
一、按登记注册类型分	**Grouped by Ownership**			
内资企业	Domesticly-Funded Enterprise	36543745	16277619	55889670
国有企业	State-Owned Enterprise	371213	224939	390145
集体企业	Collectivly-Owned Enterprise	694497	469362	876389
股份合作企业	Joint Share-holding Enterprise	9009	5105	12526
有限责任公司	Company with Limited Liability	9467679	3913353	13494852
股份有限公司	Share-Limited Company	5458639	2192221	9620297
私营企业	Private Enterprise	20536783	9470730	31488347
其它企业	Others	5924	1909	7113
港、澳、台商投资企业	Hong Kong/Macao/Taiwan-Invested Enterprise	10527788	5032421	9149272
外商投资企业	Foreigner-Funded	22180612	12604334	15819458
二、按轻重工业分	**Grouped by Light and Heavy Industry**			
轻工业	Light Industry	14950804	6945645	19388077
重工业	Heavy Industry	54301340	26968730	61470322
三、按企业规模分	**Grouped by Scale of Enterprise**			
大型企业	Large	36700749	18340751	37622614
中型企业	Medium	15285347	7543446	18366116
小型企业	Small	17149594	7985607	24165765
微型企业	Micro Enterprise	116454	44571	703904
四、按行业分	**Grouped by Sector**			
农副食品加工业	Processing of Food from Agricultural Products	52872	26388	66395
食品制造业	Manufacture of Foods	308102	115114	395511
酒、饮料和精制茶制造业	Manufacture of Wine, Beverage and Refined Tea Manufacturing	189464	64073	169163
纺织业	Manufacture of Textile	2991389	1606574	3325505

continued 2 （10000 yuan）

所有者权益合计 Total Owner Interest	实收资本 Paid-In Capital	其中 of Which 国家 State-Owned	港澳台及外商 HongKong, Macao, Taiwan and Foreign Capical	主营业务收入 Main Business Revenue	主营业务成本 Main Business Cost	主营业务税金及附加 Main Business Tax and Extra Charges	销售费用 Cost of Sales
69947817	**33143656**	**1708382**	**12306520**	**141202388**	**120977503**	**589818**	**3384333**
5019780	5321093	374759	2185602	10453465	9816299	82528	243511
5158497	2581684	1369823	181884	7775819	6453717	82403	225734
36012433	15002076	164060	280035	82824385	72132721	281160	1810439
40396962	17200695	1385961	327412	89303016	77575525	357891	2011988
296618	85084	84491		1134565	888939	7250	48159
443993	184381	55	8086	1802955	1640594	2751	6597
21122	3931			28557	23035	367	503
8648928	4506974	1052194	114486	18303954	15838902	113627	457919
9776475	3703146	231279	83102	10203298	8419112	38927	393336
21198271	8710497	17942	121739	57811998	50749311	194898	1105147
11554	6683			17688	15633	71	326
9711065	5400574	87295	3775766	17546632	14570507	74153	460869
19839789	10542388	235126	8203342	34352740	28831470	157775	911476
15233716	6713421	397508	2273301	36901766	31751907	138914	1382401
54714101	26430236	1310874	10033219	104300622	89225596	450904	2001932
33289805	12695423	666979	5452949	63555533	55349458	241481	1264316
16977729	8662706	462488	3420318	32766551	26890312	157228	1127783
19437458	11577102	526660	3367735	43815021	37737984	189027	980137
242824	208425	52255	65518	1065282	999749	2082	12097
58909	43749	4000	4399	166886	139729	548	9218
445186	215175	5705	105719	636969	522469	3163	34774
209881	110326	15030	86729	514465	325385	3241	58646
2598759	1157145	27302	411459	8081892	7387028	21638	74286

单位：万元　　　　续表 3

指　　标	Items	固定资产原　　值 Original Value of Fixed Assets	累　计折　旧 Accumulated Depreciation
纺织服装、服饰业	Manufacture of Textile Wearing Apparel, Clothing	1710028	693673
皮革、毛皮、羽毛及其制品和制鞋业	Manufacture of Leather, Fur, Feather, Related and Footwear Products	17464	8193
木材加工和木、竹、藤、棕、草制品业	Processing of Timber, Manufacture of Wood,Bamboo, Rattan, Palm and Straw Products	32498	11950
家具制造业	Manufacture of Furniture	47821	11316
造纸和纸制品业	Manufacture of Paper and Paper Products	483796	199133
印刷和记录媒介复制业	Printing, Reproduction of Recording Media	721694	332848
文教、工美、体育和娱乐用品制造业	Manufacture of Culture, art, sports and entertainment Products	135680	57487
石油加工、炼焦和核燃料加工业	Processing of Petroleum, Coking, Processing of Nuclear Fuel	268328	180461
化学原料和化学制品制造业	Manufacture of Raw Chemical Materials and Chemical Products	5845013	2944697
医药制造业	Manufacture of Medicines	859510	415210
化学纤维制造业	Manufacture of Chemical Fibers	2458854	1128869
橡胶和塑料制品业	Manufacture of Rubber,Plastics	1677770	793031
非金属矿物制品业	Manufacture of Non-metallic Mineral Products	1341612	716116
黑色金属冶炼和压延加工业	Smelting and Pressing of Ferrous Metals	6792132	3097311
有色金属冶炼和压延加工业	Smelting and Pressing of Non-ferrous Metals	1550848	687748
金属制品业	Manufacture of Metal Products	2414861	1139750
通用设备制造业	Manufacture of General Purpose Machinery	4277319	2050399
专用设备制造业	Manufacture of Special Purpose Machinery	2735913	1289478
汽车制造业	Manufacture of Automotive	3213828	1537540
铁路、船舶、航空航天和其他运输设备制造业	Manufacture of Railroads, Ships, Aerospace and Other Transportation Equipment	1226358	530539
电气机械和器材制造业	Manufacture of Electrical Machinery and Equipment	6164088	2639690
计算机、通信和其他电子设备制造业	Manufacture of Communication Equipment, Computers and Other Electronic Equipment	15355491	8953873
仪器仪表制造业	Manufacture of Measuring Instruments	465034	184684
其他制造业	Other Manufacturing	38191	18996
废弃资源综合利用业	Comprehensive Utilization of Waste Resources	16057	5616
电力、热力生产和供应业	Production and Supply of Electric Power and Heat Power	4148878	1994382
燃气生产和供应业	Production and Supply of Gas	290469	88626
水的生产和供应业	Production and Supply of Water	1420785	390611

continued 3 (10000yuan)

负债合计 Total Liabilities	所有者权益合计 Total Owner Interest	实收资本 Paid-In Capital	其中 of Which: 国家 State-Owned	其中 of Which: 港澳台及外商 HongKong, Macao,Taiwan and Foreign Capical	主营业务收入 Main Business Revenue	主营业务成本 Main Business Cost	主营业务税金及附加 Main Business Tax and Extra Charges	销售费用 Cost of Sales
3843372	3065273	1267276	5122	93227	6678642	5687718	35945	242438
35155	11062	11970		1320	54224	50117	272	592
101368	58393	19558		3891	182602	155008	592	8687
96032	39012	27242		11076	107288	88780	669	3671
372334	443998	350321		98823	689333	577362	2846	16109
617604	732278	261360		20666	1260271	1032093	6092	33339
204679	147034	86961		27985	453717	384875	2181	13534
429533	236209	211676	35326	38628	1349207	1228071	44468	16474
6216235	5985253	1564118	2369	684539	13774225	11994051	44520	225628
874843	1640046	535691	27760	328241	2264758	1417827	16472	372842
2199085	1267216	464929	8800	49290	4831723	4607242	3799	33919
1424377	2088885	1044546	237	344647	3215934	2587566	15926	99937
2006493	1180711	750982	42277	153495	2212080	1898874	13065	73957
7903360	5178237	2676141	106288	935381	10726788	9541622	26623	124877
3036964	1742388	971314	1341	138549	9078588	8382107	10317	53575
4664241	3248704	1738437	19800	414195	7898470	6896917	26220	168102
4980003	5573928	2374742	121223	840292	7616621	5899337	49673	248444
4521288	4051707	1795740	51165	557855	6249177	4954149	34448	192570
3563755	3459007	1335066	138359	532993	7673474	6254096	65172	176333
2529741	3492020	630343	50710	176581	2738186	2252500	12683	61671
14422092	9393850	5598376	309485	1080977	19940254	17006897	61576	662646
8185588	10254911	6051652	169019	4777581	18862514	16805072	63494	211379
796184	962475	325025	5208	93033	1193489	887816	7779	49919
33159	34604	16710		1167	73117	55728	490	4058
23390	6834	13241		327	47619	40859	433	127
1883695	1637099	1011596	249735	268406	1903909	1451114	10999	4192
373209	232070	52236	12143	25050	567395	400854	3392	21863
1564047	471879	430013	299980		158575	64240	1086	86527

单位：万元　　续表 4

指　　标	Items	管理费用 Management Expense	财务费用 Accounting Expense
总计	**Total**	**6805327**	**1530415**
#亏损企业	Deficit Enterprise	671224	247539
#国有及国有控股企业	State-Owned and State Share-holding Enterprise	432777	90748
#民营工业	Non-public Tndustry	3770689	1267605
一、按登记注册类型分	**Grouped by Ownership**		
内资企业	Domesticly-Funded Enterprise	4153964	1352136
国有企业	State-Owned Enterprise	49405	-405
集体企业	Collectivly-Owned Enterprise	27917	16768
股份合作企业	Joint Share-holding Enterprise	2869	167
有限责任公司	Company with Limited Liability	853264	324417
股份有限公司	Share-Limited Company	653214	165564
私营企业	Private Enterprise	2566297	845549
其它企业	Others	998	76
港、澳、台商投资企业	Hong Kong/Macao/Taiwan-Invested Enterprise	844100	124537
外商投资企业	Foreigner-Funded Enterprise	1807264	53742
二、按轻重工业分	**Grouped by Light and Heavy Industry**		
轻工业	Light Industry	1530060	304553
重工业	Heavy Industry	5275267	1225861
三、按企业规模分	**Grouped by Scale of Enterprise**		
大型企业	Large	2498148	767483
中型企业	Medium	1793609	285744
小型企业	Small	2475232	468765
微型企业	Micro Enterprise	38338	8423
四、按行业分	**Grouped by Sector**		
农副食品加工业	Processing of Food from Agricultural Products	11124	1152
食品制造业	Manufacture of Foods	27591	8562
酒、饮料和精制茶制造业	Manufacture of Wine, Beverage and Refined Tea Manufacturing	9656	4654
纺织业	Manufacture of Textile	214614	71187

continued 4 (10000 yuan)

#利息收入 Interest income	#利息支出 Interest Expenditure	利润总额 Total Profit	亏损企业亏损额 Deficit	本年应交增值税 Added Value Tax Payable This Year	从业人员平均人数（人） Average Employees (Person)
225614	**1600706**	**9680213**	**629189**	**3104420**	**1167825**
20251	186076	-629189	629189	171656	131945
32241	80936	852046	76291	216406	53664
109216	1277819	4504959	294486	1817207	691558
136103	1349849	5131755	358351	2000957	735756
544	26	142718		45445	3718
674	16476	111275	763	40377	15520
	183	1440		1439	471
40999	309421	994445	119855	402996	128548
22427	199315	915740	42295	226693	89679
71457	824360	2965436	195439	1283396	497524
1	69	701		612	296
27642	139489	1685683	86018	414053	143082
61870	111368	2862776	184819	689410	288987
43336	332099	2371487	94179	914076	360210
182278	1268607	7308726	535009	2190345	807615
100457	852198	4546221	72373	1365189	429085
74278	311784	2848700	177646	784754	301329
49010	430055	2266715	352281	946096	435581
1868	6671	18578	26888	8381	1830
73	351	5483	2280	1109	1387
1098	5047	43731	3225	18849	6936
243	2655	116001	495	29102	1507
4761	68406	319165	21080	180721	93890

单位：万元　　续表 5

指 标	Items	管理费用 Management Expense	财务费用 Accounting Expense
纺织服装、服饰业	Manufacture of Textile Wearing Apparel, Clothing	332192	51293
皮革、毛皮、羽毛及其制品和制鞋业	Manufacture of Leather, Fur, Feather, Related and Footwear Products	2595	883
木材加工和木、竹、藤、棕、草制品业	Processing of Timber, Manufacture of Wood,Bamboo, Rattan, Palm and Straw Products	8792	1016
家具制造业	Manufacture of Furniture	10630	-26
造纸和纸制品业	Manufacture of Paper and Paper Products	31160	12176
印刷和记录媒介复制业	Printing, Reproduction of Recording Media	69442	11326
文教、工美、体育和娱乐用品制造业	Manufacture of Culture, art, sports and entertainment Products	31365	4569
石油加工、炼焦和核燃料加工业	Processing of Petroleum, Coking, Processing of Nuclear Fuel	26347	10315
化学原料和化学制品制造业	Manufacture of Raw Chemical Materials and Chemical Products	476712	221432
医药制造业	Manufacture of Medicines	160645	9786
化学纤维制造业	Manufacture of Chemical Fibers	61977	84541
橡胶和塑料制品业	Manufacture of Rubber,Plastics	219894	15582
非金属矿物制品业	Manufacture of Non-metallic Mineral Products	151401	41595
黑色金属冶炼和压延加工业	Smelting and Pressing of Ferrous Metals	390272	185080
有色金属冶炼和压延加工业	Smelting and Pressing of Non-ferrous Metals	154454	87277
金属制品业	Manufacture of Metal Products	389782	126260
通用设备制造业	Manufacture of General Purpose Machinery	731321	53610
专用设备制造业	Manufacture of Special Purpose Machinery	520293	82255
汽车制造业	Manufacture of Automotive	474571	63205
铁路、船舶、航空航天和其他运输设备制造业	Manufacture of Railroads, Ships, Aerospace and Other Transportation Equipment	166283	19411
电气机械和器材制造业	Manufacture of Electrical Machinery and Equipment	1000220	228265
计算机、通信和其他电子设备制造业	Manufacture of Communication Equipment, Computers and Other Electronic Equipment	919063	71252
仪器仪表制造业	Manufacture of Measuring Instruments	130014	11599
其他制造业	Other Manufacturing	7992	337
废弃资源综合利用业	Comprehensive Utilization of Waste Resources	2949	862
电力、热力生产和供应业	Production and Supply of Electric Power and Heat Power	36077	48615
燃气生产和供应业	Production and Supply of Gas	18397	-3422
水的生产和供应业	Production and Supply of Water	17502	5766

continued 5 (10000 yuan)

#利息收入 Interest Income	#利息支出 Interest Expenditure	利润总额 Total Profit	亏损企业亏损额 Deficit	本年应交增值税 Added Value Tax Payable This Year	从业人员平均人数（人） Average Employees (Person)
6496	56540	599094	10659	258366	91913
2	341	-121	681	1029	1409
-45	1433	10407	342	6247	1947
484	880	3489	3732	530	3330
446	10304	60283	439	21571	6174
1228	12000	117936	5034	39942	16310
222	5195	21280	124	5753	8818
1829	11293	26701	11477	37093	2217
26434	235408	937144	25589	196236	59517
960	9049	289652	12800	117778	11886
2733	84454	65366	9132	38161	20745
913	16125	295164	18715	97839	43831
4801	42073	50384	51781	75215	31949
2018	184283	597220	43049	167797	63612
15907	88377	366737	24137	106081	32693
9566	114187	325759	46172	176959	69671
10072	65264	829682	60951	261547	93556
10067	74780	565276	49368	199007	71818
5029	59100	696249	36782	200877	61158
11436	27793	344685	16624	69685	25980
57194	239874	1244954	72678	360295	119776
33018	108526	948923	96603	279510	193958
1196	11756	153212	3682	45811	18047
28	400	5219	20	3408	2525
2	160	3209	1251	2023	448
10874	55957	441252	289	82243	5985
2586	-935	168044		16230	1577
3945	9632	28633		7407	3255

8—7 全部国有及国有控股工业企业经济指标

单位：万元 （2016年）

指 标	Items	企业单位数（个）Number of Enterprises (unit)
总计	**Total**	**110**
#亏损企业	Deficit Enterprise	27
按轻重工业分	**Grouped by Light and Heavy Industry**	
轻工业	Light Industry	22
重工业	Heavy Industry	88
按行业分	**Grouped by Sector**	
农副食品加工业	Processing of Food from Agricultural Products	1
酒、饮料和精制茶制造业	Manufacture of Wine, Beverage and Refined Tea Manufacturing	1
纺织业	Manufacture of Textile	5
纺织服装、服饰业	Textile and apparel industry	3
印刷和记录媒介复制业	Printing, Reproduction of Recording Media	2
石油加工、炼焦和核燃料加工业	Processing of Petroleum, Coking, Processing of Nuclear Fuel	2
化学原料和化学制品制造业	Manufacture of Raw Chemical Materials and Chemical Products	4
医药制造业	Manufacture of Medicines	2
化学纤维制造业	Manufacture of Chemical Fibers	2
非金属矿物制品业	Manufacture of Non-metallic Mineral Products	7
黑色金属冶炼和压延加工业	Smelting and Pressing of Ferrous Metals	3
有色金属冶炼和压延加工业	Smelting and Pressing of Non-ferrous Metals	4
金属制品业	Manufacture of Metal Products	4
通用设备制造业	Manufacture of General Purpose Machinery	8
专用设备制造业	Manufacture of Special Purpose Machinery	11
汽车制造业	Manufacture of Automotive	8
铁路、船舶、航空航天和其他运输设备制造业	Manufacture of Railroads, Ships, Aerospace and Other Transportation Equipment	3
电气机械和器材制造业	Manufacture of Electrical Machinery and Equipment	10
计算机、通信和其他电子设备制造业	Manufacture of Communication Equipment, Computers and Other Electronic Equipment	9
仪器仪表制造业	Manufacture of Measuring Instruments	3
电力、热力生产和供应业	Production and Supply of Electric Power and Heat Power	12
燃气生产和供应业	Production and Supply of Gas	2
水的生产和供应业	Production and Supply of Water	4

Economic Indicators of State-owned Industrial Enterprises

(10000 yuan)

#亏损企业 Deficit Enterprise	工业总产值（当年价） Total Industrial Output Value	工业销售产值 Sales Value of Industry	资产合计 Total Assets	流动资产合计 Total Current Assets	应收帐款净额 Net Funds Acceptable	产成品 End Product in Stock
27	**7849184**	**7685905**	**12185402**	**6123022**	**1318069**	**489863**
27	1081942	1126845	1593510	586531	118547	91638
6	567108	554383	2482514	1029323	64155	30690
21	7282076	7131522	9702888	5093699	1253914	459173
1	4454	4454	2649	455	13	47
	5393	5393	2995	1811	1046	625
2	143964	140023	171088	86064	4404	16718
	37166	35848	66142	46188	1905	2021
	36052	34206	78349	38889	11595	2558
1	231809	225953	81739	29880	1923	8753
1	128461	134832	68056	26651	2302	1653
1	61335	61988	50787	38010	28000	1456
1	99833	93772	39937	20869	147	5300
5	109244	109214	316517	140801	19901	3977
2	56382	63945	315038	123985	27472	10103
1	262363	261976	133211	109560		15645
1	163871	162987	264473	166943	66212	42519
	778486	736849	2230863	1275798	395607	34026
1	370715	362313	572339	411743	156640	83417
4	2475864	2371865	1348574	768956	140465	188721
	494819	502406	774357	527618	32902	
1	378174	368881	593147	290170	117126	34867
3	595935	588893	763856	392252	193456	34646
1	23882	24870	42277	27072	13864	2724
1	927322	931573	1832452	588969	82528	
	304651	304651	400630	222166	14818	
	159012	159012	2035927	788173	14218	87

单位：万元　　续表 1

指　标	Items	固定资产原　值 Original Value of Fixed Assets	累计折旧 Accumulated Depreciation
总计	**Total**	**7396810**	**3126895**
#亏损企业	Deficit Enterprise	1078330	464263
按轻重工业分	**Grouped by Light and Heavy Industry**		
轻工业	Light Industry	1764378	576555
重工业	Heavy Industry	5632432	2550340
按行业分	**Grouped by Sector**		
农副食品加工业	Processing of Food from Agricultural Products	4004	2046
酒、饮料和精制茶制造业	Manufacture of Wine, Beverage and Refined Tea Manufacturing	2825	1641
纺织业	Manufacture of Textile	182158	100313
纺织服装、服饰业	Textile and apparel industry	36605	16655
印刷和记录媒介复制业	Printing, Reproduction of Recording Media	70392	37997
石油加工、炼焦和核燃料加工业	Processing of Petroleum, Coking, Processing of Nuclear Fuel	84957	50978
化学原料和化学制品制造业	Manufacture of Raw Chemical Materials and Chemical Products	17927	11085
医药制造业	Manufacture of Medicines	12555	2648
化学纤维制造业	Manufacture of Chemical Fibers	39533	26204
非金属矿物制品业	Manufacture of Non-metallic Mineral Products	239127	108434
黑色金属冶炼和压延加工业	Smelting and Pressing of Ferrous Metals	89073	39979
有色金属冶炼和压延加工业	Smelting and Pressing of Non-ferrous Metals	30050	19479
金属制品业	Manufacture of Metal Products	107254	39265
通用设备制造业	Manufacture of General Purpose Machinery	544954	219505
专用设备制造业	Manufacture of Special Purpose Machinery	125900	46653
汽车制造业	Manufacture of Automotive	774330	385250
铁路、船舶、航空航天和其他运输设备制造业	Manufacture of Railroads, Ships, Aerospace and Other Transportation Equipment	378769	189227
电气机械和器材制造业	Manufacture of Electrical Machinery and Equipment	374431	142400
计算机、通信和其他电子设备制造业	Manufacture of Communication Equipment, Computers and Other Electronic Equipment	636775	321591
仪器仪表制造业	Manufacture of Measuring Instruments	15688	4941
电力、热力生产和供应业	Production and Supply of Electric Power and Heat Power	2011321	906876
燃气生产和供应业	Production and Supply of Gas	197398	63118
水的生产和供应业	Production and Supply of Water	1420785	390611

continued 1 (10000 yuan)

负债合计 TotalLiabilities	所有者权益合计 Total Owner Interest	实收资本 Paid-In Capital	其中 of Which 国家 State-Owned	港澳台及外商 HongKong, Macao, Taiwan and Foreign Capical	主营业务收入 Main Business Revenue	主营业务成本 Main Business Cost	主营业务税金及附加 Main Business Tax and Extra Charges	销售费用 Cost of Sales
7039184	**5158497**	**2581684**	**1369823**	**181884**	**7775819**	**6453717**	**82403**	**225734**
1220760	372749	501255	272625	26535	1204385	1138373	51923	12886
1751717	730797	585592	354875	21471	557036	410483	2462	93185
5287467	4427700	1996092	1014949	160414	7218783	6043234	79941	132549
1071	1579	4000	4000		4457	4639		175
347	2649	2000	800	500	5393	4930	10	304
83420	87668	61718	24802	20754	141192	128870	569	1235
17367	48775	5603	5122	217	35963	22245	448	1189
15552	62797	36500			33550	26732	170	1569
40851	40888	35326	35326		230909	204907	23986	5195
64679	15657	14480	1016		135060	131361	114	882
9909	40878	12500	12500		61455	53599	113	772
34724	5213	22008	8800		96537	87501	49	692
223734	92783	79460	25023		109950	102951	537	2304
114720	200318	100830	82738		69351	65138	471	1757
90058	43154	24054		12314	284357	280922	171	815
163672	100802	70853	19800	6600	162987	149217	562	6498
837683	1393179	232842	25167	20110	733203	592701	4501	15288
327292	245047	98790	14120	3103	390958	319073	1742	12477
889941	458633	160176	82966		2308832	1959982	37176	54994
340880	433478	158455	50710		541901	469419	607	977
484968	108179	291989	261719	7800	394815	345582	773	3483
424656	339200	232550	153004	65825	601664	505497	1039	4549
18824	23452	10327	409		25637	18975	213	1174
1022129	810323	471925	249680	32519	944202	718760	5860	3249
268662	131968	25286	12143	12143	304874	196476	2206	19627
1564047	471879	430013	299980		158575	64240	1086	86527

单位：万元 续表 2

指 标	Items	管理费用 Management Expense
总计	**Total**	**432777**
#亏损企业	Deficit Enterprise	58410
按轻重工业分	**Grouped by Light and Heavy Industry**	
轻工业	Light Industry	50958
重工业	Heavy Industry	381819
按行业分	**Grouped by Sector**	
农副食品加工业	Processing of Food from Agricultural Products	172
酒、饮料和精制茶制造业	Manufacture of Wine, Beverage and Refined Tea Manufacturing	61
纺织业	Manufacture of Textile	9822
纺织服装、服饰业	Textile and apparel industry	10841
印刷和记录媒介复制业	Printing, Reproduction of Recording Media	4251
石油加工、炼焦和核燃料加工业	Processing of Petroleum, Coking, Processing of Nuclear Fuel	4894
化学原料和化学制品制造业	Manufacture of Raw Chemical Materials and Chemical Products	3816
医药制造业	Manufacture of Medicines	3160
化学纤维制造业	Manufacture of Chemical Fibers	3149
非金属矿物制品业	Manufacture of Non-metallic Mineral Products	11340
黑色金属冶炼和压延加工业	Smelting and Pressing of Ferrous Metals	7596
有色金属冶炼和压延加工业	Smelting and Pressing of Non-ferrous Metals	4408
金属制品业	Manufacture of Metal Products	5432
通用设备制造业	Manufacture of General Purpose Machinery	98305
专用设备制造业	Manufacture of Special Purpose Machinery	34640
汽车制造业	Manufacture of Automotive	69444
铁路、船舶、航空航天和其他运输设备制造业	Manufacture of Railroads, Ships, Aerospace and Other Transportation Equipment	31000
电气机械和器材制造业	Manufacture of Electrical Machinery and Equipment	38804
计算机、通信和其他电子设备制造业	Manufacture of Communication Equipment, Computers and Other Electronic Equipment	34243
仪器仪表制造业	Manufacture of Measuring Instruments	4702
电力、热力生产和供应业	Production and Supply of Electric Power and Heat Power	23222
燃气生产和供应业	Production and Supply of Gas	11976
水的生产和供应业	Production and Supply of Water	17502

continued 2 (10000 yuan)

财务费用 Accounting Expense	#利息收入 Interest Income	#利息支出 Interest Expenditure	利润总额 Total Profit	亏损企业亏损额 Deficit	本年应交增值税 Added Value Tax Payable This Year	从业人员平均人数（人） Average Employees (Person)
90748	**32241**	**80936**	**852046**	**76291**	**216406**	**53664**
21941	2160	19357	-76291	76291	25601	9513
6297	4623	10940	44651	7218	18670	9949
84450	27618	69997	807395	69072	197736	43715
2		2	-531	531		59
-2	2		86		118	30
543	-119	358	2890	1018	2714	2375
-686	621	69	2267		3135	1801
80	66	141	3189		362	825
173	955	1128	-8460	9147	9510	597
3176	34	3195	6155	2971	742	485
-81	97		4035	694	1243	212
13	19	72	7474	2004	3330	879
4127	-1	4821	-7122	9153	5173	1427
3335	205	3227	-8051	8103	1424	1322
1685	218	1581	-8377	8597	814	632
380	532	915	1257	1926	1868	2602
229	538	4585	172444		24850	7493
2146	290	2274	33134	364	13789	3047
355	791	1093	185681	8518	67637	7595
12481	4627	5806	9460		463	3584
26935	12096	10082	78527	17355	6141	3750
7136	1595	6288	50494	5342	11862	6622
182	15	78	2469	531	1584	536
25232	3218	25590	214443	37	43743	3425
-2457	2497		81950		8497	1111
5766	3945	9632	28633		7407	3255

8—8 规模以上三资工业企业经济指标

单位：万元 （2016年）

指 标	Items	企 业 单位数 （个） Number of Enterprises (unit)
总计	**Total**	**1195**
#亏损企业	Deficit Enterprise	260
按轻重工业分	**Grouped by Light and Heavy Industry**	
轻工业	Light Industry	355
重工业	Heavy Industry	840
按行业分	**Grouped by Sector**	
农副食品加工业	Processing of Food from Agricultural Products	4
食品制造业	Manufacture of Foods	14
酒、饮料和精制茶制造业	Manufacture of Wine, Beverage and Refined Tea Manufacturing	6
纺织业	Manufacture of Textile	67
纺织服装、服饰业	Manufacture of Textile Wearing Apparel, Clothing	76
皮革、毛皮、羽毛及其制品和制鞋业	Manufacture of Leather, Fur, Feather, Related and Footwear Products	1
木材加工和木、竹、藤、棕、草制品业	Processing of Timber, Manufacture of Wood,Bamboo, Rattan, Palm and Straw Products	2
家具制造业	Manufacture of Furniture	3
造纸和纸制品业	Manufacture of Paper and Paper Products	9
印刷和记录媒介复制业	Printing, Reproduction of Recording Media	11
文教、工美、体育和娱乐用品制造业	Manufacture of Culture, Art, Sports and Entertainment Products	18
石油加工、炼焦和核燃料加工业	Processing of Petroleum, Coking, Processing of Nuclear Fuel	4
化学原料和化学制品制造业	Manufacture of Raw Chemical Materials and Chemical Products	88
医药制造业	Manufacture of Medicines	20
化学纤维制造业	Manufacture of Chemical Fibers	12
橡胶和塑料制品业	Manufacture of Rubber,Plastics	76
非金属矿物制品业	Manufacture of Non-metallic Mineral Products	47
黑色金属冶炼和压延加工业	Smelting and Pressing of Ferrous Metals	45
有色金属冶炼和压延加工业	Smelting and Pressing of Non-ferrous Metals	27
金属制品业	Manufacture of Metal Products	93
通用设备制造业	Manufacture of General Purpose Machinery	111
专用设备制造业	Manufacture of Special Purpose Machinery	107
汽车制造业	Manufacture of Automotive	72
铁路、船舶、航空航天和其他运输设备制造业	Manufacture of Railroads, Ships, Aerospace and Other Transportation Equipment	21
电气机械和器材制造业	Manufacture of Electrical Machinery and Equipment	104
计算机、通信和其他电子设备制造业	Manufacture of Communication Equipment, Computers and Other Electronic Equipment	125
仪器仪表制造业	Manufacture of Measuring Instruments	17
其他制造业	Other Manufacturing	2
废弃资源综合利用业	Comprehensive Utilization of Waste Resources	1
电力、热力生产和供应业	Production and Supply of Electric Power and Heat Power	9
燃气生产和供应业	Production and Supply of Gas	3

Economic Indicators of Above-Scale sino-foreign Joint Ventures, Sino-Foreign Cooperative and Wholly Foreignly-Owned Indutrial Enterprises

(10000 yuan)

#亏损企业 Deficit Enterprise	工业总产值 (当年价) Total Industrial Output Value	工业销售产值 Sales Value of Industry	资产合计 Total Assets	流动资产合计 Total Current Assets	应收帐款净额 Net Funds Acceptable	产成品 End Product in Stock
260	**52449097**	**51948967**	**54519191**	**33445534**	**11728851**	**2371008**
260	3351054	3319699	5665323	3296623	1135563	309249
73	11873421	11879122	9248501	6427596	2103634	599578
187	40575676	40069845	45270690	27017938	9625217	1771430
1	30247	31050	32789	20670	2980	1731
5	292437	259313	420678	240092	114340	21143
1	475170	481734	351801	209664	136584	23240
21	1209732	1180023	1210728	873628	389934	84397
17	803766	806013	482927	350763	81510	29995
1	2001	2001	1267	1080	6	
1	43911	43949	27212	23435	11382	2927
	29074	30254	33046	24902	14778	3341
2	257094	260777	384508	284130	102303	23831
2	105410	104010	95656	62218	17845	8741
1	131026	131456	106809	65225	14735	4933
2	279014	270761	139771	108218	18875	15085
13	4203222	4136616	2912226	2121558	953199	129231
2	1741525	1814881	1987719	1318515	407075	118355
3	135529	133201	166423	99322	14598	10733
18	1324962	1324696	1540215	892020	334515	57666
17	427790	427408	673861	528466	213506	40453
13	4288931	4190390	4603967	1822926	174816	191776
5	740605	692970	614443	411189	134591	80367
30	1782908	1752909	2004780	1265692	491932	135529
22	3633271	3638742	3469236	2306536	836485	174163
29	2039855	2021093	2581672	1813327	649088	116974
9	3186167	3102614	2658019	1720420	756330	162072
6	799505	796924	3728305	2438736	304222	9767
15	8006310	8030369	8255713	6039043	2513185	216042
20	14725391	14528001	13284442	7356811	2909511	701242
3	217229	219396	282307	219144	72885	5806
	16559	16597	8027	6041	1456	296
	7084	6665	4038	3161	230	500
1	988793	989580	1864889	518876	39404	
	524579	524579	591718	299725	16550	672

单位：万元　　续表 1

指　标	Items	固定资产原值 Original Value of Fixed Assets
总计	**Total**	**32708400**
#亏损企业	Deficit Enterprise	3122049
按轻重工业分	**Grouped by Light and Heavy Industry**	
轻工业	Light Industry	4452955
重工业	Heavy Industry	28255445
按行业分	**Grouped by Sector**	
农副食品加工业	Processing of Food from Agricultural Products	12933
食品制造业	Manufacture of Foods	190063
酒、饮料和精制茶制造业	Manufacture of Wine, Beverage and Refined Tea Manufacturing	172870
纺织业	Manufacture of Textile	657122
纺织服装、服饰业	Manufacture of Textile Wearing Apparel, Clothing	189003
皮革、毛皮、羽毛及其制品和制鞋业	Manufacture of Leather, Fur, Feather, Related and Footwear Products	
木材加工和木、竹、藤、棕、草制品业	Processing of Timber, Manufacture of Wood,Bamboo, Rattan, Palm and Straw Products	5484
家具制造业	Manufacture of Furniture	11905
造纸和纸制品业	Manufacture of Paper and Paper Products	173411
印刷和记录媒介复制业	Printing, Reproduction of Recording Media	75516
文教、工美、体育和娱乐用品制造业	Manufacture of Culture, Art, Sports and Entertainment Products	46352
石油加工、炼焦和核燃料加工业	Processing of Petroleum, Coking, Processing of Nuclear Fuel	38186
化学原料和化学制品制造业	Manufacture of Raw Chemical Materials and Chemical Products	1308142
医药制造业	Manufacture of Medicines	626431
化学纤维制造业	Manufacture of Chemical Fibers	70087
橡胶和塑料制品业	Manufacture of Rubber,Plastics	993204
非金属矿物制品业	Manufacture of Non-metallic Mineral Products	253866
黑色金属冶炼和压延加工业	Smelting and Pressing of Ferrous Metals	3324471
有色金属冶炼和压延加工业	Smelting and Pressing of Non-ferrous Metals	326126
金属制品业	Manufacture of Metal Products	957206
通用设备制造业	Manufacture of General Purpose Machinery	1984707
专用设备制造业	Manufacture of Special Purpose Machinery	974162
汽车制造业	Manufacture of Automotive	1407009
铁路、船舶、航空航天和其他运输设备制造业	Manufacture of Railroads, Ships, Aerospace and Other Transportation Equipment	394129
电气机械和器材制造业	Manufacture of Electrical Machinery and Equipment	2577172
计算机、通信和其他电子设备制造业	Manufacture of Communication Equipment, Computers and Other Electronic Equipment	13006430
仪器仪表制造业	Manufacture of Measuring Instruments	122503
其他制造业	Other Manufacturing	4978
废弃资源综合利用业	Comprehensive Utilization of Waste Resources	1460
电力、热力生产和供应业	Production and Supply of Electric Power and Heat Power	2521944
燃气生产和供应业	Production and Supply of Gas	281530

continued 1 (10000 yuan)

累计折旧 Accumulated Depreciation	负债合计 TotalLiabilities	所有者权益合计 Total Owners' Equities	实收资本 Paid-In Capital	其中 of Which 国家 State-Owned	港澳台及外商 HongKong, Macao,Taiwan and Foreign Capical	主营业务收入 Main Business Revenue	主营业务成本 Main Business Cost	主营业务税金及附加 Main Business Tax and Extra Charges	销售费用 Cost of Sales
17636755	**24968730**	**29550855**	**15942962**	**322420**	**11979108**	**51899372**	**43401977**	**231927**	**1372345**
1558321	3732648	1945056	2646287	37924	2142027	3705839	3477123	13832	102539
2544312	4189086	5050582	2644504	34081	2167102	12176723	10190255	52087	545893
15092443	20779644	24500272	13298458	288339	9812007	39722649	33211723	179840	826452
9154	10835	21955	23256		4399	34007	29767	143	2188
54024	98461	322217	167672	705	105719	282481	220075	1825	16539
58461	156090	195711	104552	15030	86729	485128	307584	2462	53878
389108	696430	509968	424975		355815	1583085	1443455	4746	24189
102540	264803	217348	102276	722	75808	799451	712581	3509	14244
	290	977	1320		1320	2001	1833	12	47
3875	22680	4531	3907		3891	44343	36186	186	6014
5229	11794	21251	11076		11076	29125	21572	285	901
106692	143335	241173	174742		98823	261167	216604	1488	5856
46235	23946	71710	36459		20666	105427	90022	575	3560
25526	51017	55792	39106		26847	115942	94534	685	4001
15525	90623	49148	44083		38628	269118	235741	691	4011
772297	1347331	1564893	746702		652741	4107242	3581987	12820	83994
318015	639121	1348597	373358	15260	328241	1674671	1031538	14168	292704
34146	98323	68100	64306		49290	138732	123639	245	2526
497669	510135	1030079	583896		333801	1329116	969090	8818	50549
152850	346455	317892	226070	14754	137553	427351	351593	2542	17460
1498083	2365996	2237971	1115168	19550	928209	4147686	3617675	14679	51122
159951	348811	265632	224792	1341	92791	688379	623354	1613	9250
439229	1079142	940858	640976	19800	389277	1735085	1484781	6001	59757
998938	1436411	2032824	1080767	65521	811994	3625598	2675628	26797	125496
504809	1266674	1319481	695042	14656	553439	2016046	1516679	10251	69577
656050	1216803	1441215	646817	5393	530423	3125577	2542796	16322	66402
184063	1012847	2715457	243187		166581	652959	472961	5508	5108
1300033	4937843	3317869	2338366	42532	1044709	7977347	6693311	29149	237934
7755212	5437790	7846651	5103605	86718	4756935	14445487	12990341	54815	133361
75005	81674	200633	98971	4799	80954	220806	165304	1423	12293
3270	6556	1471	1299		1167	15959	14690	52	331
655	1877	2161	1091		327	6665	5816	36	22
1385927	897787	962418	576491	3497	265906	1017254	755782	6760	
84184	366847	224871	48636	12143	25050	536142	375060	3324	19035

单位：万元 续表2

指标	Items	管理费用 Management Expense	财务费用 Accounting Expense
总计	**Total**	**2651363**	**178279**
#亏损企业	Deficit Enterprise	255093	86827
按轻重工业分	**Grouped by Light and Heavy Industry**		
轻工业	Light Industry	544341	31355
重工业	Heavy Industry	2107023	146924
按行业分	**Grouped by Sector**		
农副食品加工业	Processing of Food from Agricultural Products	1859	562
食品制造业	Manufacture of Foods	16610	3992
酒、饮料和精制茶制造业	Manufacture of Wine, Beverage and Refined Tea Manufacturing	7098	4594
纺织业	Manufacture of Textile	57885	12053
纺织服装、服饰业	Manufacture of Textile Wearing Apparel, Clothing	47396	-435
皮革、毛皮、羽毛及其制品和制鞋业	Manufacture of Leather, Fur, Feather, Related and Footwear Products	163	-5
木材加工和木、竹、藤、棕、草制品业	Processing of Timber, Manufacture of Wood,Bamboo, Rattan, Palm and Straw Products	2460	122
家具制造业	Manufacture of Furniture	2656	-353
造纸和纸制品业	Manufacture of Paper and Paper Products	12199	3189
印刷和记录媒介复制业	Printing, Reproduction of Recording Media	7922	1
文教、工美、体育和娱乐用品制造业	Manufacture of Culture, Art, Sports and Entertainment Products	9778	-235
石油加工、炼焦和核燃料加工业	Processing of Petroleum, Coking, Processing of Nuclear Fuel	3601	2338
化学原料和化学制品制造业	Manufacture of Raw Chemical Materials and Chemical Products	145747	7562
医药制造业	Manufacture of Medicines	77008	5873
化学纤维制造业	Manufacture of Chemical Fibers	7328	2653
橡胶和塑料制品业	Manufacture of Rubber,Plastics	99510	2099
非金属矿物制品业	Manufacture of Non-metallic Mineral Products	36650	4019
黑色金属冶炼和压延加工业	Smelting and Pressing of Ferrous Metals	187618	36879
有色金属冶炼和压延加工业	Smelting and Pressing of Non-ferrous Metals	29166	8974
金属制品业	Manufacture of Metal Products	91552	26538
通用设备制造业	Manufacture of General Purpose Machinery	315251	10947
专用设备制造业	Manufacture of Special Purpose Machinery	175077	10704
汽车制造业	Manufacture of Automotive	198998	18694
铁路、船舶、航空航天和其他运输设备制造业	Manufacture of Railroads, Ships, Aerospace and Other Transportation Equipment	39830	-6984
电气机械和器材制造业	Manufacture of Electrical Machinery and Equipment	391325	13230
计算机、通信和其他电子设备制造业	Manufacture of Communication Equipment, Computers and Other Electronic Equipment	634112	-1013
仪器仪表制造业	Manufacture of Measuring Instruments	22494	-1447
其他制造业	Other Manufacturing	437	-75
废弃资源综合利用业	Comprehensive Utilization of Waste Resources	598	36
电力、热力生产和供应业	Production and Supply of Electric Power and Heat Power	11686	17171
燃气生产和供应业	Production and Supply of Gas	17353	-3405

continued 2 (10000 yuan)

#利息收入 Interest Income	#利息支出 Interest Expenditure	利润总额 Total Profit	亏损企业亏损额 Deficit	本年应交增值税 Added Value Tax Payable This Year	从业人员平均人数（人） Average Employees (Person)
89511	**250857**	**4548459**	**270838**	**1103463**	**432069**
8603	52225	-270838	270838	55086	48871
10602	42620	857182	48591	291955	106300
78909	208237	3691277	222247	811508	325769
73	51	-390	1423	149	305
616	1059	24572	3225	9331	3834
236	2589	112271	495	28132	1073
1236	9876	28104	11009	27054	15840
-47	3057	19808	4899	13131	21794
		-48	48		70
-99	562	-277	342	927	435
437	332	3729		120	613
411	3870	23853	193	10635	2836
38	278	3978	727	3255	1991
123	514	8964	19	1111	3171
115	2004	24346	1384	19742	460
6436	13401	325992	11354	51398	16716
723	4854	249374	11137	104454	7544
66	2090	3274	2701	2191	1771
869	3257	205375	14579	54776	17159
2778	6012	16295	9341	15213	7200
-2247	35527	254600	18784	69476	18408
1540	8352	16875	11623	20112	5294
1011	20057	81200	19527	27442	20100
2686	13086	494411	13752	129071	30549
3782	4507	252400	32267	39809	21945
2551	12056	297645	10429	66631	27032
3584	7460	247409	3195	27442	7010
20885	27460	672100	17204	153444	44641
29674	43418	710395	69972	158031	146373
434	158	21228	957	2550	3764
24		525		488	475
1	37	200		317	66
9008	25871	283711	253	51392	2207
2568	-935	166541		15641	1393

8－9 大中型工业企业经济指标

单位：万元 （2016年）

指 标	Items	企业单位数（个） Number of Enterprises (unit)	#亏损企业 Deficit Enterprise
总计	**Total**	**720**	**71**
#亏损企业	Deficit Enterprise	71	71
#国有及国有控股企业	State-Owned and State Share-holding Enterprise	38	8
一、按登记注册类型分	**Grouped by Ownership**		
内资企业	Domesticly-Funded Enterprise	401	33
国有企业	State-Owned Enterprise	1	
集体企业	Collectivly-Owned Enterprise	5	
有限责任公司	Company with Limited Liability	81	13
股份有限公司	Share-Limited Company	53	3
私营企业	Private Enterprise	261	17
港、澳、台商投资企业	Hong Kong/Macao/Taiwan-Invested Enterprise	123	19
外商投资企业	Foreigner-Funded Enterprise	196	19
二、按轻重工业分	**Grouped by Light and Heavy Industry**		
轻工业	Light Industry	230	21
重工业	Heavy Industry	490	50
三、按企业规模分	**Grouped by Scale of Enterprise**		
大型企业	Large	129	5
中型企业	Medium	591	66
四、按行业分	**Grouped by Sector**		
农副食品加工业	Processing of Food from Agricultural Products	1	
食品制造业	Manufacture of Foods	5	
酒、饮料和精制茶制造业	Manufacture of Wine, Beverage and Refined Tea Manufacturing	2	

Economic Indicators of Large and Medium Industrial Enterprises

(10000 yuan)

工业总产值（当年价） Total Industrial Output Value	工业销售产值 Sales Value of Industry	资产合计 Total Assets	流动资产合计 Total Current Assets	应收帐款净额 Net Funds Acceptable	产成品 End Product in Stock
97341970	**95676974**	**106241048**	**61529266**	**16469677**	**5040289**
4284082	4246136	5616512	2887016	920433	342321
6192173	6033170	9546642	4846354	984572	391688
56231149	54919272	63979329	36339287	7770698	3354414
1169368	1132150	676526	485712	90044	64874
1663508	1672605	1222247	728018	110312	79534
14565249	14294851	17179145	8723882	1736426	851802
8486766	8008709	16156355	9928956	1971124	699433
30346259	29810958	28745055	16472719	3862792	1658771
12684197	12577754	13984170	7550463	2162538	528743
28426623	28179948	28277550	17639516	6536441	1157132
26859726	26706173	26022850	14895559	2892190	1579216
70482244	68970801	80218198	46633707	13577487	3461074
64172738	63229174	70912420	38913654	8943705	3052580
33169232	32447800	35328628	22615612	7525972	1987709
36572	33864	22187	12323	8532	935
203219	193974	158808	83650	17112	12571
362663	364253	177050	136280	121036	3133

单位：万元　　　　续表 1

指　标	Items	企业单位数（个）Number of Enterprises (unit)	#亏损企业 Deficit Enterprise
纺织业	Manufacture of Textile	51	3
纺织服装、服饰业	Manufacture of Textile Wearing Apparel, Clothing	58	6
木材加工和木、竹、藤、棕、草制品业	Processing of Timber, Manufacture of Wood,Bamboo, Rattan, Palm and Straw Products	3	
家具制造业	Manufacture of Furniture	5	1
造纸和纸制品业	Manufacture of Paper and Paper Products	6	1
印刷和记录媒介复制业	Printing, Reproduction of Recording Media	10	1
文教、工美、体育和娱乐用品制造业	Manufacture of Culture, Art, Sports and Entertainment Products	10	
石油加工、炼焦和核燃料加工业	Processing of Petroleum, Coking, Processing of Nuclear Fuel	1	1
化学原料和化学制品制造业	Manufacture of Raw Chemical Materials and Chemical Products	25	1
医药制造业	Manufacture of Medicines	12	
化学纤维制造业	Manufacture of Chemical Fibers	10	2
橡胶和塑料制品业	Manufacture of Rubber,Plastics	32	1
非金属矿物制品业	Manufacture of Non-metallic Mineral Products	18	5
黑色金属冶炼和压延加工业	Smelting and Pressing of Ferrous Metals	25	5
有色金属冶炼和压延加工业	Smelting and Pressing of Non-ferrous Metals	26	3
金属制品业	Manufacture of Metal Products	45	6
通用设备制造业	Manufacture of General Purpose Machinery	63	7
专用设备制造业	Manufacture of Special Purpose Machinery	46	4
汽车制造业	Manufacture of Automotive	60	7
铁路、船舶、航空航天和其他运输设备制造业	Manufacture of Railroads, Ships, Aerospace and Other Transportation Equipment	19	1
电气机械和器材制造业	Manufacture of Electrical Machinery and Equipment	77	7
计算机、通信和其他电子设备制造业	Manufacture of Communication Equipment, Computers and Other Electronic Equipment	85	9
仪器仪表制造业	Manufacture of Measuring Instruments	14	
其他制造业	Other Manufacturing	2	
电力、热力生产和供应业	Production and Supply of Electric Power and Heat Power	4	
燃气生产和供应业	Production and Supply of Gas	2	
水的生产和供应业	Production and Supply of Water	3	

continued 1 (10000 yuan)

工业总产值（当年价）Total Industrial Output Value	工业销售产值 Sales Value of Industry	资产合计 Total Assets	流动资产合计 Total Current Assets	应收帐款净额 Net Funds Acceptable	产成品 End Product in Stock
5516421	5316532	3747015	2274134	482528	266349
5124222	5129141	6364634	3399373	316558	653553
94203	92904	97829	81088	27389	7771
55430	55946	95258	32101	9210	3503
484245	489066	633567	337607	99038	26896
420800	411766	502094	285990	62753	31744
193993	191648	187549	111346	31604	12277
199783	194561	53211	17609		5771
8815512	8657011	8126006	4573659	1251119	310542
1929729	1994852	1932986	1331912	420042	109084
4172920	4146291	2895793	1266438	141629	64682
1432035	1410979	1920774	1038477	372170	92439
502637	500964	645085	456029	147815	32041
8147141	7820494	10716875	5352949	320858	388057
3261850	3226669	2192494	1465638	442930	134355
4998507	4938174	4941900	2967448	796230	292373
4517042	4436046	6265700	3851822	1266560	273004
3266964	3191739	3794808	2629552	919339	245026
6543520	6278948	5388040	3375980	1087368	475954
2091277	2095056	5211009	3378866	450978	57015
14969201	14797539	18104154	12256373	4214645	657120
17510037	17263038	16446661	8465161	3214916	794512
827571	771635	1195160	759944	163116	85634
43694	47474	43445	27234	6515	3452
1065454	1071082	1866916	527170	50358	
400251	400251	488535	246762	13327	411
155081	155081	2025509	786356	14004	87

单位：万元 续表 2

指 标	Items	固定资产原 值 Original Value of Fixed Assets	累计折旧 Accumulated Depreciation
总计	**Total**	**51986096**	**25884196**
#亏损企业	Deficit Enterprise	3318748	1505222
#国有及国有控股企业	State-Owned and State Share-holding Enterprise	5734839	2505303
一、按登记注册类型分	**Grouped by Ownership**		
内资企业	Domesticly-Funded Enterprise	25027860	11191356
国有企业	State-Owned Enterprise	368010	222643
集体企业	Collectivly-Owned Enterprise	658547	449399
有限责任公司	Company with Limited Liability	7475784	3135380
股份有限公司	Share-Limited Company	4204833	1667789
私营企业	Private Enterprise	12320687	5716145
港、澳、台商投资企业	Hong Kong/Macao/Taiwan-Invested Enterprise	8575484	4082483
外商投资企业	Foreigner-Funded Enterprise	18382752	10610358
二、按轻重工业分	**Grouped by Light and Heavy Industry**		
轻工业	Light Industry	11243614	5227528
重工业	Heavy Industry	40742483	20656669
三、按企业规模分	**Grouped by Scale of Enterprise**		
大型企业	Large	36700749	18340751
中型企业	Medium	15285347	7543446
四、按行业分	**Grouped by Sector**		
农副食品加工业	Processing of Food from Agricultural Products	13982	4800
食品制造业	Manufacture of Foods	103670	37822
酒、饮料和精制茶制造业	Manufacture of Wine, Beverage and Refined Tea Manufacturing	49316	16684

continued 2 (10000 yuan)

负债合计 Total Liabilities	所有者权益合计 Total Owner Interest	实收资本 Paid-In Capital	其中 of Which: 国家 State-Owned	其中 of Which: 港澳台及外商 HongKong, Macao,Taiwan and Foreign Capical	主营业务收入 Main Business Revenue	主营业务成本 Main Business Cost	主营业务税金及附加 Main Business Tax and Extra Charges	销售费用 Cost of sales
55988730	**50267534**	**21358129**	**1129467**	**8873267**	**96322085**	**82239770**	**398709**	**2392099**
3879711	1752022	2117010	107687	1115832	4182232	3974039	59140	85248
5475144	4071498	1841064	937782	149086	6057432	4986142	76111	201614
36736112	27243213	9802720	868497	289490	55952712	48493891	224275	1375863
384212	292314	82966	82966		1125404	883038	7185	47611
819060	403187	156088		8086	1732422	1575885	2508	6243
10601398	6577746	3198661	666075	107654	14369344	12509222	99060	381734
8004583	8151771	2928100	119347	72637	8050965	6653282	30065	324354
16926858	11818195	3436905	109	101114	30674578	26872464	85456	615921
6769663	7214507	3833226	83970	2627534	12612182	10333572	53825	344404
12482955	15809815	7722183	177001	5956243	27757191	23412307	120610	671832
14509008	11513839	4365734	346991	1327536	27266412	23398200	96179	1140156
41479722	38753695	16992395	782476	7545731	69055672	58841570	302530	1251942
37622614	33289805	12695423	666979	5452949	63555533	55349458	241481	1264316
18366116	16977729	8662706	462488	3420318	32766551	26890312	157228	1127783
15679	6507	5168			33416	25873	134	3014
95189	63619	32979		5182	209365	165899	1488	19686
97605	79445	29139		27865	364460	206638	765	47289

单位：万元　　　　续表 3

指 标	Items	固定资产原 值 Original Value of Fixed Assets
纺织业	Manufacture of Textile	1986970
纺织服装、服饰业	Manufacture of Textile Wearing Apparel, Clothing	1519273
木材加工和木、竹、藤、棕、草制品业	Processing of Timber, Manufacture of Wood,Bamboo, Rattan, Palm and Straw Products	18711
家具制造业	Manufacture of Furniture	38492
造纸和纸制品业	Manufacture of Paper and Paper Products	403891
印刷和记录媒介复制业	Printing, Reproduction of Recording Media	279837
文教、工美、体育和娱乐用品制造业	Manufacture of Culture, Art, Sports and Entertainment Products	68837
石油加工、炼焦和核燃料加工业	Processing of Petroleum, Coking, Processing of Nuclear Fuel	67257
化学原料和化学制品制造业	Manufacture of Raw Chemical Materials and Chemical Products	4373592
医药制造业	Manufacture of Medicines	516217
化学纤维制造业	Manufacture of Chemical Fibers	2222848
橡胶和塑料制品业	Manufacture of Rubber,Plastics	994637
非金属矿物制品业	Manufacture of Non-metallic Mineral Products	331491
黑色金属冶炼和压延加工业	Smelting and Pressing of Ferrous Metals	5628627
有色金属冶炼和压延加工业	Smelting and Pressing of Non-ferrous Metals	922961
金属制品业	Manufacture of Metal Products	1217947
通用设备制造业	Manufacture of General Purpose Machinery	2620190
专用设备制造业	Manufacture of Special Purpose Machinery	1260561
汽车制造业	Manufacture of Automotive	2672762
铁路、船舶、航空航天和其他运输设备制造业	Manufacture of Railroads, Ships, Aerospace and Other Transportation Equipment	918142
电气机械和器材制造业	Manufacture of Electrical Machinery and Equipment	4718744
计算机、通信和其他电子设备制造业	Manufacture of Communication Equipment, Computers and Other Electronic Equipment	14531073
仪器仪表制造业	Manufacture of Measuring Instruments	259193
其他制造业	Other Manufacturing	25678
电力、热力生产和供应业	Production and Supply of Electric Power and Heat Power	2546418
燃气生产和供应业	Production and Supply of Gas	263493
水的生产和供应业	Production and Supply of Water	1411288

continued 3 (10000 yuan)

累计折旧 Accumulated Depreciation	负债合计 Total Liabilities	所有者权益合计 Total Owner Interest	实收资本 Paid-In Capital	其中 of Which: 国家 State-Owned	港澳台及外商 HongKong, Macao,Taiwan and Foreign Capical	主营业务收入 Main Business Revenue	主营业务成本 Main Business Cost	主营业务税金及附加 Main Business Tax and Extra Charges	销售费用 Cost of Sales
1071978	1793675	1953340	703245	24101	267019	5462943	4983336	13067	43963
603457	3488918	2875715	1155178	4400	45469	5708628	4801226	32181	228567
4913	57391	40438	7120			95027	80430	156	1530
6594	72968	22290	16983		7383	54554	44847	397	1603
169473	284289	349278	284289		60286	491193	402438	2209	11965
142939	135764	366330	77860			384548	310121	1624	11977
29576	117873	69676	41593		7042	210943	179145	1139	5975
46679	22334	30878	25326	25326		194561	175017	23235	2852
2193017	4352594	3773411	725563		295096	9010929	8001617	25296	97104
274060	637234	1295752	244738	15260	191663	1850606	1120688	12998	340452
1028058	1814393	1081400	297709			4165135	3997413	2193	27066
467710	539729	1381044	542860		152029	1416251	1026516	9241	53483
192616	377855	267230	134413		42649	496875	423749	4073	16067
2547845	6521113	4195762	1895403	23550	643060	7905803	6948128	20231	87459
381215	1248175	944319	495667	1341	72848	3204339	2897411	4683	30548
525534	2901602	2055520	909994	19800	179619	4950569	4340476	14559	94011
1227281	2752248	3513451	1255237	102539	518403	4422239	3296085	31270	139465
619563	1927503	1867305	622678	8480	274182	3157666	2532065	15298	80068
1311231	2606952	2781087	894863	88359	396698	6284897	5143120	58682	137013
425092	2094972	3116036	331926		112306	2025330	1643948	8954	38577
2051534	11389293	6714860	3994481	287845	828027	14582800	12317929	41570	560533
8529363	7238051	9208609	5421416	157278	4485130	17159508	15414024	55876	167519
81865	571830	623329	175382		36274	769248	565709	5210	32867
13356	16773	26672	10161			41879	27628	372	3326
1415934	935424	931492	561749	60755	202975	1113254	840652	8026	3167
75801	324493	164041	36686	12143	22063	400477	266404	2731	18427
388209	1556813	468696	428324	298291		154644	61241	1053	86527

单位：万元 续表4

指 标	Items	管理费用 Management Expense	财务费用 Accounting Expense
总计	**Total**	**4291757**	**1053227**
#亏损企业	Deficit Enterprise	194106	70792
#国有及国有控股企业	State-Owned and State Share-holding Enterprise	343162	54266
一、按登记注册类型分	**Grouped by Ownership**		
内资企业	Domesticly-Funded Enterprise	2379351	973457
国有企业	State-Owned Enterprise	47578	
集体企业	Collectivly-Owned Enterprise	24202	15132
有限责任公司	Company with Limited Liability	620230	262813
股份有限公司	Share-Limited Company	485344	128504
私营企业	Private Enterprise	1201996	567410
港、澳、台商投资企业	Hong Kong/Macao/Taiwan-Invested Enterprise	591016	86417
外商投资企业	Foreigner-Funded Enterprise	1321390	
二、按轻重工业分	**Grouped by Light and Heavy Industry**		
轻工业	Light Industry	990553	226531
重工业	Heavy Industry	3301204	826696
三、按企业规模分	**Grouped by Scale of Enterprise**		
大型企业	Large	2498148	767483
中型企业	Medium	1793609	285744
四、按行业分	**Grouped by Sector**		
农副食品加工业	Processing of Food from Agricultural Products	3393	130
食品制造业	Manufacture of Foods	8475	539
酒、饮料和精制茶制造业	Manufacture of Wine, Beverage and Refined Tea Manufacturing	2588	2473

continued 4 (10000 yuan)

#利息收入 Interest Income	#利息支出 Interest Expenditure	利润总额 Total Profit	亏损企业亏损额 Deficit	本年应交增值税 Added Value Tax Payable This Year	从业人员平均人数（人） Average Employees
174735	**1163981**	**7394920**	**250020**	**2149944**	**730414**
9185	53038		250020	67110	49148
28673	43288	731135	44352	166099	43153
100472	996656	3612921	118115	1304981	407072
545	26	141877		45011	3358
570	15552	110583		38866	14368
36055	246593	724843	61894	301645	97200
18980	162716	783614	19943	169529	71620
44323	571769	1852004	36277	749930	220526
21494	99168	1307015	49055	300089	103049
52769	68157	2474985	82850	544874	220293
35054	260148	1897301	25583	713673	222083
139681	903833	5497620	224437	1436270	508331
100457	852198	4546221	72373	1365189	429085
74278	311784	2848700	177646	784754	301329
	263	708		177	313
	665	14133		7815	3838
121	1262	106377		26016	719

单位：万元　　　　　　续表 5

指　　标	Items	管理费用 Management Expense	财务费用 Accounting Expense
纺织业	Manufacture of Textile	106057	48648
纺织服装、服饰业	Manufacture of Textile Wearing Apparel, Clothing	284230	47913
木材加工和木、竹、藤、棕、草制品业	Processing of Timber, Manufacture of Wood,Bamboo, Rattan, Palm and Straw Products	4149	558
家具制造业	Manufacture of Furniture	6994	116
造纸和纸制品业	Manufacture of Paper and Paper Products	21633	11311
印刷和记录媒介复制业	Printing, Reproduction of Recording Media	24809	2343
文教、工美、体育和娱乐用品制造业	Manufacture of Culture, Art, Sports and Entertainment Products	13637	4411
石油加工、炼焦和核燃料加工业	Processing of Petroleum, Coking, Processing of Nuclear Fuel	3090	
化学原料和化学制品制造业	Manufacture of Raw Chemical Materials and Chemical Products	243378	185964
医药制造业	Manufacture of Medicines	108732	3321
化学纤维制造业	Manufacture of Chemical Fibers	36694	77108
橡胶和塑料制品业	Manufacture of Rubber,Plastics	111047	
非金属矿物制品业	Manufacture of Non-metallic Mineral Products	30730	8619
黑色金属冶炼和压延加工业	Smelting and Pressing of Ferrous Metals	292500	150162
有色金属冶炼和压延加工业	Smelting and Pressing of Non-ferrous Metals	91208	52347
金属制品业	Manufacture of Metal Products	214345	79913
通用设备制造业	Manufacture of General Purpose Machinery	430300	18921
专用设备制造业	Manufacture of Special Purpose Machinery	197947	43492
汽车制造业	Manufacture of Automotive	358297	38795
铁路、船舶、航空航天和其他运输设备制造业	Manufacture of Railroads, Ships, Aerospace and Other Transportation Equipment	103264	12710
电气机械和器材制造业	Manufacture of Electrical Machinery and Equipment	710391	174808
计算机、通信和其他电子设备制造业	Manufacture of Communication Equipment, Computers and Other Electronic Equipment	756692	58081
仪器仪表制造业	Manufacture of Measuring Instruments	75882	10654
其他制造业	Other Manufacturing	6411	288
电力、热力生产和供应业	Production and Supply of Electric Power and Heat Power	13607	18701
燃气生产和供应业	Production and Supply of Gas	13923	
水的生产和供应业	Production and Supply of Water	17356	5475

continued 5 (10000 yuan)

#利息支出 Interest Expenditure	#利息收入 Interest Income	利润总额 Total Profit	亏损企业亏损额 Deficit	本年应交增值税 Added Value Tax Payable This Year	从业人员平均人数(人) Average Employees
2334	47313	270089	6970	138523	54605
6326	53139	582983	6524	240428	66780
54	611	9627		4347	965
43	307	406	3215	208	2018
236	9149	52173	187	17466	3862
166	2588	37855	5	12281	5142
100	4228	9045		2383	3918
954	217		9147	8376	470
19919	200556	497370	3690	96661	33428
787	4286	260143		104300	7143
2280	78178	46401	2407	26921	12755
	2865	231581	114	59229	19726
2520	10686	19490	5449	20469	9139
	155843	528921	20019	127988	44816
7359	51812	165821	5321	71619	21237
7134	77596	222079	18642	105475	37357
6278	32500	675498	29867	159158	43383
5615	43899	366058	13592	95741	29383
3796	36687	593591	13290	159716	45224
9680	19763	327853	1090	51965	15045
51805	189600	973403	45048	267146	77023
31625	93328	854226	65442	238547	171688
572	9514	114202		30293	11343
4	291	4323		2564	1630
9226	27499	304269		54322	2989
2568		107561		12407	1254
3938	9338	27880		7407	3221

8－10　主要产品产量
Output of Major Industrial Products

（2016年）

指　标 Items				全 市 Total	其中 of Which 市 区 Urban Districts	江阴市 Jiangyin City	宜兴市 Yixing City
黑色、有色金属产品		**Ferrous and Non-Ferrous Metal**					
生铁	(万吨)	pig iron	(10000 tons)	928.65	155.43	773.22	
粗钢	(万吨)	Steel	(10000 tons)	1261.51	154.21	1107.31	
钢材	(万吨)	Steel Material	(10000 tons)	2259.22	491.63	1759.12	8.47
铜材	(万吨)	Copper Material	(10000 tons)	163.79	2.18	9.68	151.94
铝材	(万吨)	Aluminium Material	(10000 tons)	119.10	20.23	95.56	3.31
建材产品		**Building Material Products**					
水泥	(万吨)	Cement	(10000 tons)	1853.56	231.70	368.07	1253.78
商品混凝土	(万立方米)	Commodity concrete	(10^4 cubic meter)	1206.34	717.49	256.94	231.91
钢化玻璃	(万立方米)	Tempered glass	(10^4 cubic meter)	772.17	214.36	477.55	80.26
实木木地板	(万立方米)	Solid wood floor	(10^4 cubic meter)	2.68			2.68
复合木地板	(万立方米)	Composite wood floor	(10^4 cubic meter)	8.64			8.64
食品、酒、饮料产品		**Food, wine, beverage products**					
小麦粉	(万吨)	Wheat Powder	(10000 tons)	5.39			5.39
速冻食品	(万吨)	Frozen food	(10000 tons)	11.93	10.17	1.76	
乳制品	(吨)	Milk	(ton)	4058.20	4058.20		
饮料酒	(千升)	Beverage Wine	(1000 litres)	101189	101189		
软饮料	(万吨)	Soft drinks	(10000 tons)	3.50	3.50		

续表 1 continued 1

指 标		Items		全 市 Total	其中 of Which 市 区 Urban Districts	江阴市 Jiangyin City	宜兴市 Yixing City
家用产品		**Household products**					
摩托车	（万辆）	Motorcycle	(10000 units)	55.11	55.11		
两轮脚踏自行车	（万辆）	Bicycle	(10000 units)	2.77	2.77		
电动自行车	（万辆）	Electric Bicycle	(10000 units)	371.00	371.00		
家用洗衣机	（万台）	Household Washer	(10000 units)	1023.55	1023.55		
家用电冰箱	（万台）	Household Refrigerator	(10000 units)	49.95	49.95		
家用电热水器	（万台）	Household Electric Water Heater	(10000 units)	101.34	101.34		
家用吸排油烟机	（万台）	Household suction hood	(10000 units)	15.04	15.04		
家用吸尘器	（万台）	Household vacuum cleaners	(10000 units)	16.30	16.30		
灯具	（万套）	Lamp	(10000 units)	248.29	96.80	61.67	89.83
家具	（万件）	Furniture	(10000 pieces)	57.61	1.45	33.26	22.90
鞋	（万双）	Shoes	(10000 pairs）	570.17		570.17	
纺织产品		**Textile**					
纱	（万吨）	Yarn	(10000 tons)	55.65	6.64	49.00	
布	（万米）	Cloth	(10000 m)	78329.54	10314.45	53626.92	14388.17
棉布	（万米）	Cotton Cloth	(10000 m)	17945.93	1637.98	6298.78	10009.17
棉混纺布	（万米）	Cotton Blended Fabric	(10000 m)	50851.43	2992.69	43479.74	4379.00
化学纤维布	（万米）	Chemical Fiber Cloth	(10000 m)	9532.18	5683.78	3848.40	
印染布	（万米）	Printing and Dyeing Cloth	(10000 m)	119500.83	32034.50	44430.43	43035.90
帘子布	（万吨）	Curtain Cloth	(10000 tons)	1.90	1.90		
毛线	（万吨）	Knitting Wool	(10000 tons)	2.16	0.02	1.85	0.28
呢绒	（万米）	Wool Fabrics	(10000 m)	11316.92	462.89	10854.03	
丝	（吨）	Silk	(ton)	410.00	123.50		286.50
蚕丝及交织机织物	（万米）	Silk and Woven Fabric	(10000 m)	249.00	249.00		
服装	（万件）	Clothing	(10000 units)	55889.80	16763.40	38409.09	717.31
#梭织服装	（万件）	Shuttle-Woven Clothing	(10000 units)	20758.51	8196.75	12133.26	428.50
针织服装	（万件）	Knitted Clothing	(10000 units)	35131.29	8566.65	26275.83	288.81
化学纤维	（万吨）	Chemical Fibre	(10000 tons)	393.08	4.65	329.51	58.92
#合成纤维	（万吨）	Synthetic Fibre	(10000 tons)	393.08	4.65	329.51	58.92

续表 2 continued 2

指 标		Items		全 市 Total	其中 of Which 市 区 Urban Districts	江阴市 Jiangyin City	宜兴市 Yixing City
石化、医药产品		**Petro-Chemical and Pharmaceuticals Products**					
燃料油	(万吨)	Fuel Oil	(10000 tons)	40.94		40.94	
石脑油	(万吨)	Naphtha	(10000 tons)	12.55		12.55	
石油沥青	(万吨)	Liquefied Petroleum Gas	(10000 tons)	105.00		105.00	
合成氨	(万吨)	Synthetic Ammonia	(10000 tons)	101.21			101.21
化学肥料	(万吨)	Chemical Fertilizer	(10000 tons)	72.63			72.63
#尿素	(万吨)	Urea	(10000 tons)	72.63			72.63
化学农药	(万吨)	Chemical Pesticide	(10000 tons)	2.99		2.04	0.95
#杀虫剂	(吨)	Pesticides	(ton)	4938.00			4938.00
初级形态的塑料	(万吨)	Pmimary-Form plastic	(10000 tons)	244.64	4.48	122.63	117.52
合成纤维聚合物	(万吨)	Synthetic Fiber Polymers	(10000 tons)	264.26	16.36	229.64	18.26
化学药品原药	(吨)	Medicinal chemicals	(ton)	4272.10	2520.00	421.00	1331.10
机械产品		**Machinery Products**					
工业锅炉	(蒸发量吨)	Industrial-Boiler	(evaporative capacity:ton)	15010.20	9276.20	341.00	5393.00
电站锅炉	(蒸发量吨)	Power-Station Boiler	(evaporative capacity:ton)	15326.61	15326.61		
发动机	(万千瓦)	Engine	(10000 kilowatt)	5078.64	5078.64		
金属切削机床	(台)	Metal-Cutting Machine Tool	(unit)	1145	1145		
金属成形机床	(台)	Metal Forming Machine	(unit)	1146	965	181	
泵	(万台)	Pump	(10000 units)	6.50	2.58		3.91
气体压缩机	(台)	Gas-Pressing Machine	(unit)	18045	18045		
电动手提式工具	(万台)	Pouer-Driven Portable Tool	(10000 units)	22.36	22.36		
滚动轴承	(万套)	Kolling Bearing	(10000 sets)	57919.72	57820.32	99.40	

续表 3　continued 3

指标		Items		全市 Total	其中 of Which 市区 Urban Districts	江阴市 Jiangyin City	宜兴市 Yixing City
液压元件	(万件)	Liquid-Pressed Part	(10000 units)	39.37	39.37		
气动元件	(万件)	Pneumatic Part	(10000 units)	536.13	292.17	243.97	
收获机械	(台)	Harvester	(unit)	6833	6833		
交流电动机	(万千瓦)	A.C. Machine	(10000 kw)	646.08	646.08		
变压器	(万千伏安)	Transformer	(10000 kv·a)	52.50	7.59	20.67	24.24
电气、电子及交通运输产品		**Electronics and Transportation Product**					
电力电缆	(万千米)	Electric Cable	(10000 km)	381.50	103.32	9.39	268.78
光纤	(万千米)	Optical fiber	(10000 km)	638.43		638.43	
光缆	(万芯千米)	Fiber optic cable	(10000 Core Km)□	1800.82	236.63	572.21	991.98
太阳能电池	（万千瓦）	Solar battery	(10000 kw)	397.60	54.56	238.56	104.48
电话单机	(万台)	Telephone	(10000 units)	135.33			135.33
电子计算机整机	(万台)	A whole set of electronic computer	(10000 units)	101.84	101.84		
#笔记本计算机	(万台)	Notebook Computer	(10000 units)	9.34	9.34		
半导体分立器件	(亿只)	Semiconduction Separating Part	(10^8 units)	1121.37	283.83	837.54	
集成电路	(亿块)	IC	(10^8 pieces)	292.54	23.84	268.70	
数码照相机	(万台)	Numerical Camera	(10000 units)	248.91	248.91		
电子元件	(亿只)	Electronic Component	(10^8 units)	133.24	126.01	3.78	3.45
印制电路板	(万平方米)	Printed-circuit Board	(10000 sq·m)	1540.15	1037.77	487.11	15.27
电工仪器仪表	(万台)	Electronic Instrument and Meter	(10000 units)	399.55		399.55	
硬盘存储器	(万台)	Hard Disk Storage Device	(10000 units)	6787.13	6787.13		
改装汽车	(辆)	Reinstalled Automobile	(unit)	8971	8667	304	
民用钢质船舶	(万载重吨)	Civil Steel Ship	(10^4 Deadweight ton)	231.07		230.80	0.27
电力、自来水、煤气产品		**Products of Electric Power, Tap Water and Gas**					
发电量	(亿千瓦时)	Electricity Generation Volume	(10^8 kw·h)	432.78	35.59	300.38	96.81
自来水生产量	(万立方米)	Tap Water Production	(10000 m^3)	75600.52	40119.52	24807.00	10674.00

8—11 分市（县）规模以上民营工业经济指标
Economic Indicators of Above-Scale Non-public Industry by County

单位：万元　　　　（2016年）　　　　(10000 yuan)

指 标		Items		全 市 Total	其中 of Which 市 区 Urban Districts	江阴市 Jiangyin City	宜兴市 Yixing City
企业单位数	（个）	Number of Enterprises	(unit)	3599	1803	1099	697
#亏损企业	（个）	Deficit Enterprise	(unit)	619	312	167	140
工业总产值	（当年价）	Gross Industrial Output Value		84498938	23471176	40762251	20265511
工业销售产值		Sales Output Value of Industry		82592159	23015322	39836343	19740494
资产合计		Total Assets		86003387	25801638	43032729	17169020
流动资产合计		Total Current Assets		53477751	16467327	24587026	12423398
#应收帐款净额		Net Funds Acceptable		15667221	5670964	5519111	4477147
产成品		Finished Products In Stock		4869098	1668169	2172197	1028732
固定资产原价		Original Value of Fixed Assets		30657849	8215543	17397979	5044327
累计折旧		Accumulated Depreciation		13937626	3581748	8070511	2285367
负债合计		Total Liabilities		49828155	13815785	25879192	10133178
所有者权益合计		Total Owners' Equities		36012433	11977344	17130668	6904421
实收资本		Paid-in Capital		15002076	5255620	6195786	3550670
#国家资本		State-Owned Capital		164060	49230	109593	5237
港澳台及外商资本		HongKong, Macao, Taiwan and Foreign Capical		280035	87955	128371	63709
主营业务收入		Main Business Revenue		82824385	23140773	40773440	18910172
#主营业务成本		Main Business Cost		72132721	19194134	36425375	16513212
主营业务税金及附加		Main Business Tax and Extra Charges		281160	98383	128143	54634
销售费用		Cost of Sales		1810439	824825	607275	378340
管理费用		Management Expense		3770689	1604849	1347389	818451
财务费用		Accounting Expense		1267605	214945	769535	283125
#利息收入		Interest Income		109216	32361	50503	26352
利息支出		Interest Expense		1277819	231474	768628	277717
盈亏相抵后利润总额		Net Total Profit		4504959	1515938	2135379	853643
#亏损企业亏损额		Losses of Deficit Enterprises		294486	150840	92000	51646
本年应交增值税		Value-Added Tax Payable This Year		1817207	588163	937859	291185
从业人员平均人数	（人）	Average Employees	(person)	691558	252403	328673	110482

CHAPTER

第 9 篇

建筑业

CONSTRUCTION

第九篇　建筑业
CHAPTER IX　CONSTRUCTION

● 建筑企业个数 Number of Construction Enterprises	550个	(Unit)
● 建筑业增加值 Added Value of Construction	369.68亿元	(10^8 yuan)
比上年增长 Over the Previous Year	4.3%	
● 建筑业总产值 Total Output Value of Construction Enterprises	633.52亿元	(10^8 yuan)
比上年增长 Over the Previous Year	5.3%	
● 房屋建筑施工面积 Floor Space of Buildings Under Construction	3133.48万平方米	(10^4 sq.m)
比上年增长 Over the Previous Year	-11.2%	

9－1 按地区分建筑业生产情况

Production of Construction Industry by Districts

（2016年）

指标 Items			全市 Total	其中 of Which 市区 Urban Districts	江阴市 Jiangyin City	宜兴市 Yixing City
企业个数 (个)	Number of Enterprises	(unit)	550	275	106	169
建筑业总产值 (万元)	Total Output Value of Construction Enterprises	(10000 yuan)	6335231	3379438	988039	1967753
#在外省完成的产值	Output Value Completed in Other Provinces		1631466	1030608	45656	555202
装修装饰产值	Output Value of Decoration		294750	99173	64878	130699
1、建筑工程	Construction		5044533	2594544	873735	1576253
2、安装工程	Installation		1228910	771655	93584	363671
3、其他产值	Other Output Value		61788	13239	20720	27829
竣工产值 (万元)	Output Value of Buildings Completed	(10000 yuan)	5323878	2621557	901144	1801176
房屋建筑施工面积 (万平方米)	Floor Space of Buildings under Constructions	(10000 sq.m)	3133.48	1086.25	789.98	1257.25
#本年新开工	Projects Beginning This Year		1192.45	406.27	256.40	529.78
#投标承包	Floor Space of Bidding System		2743.87	929.95	678.15	1135.76
房屋建筑竣工面积 (万平方米)	Floor Space of Building Completed	(10000 sq·m)	1308.62	484.15	360.30	464.18
直接从事生产经营活动平均人数 (人)	The Average Number of Directiy Endaged in Production Activities	(person)	223244	108933	37545	76766
期末从业人数	Number of Year-end Staff and Workers		191641	81715	32057	77869
#工程技术人员	Technician and Engineer		36254	17441	7422	11391
建筑业全员劳动生产率 (元/人)	Overall Labour Productivity	(yuan/person)	283781	310231	263161	256331

9-2 按地区分建筑业财务状况

Financial Indication of Construction Industry by Districts

单位：万元 （2016年） (10000yuan)

指标	Items	全市 Total	其中 of Which 市区 Urban Districts	江阴市 Jiangyin City	宜兴市 Yixing City
年末资本负债及资产	**Total Liabilities and Assets (year end)**				
流动资产	Liquid Assets	7054022	4262458	1386288	1405275
#存货	Stock	1773043	813163	547153	412727
固定资产合计	Fixed Assets	585447	290957	128702	165788
固定资产原价	Gross Fixed Assets	1126366	594579	251070	280717
累计折旧	Accumulated Depreciation	593177	330748	134523	127905
#本年折旧	Yearly Depreciation	70598	41034	15339	14225
在建工程	Project Under Construction	23653	15637	4820	3197
资产总计	Total Property	8809177	5262560	1594380	1952237
流动负债	Current Liabilities	4913197	3243999	884874	784324
非流动负债	Non-Current Liabilities	122863	59475	33642	29746
负债合计	Total Liabilities	5209468	3471294	921176	816998
所有者权益	Owner's Equity	3599709	1791266	673204	1135239
实收资本	**Paid in Capital**	**1653978**	**853151**	**266222**	**534604**
国家资本	State Capital	68735	35831	8717	24188
集体资本	Collection Capital	57266	21188	15171	20907
法人资本	Capital from Legal Persons	432503	224659	84220	123624
个人资本	Individual Capital	1079941	559623	154933	365385
港澳台资本	Capital from Hong Kong,Macao and Taiwan	3871	189	3180	501
外商资本	Foreigners' Capital	11662	11662		
损益及分配	**Loss-profit and Allocation**				
工程结算收入	Project Revenue	7389629	3842652	1300363	2246615
工程结算成本	Project Cost	6479993	3374357	1126022	1979615
工程结算税金及附加	Project Taxes and Extra Charges	183982	77625	34641	71716
其他业务利润	Other Profits	12765	11775	887	103
管理费用	General Administrative Expenses	326836	207202	40719	78915
#税金	Tax Revenue	13853	6771	1909	5173
财务费用	Financial Expenses	51759	31428	6355	13977
#利息支出	Interest Expenses	42126	20295	5875	15955
营业利润	Operation Profit	331171	159115	87632	84424
利润总额	Income Before Tax	331497	161188	86935	83374
应交所得税	Income Tax to be Paid	74477	32539	21553	20386
应付职工薪酬	Payroll Payable	943072	403407	165124	374541
亏损企业个数（个）	**Number of Loss-making Enterprises (unit)**	**51**	**38**	**5**	**8**

9-3 按登记注册类型分建筑业生产情况

（2016年）

指 标		Items		总计 Total
企业个数	(个)	Number of Enterprises	(unit)	550
建筑业总产值	(万元)	Total Output Value of Construction Enterprises	(10000 yuan)	6335231
#在外省完成的产值		Output Value Completed in Other Provinces		1631466
装修装饰产值		Output Value of Decoration		294750
1、建筑工程		Construction		5044533
2、安装工程		Installation		1228910
3、其他产值		Other Output Value		61788
竣工产值	(万元)	Output Value of Buildings Completed	(10000 yuan)	5323878
房屋建筑施工面积	(万平方米)	Floor Space of Buildings under Constructions	(10000 sq.m)	3133.48
#本年新开工		Projects Beginning This Year		1192.45
#投标承包		Floor Space of Bidding System		2743.87
房屋建筑竣工面积	(万平方米)	Floor Space of Building Completed	(10000 sq·m)	1308.62
直接从事生产经营活动平均人数	(人)	The Average Number of Directiy Endaged in Production Activities	(person)	223244
期末从业人数		Number of Year-end Staff and Workers		191641
#工程技术人员		Technician and Engineer		36254
建筑业全员劳动生产率	(元/人)	Overall Labour Productivity	(yuan/person)	283781

Production of Construction Industry by Registered Type

国有企业 State-Owned	集体企业 Collec-tive-Owned	股份合作企业 Joint Share-holding	有限责任公司 Limited Liability corporations	股份有限公司 Share-holding corporations ltd.	私营企业 Private Enterprises	其他内资企业 Other Domestic Enterprises	港澳台企业 HongKong, Macao and Taiwan Funded	外商投资企业 Foreign-Funded
7	5	1	134	28	366	1	5	3
138916	8970	3190	3204806	441636	2471758	15980	36246	13730
6487			1119869	70380	387233	5814	29647	12035
			76124	10307	188099		20221	
138916	8077	3190	2320487	405560	2118374	15980	20221	13730
	893		881396	33598	296996		16026	
			2923	2478	56388			
93860	8053		2720293	270068	2210638	1013	19953	
	7.61		1146.30	112.32	1867.25			
	0.34		427.08	32.15	732.89			
	2.60		1046.34	101.28	1593.64			
	7.30		513.11	47.67	740.54			
3758	590	225	99216	9995	106860	1119	827	654
4471	644	208	82318	8356	93314	770	817	743
1014	220	55	13623	1973	18985	80	124	180
369653	152031	141778	323013	441857	231308	142805	438285	209936

9-4 按行业分建筑业生产情况

（2016年）

指　　标		Items		总 计 Total	房屋和土木工程建筑业 Building and Civil Engineering
企业个数	(个)	Number of Enterprises	(unit)	550	316
建筑业总产值	(万元)	Total Output Value of Construction Enterprises	(10000 yuan)	6335231	4557461
#在外省完成的产值		Output Value Completed in Other Provinces		1631466	797594
装修装饰产值		Output Value of Decoration		294750	55437
1、建筑工程		Construction		5044533	4413055
2、安装工程		Installation		1228910	109599
3、其他产值		Other Output Value		61788	34806
竣工产值	(万元)	Output Value of Buildings Completed	(10000 yuan)	5323878	3708814
房屋建筑施工面积	(万平方米)	Floor Space of Buildings under Constructions	(10000 sq.m)	3133.48	3085.42
#本年新开工		Projects Beginning This Year		1192.45	1191.94
#投标承包		Floor Space of Bidding System		2743.87	2711.92
房屋建筑竣工面积	(万平方米)	Floor Space of Building Completed	(10000 sq·m)	1308.62	1263.30
直接从事生产经营活动平均人数	(人)	The Average Number of Directiy Endaged in Production Activities	(person)	223244	159686
期末从业人数		Number of Year-end Staff and Workers		191641	148851
#工程技术人员		Technician and Engineer		36254	27333
建筑业全员劳动生产率	(元/人)	Overall Labour Productivity	(yuan/person)	283781	285401

Production of Construction Industry by Sector

	其中 of Which							
		其中 of Which						
房屋工程建筑 Building Engineering	土木工程建筑 Civil Engineering	铁、公路、桥梁 Railway , Highway, Bridge	水利和港口工程建筑 Dam , Electrified Station , Wharf	工矿工程建筑 Factory and Mine Engineering	架线和管道工程建筑 Aerial Lines and Pipline engineercng	其他土木工程建筑 Other Civil Engineering	建筑安装业 Building Installation	建筑装饰和其他建筑业 Building Decoration and Other
164	152	86	15	6	21	24	118	116
2338554	2218907	1437809	110112	36381	323416	311190	1336858	440912
275583	522011	390603	5652	31124	20888	73744	706488	127385
39987	15451	4653	9893			905	1959	237354
2270353	2142702	1419021	109584	20534	284142	309421	238835	392643
46289	63310	8108	528	15846	37785	1044	1097759	21551
21911	12895	10679		1	1489	725	264	26719
2249438	1459376	791322	119823	3043	279041	266147	1297455	317609
3077.84	7.58	5.69				1.89	45.61	2.45
1187.55	4.39	4.39					0.51	
2708.85	3.07	2.07				1.00	30.41	1.54
1257.92	5.38	5.38					42.87	2.45
97154	62532	37278	4548	829	6270	13607	47998	15560
96314	52537	33345	3927	911	5247	9107	30904	11886
16135	11198	7467	1030	209	1020	1472	6082	2839
240706	354843	385699	242111	438850	515816	228698	278524	283363

9－5 按资质等级分建筑业生产情况

（2016年）

指标 Items				总计 Total	施工总承包 General Contractor
企业个数	(个)	Number of Enterprises	(unit)	550	301
建筑业总产值	(万元)	Total Output Value of Construction Enterprises	(10000 yuan)	6335231	5268671
#在外省完成的产值		Output Value Completed in Other Provinces		1631466	1379355
装修装饰产值		Output Value of Decoration		294750	82397
1、建筑工程		Construction		5044533	4279025
2、安装工程		Installation		1228910	956719
3、其他产值		Other Output Value		61788	32928
竣工产值	(万元)	Output Value of Buildings Completed	(10000 yuan)	5323878	4362990
房屋建筑施工面积	(万平方米)	Floor Space of Buildings under Constructions	(10000 sq.m)	3133.48	3100.01
#本年新开工		Projects Beginning This Year		1192.45	1184.44
#投标承包		Floor Space of Bidding System		2743.87	2712.58
房屋建筑竣工面积	(万平方米)	Floor Space of Building Completed	(10000 sq·m)	1308.62	1289.11
直接从事生产经营活动平均人数	(人)	The Average Number of Directiy Endaged in Production Activities	(person)	223244	175612
期末从业人数		Number of Year-end Staff and Workers		191641	157793
#工程技术人员		Technician and Engineer		36254	28795
建筑业全员劳动生产率	(元/人)	Overall Labour Productivity	(yuan/person)	283781	300018

Production of Construction Industry by The Grade

其中：of which						其中：of which			
特级 Premium	一级 First Level	二级 Second Level	三级 Third Level	其他 Other	专业承包 Specialized Contractor	一级 First Level	二级 Second Level	三级 Third Level	其他 Other
1	51	124	124	1	249	44	66	135	4
180011	3230920	1323514	533304	922	1066560	542662	252747	240664	30487
83920	1111321	156091	28023		252111	135971	52097	46312	17731
	54344	9679	18375		212353	117544	64394	30414	
180011	2328918	1296304	473791		765508	464482	181408	89132	30487
	898497	20760	36540	922	272191	70490	70441	131260	
	3505	6450	22973		28860	7690	898	20272	
145821	2589148	1199674	428348		960888	517152	229839	184895	29001
401.95	1567.74	882.39	247.94		33.47	24.15	5.63	3.69	
111.65	590.92	350.48	131.39		8.01	2.14	4.74	1.13	
350.67	1490.08	759.25	112.59		31.29	24.15	4.74	2.40	
76.32	740.46	341.21	131.11		19.52	14.66	4.44	0.42	
9977	87781	54719	23099	36	47632	24199	8561	13333	1539
10090	74133	52131	21409	30	33848	17845	7460	8085	458
515	11747	11320	5201	12	7459	3053	2081	2235	90
180426	368066	241875	230878	256111	223917	224250	295231	180503	198094

9－6 按登记注册类型分建筑业财务状况

单位：万元 （2016年）

指标	Items	总计 Total	国有企业 State-Owned	集体企业 Collective-Owned	股份合作企业 Joint Share-holding Coorperation
年末资本负债及资产	**Total Liabilities and Assets (year end)**				
流动资产	Liquid Assets	7054022	62294	19060	6691
#存货	Stock	1773043	14333	5460	12
固定资产合计	Fixed Assets	585447	18308	3001	1861
固定资产原价	Gross Fixed Assets	1126366	37737	6322	4329
累计折旧	Accumulated Depreciation	593177	23204	3381	2469
#本年折旧	Yearly Depreciation	70598	5038	337	
在建工程	Project Under Construction	23653	16		
资产总计	Total Property	8809177	95725	23576	8557
流动负债	Current Liabilities	4913197	37613	11680	5903
非流动负债	Non-Current Liabilities	122863	6300		
负债合计	Total Liabilities	5209468	43918	13180	5903
所有者权益	Owner's Equity	3599709	51807	10396	2654
实收资本	**Paid in Capital**	**1653978**	**10861**	**7998**	**2000**
国家资本	State Capital	68735	5561		
集体资本	Collection Capital	57266		4198	
法人资本	Capital from Legal Persons	432503	5300	3800	
个人资本	Individual Capital	1079941			2000
港澳台资本	Capital from Hong Kong,Macao and Taiwan	3871			
外商资本	Foreigners' Capital	11662			
损益及分配	**Loss-profit and Allocation**				
工程结算收入	Project Revenue	7389629	77712	15525	1725
工程结算成本	Project Cost	6479993	63734	12258	1588
工程结算税金及附加	Project Taxes and Extra Charges	183982	1606	508	
其他业务利润	Other Profits	12765	136		
管理费用	General Administrative Expenses	326836	2494	1017	44
#税金	Tax Revenue	13853	37	63	6
财务费用	Financial Expenses	51759	234	56	
#利息支出	Interest Expenses	42126	10	65	
营业利润	Operation Profit	331171	9660	1623	94
利润总额	Income Before Tax	331497	9629	1703	94
应交所得税	Income Tax to be Paid	74477	2155	118	25
应付职工薪酬	Payroll Payable	943072	13128	3633	1199
亏损企业个数（个）	**Number of Loss-making Enterprises (unit)**	**51**		**1**	

Financial Indication of Construction Industry by Registered Type

有限责任公司 Limited Liability corporations	股份有限公司 Share-holding Companites with Limited Labilities	私营企业 Private Enterprises	港澳台企业HongKong, Macao and Taiwan Funded	外商投资企业 Foreign-Funded
3109317	576594	3207493	11286	61286
804821	95137	851130	1441	710
207244	40775	311988	1720	550
441566	77321	555049	2503	1539
250894	39970	271366	903	989
24523	3082	37464	68	85
6884	1430	15324		
3502039	998125	3935653	14840	230662
2061759	484033	2230871	7124	74215
84693	1454	30356		60
2282912	512816	2269340	7124	74275
1219127	485309	1666313	7716	156387
547639	**163137**	**871310**	**6323**	**44710**
60819	2280	76		
19242	28426	4968	433	
167891	41706	171788	2019	40000
299688	83774	694479		
			3871	
	6952			4710
3542651	557731	3139282	40472	14530
3098672	478717	2775245	38096	11684
87592	11131	82223	778	145
7526	1464	3598	12	30
160080	29587	129235	1206	3175
5753	853	5286	133	1722
23602	3188	22635	51	1993
10927	785	28232	32	2076
169288	34235	117412	346	-1487
171263	34366	115325	541	-1422
36653	5653	29737	118	17
418126	60421	439349	3273	3943
8	**3**	**37**		**2**

9－7 按行业分建筑业财务状况

单位：万元 （2016年）

指标	Items	总计 Total	房屋和土木工程建筑业 Building and civil Engineering	房屋工程建筑 Building Engineering
年末资本负债及资产	**Total Liabilities and Assets (year end)**			
流动资产	Liquid Assets	7054022	5770645	2967494
#存货	Stock	1773043	1588204	1008708
固定资产合计	Fixed Assets	585447	427033	165287
固定资产原价	Gross Fixed Assets	1126366	875032	325289
累计折旧	Accumulated Depreciation	593177	480969	172563
#本年折旧	Yearly Depreciation	70598	55490	15336
在建工程	Project Under Construction	23653	11452	5907
资产总计	Total Property	8809177	6954599	3372296
流动负债	Current Liabilities	4913197	3991257	2086153
非流动负债	Non-Current Liabilities	122863	118468	29888
负债合计	Total Liabilities	5209468	4266768	2119002
所有者权益	Owner's Equity	3599709	2687831	1253294
实收资本	**Paid in Capital**	**1653978**	**1267635**	**626607**
国家资本	State Capital	68735	67367	1160
集体资本	Collection Capital	57266	37216	11148
法人资本	Capital from Legal Persons	432503	324787	122533
个人资本	Individual Capital	1079941	831313	491766
港澳台资本	Capital from Hong Kong,Macao and Taiwan	3871		
外商资本	Foreigners' Capital	11662	6952	
损益及分配	**Loss-profit and Allocation**			
工程结算收入	Project Revenue	7389629	5289409	2930780
工程结算成本	Project Cost	6479993	4654755	2648669
工程结算税金及附加	Project Taxes and Extra Charges	183982	142288	87484
其他业务利润	Other Profits	12765	6524	2684
管理费用	General Administrative Expenses	326836	201397	73594
#税金	Tax Revenue	13853	10183	3261
财务费用	Financial Expenses	51759	47201	21370
#利息支出	Interest Expenses	42126	37441	21796
营业利润	Operation Profit	331171	241028	97449
利润总额	Income Before Tax	331497	240379	96192
应交所得税	Income Tax to be Paid	74477	54900	20993
应付职工薪酬	Payroll Payable	943072	708756	439135
亏损企业个数（个）	**Number of Loss-making Enterprises （unit）**	**51**	**28**	**14**

Financial Indication of Construction Industry by Sector

(10000 yuan)

其中 of Which							
	其中 of Which						
土木工程建筑 Civil Engineering	铁、公路、桥梁 Railway、Highway、Bridge	水利和港口工程建筑 Dam , Electrified Station , Wharf	工矿工程建筑 Factory and Mine Engineering	架线和管道工程建筑 Aerial Lines and Pipline engineercng	其他土木工程建筑 Other Civil Engineering	建筑安装业 Building Installation	建筑装饰和其他建筑业 Building Decoration and Other
2803151	1848525	110022	98101	469060	277443	849431	433946
579496	410558	19096	5344	94176	50323	123390	61448
261746	177597	12893	7002	34131	30123	104000	54414
549743	395629	28347	9464	66616	49687	164889	86445
308406	231409	16985	2766	33915	23332	71960	40248
40154	30019	4574	334	3795	1434	10835	4273
5545	1960	944	58	566	2016	6310	5892
3582303	2156324	123915	448626	537664	315774	1055708	798871
1905105	1198769	64739	174986	294381	172229	627768	294172
88580	45123	321	3485	39647	5	4328	68
2147765	1397729	65165	178576	334028	172268	634474	308227
1434537	758596	58750	270050	203637	143506	421234	490645
641028	**408411**	**28666**	**60259**	**61691**	**82001**	**226685**	**159658**
66207	53584	4155		7309	1160	1292	76
26068	6608	2880		14580	2000	18764	1286
202254	108149	3100	58159	26740	6106	74752	32965
339547	233119	18531	2100	13062	72735	131811	116817
						65	3805
6952	6952						4710
2358630	1507179	150383	33412	357729	309927	1606269	493950
2006086	1310280	124475	26939	263315	281077	1414571	410667
54804	34846	3730	297	7835	8097	28025	13670
3839	1676	30	29	2104		5405	836
127803	63041	6580	5770	40711	11702	94271	31168
6922	3483	323	1772	768	577	2539	1131
25832	19139	236	5861	-842	1438	3164	1394
15645	8340	335	5926	648	396	3082	1603
143579	80535	10471	-3289	48982	6880	59875	30269
144187	79535	10231	-3079	50672	6829	60656	30462
33907	17251	2388	267	11542	2459	13683	5893
269621	146110	21128	5166	51213	46004	170585	63731
14	**7**		**2**	**4**	**1**	**9**	**14**

9－8 按资质等级分建筑业财务状况

单位：万元 （2016年）

指标	Items	总计 Total	施工总承包 General Contractor	特级 Premium
年末资本负债及资产	**Total Liabilities and Assets (year end)**			
流动资产	Liquid Assets	7054022	5835055	140081
#存货	Stock	1773043	1559621	85513
固定资产合计	Fixed Assets	585447	439398	4115
固定资产原价	Gross Fixed Assets	1126366	889326	6059
累计折旧	Accumulated Depreciation	593177	481189	1944
#本年折旧	Yearly Depreciation	70598	55396	268
在建工程	Project Under Construction	23653	14480	
资产总计	Total Property	8809177	7025736	235387
流动负债	Current Liabilities	4913197	4005342	119985
非流动负债	Non-Current Liabilities	122863	111217	28950
负债合计	Total Liabilities	5209468	4281076	148935
所有者权益	Owner's Equity	3599709	2744659	86453
实收资本	**Paid in Capital**	**1653978**	**1233146**	**30000**
国家资本	State Capital	68735	60880	
集体资本	Collection Capital	57266	45162	
法人资本	Capital from Legal Persons	432503	280620	
个人资本	Individual Capital	1079941	835253	30000
港澳台资本	Capital from Hong Kong,Macao and Taiwan	3871	189	
外商资本	Foreigners' Capital	11662	11041	
损益及分配	**Loss-profit and Allocation**			
工程结算收入	Project Revenue	7389629	6158602	197912
工程结算成本	Project Cost	6479993	5426673	183476
工程结算税金及附加	Project Taxes and Extra Charges	183982	152659	3369
其他业务利润	Other Profits	12765	10362	75
管理费用	General Administrative Expenses	326836	246924	3693
#税金	Tax Revenue	13853	10016	70
财务费用	Financial Expenses	51759	42572	1989
#利息支出	Interest Expenses	42126	33428	9344
营业利润	Operation Profit	331171	279514	5461
利润总额	Income Before Tax	331497	278027	4443
应交所得税	Income Tax to be Paid	74477	60539	1173
应付职工薪酬	Payroll Payable	943072	771629	54559
亏损企业个数（个）	**Number of Loss-making Enterprises （unit）**	**51**	**25**	

Financial Indication of Construction Industry by The Grade

(10000 yuan)

其中 of Which			专业承包 Specialized Contractor	其中 of Which		
一 级 First Level	二 级 Second Level	三级及以下 Under Third Level		一 级 First Level	二 级 Second Level	三级及以下 Under Third Level
3294586	1662874	737515	1218967	652069	278300	288598
950387	384751	138970	213422	107663	63010	42749
175701	171352	88231	146049	59456	42343	44249
395874	338686	148706	237040	92527	70904	73609
231138	180065	68042	111988	44355	33872	33760
25288	17559	12281	15201	7077	3085	5039
5129	6761	2591	9172	5724	2486	963
3657139	2262629	870581	1783442	1087464	339673	356305
2323719	1107568	454072	907855	597753	157396	152706
38795	10465	33006	11647	7499	3854	294
2514026	1129284	488832	928392	608122	164800	155470
1143113	1133345	381749	855050	479342	174873	200835
549927	**456932**	**196287**	**420832**	**177119**	**111926**	**131787**
32613	25759	2508	7855	1160	2327	4368
13520	22664	8978	12105		9000	3105
174926	57542	48152	151883	88233	43319	20331
321917	346688	136649	244688	84611	56779	103298
	189		3681	3115	501	65
6952	4089		621			621
3763768	1596321	600601	1231027	646169	260871	323987
3393278	1364299	485621	1053320	577681	209390	266249
85468	47251	16571	31323	16840	5715	8768
8155	1721	410	2404	877	627	899
130989	78037	34204	79913	31158	24741	24013
5464	2951	1531	3837	2595	497	745
29903	7635	3045	9187	7134	1549	505
14423	6397	3264	8698	7033	1235	430
128782	91523	53748	51658	14752	14807	22099
129097	90547	53940	53470	16442	15072	21957
26015	19735	13615	13938	5293	2766	5879
366393	254405	96273	171443	82892	44514	44037
1	**10**	**14**	**26**	**3**	**8**	**15**

9—9 按隶属关系分建筑业财务状况

Financial Indication of Construction Industry by Administrative Relationship

单位：万元 （2016年） (10000 yuan)

指标	Items	全市 Total	其中 of Which 中央 National	省属 Province's	市属 City 's	县属 County's	其他 Other
年末资本负债及资产	**Total Liabilities and Assets (year end)**						
流动资产	Liquid Assets	7054022	495751	28569	899734	996596	4633372
#存货	Stock	1773043	24092	4013	320972	243933	1180032
固定资产合计	Fixed Assets	585447	32404	4224	42309	96617	409892
固定资产原价	Gross Fixed Assets	1126366	92246	9113	93591	176083	755332
累计折旧	Accumulated Depreciation	593177	59843	4889	56007	93647	378792
#本年折旧	Yearly Depreciation	70598	5789		6614	10774	47421
在建工程	Project Under Construction	23653			479	5910	17264
资产总计	Total Property	8809177	547908	33204	988149	1232050	6007867
流动负债	Current Liabilities	4913197	452628	12565	755583	536241	3156179
非流动负债	Non-Current Liabilities	122863	2785		47352	4003	68724
负债合计	Total Liabilities	5209468	455413	12565	803045	677594	3260851
所有者权益	Owner's Equity	3599709	92496	20639	185103	554456	2747016
实收资本	**Paid in Capital**	**1653978**	**50000**	**9000**	**101166**	**241248**	**1252564**
国家资本	State Capital	68735			33991	29796	4948
集体资本	Collection Capital	57266			2488	21526	33253
法人资本	Capital from Legal Persons	432503	46520		30666	62545	292772
个人资本	Individual Capital	1079941	3480	9000	34020	127381	906059
港澳台资本	Capital from Hong Kong,Macao and Taiwan	3871					3871
外商资本	Foreigners' Capital	11662					11662
损益及分配	**Loss-profit and Allocation**						
工程结算收入	Project Revenue	7389629	835269	15822	653933	1047066	4837539
工程结算成本	Project Cost	6479993	758937	13607	593284	893311	4220855
工程结算税金及附加	Project Taxes and Extra Charges	183982	11575	544	12562	38977	120324
其他业务利润	Other Profits	12765	5304		2081	322	5059
管理费用	General Administrative Expenses	326836	47016	76	18909	39614	221221
#税金	Tax Revenue	13853	608	37	1584	1599	10024
财务费用	Financial Expenses	51759	1709	324	7032	9963	32731
#利息支出	Interest Expenses	42126	1694		3988	2670	33774
营业利润	Operation Profit	331171	17276	1142	24343	55747	232664
利润总额	Income Before Tax	331497	18102	1142	24518	57265	230471
应交所得税	Income Tax to be Paid	74477	2495	69	4943	14734	52237
应付职工薪酬	Payroll Payable	943072	52194	1344	48677	169858	670999
亏损企业个数（个）	**Number of Loss-making Enterprises （unit）**	**51**			**2**	**3**	**46**

2017 2017 STATISTICAL YEARBOOK OF WUXI

CHAPTER 第10篇

服务业

SERVICES

第十篇　　服务业
CHAPTER X　SERVICES

- 规模以上服务业营业收入　　825.52亿元　　(10^8 yuan)
  Business Revenue of Above-scale Services

- 规模以上服务业利润总额　　102.81亿元　　(10^8 yuan)
  Total Profits of Above-scale Services

- 规模以上服务业资产总计　　3995.72亿元　　(10^8 yuan)
  Total Assets of Above-scale Services

- 规模以上服务业负债总计　　2564.62亿元　　(10^8 yuan)
  Total Liabilities of Above-scale Services

10－1 规模以上服务业法人单位主要指标

单位：万元 （2016年）

指 标	Items	单位数（个）Number of Enterprises (unit)	固定资产原价 Original Value of Fixed Assets
总 计	**Total**	**1046**	**11003962**
一、按登记注册类型分	**Grouped by Ownership**		
内资企业	Domesticly-Funded Enterprise	978	9934473
国有企业	State-Owned Enterprise	25	363369
集体企业	Collectivly-Owned Enterprise	15	96112
股份合作企业	Joint Share-holding Enterprise	2	38842
有限责任公司	Company with Limited Liability	308	6921302
股份有限公司	Share-Limited Company	46	1432191
私营企业	Private Enterprise	571	1006822
其它企业	Others	11	75836
港、澳、台商投资企业	Hong Kong/Macao/Taiwan-Invested Enterprise	27	483202
外商投资企业	Foreigner-Funded	41	586288
二、按行业分	**Grouped by Sector**		
交通运输、仓储和邮政业	Transportation,Storage,Post and Telecornmunications	267	5128160
信息传输、软件和信息技术服务业	Information Transmission, Software and IT Services	146	2505363
房地产业	Real Estate	104	423519
租赁和商务服务业	Hiring and Commercial Services	190	857322
科学研究和技术服务业	Scientific Research,Technical Services	154	593265
水利、环境和公共设施管理业	Water Conservancy,Environment and Publi Facilities Administration	62	1146392
居民服务和其他服务业	Commurity Services, Repair and Others	36	68561
教育	Education	23	32819
卫生和社会工作	Health Care, Social Affairs	18	60118
文化、体育和娱乐业	Culture,Sports and Entertainment	46	188445

Main Indicators Of Corporate Units Of Above-Scale Services

(10000yuan)

本年折旧 Depreciation Charge of the Year	资产总计 Total Assets	负债总计 Total Liabilities	营业收入 Business Revenue	营业成本 Business Cost	所有者权益合计 Total Creditors Equity	营业税金及附加 Taxes and Extra Charges from Business	销售费用 Cost Related With Sale
499137	**39957242**	**25646218**	**8255175**	**6338301**	**14311024**	**61008**	**441850**
433572	37785188	24566095	7316723	5590421	13219092	57940	390802
11346	783562	280563	327773	259829	502999	1260	30415
6017	242555	145444	49744	43252	97112	484	2544
1080	98466	35692	3069	1934	62774	97	
246880	29988023	19665894	3165576	2471711	10322129	34892	144991
95647	1816857	1172989	1072494	760864	643868	2797	86081
69506	4651765	3190726	2635216	2012068	1461040	17924	122095
3097	203960	74789	62851	40763	129172	487	4676
35099	1078296	581992	446007	362336	496303	1104	22230
30466	1093759	498131	492445	385544	595628	1964	28818
134937	7301266	4946750	1654877	1535354	2354516	6865	48252
193679	3462726	1801152	2837935	2001062	1661575	7865	209142
19819	882254	620098	303924	214930	262156	7714	26142
63609	20256249	13966130	1636463	1325298	6290118	18707	65176
25280	2109644	1125091	760587	509791	984553	7391	27749
43116	4695883	2489944	507479	372921	2205939	8031	19042
2384	193651	137599	78273	57641	56052	1123	4230
2277	65952	35243	48302	29929	30709	690	3593
5539	122084	92519	79933	48602	29565	12	11738
8497	867534	431693	347403	242772	435841	2611	26785

单位：万元　　　　续表 1

指　标	Items	管理费用 Managerial Cost	财务费用 Financing Activities Cost
总　计	**Total**	**963892**	**152106**
一、按登记注册类型分	**Grouped by Ownership**		
内资企业	Domesticly-Funded Enterprise	846900	128882
国有企业	State-Owned Enterprise	30501	1502
集体企业	Collectivly-Owned Enterprise	5664	324
股份合作企业	Joint Share-holding Enterprise	1211	-10
有限责任公司	Company with Limited Liability	348468	89468
股份有限公司	Share-Limited Company	101107	11721
私营企业	Private Enterprise	341718	26555
其它企业	Others	18230	-678
港、澳、台商投资企业	Hong Kong/Macao/Taiwan-Invested Enterprise	20812	8696
外商投资企业	Foreigner-Funded	96180	14528
二、按行业分	**Grouped by Sector**		
交通运输、仓储和邮政业	Transportation,Storage,Post and Telecornmunications	154701	39244
信息传输、软件和信息技术服务业	Information Transmission, Software and IT Services	254150	-955
房地产业	Real Estate	88116	8986
租赁和商务服务业	Hiring and Commercial Services	155227	67334
科学研究和技术服务业	Scientific Research,Technical Services	145653	2811
水利、环境和公共设施管理业	Water Conservancy,Environment and Publi Facilities Administration	82139	30493
居民服务和其他服务业	Commurity Services, Repair and Others	12428	233
教育	Education	12113	241
卫生和社会工作	Health Care, Social Affairs	25728	579
文化、体育和娱乐业	Culture,Sports and Entertainment	33635	3140

continued1

(10000yuan)

投资收益 Income from Investment	营业利润 Business Profits	利润总额 Total Profits	应交所得税 Income Tax Payable	应付职工薪酬 Employee Salary payable	应交增值税 Value Added Tax Payable	从事服务业活动的从业人员平均人数(人) The average number of employees engaged in service sector activity (Person)
344726	**700061**	**1028122**	**179473**	**1371628**	**191214**	**164471**
341256	677520	995892	164720	1200217	176784	150966
5115	30399	54440	6610	104583	5195	10432
12	-514	3440	587	11633	367	1850
	-163	-168	4	906		71
120837	240872	411889	100949	492706	82236	57921
20914	118264	189903	11554	188045	28369	14914
192403	287163	334133	44333	380011	59975	63358
1975	1498	2255	683	22332	643	2420
1140	26553	32644	8202	59777	11226	3310
2330	-4012	-413	6551	111634	3204	10195
14363	-77921	94542	20013	386821	34211	45420
15862	387100	440916	65080	419472	88099	31998
209	-850	4187	4137	108089	4618	24750
298502	244707	318011	48327	148229	27079	22337
6531	94159	101227	20835	129325	16815	12449
2465	15827	20953	7004	56808	8765	7325
9	2851	2942	859	35636	3712	9249
-1	1860	1753	515	19430	650	2849
	-6570	-6589	280	23939	7	3409
6786	38898	50182	12425	43879	7257	4685

10－2 分市（县）规模以上服务业经济指标

Economic Indicators of Above-Scale Services by County

单位：万元　　（2016年）　　(10000yuan)

地　区	District	单位数（个） Number of Enterprises (unit)	营业收入 Business Revenue	营业成本 Business Cost	资产总计 Total Assets	负债总计 Total Liabilities
全　市	**Total**	**1046**	**8255175**	**6338301**	**39957242**	**25646218**
江阴市	Jiangyin city	196	1303294	1089019	5450204	3463673
宜兴市	Yixing city	122	286079	214550	2838529	2136487
梁溪区	Liangxi District	201	1421388	941685	5023337	3358390
锡山区	Xishan District	94	476876	372619	1168024	784038
惠山区	Huishan District	49	234187	186756	293536	188773
滨湖区	Binhu Disteict	155	1813869	1360361	15551476	10142071
新吴区	Xinwu District	228	2612998	2096920	8739642	5368023

单位：万元　　续表　1　　(10000yuan))

地　区	District	营业利润 Business Profits	利润总额 Total Profits	应交所得税 Income Tax Payable	应付职工薪酬 Employee Salary payable	从事服务业活动的从业人员平均人数(人) The average number of employees engaged in service sector activity this year (Person)
全　市	**Total**	**700061**	**1028122**	**179473**	**1371628**	**164471**
江阴市	Jiangyin city	274417	307478	28583	174590	26590
宜兴市	Yixing city	1132	23468	6462	81145	12469
梁溪区	Liangxi District	138300	166539	16321	286160	33069
锡山区	Xishan District	20853	39566	9760	87038	14623
惠山区	Huishan District	9487	14829	3526	23270	3584
滨湖区	Binhu Disteict	135494	252436	56338	287550	30202
新吴区	Xinwu District	115709	218468	56720	411519	42501

2017

2017 STATISTICAL YEARBOOK OF WUXI

CHAPTER

第 11 篇

交通运输 邮电通信

TRANSPORTATION, POST AND TELECOMMUNICATIONS

第十一篇　交通运输、邮电通信

CHAPTER XI TRANSPORTATION, POST AND TELECOMMUNICATIONS

● 交通运输、仓储、邮政业增加值 Added Value of Transportation,Warehouse Management and Post	195.19亿元	(10^8 yuan)
比上年增长 Over the Previous Year	4.5%	
● 全社会客运量 Total Passenge Traffic	8638 万人	(10^4 persons)
比上年增长 Over the Previous Year	-2.7%	
● 全社会货运量 Total Freight Traffic	15830万吨	(10^4 tons)
比上年增长 Over the Previous Year	3.1%	
● 邮电业务总量 Revenue from Post & Tele-communication Services	1960699万元	(10^4 yuan)
● 移动电话用户数 Residential Mobile Phones	874.99万户	(10^4 households)
● 互联网宽带接入用户数 Internet Service Users	292.53万户	(10^4 households)

11－1 全社会客、货运输量

Total Volume of Passengers and Freight Transportation

（2016年）

指 标	Items	货运量（万吨）Freight traffic (10000 tons)	货物周转量（万吨公里）Turnover Volume of Freight Traffic (10000 tons-km)	客运量（万人）Passenger Traffic (10000persons)	旅客周转量（万人公里）Turnover volume of passengers (10000 persons-km)
合计	**Total**	**15830**	**4627073**	**8638**	**1014005**
航空	Aviation	5	6515	285	342981
铁路	Railway	79		2149	
公路	Highway	13225	1483132	5785	668287
水路	Waterway	2521	3137427	419	2737

11－2 分市（县）客、货运输量

Volume of Passengers and Freight Transportation by County

（2016年）

指 标		Items		全市 Total	其中 of Which 市区 Urban Districts	江阴市 Jiangyin City	宜兴市 Yixing City
旅客运输量	（万人）	**Passenger Traffic**	**(10000 persons)**	**8638**	**7470**	**420**	**748**
航空		Aviation		285	285		
铁路		Railway		2149	1965		184
公路		Highway		5785	4801	420	564
水路		Waterway		419	419		
旅客周转量	（万人公里）	**Turnover Volume of Passengers**	**(10000 persons-km)**	**1011267**	**840445**	**106530**	**64293**
#航空		Aviation		342981	342981		
公路		Highway		668287	497464	106530	64293
货物运输量	（万吨）	**Freight Traffic**	**(10000 tons)**	**15830**	**8953**	**4122**	**2754**
航空		Aviation		5	5		
铁路		Railway		79	67	3	8
公路		Highway		13225	8595	2947	1683
水路		Waterway		2521	286	1172	1063
货物周转量	（万吨公里）	**Turnover Volume of Freight Traffic**	**(10000 tons-km)**	**4627073**	**1364340**	**2052173**	**1210560**
航空		Aviation		6515	6515		
公路		Highway		1483132	963840	330527	188764
水路		Waterway		3137427	393985	1721646	1021796

注：2014年起公路水路客货运量统计口径调整。
Note: The 2014 statistics caliber of the volume of road and water transprot was abjusted.

11－3 全社会旅客运输量（2005－2016）

Total Passengers Traffic （2005-2016）

年 份 Years	客运量（万人）Passengers Traffic (10000 persons)	其中 of Which				旅客周转量（万人公里）Turnover Volume of Passenger traffic (10000 persons-km)	其中 of Which	
		航空 Aviation	铁路 Railway	公路 Highway	水路 Waterway		公路 Highway	水路 Waterway
2005	20435	31	1032	19372		1294596	1239374	
2006	22431	47	1069	21315		1595706	1523727	
2007	23354	70	1026	22258		1699634	1596836	
2008	24248	84	1118	23046		1776258	1653235	
2009	25847	111	1119	24617		1975641	1796781	
2010	27330	125	1200	26005		2114079	1917105	
2011	30643	147	1293	29203		2352923	2141833	
2012	32996	164	1424	31408		2723614	2490630	
2013	25978	183	1632	23701	462	1341331	1078549	1646
2014	9751	212	1900	7222	417	1050495	754790	2743
2015	8882	232	1977	6247	426	1055305	724045	2786
2016	8638	285	2149	5785	419	1011267	668287	2737

11－4 全社会货物运输量（2005－2016）

Total Freight Traffic （2005-2016）

年 份 Years	货运量（万吨）Freight Traffic (10000 tons)	其中 of Which			货物周转量（万吨公里）Turnover Volume of Freight Traffic (10000 tons-km)	其中 of Which	
		铁路 Railway	公路 Highway	水路 Waterway		公路 Highway	水路 Waterway
2005	8430	205	7008	1216	591533	413034	177280
2006	10330	216	8845	1268	838953	645402	192017
2007	10769	215	9184	1369	903459	653385	248014
2008	11475	209	9930	1334	960551	705919	251359
2009	12178	192	10664	1319	1069917	795561	270299
2010	13376	152	11934	1287	1190997	876998	309450
2011	15387	148	13737	1499	1433219	1035702	392674
2012	18268	136	16330	1797	1733411	1269293	458199
2013	18398	113	16871	1409	2190407	1607352	576892
2014	15318	72	12885	2356	4079218	1365174	2707642
2015	15353	76	12716	2556	4418204	1425771	2986344
2016	15830	79	13225	2521	4627073	1483132	3137427

11－5 全社会车辆船舶数（2012－2016）

Number of Civil Motor Vehicles and Transport Vessels (2012-2016)

指 标		Items		2012	2013	2014	2015	2016
全市年末车辆数	**（辆）**	**Vehicles**	**(unit)**	**1370817**	**1452029**	**1522944**	**1663120**	**1769138**
汽车		Automobiles		1013692	1138630	1266237	1421550	1584661
大型汽车		Large Automobiles		78683	70122	63655	60297	54368
#客车		Passenger Vehicles		15960	16208	15859	15662	14852
货车		Freight Trucks		55819	47002	43944	40957	36066
小型汽车		Small Automobiles		935009	1068508	1202582	1361253	1530293
#客车		Passenger Vehicles		886870	1018075	1161506	1321315	1493229
货车		Freight Trucks		45689	47803	39441	38300	35388
摩托车		Motorcycle		356610	313002	256334	241150	184075
方向盘式拖拉机		Wheel Tractor		8720	8394	7922	6906	6642
全市船舶合计	**（艘）**	**Transport Vessels**	**(unit)**	**1517**	**1591**	**1615**	**1541**	**1415**
	（吨位）		(Tons Haulage Capacity)	523297	899278	677147	1112171	1066592
	（客位）		(Passenger Seats)	7152	14385	13125	12877	13306
客船	（艘）	Passenger Transport Vessels	(unit)	106	98	73	77	78
	（客位）		(Passenger Seats)	7152	13605	8129	8281	9100
货船	（艘）	Freight Transport Vessles	(unit)	1318	1305	1473	1406	1313
	（吨位）		(Tons Haulage Capacity)	509037	808900	660842	1091761	1062613
油船	（艘）	Oil Transport Vessels	(unit)	118	110	108	98	38
	（吨位）		(Tons Haulage Capacity)	35260	43204	26689	41943	17955
拖船	（艘）	Tugboats	(unit)	25	14	12	10	9
货驳	（艘）	Feight Bargers	(unit)	68	62	48	37	31
	（吨位）		(Tons Haulage Capacity)	14260	19565	19146	17846	15426

注：2015年起船舶吨位统计口径调整。

Note: The 2015 Shipping Tonnage statistics was abjusted.

11－6 全社会车辆拥有情况

Civil Motor Vehicles

单位：辆 （2016年） (unit)

指　　标	Items	全市 Total	其中 of Which 市 区 Urban Districts	江阴市 Jiangyin City	宜兴市 Yixing City
年末车辆数	**Vehicles**	**1769138**	**970143**	**468885**	**330110**
汽车	Automobiles	1584661	931043	403979	249639
#私人汽车	Private Motobiles	1337932	764613	354913	218406
在汽车中：	Among Automobiles				
大型汽车	Large-scale Automobiles	54368	37640	10398	6330
#客车	Passenger Vechicles	14852	10476	2735	1641
货车	Freight Trucks	36066	25109	6787	4170
小型汽车	Small-scale Automobiles	1530293	893403	393581	243309
#客车	Passenger Vehicles	1493229	869406	385706	238117
货车	Freight Trucks	35388	22896	7517	4975
摩托车	Motorcycle	184075	39100	64657	80318
#普通摩托车	Bicycle Motor	160872	39099	49434	72339
轻便摩托车	Light-duty Motor	588		92	496

11－7 私人车辆拥有情况

Privately-Possessed Cars

单位：辆　　（2016年）　　(unit)

指标	Items	全市 Total	其中 of Which 市区 Urban Districts	江阴市 Jiangyin City	宜兴市 Yixing City
汽车	Automobiles	1337932	764613	354913	218406
摩托车	Motorbicycles	184075	39100	64657	80318
拖拉机	Tractors	6642	1069	1893	3680

11－8 邮电通信水平

Level of Posts and Telecommunications

（2016年）

指标	Items	全市 Total	其中 of Which 市区 Urban Districts	江阴市 Jiangyin City	宜兴市 Yixing City
每百人平均函件量（件/百人）	Per 100-Person volume of Letters (unit/100 persons)	567	720	410	330
每百人平均包件（件/百人）	Per 100-Person Parcels (unit/100 persons)	2	2	2	1
移动电话普及率（户/百人）	Popularization Rate of Telephones (unit/100 persons)	134	145	123	116
人均用邮量（元/人）	Per Capita Volume of Post Business (yuan/person)	3007	3824	2151	1763

11－9 邮政电信情况（2012－2016）

Post and Telecommunications Services (2012-2016)

指标		Items		2012	2013	2014	2015	2016
邮政局所总数	**（处）**	**Post Office**	**(unit)**	**154**	**141**	**141**	**141**	**141**
邮路总长度	（公里）	Length of Postal Routes □	(km)	3962	3729	3532	3594	7871
移动电话用户	**（户）**	**Mobile Phone Users □**	**(household)**	**9021414**	**9358715**	**9203526**	**8834674**	**8749883**
#4G移动电话用户		4G Mobile Phone Users		2313594	3757903	2723179	3983187	5477078
固定电话用户		**Rural Phone Users**		**2100776**	**2020219**	**2027909**	**1743128**	**1551536**
#农村电话用户		Year-end Rural Phone Users		258573	243452	1008302	827303	721146
互联网宽带接入用户数		Internet Service Users		1912094	2200955	2510159	2559716	2925320
邮电业务总量	**（万元）**	**Revenue from Postal and Telecom-munications Services**	**(10000 yuan)**	**1007976**	**1282584**	**1247982**	**1590178**	**1960699**
#邮政业务总量		Revenue from Postal Services		66147	237357	285826	577555	840200
函件	（万件）	Mails	(10000 units)	8576	8020	10538	7909	3697
机要文件		Confidential Papers □		3.13	3.17	3.18	2.16	2.12
包件		Parcels		10.83	11.89	31.26	17.43	13.69
汇票		Draft		181.57	130.72	82.77	43.35	26.24
报纸		Newspapers		18671	19433	18893	16742	15890
杂志		Magazines		814	768	762	729	858

注：1、邮电业务总量自2013年起含快递业务收入数据。2、4G移动电话用户数2011-2013年是3G移动电话口径。

Note:1、Revenue from postal and telecom-munications services contain express delivery since 2013.　2、Number of 4G mobile phone users was 3G caliber in 2011--2013 years.

11－10 邮政电信情况

Postal and Telecommunications Services

（2016年）

指标		Items		全市	其中 of Which 市区 Urban Area	江阴市 Jiangyin City	宜兴市 Yixing City
邮政局所总数	**（处）**	**Post Office**	**(unit)**	**141**	**65**	**32**	**44**
邮路总长度	（公里）	Length of Postal Routes	(km)	7871	6467	877	527
移动电话用户	**（户）**	**Mobile Phone Users**	**(household)**	**8749883**	**5285716**	**2014499**	**1449668**
#4G移动电话用户		4G Mobile Phone Users		5477078	3304347	1319664	853067
固定电话用户		**Rural Phone Users**		**1551536**	**954464**	**335325**	**261747**
#农村电话用户		Year-end Rural Phone Users		721146	436356	159092	125698
互联网宽带接入用户		**Internet Service Users**		**2925320**	**1783303**	**650545**	**491472**
邮电业务总量	**（万元）**	**Revenue from Postal and Telecommunications Services**	**(10000 yuan)**	**1960699**	**1387011**	**352598**	**221090**
#邮政业务总量		Revenue from Postal Services		840200	690400	98200	51600
函件	（万件）	Mails	(10000 units)	3697	2611	672	414
机要文件		Confidential Papers		2.12	1.73	0.22	0.17
包件		Parcels		13.69	8.94	3.02	1.73
汇票		Draft		26.24	15.37	6.82	4.05
报纸		Newspapers		15890	9529	2934	3427
杂志		Magazines		858	621	148	90
快递		Express delivery		34753	29082	3948	1722

2017 STATISTICAL YEARBOOK OF WUXI

2017

CHAPTER

第12篇

国内贸易

DOMESTIC TRADE

第十二篇　　国内贸易
CHAPTER XII COMESTIC TRADE

● 批发和零售业增加值 The Added Value of Wholesale and Ketail Trade	1460.27亿元	(10^8 yuan)
比上年增长 Over the Previous Year	7.9%	
● 住宿和餐饮业增加值 The Added Value of Accommodationes and Catering Trade	259.90亿元	(10^8 yuan)
比上年增长 Over the Previous Year	5.0%	
● 社会消费品零售总额 Total Retails of Consuming Goods	3119.56亿元	(10^8 yuan)
比上年增长 Over the Previous Year	9.6%	
● 批发零售贸易业销售总额 Total Sales of Wholesale and Retail Trade	16476.58亿元	(10^8 yuan)
● 限额以上批发零售贸易业销售总额 Total Sales of Wholesale and Retail Trade over the Limit	6234.08亿元	(10^8 yuan)
● 住宿和餐饮业营业总额 Bussiness Revenue of Accommodations and Catening Trade	402.76亿元	(10^8 yuan)

12－1 历年社会消费品零售总额

Total Retail Sales of Consumer Goods

单位：万元 (10000 yuan)

年 份 Year	全 市 Total	其中 of Which 市 区 Urban Districts	江阴市 Jiangyin City	宜兴市 Yixing City
1978	73001	45459	14700	12842
1980	118942	74588	23039	21315
1981	136092	85390	26900	23802
1982	148407	92691	28004	27712
1983	167723	104812	32327	30584
1984	214515	133965	41932	38618
1985	277615	179709	51209	46697
1986	312345	197144	59223	55978
1987	366287	229002	71486	65799
1988	494594	308754	95334	90506
1989	530740	342228	92699	95813
1990	506293	329380	89163	87750
1991	589045	393834	100488	94723
1992	786160	515708	150739	119713
1993	1424725	939566	218855	266303
1994	1982768	1307186	304481	371101
1995	2541451	1664295	390588	486568
1996	3119183	2047126	496476	575581
1997	3441522	2258826	582664	600032
1998	3671966	2387885	648639	635442
1999	3937638	2538262	722584	676792
2000	4300537	2763779	813268	723491
2001	4781469	3065171	920457	795841
2002	5435607	3473733	1062576	899298
2003	5958853	3774540	1245764	938549
2004	7086248	4483110	1507997	1095141
2005	8164000	5225258	1714980	1223762
2006	9417000	6031191	1975227	1410582
2007	11034000	7083055	2296550	1654395
2008	13405000	8554854	2825928	2024218
2009	14931500	9405626	3216835	2309039
2010	17089100	10527200	3813800	2748100
2011	19463500	11758957	4478463	3226080
2012	21458200	12646255	5122487	3689458
2013	23400000	13457817	5779340	4162843
2014	26078967	15004067	6430659	4644241
2015	28476145	16354893	7051630	5069623
2016	31195622	17871398	7760544	5563680

12－2 社会消费品零售总额

Total Retail Sales of Consumer Goods

单位：万元 （2016年） (10000 yuan)

指 标	Items	全 市 Total	其中 of Which 市 区 Urban Districts	江阴市 Jiangyin City	宜兴市 Yixing City
社会消费品零售总额	**Total Retail of Consumer Goods**	**31195622**	**17871398**	**7760544**	**5563680**
按销售地区分	**By District**				
城镇	City	26719493	17349734	5656135	3713624
乡村	Country	4476129	521664	2104408	1850057
按行业分	**By Trade**				
批发和零售业	Wholesale and Retail Trade	28809434	16196146	7304581	5308708
住宿和餐饮业	Accommodation and catering Trade	2386188	1675253	455963	254972

12－3 分地区社会消费品零售总额（2015－2016）

Regional Retail Sales of Consumer Goods（2015-2016）

单位：万元 (10000 yuan)

地 区	District	2015年	2016年
全 市	**Total**	**28476145**	**31195622**
市 区	Urban Districts	16354893	17871398
梁溪区	Liangxi District	4054302	9035538
锡山区	Xishan District	1485783	1646543
惠山区	Huishan District	1605761	1763227
滨湖区	Binhu Disteict	2345820	2597788
新吴区	Xinwu District	2639420	2828302
市（县）	**City(County)**	**12121253**	**13324224**
江阴市	Jiangyin city	7051630	7760544
宜兴市	Yixing city	5069623	5563680

12－4 限额以上批零贸易业商品购、销、存总额

单位：万元 （2016年）

类型或行业	Items	法人企业（个）Corporation Enterprise(unit)
批发零售贸易企业	**Wholesale and Retail Trade Enterprises**	**1543**
按市县分	**Grouped by Urban Districts and County**	
市 区	Urban Districts	888
江阴市	Jiangyin City	432
宜兴市	Yixing City	223
按行业分	**Grouped by Sector**	
一、批发贸易业	**Wholesale Trade**	**1036**
（一）按登记注册类型分组	**Grouped by Registrated Categories**	
内资企业	Domestic Investment Enterprises	1007
国有企业	State-owned	3
集体企业	Collectively-owned	1
股份合作企业	Share-Holding Cooperative	1
联营企业	Joint Operation	
有限责任公司	Companies with Limited Liabilities	158
股份有限公司	Stock-holding Companies with Limited Liabilities	17
私营企业	Private Enterprises	821
其他企业	Others	6
港、澳、台商投资企业	Enterprises with Investment from Hong Kong ,Macao and Taiwan	16
外商投资企业	Foreign-invested Enterprises	13
（二）按国民经济行业分组	**Grouped by Trade**	
农、林、牧产品批发	Farming Forest, Animal Husbandry Products	8
食品、饮料及烟草制品批发	Food,Beverage and Tobacco Products	44
纺织、服装及家庭用品批发	Textile,Garments and Household Supplies	112
文化、体育用品及器材批发	Cultural,Sports Goods and Equipments	27

Purchase, Sales and Inventory Value of Over-Norm Commodities in Wholesale and Retail Trade

(10000 yuan)

产业活动单位数（个） Established Unit(number)	从业人数（人） Staff and Workers(person)	销售总额 Total sales	批发额 Wholesale	零售额 Retail Sales
2784	**90250**	**62340845**	**50956675**	**11384171**
1844	60398	32264566	24230953	8033613
539	17757	25454967	23612886	1842081
401	12095	4621313	3112836	1508477
1145	**45129**	**52086409**	**50080706**	**2005703**
1112	33132	46860491	44854798	2005693
6	805	1069724	1069724	
1	95	54054	34930	19124
1	21	4326	4326	
219	7922	17033048	16681891	351158
17	853	1004481	985812	18669
862	23064	27223087	25615916	1607171
6	372	471771	462199	9572
19	2454	2063306	2063296	10
14	9543	3162612	3162612	
8	113	53402	45908	7494
55	7126	1736566	1618089	118477
119	7514	6907677	6815383	92293
34	1110	1406177	1369659	36518

续表1

类型或行业	Items	法人企业（个） Corporation Enterprise(unit)
医药及医疗器材批发	Medicine and Medical Appliance	18
矿产品、建材及化工产品批发	Mineral Products,Building Materials and Chemical Products	672
机械设备、五金产品及电子产品批发	Machinery Equipments,Hardware,Electrical Appliance and Electron Products	124
贸易经纪与代理	Trade Brokers and Agents	7
其他批发业	Others	24
二、零售贸易业	**Retail Sales Trade**	**507**
（一）按登记注册类型分组	**Grouped by Registrated Categories**	
内资企业	Domestic Investment Enterprises	485
国有企业	State-owned	3
集体企业	Collectively-owned	4
股份合作企业	Share-Holding	1
联营企业	Joint Operation	1
有限责任公司	Companies with Limited Liabilities	141
股份有限公司	Stock-holding Companies with Limited Liabilities	15
私营企业	Private Enterprises	314
其他企业	Others	6
港、澳、台商投资企业	Enterprises with Investment from Hong Kong ,Macao and Taiwan	11
外商投资企业	Foreign-invested Enterprises	11
（二）按国民经济行业分组	**Grouped by Trade**	
综合零售	Comprehensive Retail Sales Trade	55
食品、饮料及烟草制品专门零售	Retail of Food,Beverage and Tobacco Products	48

continued 1

产业活动单位数（个） Established Unit(number)	从业人数（人） Staff and Workers(person)	销售总额 Total Sales	批发额 Wholesale	零售额 Retail Sales
72	10215	2731436	2685631	45805
690	13201	34973437	33425267	1548170
136	5217	2797812	2640866	156946
7	152	950886	950886	
24	481	529016	529016	
1639	**45121**	**10254437**	**875969**	**9378468**
1603	37249	9296190	831985	8464206
3	63	52691		52691
7	81	14419		14419
1	8	556	106	450
2	5	878		878
722	16196	4794302	385263	4409039
171	3605	1159931	285906	874025
691	17028	3229111	157309	3071801
6	263	44304	3401	40903
15	3244	506646	43985	462662
21	4628	451601		451601
389	19703	2849138	14777	2834362
206	2962	244487	33559	210928

续表2

类型或行业	Items	法人企业（个） Corporation Enterprise(unit)
纺织、服装及日用品专门零售	Special Retail of Textile,Garments and Daily Consumer Artides	18
文化、体育用品及器材专门零售	Special Retail of Cultural,Sports Goods and Equipment	31
医药及医疗器材专门零售	Special Retail of Medicine and Medical Appliance	31
汽车、摩托车、燃料及零配件专门零售	Special Retail of Motor Vehicles,Motorcycles,Fuels and Parts	236
家用电器及电子产品专门零售	Special Retail of Household Appliances and Electronic Products	56
五金、家具及室内装饰材料专门零售	Special Retail of Handware,Furniture and Interior Decoration Materials	20
货摊、无店铺及其他零售业	Stalls,Non-Store and Other Retails	12
（三）按经营方式分组	**By Mode**	
独立门店	Single Store	412
连锁总店（总部）	Chain Store (Headquarters)	31
连锁门店	Branch of Chain Stores	20
其他	Others	44
（四）按业态分组	**By Operation**	
有店铺零售	Shop Retail	490
食杂店	Grocery Store	4
便利店	Convenience Store	13
折扣店	Discount Store	2
超市	Supermarket	10
大型超市	Shopping Mall	22
仓储会员店	Warehouse Store/Warehouse Club	1
百货店	Department Store	26
专业店	Speciality Store	242
专卖店	Store	153
家居建材店	Furnishing and Building Materials Store	8
购物中心	Shopping Mall	3
厂家直销中心	Factory Outlets Center	6
无店铺零售	Non-store Retailing	17

continued 2

产业活动单位数（个） Established Unit(number)	从业人数（人） Staff and Workers(person)	销售总额 Total Sales	批发额 Wholesale	零售额 Retail Sales
24	1390	100626	11556	89070
85	1658	466969	16747	450222
283	2718	942379	120682	821697
464	12262	4806655	595827	4210828
130	3175	705849	71819	634030
41	945	111921		111921
17	308	26414	11004	15410
582	28816	7595113	258409	7336704
575	8660	680549	5651	674898
351	4919	1418257	405432	1012825
131	2726	560518	206478	354040
1622	43919	10036493	815621	9220872
88	471	16224	3414	12809
123	1500	397672	140258	257414
2	246	11770	963	10807
104	2106	141705	805	140900
102	10074	713216	2277	710939
1	99	55217		55217
97	7181	1986384	11695	1974690
861	12284	3904996	571647	3333349
223	8868	2683873	83911	2599962
12	654	73011		73011
3	44	7040		7040
6	392	45386	651	44734
17	1202	217944	60348	157595

12－5 限额以上批发零售贸易企业主要财务指标

单位：万元 （2016年）

类型或行业	Items	流动资产合计 Current Funds
批发零售贸易企业	**Wholesale and Retail Trade Enterprises**	**18851545**
按市县分	**Grouped by Urban Districts and County**	
市　区	Urban Districts	8327455
江阴市	Jiangyin City	8719138
宜兴市	Yixing City	1804952
按行业分	**Grouped by trade**	
一、批发贸易业	**Wholesale Trade**	**15344571**
（一）按登记注册类型分组	**Grouped by Registrated Categories**	
内资企业	Domestic Investment Enterprises	13010110
国有企业	State-owned	582479
集体企业	Collectively-owned	6502
股份合作企业	Share-Holding	2864
联营企业	Joint Operation	
有限责任公司	Companies with Limited Liabilities	4733208
股份有限公司	Stock-holding Companies with Limited Liabilities	171418
私营企业	Private Enterprises	7161724
其他企业	Other enterprises	351914
港、澳、台商投资企业	Enterprises with Investment from Hong Kong , Macao and Taiwan	1344149
外商投资企业	Foreign-invested Enterprises	990312
（二）按国民经济行业分组	**Grouped by trade**	
农、林、牧产品批发	Farming Forest, Animal Husbandry Products	15958
食品、饮料及烟草制品批发	Food,Beverage and Tobacco Products	763408
纺织、服装及家庭用品批发	Textile,Garments and household supplies	4956561

Major Financial Indicators of Over-Norm Wholesale and Retail Enterprises

(10000 yuan)

其中 of Which #存货 Inventories	固定资产原值 Fixed Assets Original Value	累计折旧 Accumulated Depreciation	资产总计 Total Property	负债合计 Total Liabilities	实收资本 Paid in Capital
3914233	**2578638**	**961600**	**22848983**	**17487596**	**3277003**
1626827	1437421	599021	10408722	7489684	1386103
2035576	738028	245200	9959674	8440405	1256728
251830	403189	117379	2480586	1557506	634172
3259925	**1119690**	**413342**	**17395948**	**13453085**	**2464666**
2773639	886934	332258	14455729	11620124	1757915
34320	49697	29474	630300	76155	4970
125	1136	900	7639	1634	
2	76	55	2886	2816	63
849999	346441	98362	5196287	4145543	655274
26357	22543	11048	193062	132830	42405
1851503	464825	192256	8071578	6891270	999995
11334	2216	163	353977	369878	55208
143288	154982	46214	1853151	954462	542735
342999	77774	34871	1087068	878499	164015
3252	10436	2478	37349	33548	2575
107432	85462	40970	843207	215402	34704
1412513	106753	43326	5353834	4092835	765571

单位：万元　　续表 1

类型或行业	Items	流动资产合计 Current Funds
文化、体育用品及器材批发	Cultural,Sports Goods and Equipments	435606
医药及医疗器材批发	Medicine and Medical Appliance	835915
矿产品、建材及化工产品批发	Mineral Products,Building Materials and Chemical Products	6926385
机械设备、五金产品及电子产品批发	Machinery Equipments,Hardware,Electrical Appliance and Electron Products	1190869
贸易经纪与代理	Trade Brokers and Agents	91953
其他批发业	Others	127916
二、零售贸易业	**Retail Sales Trade**	**3506975**
（一）按登记注册类型分组	**Grouped by Registrated Categories**	
内资企业	Domestic Investment Enterprises	3299627
国有企业	State-owned	18523
集体企业	Collectively-owned	11617
股份合作企业	Share-Holding	152
联营企业	Joint Operation	355
有限责任公司	Companies with Limited Liabilities	2187998
股份有限公司	Stock-holding Companies with Limited Liabilities	265611
私营企业	Private Enterprises	805123
其他企业	Others	10247
港、澳、台商投资企业	Enterprises with Investment from Hong Kong , Macao and Taiwan	103932
外商投资企业	Foreign-invested Enterprises	103415
（二）按国民经济行业分组	**Grouped by Trade**	
综合零售	Comprehensive Retail Sales Trade	669775
食品、饮料及烟草制品专门零售	Retail of Food,Beverage and Tobacco Products	88689

continued 1 (10000 yuan)

其中 of Which #存货 Inventories	固定资产原值 Fixed Assets Original Value	累计折旧 Accumulated Depreciation	资产总计 Total Property	负债合计 Total Liabilities	实收资本 Paid in Capital
32230	38110	7718	473495	349217	86707
319790	91148	40978	920735	789309	101040
1084506	697466	242362	8252519	6797351	1284388
256382	66319	26146	1272339	965329	152657
23398	9743	1396	103645	84582	12298
20422	14254	7968	138825	125512	24726
654308	**1458948**	**548258**	**5453035**	**4034511**	**812338**
595576	1229063	456310	5102808	3726772	676419
2134	1024	717	18921	12522	1064
1089	1058	737	11938	10884	516
23	81	46	187	3	50
34	513	430	487	17	500
271758	773834	265150	3354097	2492628	294561
47892	115204	55163	446331	292207	90051
272003	334916	133231	1257842	911633	286071
644	2433	836	13006	6880	3606
29369	83132	34362	161609	112636	44343
29363	146753	57586	188618	195102	91576
161962	679528	274652	1673001	1146107	250600
21843	125646	34444	213655	162657	47244

单位：万元　　　　续表2

类型或行业	Items	流动资产合计 Current Funds
纺织、服装及日用品专门零售	Special Retail of Textile,Garments and Daily Consumer Artides	46408
文化、体育用品及器材专门零售	Special Retail of Cultural,Sports Goods and Equipment	271729
医药及医疗器材专门零售	Special Retail of Medicine and Medical Appliance	356533
汽车、摩托车、燃料及零配件专门零售	Special Retail of Motor Vehicles,Motorcycles,Fuels and Parts	1890188
家用电器及电子产品专门零售	Special Retail of Household Appliances and Electronic Products	147071
五金、家具及室内装饰材料专门零售	Special Retail of Handware,Furniture and Interior Decoration Materials	29013
货摊、无店铺及其他零售业	Stalls,Non-store and Other Retails	7570
（三）按经营方式分组	**Grouped by Mode**	
独立商店	Single Store	1937066
连锁商店总店	General Headquarter of Chain Stores	194768
连锁商店分店	Brach of Chain Stores	1134517
其他	Others	240623
（四）按业态分组	**Grouped by Operation**	
有店铺零售	Shop Retail	3362749
食杂店	Grocery Store	4649
便利店	Convenience Store	75370
折扣店	Discount Store	1802
超市	Supermarket	28565
大型超市	Hypermarket	151240
仓储会员店	Warehouse Store/Warehouse Club	10642
百货店	Department Store	490008
专业店	Specialized Store	1940601
专卖店	Monopolied Store	631842
家居建材商店	Home Furnishing Store	9338
购物中心	Shopping Center	2755
厂家直销中心	Factory Outlet Center	15936
无店铺零售	Non-store Retailing	144226

continued 2 (10000 yuan)

其中 of Which #存货 Inventories	固定资产原值 Fixed Assets Original Value	累计折旧 Accumulated Depre ciation	资产总计 Total Property	负债合计 Total Liabi-lities	实收资本 Paid in Capital
21681	8340	2573	59419	42006	21941
79802	49429	21110	311563	244536	59890
71391	45565	20353	396618	319708	27729
259407	456937	166993	2495593	1879039	329057
26207	29067	11378	209395	152941	40030
10146	60689	14255	83487	80385	33576
1869	3748	2501	10304	7133	2270
476314	1045910	377347	3451706	2397318	590173
55362	95853	50456	247534	281749	43930
36519	150372	62511	1336020	1041287	104360
86114	166814	57944	417775	314157	73875
585785	1351643	516526	5216136	3828885	757660
2336	465	288	5411	3335	1648
9035	71651	28941	158537	113325	8105
814	1304	88	6838	2044	4500
14297	5945	1809	42429	108328	4137
37175	156271	72325	263051	282957	88448
3596	7346	1324	20522	8207	13000
109072	523324	201379	1388199	765344	164284
217093	324424	130518	2343234	1797656	252964
186075	191183	63914	887724	665065	178906
4527	59679	13655	63311	63911	30445
160	407	295	3361	1455	1915
1607	9646	1992	33519	17257	9308
68523	107305	31732	236899	205626	54677

单位：万元 续表3

类型或行业	Items	主营业务收入 Main Operation Receipts	主营业务成本 Main Operation Costs
批发零售贸易企业	**Wholesale and Retail Trade Enterprises**	**54166386**	**50748475**
按市县分	**Grouped by Urban Districts and County**		
市　区	Urban Districts	28021689	25755414
江阴市	Jiangyin City	21726502	20829038
宜兴市	Yixing City	4418196	4164024
一、批发贸易业	**Wholesale Trade**	**45400687**	**42890087**
（一）按登记注册类型分组	**Grouped by Registrated Categories**		
内资企业	Domestic Investment Enterprises	40961276	39355513
国有企业	State-owned	833605	592576
集体企业	Collectively-owned	46200	44575
股份合作企业	Share-Holding Cooperatiive	3698	3492
联营企业	Joint Operation		
有限责任公司	Companies with Limited Liabilities	15456035	14992834
股份有限公司	Stock-holding Companies with Limited Liabilities	874181	837455
私营企业	Private Enterprises	23285310	22424152
其他企业	Other Enterprises	462247	460430
港、澳、台商投资企业	Enterprises with Investment from Hong Kong ,Macao and Taiwan	1708414	1615010
外商投资企业	Foreign-invested Enterprises	2736568	1961733
（二）按国民经济行业分组	**Grouped by Trade**		
农、林、牧产品批发	Farming Forest, Animal Husbandry Products	50247	48542
食品、饮料及烟草制品批发	Food,Beverage and Tobacco Products	1510681	1196411
纺织、服装及家庭用品批发	Textile,Garments and Household Supplies	5907819	5404315

continued 3 (10000 yuan)

主营业务税金及附加 Main Operation Duty and Addition	其他业务利润 Other Operation Profit	销售费用 Cost of Sales	管理费用 General and Adminis trative Expenses	财务费用 Financial Expenses	营业利润 Operation Profit	利润总额 Total Profit	应付职工薪酬 Accrued Employee Benefits	本年应交增值税额 Value-Added Taxes this year
172674	**147180**	**1610555**	**715338**	**218879**	**912091**	**925633**	**853338**	**502760**
147086	128735	1302337	464846	69847	412484	419430	678230	323242
17882	15427	234546	168784	111366	379422	392583	111570	145670
7706	3018	73672	81707	37666	120186	113620	63537	33847
143112	**46787**	**1121960**	**394978**	**162019**	**780610**	**807996**	**588636**	**375667**
131145	19340	447486	283143	137170	626457	649512	205039	270725
107172	294	7907	14883	-15782	127534	127791	15353	39639
47		166	215	1	1197	1197	399	483
4		145	35	-2	24	22	83	33
7137	6783	153752	59123	48819	229805	239801	59181	74143
330	582	11666	8612	5028	11437	11781	5909	2683
16454	11677	273610	199546	95046	259617	271841	122936	153737
1	3	241	730	4061	-3156	-2920	1180	7
1294	640	20031	24744	18650	76278	78025	30756	11477
10757	27091	655510	89696	6450	37627	40311	352842	93464
35		487	1093	253	-145	227	342	230
108065	1692	59335	26413	-13729	136236	137372	33743	45909
9300	2853	119932	68942	17939	319952	332385	52788	92697

单位：万元 续表4

类型或行业	Items	主营业务收入 Main Operation Receipts
文化、体育用品及器材批发	Cultural,Sports Goods and Equipments	1037607
医药及医疗器材批发	Medicine and Medical Appliance	2350159
矿产品、建材及化工产品批发	Mineral Products,Building Materials and Chemical Products	30410891
机械设备、五金产品及电子产品批发	Machinery Equipments,Hardware,Electrical Appliance and Electron Products	2869541
贸易经纪与代理	Trade Brokers and Agents	804249
其他批发业	Others	465064
二、零售贸易业	**Retail Sales Trade**	**8760129**
（一）按登记注册类型分组	**Grouped by Registrated Categories**	
内资企业	Domestic Investment Enterprises	7974827
国有企业	State owned	46145
集体企业	Collective-owned	12316
股份合作企业	Share-Holding	475
联营企业	Joint Operation	751
有限责任公司	Companies with Limited Liabilities	4114702
股份有限公司	Stock-holding Companies with Limited Liabilities	977524
私营企业	Private Enterprises	2785784
其他企业	Others	37130
港、澳、台商投资企业	Enterprises with Investment from Hong Kong , Macao and Taiwan	424120
外商投资企业	Foreign-invested Enterprises	361183
（二）按国民经济行业分组	**Grouped by trade**	
综合零售	Comprehensive Retail Sales Trade	2304414
食品、饮料及烟草制品专门零售	Food,Beverage and Tobacco Products	218464

continued 4 (10000 yuan)

主营业务成本 Main Operation Costs	主营业务税金及附加 Main Operation Duty and Addition	其他业务利润 Other Operation Profit	销售费用 Cost of sales	管理费用 General and Adminis trative Expenses	财务费用 Financial expenses	营业利润 Operation Profit	利润总额 Total Profit	应付职工薪酬 Accrued Employee Benefits	本年应交增值税额 Value-Added Taxes this year
995382	749	33	19410	8678	6486	6084	6305	6752	9804
1591849	11229	28547	629468	94553	7749	40066	43657	353971	95925
29760707	10799	9218	207287	149617	115900	197452	206417	99522	92044
2698904	2183	2432	76409	42595	10565	39514	39715	37578	28746
782880	99	-34	3238	1794	12903	3280	3155	1340	1338
453266	740	2332	7461	3900	4204	-2077	-1386	2601	8974
7816218	**29478**	**100110**	**487528**	**317754**	**56609**	**171730**	**157786**	**264701**	**127093**
7145684	26726	82131	391645	279281	53712	190151	177346	228577	118201
43169	82		288	1029	217	1360	1381	495	673
10321	34		237	235	9	1481	1481	290	308
393	2			54		27	26	29	20
531	10		75	3	1	131	131	15	35
3655989	15590	57123	237188	148685	30061	97096	88694	126603	71792
897499	1837	2903	43264	19347	3808	21791	22934	18426	13005
2505835	9052	22106	109435	108485	19434	65925	60257	81522	32168
31948	119		1157	1444	182	2342	2442	1197	200
369662	1390	8459	36331	22049	671	2525	1833	16248	5875
300872	1362	9519	59552	16424	2226	-20946	-21392	19876	3018
1977369	15045	64153	190180	147591	9890	40270	29589	126195	45610
169837	2288	1162	13545	21723	5539	6963	6046	12180	5936

单位：万元 续表5

类型或行业	Items	主营业务收入 Main Operation Receipts	主营业务成本 Main Operation Costs
纺织、服装及日用品专门零售	Special Retail of Textile,Garments and Daily Consumer Artides	82157	59487
文化、体育用品及器材专门零售	Special Retail of Cultural,Sports Goods and Equipment	446301	368107
医药及医疗器材专门零售	Special Retail of Medicine and Medical Appliance	797524	732471
汽车、摩托车、燃料及零配件专门零售	Special Retail of Motor Vehicles,Motorcycles,fuels and related spares and fittings	4202527	3872020
家用电器及电子产品专门零售	Special Retail of Household Appliances and Electronic Products	593807	550530
五金、家具及室内装饰材料专门零售	Special Retail of Handware,furniture and Interior Decoration Materials	92479	67662
货摊、无店铺及其他零售业	Stalls,No-Shop and Other Retails	22457	18735
（三）按经营方式分组	**Grouped by Mode**		
独立商店	Single Store	6523283	5869051
连锁商店总店	General headquarter of Chain stores	579929	496302
连锁商店分店	Branch of Chain Stores	1171330	1033884
其他	Others	485586	416981
（四）按业态分组	**Grouped by Operation**		
有店铺零售	Shop Retail	8556074	7646374
食杂店	Grocery Store	13873	10512
便利店	Convenience Store	345797	307377
折扣店	Discount Store	10167	5946
超市	Supermarket	89630	76536
大型超市	Hypermarket	583864	485556
仓储会员店	Warehouse Store/Warehouse Club	55217	51496
百货店	Department Store	1624415	1409955
专业店	Specialized Store	3396594	3067120
专卖店	Monopolied Store	2333795	2158713
家居建材商店	Home Furnishing Store	59085	38822
购物中心	Shopping Center	6184	4828
厂家直销中心	Factory Outlet Center	37454	29515
无店铺零售	Non-store Retailing	204055	169845

continued 5 (10000 yuan)

主营业务税金及附加 Main Operation Duty and Addition	其他业务利润 Other Operation Profit	销售费用 Cost of Sales	管理费用 General and Adminis trative Expenses	财务费用 Financial Expenses	营业利润 Operation Profit	利润总额 Total Profit	应付职工薪酬 Accrued Employee Benefits	本年应交增值税额 Value-Added Taxes this year
449	496	18540	7175	584	-3206	-2915	6247	2675
1035	724	49291	10039	655	18361	18790	12494	2507
1307	1667	20643	19217	6028	19400	12865	13849	9044
7540	23417	145762	81248	29819	93308	96581	70439	51305
1061	8441	36492	16605	1593	-1516	-1356	15370	7078
614	43	11124	12019	2493	-1336	-1324	6857	2689
140	6	1951	2139	8	-513	-489	1070	250
23616	74323	290395	249082	44962	156103	145118	187648	92885
2057	20815	87300	19678	2302	-25371	-31531	38772	8189
2655	4522	76990	23377	2351	38293	39864	24872	17479
1150	449	32844	25617	6995	2705	4334	13409	8541
28897	99232	473897	299354	49510	176337	162089	256454	124842
97	89	3083	448	20	-158	-143	1189	469
1018	130	21253	6680	1144	8387	9570	4433	6152
67		2183	1451	10	511	512	326	412
306	3807	25490	1598	1631	-18231	-17448	7923	1925
1511	15422	96827	33929	92	-20014	-19839	44326	4461
197		2044	836	-9	630	405	818	787
12879	45016	69006	111199	7977	77385	65690	73379	38712
6701	21531	168743	74934	17401	86238	80257	65993	40624
4995	13030	75539	53328	18266	39940	41232	50703	28007
515		8169	10619	2442	-1418	-1374	5457	1981
43		570	1285	19	37	-3	316	253
569	206	991	3047	518	3031	3231	1591	1060
581	878	13631	18400	7099	-4607	-4303	8247	2252

12－6 限额以上住宿餐饮企业主要财务指标

单位：万元 （2016年）

类型或行业	Items	流动资产合计 Current Assets
住宿餐饮企业	**Accommodations and Catering Enterprises**	**392061**
按地区分	**Grouped by District**	
市　区	Urban Districts	189307
江阴市	Jiangyin City	110944
宜兴市	Yixing City	91809
一、住宿企业	**Accommodations Enterprises**	**204928**
按登记注册类型分组	**Grouped by Registrated Categories**	
内资企业	Domestic Enterprises	199497
国有企业	State-owned Enterprises	16518
集体企业	Collectively-owned Enterprises	3423
股份合作企业	Stock-holding Enterprises	
联营企业	Joint-Operation Enterprises	
有限责任公司	Companies with Limited Liabilities	55825
股份有限公司	Stock-holding Companies with Limited Liabilities	17681
私营企业	Private Enterprises	106050
其他企业	Others	
港、澳、台商投资企业	Enterprises with Investment from Hong Kong ,Macao and Taiwan	5404
外商投资企业	Foreign-invested Enterprises	27
按国民经济行业分组	**Grouped by Trade**	
旅游饭店	Tourist Hotel	195364
一般旅馆	General Hotel	7757
其他住宿服务	Others	1807
按星级等级分组	**Grouped by Star Level**	
一星	One-Star	
二星	Two-Star	-3044
三星	Three-Star	20572
四星	Four-Star	14726
五星	Five-Star	95299
其他	Others	77375

Major Financial Indicators of Over-Norm Accommodations and Catering Enterprises

(10000 yuan)

其中 of Which #存货 Inventories	固定资产原值 Fixed Assets Original Value	累计折旧 Accumulated Depreciation	资产总计 Assets	负债合计 Total Liabilities	实收资本 Paid in Capital
18179	**1007551**	**410852**	**1317310**	**1282345**	**464373**
8898	606559	249835	720576	623354	309976
3689	263847	105651	316175	382060	61866
5593	137146	55366	280559	276931	92531
9139	**651820**	**284729**	**740543**	**751048**	**306711**
5888	517151	212104	650805	601799	220385
353	79946	22816	79103	71035	24366
188	19253	14600	8606	13866	405
1811	277691	99982	284712	229370	126395
257	7634	4643	23066	23564	9610
3279	132627	70063	255318	263964	59609
2436	36806	13638	47636	90902	22937
815	97864	58987	42103	58348	63389
8738	604809	273987	680252	669979	297582
188	39126	6523	47782	63356	4759
213	7885	4219	12509	17714	4370
808	37755	23388	12251	18081	13945
745	53170	31467	54753	42902	16796
1361	67468	52396	57479	45475	24109
1165	331133	106843	372118	332144	158946
5060	162294	70634	243942	312447	92914

单位：万元　　　　续表

类型或行业	Items	流动资产合计 Current Assets
二、餐饮企业	**Catering Enterprises**	**187133**
按登记注册类型分组	**Grouped by Registrated Categories**	
内资企业	Domestic Enterprises	169756
国有企业	State-owned Enterprises	2086
集体企业	Collectively-owned Enterprises	4993
股份合作企业	Stock-holding Enterprises	307
联营企业	Joint-Operation Enterprises	
有限责任公司	Companies with Limited Liabilities	39663
股份有限公司	Stock-holding Companies with Limited Liabilities	775
私营企业	Private Enterprises	121677
其他企业	Others	256
港、澳、台商投资企业	Enterprises with Investment from Hong Kong , Macao and Taiwan	14697
外商投资企业	Foreign-invested Enterprises	2680
按国民经济行业分组	**Grouped by Trade**	
正餐服务	Dinner	177795
快餐服务	Fast Food	5867
饮料及冷饮服务	Drink and Cold Drink	
其他餐饮业服务	Others	3471
按经营方式	**Grouped by Operation Mode**	
独立门店	Single Store	118523
连锁总店（总部）	Chain store (Headquarters)	3711
连锁门店	Branch of Chain Stores	53866
其他	Others	11032

continued (10000 yuan)

其中 of Which #存货 Inventories	固定资产原值 Fixed Assets Original Value	累计折旧 Accumulated Depreciation	资产总计 Assets	负债合计 Total Liabilities	实收资本 Paid in Capital
9040	**355731**	**126123**	**576766**	**531297**	**157662**
7629	317955	104896	501072	480706	139815
49	577	151	3638	1839	801
223	6397	4430	7981	5889	2939
151	155	15	462	232	10
1731	167047	47623	185237	167579	68302
80	1991	254	2654	152	2080
5372	136408	52269	295615	304685	60659
23	5380	156	5486	331	5025
473	14339	7967	43619	34836	9642
939	23437	13261	32076	15754	8205
7302	312346	104146	515929	483244	147584
1370	37630	19234	53478	45673	8382
369	5755	2743	7359	2380	1697
5759	266229	92256	377094	367265	124380
2228	41679	21209	64448	48066	9052
752	18520	6398	88644	74429	10964
301	29304	6261	46581	41537	13267

单位：万元　　　　续表

类型或行业	Items	主营业务收入 Sales	主营业务成本 Cost of Sales
住宿餐饮企业	**Accommodations and Catering Enterprises**	**681101**	**293027**
按地区分	**Grouped by District**		
市　区	Urban Districts	492172	212158
江阴市	Jiangyin City	117483	46622
宜兴市	Yixing City	71446	34248
一、住宿企业	**Accommodations Enterprises**	**244183**	**88613**
按登记注册类型分组	**Grouped by Registrated Categories**		
内资企业	Domestic Enterprises	225080	76978
国有企业	State-owned Enterprises	14485	8526
集体企业	Collectively-owned Enterprises	3215	1302
股份合作企业	Stock-holding Enterprises		
联营企业	Joint-Operation Enterprises		
有限责任公司	Companies with Limited Liabilities	97364	29976
股份有限公司	Stock-holding Companies with Limited Liabilities	13936	4306
私营企业	Private Enterprises	96080	32867
其他企业	Others		
港、澳、台商投资企业	Enterprises with Investment from Hong Kong ,Macao and Taiwan	5885	3752
外商投资企业	Foreign-invested Enterprises	13218	7883
按国民经济行业分组	**Grouped by Trade**		
旅游饭店	Tourist Hotel	221101	77861
一般旅馆	General Hotel	17700	8837
其他住宿服务	Others	5382	1915
按星级等级分组	**Grouped by Star Level**		
一星	One-Star		
二星	Two-Star	10807	3002
三星	Three-Star	29973	12994
四星	Four-Star	36223	13098
五星	Five-Star	73182	27375
其他	Others	93999	32144

continued (10000 yuan)

主营业务税金及附加 Operation Duty and Addition	其他业务利润 Other Operation Profit	销售费用 Cost of sales	管理费用 General and administrative Expense	营业利润 Operation Profit	利润总额 Total Profit	应付职工薪酬 Accrued Employee Benefits
14978	**2886**	**227103**	**180193**	**-55406**	**-55371**	**148978**
10190	756	166089	110804	-19951	-20185	98345
2710	167	42265	37088	-16497	-16196	29525
2077	1963	18749	32302	-18958	-18990	21108
5170	**794**	**83544**	**93859**	**-45909**	**-44682**	**58751**
4815	785	77598	81201	-29726	-28448	53349
283	114	3955	5987	-5943	-5723	3130
70		1929	733	-829	-829	913
2012	-1121	30762	34060	-8421	-7865	23740
278	4	4358	4579	-190	-183	3938
2171	1788	36593	35842	-14342	-13849	21630
123		815	9389	-10358	-10379	2054
232	9	5131	3270	-5825	-5855	3347
4685	-261	73430	86109	-38613	-37168	52381
376	1055	8160	5491	-6375	-6574	4875
109		1955	2258	-921	-940	1494
174	25	5131	2864	-389	-420	2659
626	8	10485	6676	-969	-789	8173
740	949	12715	12855	-2895	-2941	9419
1611	114	18400	35513	-21914	-21511	14898
2019	-303	36812	35951	-19743	-19022	23601

单位：万元 续表

类型或行业	Items	主营业务收入 Sales	主营业务成本 Cost of Sales
二、餐饮企业	**Catering Enterprises**	**436918**	**204414**
按登记注册类型分组	**Grouped by Registrated Categories**		
内资企业	Domestic Enterprises	284002	132363
国有企业	State-owned Enterprises	1885	1543
集体企业	Collectively-owned Enterprises	5343	1540
股份合作企业	Stock-holding Enterprises	439	323
联营企业	Joint-Operation Enterprises		
有限责任公司	Companies with Limited Liabilities	61742	25533
股份有限公司	Stock-holding Companies with Limited Liabilities	2062	1222
私营企业	Private Enterprises	211049	101379
其他企业	Others	1482	822
港、澳、台商投资企业	Enterprises with Investment from Hong Kong ,Macao and Taiwan	34389	11811
外商投资企业	Foreign-invested Enterprises	118527	60241
按国民经济行业分组	**Grouped by Trade**		
正餐服务	Dinner	274630	121422
快餐服务	Fast Food	145521	70818
饮料及冷饮服务	Drink and Cold Drink		
其他餐饮业服务	Others	16766	12174
按经营方式	**Grouped by Operation Mode**		
独立门店	Single Store	195879	87535
连锁总店（总部）	Chain store (Headquarters)	174140	84556
连锁门店	Branch of Chain Stores	39146	17205
其他	Others	27752	15117

continued (10000 yuan)

主营业务税金及附加 Operation Duty and Addition	其他业务利润 Other Operation Profit	销售费用 Cost of sales	管理费用 General and administrative Expense	营业利润 Operation Profit	利润总额 Total Profit	应付职工薪酬 Accrued Employee Benefits
9808	**2092**	**143560**	**86334**	**-9497**	**-10689**	**90227**
6765	2088	91525	67263	-15824	-15373	67108
34		16	165	127	126	445
118		1791	1593	186	197	1392
4			30	43		81
1338	123	20749	21957	-8784	-8746	17926
42		578	158	61	63	413
5176	1964	68303	42944	-7537	-7088	46438
52		87	415	80	76	413
639	5	20078	6652	-4638	-6360	2471
2403		31957	12419	10965	11043	20648
6658	1879	93670	70343	-20123	-20155	63582
2887		47840	13947	10196	9013	24338
263	213	2050	2044	431	454	2306
5020	1812	61957	56238	-16738	-16316	51005
3545	213	58627	14009	13736	12466	26241
745	67	18004	7866	-5487	-5855	7591
499		4972	8221	-1008	-983	5390

12－7 亿元以上商品交易市场基本情况

(2016年)

类型或行业	Items	市场个数(个) Number of Markets (unit)
合计	**Total**	**53**
一、按经营环境分	**Grouped by Operation Enviroment**	
（一）露天式	Open-air	5
（二）封闭式	Indoor	37
（三）其他	Others	11
二、按经营方式分	**Grouped by Operation Mode**	
（一）批发	Wholesale	34
（二）零售	Retail	19
三、按市场类别分	**Grouped by Market Kinds**	
（一）综合市场	Comprehensive Markets	10
综合贸易市场	Trading Comprehensive Markets	10
生产资料综合市场	The Means of Production Integrated Market	2
工业消费品综合市场	Industrial Consumer Goods Comprehensive Markets	4
农产品综合市场	Farm Products Comprehensive Markets	4
其他综合市场	Other Comprehensive Markets	
（二）专业市场	Specialized Markets	43
生产资料市场	Capital Goods Markets	15
建材市场	Building Material Markets	1
化工材料及制品市场	Chemical Materials and Products Markets	2
金属材料市场	Metal Materials Markets	11
机械设备市场	Machinery Equipment Markets	1
农产品市场	Farm Products Markets	9
粮油市场	Grain an Oil Markets	2
肉禽蛋市场	Poultry Agg Markets	1
水产品市场	Aquatic Products Markets	2
蔬菜市场	Vegetable Market	1
其他农产品市场	Other Farm Products Markets	3
食品、饮料及烟酒市场	Food,Beverages,Tobacoo and Liquor Markets	1
其他食品、饮料及烟酒市场	Other Food,Beverages,Tobacoo and Liquor Markets	1
纺织、服装、鞋帽市场	Textile,Garments,Footwear and Hat Wear Markets	2
布料及纺织品市场	Fabric and Textile Markets	1
服装市场	Garment Markets	1
电器、通讯器材、电子设备市场	Electrical Appliance,Communication and Electronic Equipment Markets	2
计算机及辅助设备市场	Computer and Supplementary Equipments Markets	2
家具、五金及装饰材料市场	Furniture, Hardware and Decoration Marterials Markets	9
家具市场	Furniture Markets	2
装饰材料市场	Decoration Marterials Markets	6
五金材料市场	Hardware and Electrical Marterials Markets	1
汽车、摩托车及零配件市场	Motor Vehicles, Motorcycles and Parts Markets	5
汽车市场	Motor Vehicles Markets	3
机动车零配件市场	Motor Vehicle Parts and Accessories Markets	2

Basic Statistics on Commodity Exchange Markets of Transaltion Value over 100 Million Yuan

摊位总量(个) Number of Booths (unit)	其中 of which 已出租摊位 Booths Rented	商品成交总额（万元）Turnover (10000 yuan)	商品零售额（万元）Retail Value(10000 yuan)	营业面积(平方米) Operating Area (sqm)	年末市场交易业主从业人员（人）Employees by the End of the Year（person)
45314	**39901**	**32070437**	**3190491**	**4894435**	**116553**
1363	620	994694		149903	517
33497	31353	23989822	2649587	3391552	88062
10454	7928	7085921	540904	1352980	27974
25765	21231	26386563	1315939	3448929	73307
19549	18670	5683874	1874552	1445506	43246
22497	20623	5381649	691049	1687130	43943
22497	20623	5381649	691049	1687130	43943
2082	1975	295264	54509	732130	3136
13826	13474	2812544	178097	645000	30005
6589	5174	2273841	458443	310000	10802
22817	19278	26688788	2499442	3207305	72610
10488	8505	21271725	55000	1609073	41936
1280	1090	301800	55000	477450	7300
901	847	5078648		43000	3523
8207	6533	15882245		1081723	31078
100	35	9032		6900	35
3911	3625	2016924	742853	225346	9888
842	625	311320	247056	121000	936
1236	1236	1272772	381382	37080	3708
237	202	143354	920	31666	912
526	524	166893	50367	7400	2930
1070	1038	122585	63128	28200	1402
142	125	65000	13000	13580	650
142	125	65000	13000	13580	650
2900	2141	476844	326844	157996	2370
1300	990	150000		100000	1800
1600	1151	326844	326844	57996	570
499	398	53053	4087	14300	1181
499	398	53053	4087	14300	1181
3747	3486	1028999	434045	833510	7590
809	729	66551	58907	204610	1310
1788	1648	712549	375138	566000	5873
1150	1109	249899		62900	407
1130	998	1776243	923613	353500	8995
463	395	1580186	875110	241500	7163
667	603	196057	48503	112000	1832

12－8 住宿和餐饮业销售情况

Sales in Accommodations and Catering Trade

单位：万元　　　　　　（2016年）　　　　　　(10000 yuan)

指标	Items	营业额 Turnover	其中 of Which #零售额 Retail Sales
全市合计	**Total**	**4027616**	**2386188**
市　区	Urban Districts	2931048	1675253
江阴市	Jiangyin City	717645	455963
宜兴市	Yixing City	378923	254972
限额以上企业	**Over the Limit**	**859034**	**741531**
市　区	Urban Districts	530242	461495
江阴市	Jiangyin City	213603	183623
宜兴市	Yixing City	115188	96413
限额以下企业(单位）和个体	**Below the Limit and Individual**	**3168582**	**1644657**
市　区	Urban Districts	2400806	1213757
江阴市	Jiangyin City	504041	272340
宜兴市	Yixing City	263735	158559

2017 STATISTICAL YEARBOOK OF WUXI

CHAPTER

第 13 篇

对外经济贸易和旅游

FOREIGN TRADE AND TOURISM

第十三篇　对外经济贸易和旅游
CHAPTER XIII FOREIGN TRADE AND TOURISM

● 进口总额 Total Imports	268.95亿美元	(10^8 USD)
比上年增长 Over the Previous Year	2.5%	
● 出口总额 Total Exports	429.10亿美元	(10^8 USD)
比上年增长 Over the Previous Year	1.6%	
● 新签协议(合同)数 Number of Signed Contracts	230个	（unit）
比上年增长 Over the Previous Year	8.5%	
● 实际利用外资金额(商务部确认数） Fulfilled Value in Foreign Captial	34.13亿美元	(10^8 USD)
比上年增长 Over the Previous Year	6.3%	
● 国家级省级开发区个数 Number of National and Provincial Development Zones	14个	（unit）
● 国家级开发区 National Development Zone	6个	（unit）
● 接待境外过夜旅游者人数 The number of overnight tourists from overseas	43.92万人次	(10^4 person-time)
比上年增长 Over the Previous Year	12.2%	

13－1 利用外资情况（1978－2016）

单位：万美元

指 标	Items	1978－1980	1981－1985	1986－1990	1991－1995	1996－2000	2001－2005
新签协议（合同）数（个）	**Number of Signed Contracts (unit)**	**18**	**69**	**212**	**4824**	**1408**	**3972**
对外借款	Foreign Loans		17	28	75	5	
外商直接投资	Direct Foreign Investment		11	120	4162	1381	3972
#独资经营	Sole Foreign Venture			4	187	451	2437
合资经营	Joint Venture		10	113	3870	840	1455
合作经营	Cooperative Operation		1	3	105	89	74
外商其他投资	Other Foreign Investment	18	41	64	587	22	
新签协议（合同）外资金额	**Contracted Foreign Capital**	**1049**	**6098**	**35486**	**594320**	**646650**	**2526492**
对外借款	Foreign Loans		2020	17576	39387	12165	
外商直接投资	Direct Foreign Investment		2119	13232	550729	624058	2526492
#独资经营	Sole Foreign Venture			322	44467	248217	2002933
合资经营	Joint Venture		1619	12529	480590	306331	444158
合作经营	Cooperative Operation		500	381	25672	62940	54269
外商其他投资	Other Foreign Investment	1049	1959	4678	4204	10427	
实际利用外资金额	**Fulfilled Value**	**644**	**2889**	**12383**	**287886**	**534285**	**1106340**
对外借款	Foreign Loans		448	5290	55418	48812	
外商直接投资金额	Direct Foreign Investment		1107	4689	227800	468910	1106340
#独资经营	Sole Foreign Venture			17	5881	129377	812207
合资经营	Joint Venture		1107	4575	217090	285802	238193
合作经营	Cooperative Operation			97	4829	47881	24888
外商其他投资	Other Foreign Investment	644	1334	2404	4668	16563	

注：2005年起实际利用外资为商务部确认数。

Note:The fulfilled value of the utilization of foreign capitalwas confirmed by Commerce Department since 2005.

(10000 USD)

2006	2007	2008	2009	2010	2011	2012	2013	2014	2015	2016
759	**496**	**282**	**273**	**331**	**255**	**203**	**236**	**237**	**212**	**230**
759	496	282	273	331	255	203	236	237	212	230
499	319	208	212	237	167	148	166	148	142	141
243	168	73	59	91	80	53	68	87	69	86
17	9	1	2	3	3		2	1		2
805299	**574094**	**476005**	**422379**	**475100**	**423566**	**433055**	**438690**	**550126**	**553275**	**448320**
805299	574094	476005	422379	475100	423566	433055	438690	550126	553275	448320
705615	477008	418377	380534	391877	335928	356528	376399	362729	353648	325901
81829	88167	48288	40672	64578	71012	35201	62380	81990	183383	81901
16370	7811	4758	-1346	19983	7421		1422	430	-3387	27641
275233	**277177**	**316651**	**320308**	**330007**	**350480**	**400953**	**333886**	**311619**	**321069**	**341274**
275233	277177	316651	320308	330007	350480	400953	333886	311619	321069	341274
219046	224282	253424	262646	230220	267509	295973	284829	226685	253086	220361
49708	44294	48955	48901	76424	69379	62948	47396	46180	33987	87929
6479	5264	10055	5046	15661	8078	254	487	1671	5209	2226

13－2 利用外资情况

Utilization of Foreign Capital

单位：万美元 （2016年） (10000 USD)

指标	Items	全市 Total	其中 of Which 市区 Urban Districts	江阴市 Jiangyin City	宜兴市 Yixing City
新签协议（合同）数 （个）	**Number of Signed Contracts (unit)**	**230**	**170**	**31**	**29**
外商直接投资	Direct Foreign Investment	230	170	31	29
#独资经营	Sole Foreign Venture	141	109	19	13
合资经营	Joint Venture	86	60	11	15
合作经营	Cooperative Operation	2	1		1
新签协议（合同）外资金额	**Contracted Foreign Capital**	**448320**	**331779**	**70560**	**45981**
外商直接投资	Direct Foreign Investment	448320	331779	70560	45981
#独资经营	Sole Foreign Venture	325901	265908	33665	26328
合资经营	Joint Venture	81901	36511	28737	16653
合作经营	Cooperative Operation	27641	24641		3000
到位注册外资金额	**Fulfilled Value**	**341274**	**314897**	**10559**	**15818**
外商直接投资	Direct Foreign Investment	341274	314897	10559	15818
#独资经营	Sole Foreign Venture	220361	178898	35156	6307
合资经营	Joint Venture	87929	33571	45074	9284
合作经营	Cooperative Operation	2226	1999		227

13－3 外商投资情况

Foreign Investment

（2016年）

按行业与地区分	Grouped by Profession and Region	新签协议（个）Number of Contracts Signed (unit)	到位注册外资金额（万美元）Value (10000 USD)	期末实有企业（个）Number of Enterprises by Year end (unit)
按投资方式分	**Grouped by Investment Mode**	**230**	**341274**	**6274**
#独资经营	Sole foreign Venture	141	220361	2707
合资经营	Joint Venture	86	87929	1676
合作经营	Cooperative Operation	2	2226	46
按国民经济行业分	**Grouped by Sector**			
农、林、牧、渔业	Farming,Forestry,Animal, Husbandry and Fishery			21
采矿业	Excavation			
制造业	Manufacturing	82	226433	3113
电力、燃气及水的生产和供应业	Power,gas and Water Production and Supply	5	1207	39
建筑业	Construction			57
交通运输、仓储及邮政业	Transportation,Storage,Post	6	10193	958
信息传输、计算机服务和软件业	Information Transmission,Computer and Software Services	8	2395	101
批发和零售业	Wholesale and Retail	65	13363	393
住宿和餐饮业	Catering Trade	9	46	145
金融业	Banking	2	9219	128
房地产业	Real Estate	3	55103	197
租赁和商务服务业	Hiring and Commercial Services	23	9397	307
科学研究、技术服务和地质勘查业	Scientific Research,Technical Services and Geological Prospecting	22	7937	750
水利、环境和公共设施管理业	Water Conservancy,Environment and Public Facilities Administration	1	3006	8
居民服务和其他服务业	Community Services and Others	1		20
教育	Education	2	1795	4
卫生、社会保障和社会福利业	Health Care,Social Ensure and Social Welfare			1
文化、体育和娱乐业	Culture,Sports and Entertainment	1	1180	32
按投资国别（地区）分：	**Grouped by Different Countries and Regions**			
亚洲	Asia	147	268239	3019
#香港	Hong Kong	62	210674	1509
日本	Japan	14	12585	533
台湾	Taiwan	18	8354	355
澳门	Macao	2	1389	33
韩国	Korea	31	23144	238
非洲	Africa	3	836	47
欧洲	Europe	34	17457	423
#英国	United Kingdom	5	1974	42
德国	Germany	9	1318	127
法国	France	3	600	27
拉丁美洲	Latin America			322
北美洲	North America	28	5028	456
#加拿大	Canada	11	579	91
美国	United States	17	4449	362
大洋州	Oceania	6	1823	161
其他	Others	12	47891	43

注：按投资方式和投资国别（地区）分的期末实有企业个数不包括分支机构。

Note:The number of enterprises grouped by different countries and regions doesn't include their branch establishments.

13－4 无锡海关进出口商品总额(2015－2016)

Total Value of Imported and Exported Commodities Through Wuxi Customs (2015-2016)

单位：万美元 (10000 USD)

指标	Items	2015	2016
进出口总额	**Total value of Import and Export**	**6846733**	**6980480**
按地区分	**Grouped by District**		
市　区	Urban Districts	4433622	4622752
江阴市	Jiangyin	2031069	1987737
宜兴市	Yixing	382042	369991
按贸易方式分	**Grouped by Trading Mode**		
一般贸易	Common Trade	3376214	3624686
来料加工贸易	Processing Trade	551879	383955
进料加工贸易	Processing Trade with Material	2417792	2531147
外商投资企业作为投资进口的设备、物品	Foreign Investment By Imported Equipment、goods	20442	12857
出口总额	**Export**	**4223195**	**4290999**
按地区分	**Grouped by District**		
市　区	Urban Districts	2690217	2797002
江阴市	Jiangyin	1241161	1192248
宜兴市	Yixing	291817	301749
按贸易方式分	**Grouped by Trading Mode**		
一般贸易	Common Trade	2183368	2326699
来料加工贸易	Processing Trade	302114	149239
进料加工贸易	Processing Trade with Material	1510791	1577018
进口总额	**Import**	**2623538**	**2689482**
一般贸易	Common Trade	1192846	1297987
来料加工贸易	Processing Trade	249765	234716
进料加工贸易	Processing Trade with Material	907001	954129
外商投资企业作为投资进口的设备、物品	Foreign Investment By Imported Equipment、goods	20442	12857

13－5 按国别地区分的进出口总额

Total Value of Imported and Exported Commodities by Country and Region

单位：万美元 （2016年） (10000 USD)

	国别（地区） Country(Region)	进出口总额 Total	出口总额 Export	进口总额 Import
总计	**Total**	**6980480**	**4290999**	**2689482**
亚洲地区	**Asia**	**4133024**	**2381512**	**1751512**
香港	Hong Kong	587014	583308	3706
印度	India	146052	131406	14646
日本	Japan	895799	397408	498391
韩国	Republic of Korea	831174	335814	495361
台湾	Taiwan	326179	104252	221927
东盟	Southeastern Asian Union	912333	581942	330391
非洲	**Africa**	**128898**	**106528**	**22369**
欧洲	**Europe**	**1198370**	**731809**	**466561**
俄罗斯	Russia	48661	43379	5282
欧盟(28国)	European Union	1106889	662206	444683
拉丁美洲	**Latin America**	**339372**	**235128**	**104245**
北美洲	**North America**	**883536**	**700187**	**183348**
加拿大	Canada	80338	43607	36731
美国	United States	803152	656535	146617
大洋洲	**Oceania**	**297064**	**135833**	**161231**
澳大利亚	Australia	267604	111480	156124
新西兰	New Zealand	17838	12903	4935

13－6 对外承包工程和劳务合作（2015－2016）

Contracting Projects and Labour Service Cooperation with Foreign Countries (2015-2016)

指　　标		Items		2015	2016
外经合同额	（万美元）	Contract Income	（10000USD）	593	251
市　区		Urban Districts		277	132
江阴市		Jiangyin		161	119
宜兴市		Yixing		155	
外经营业额		Foreign business turnover		1298	276
市　区		Urban Districts		27	11
江阴市		Jiangyin		101	25
宜兴市		Yixing		1170	240
期末在外劳务	（人）	Number of Persons Abroad by the End of Year	（person）	1320	1014
市　区		Urban Districts		529	385
江阴市		Jiangyin		761	609
宜兴市		Yixing		30	20

13－7 主要年份全市旅游设施情况（2015－2016）

Tourist Facilities in Urban Areas (2015-2016)

指　　标		Items		2015	2016
年末接待外宾宾馆(饭店)	（个）	Year-end Guest Hotels	(house)	126	119
年末接待外宾房间数	（间）	Year-end Guest Rooms	(room)	24088	23985
年末接待外宾床位数	（张）	Year-end Guest Beds	(bed)	37225	36658
星级饭店、宾馆	（个）	List Of Star-Class Restaurants and Hotels	(house)	48	42
星级饭店、宾馆床位数	（张）	Beds Of Star-Class Restaurants and Hotels	(bed)	14867	13086
旅游饭店固定资产净值	（亿元）	Net Fixed Asset of Tourist Hotels	(10^8yuan)	40.44	41.95

13－8 主要年份接待国际旅游者情况（2012－2016）

International Travellers (2012-2016)

单位：人次 (person-time)

指　标	Items	2012	2013	2014	2015	2016
过夜旅游者合计	**Total Number of Tourists**	**981947**	**391185**	**403116**	**391343**	**439185**
合计中：市　区	Urban Districts	914771	332605	343932	349687	389923
江阴市	Jiangyin	45479	40094	43314	20012	27302
宜兴市	Yixing	21697	18486	15870	21644	21960
合计中：外国人	Foreigners	710835	294132	290885	290196	328361
港澳台同胞	Hong Kong,Macao,Taiwan Compatriots	271112	97053	112231	101147	110824
过夜旅游者人天数	**Actual Number of Overnight Guests by Countries and Regions**	**3605761**	**1207888**	**1251359**	**1218430**	**1356195**
外国人	Foreigners	2860694	921896	930105	919280	1028833
港澳台同胞	Hong Kong,Macao, Taiwan Chinese	745067	285992	321254	299150	327362
外国过夜人数按国别、地区分	**Actual Number of Overnight Guests and Their Staying Days**					
#日本	Japan	178444	47961	44080	41895	45584
马来西亚	Malaysia	74695	17187	14736	9569	10726
韩国	Korea	61463	20858	20969	22179	21116
菲律宾	Philippines	7077	2295	2365	1391	1216
新加坡	Singapore	26297	9709	8025	5804	5809
泰国	Thailand	20196	5850	3774	2680	2404
印度尼西亚	Indonesia	19245	4983	3493	2849	1893
美国	United States	74935	21645	19862	17527	18544
加拿大	Canada	40588	9109	6951	5396	4943
英国	United Kingdom	11361	4259	3821	2879	3006
法国	France	9336	4296	3438	2868	3747
德国	Germany	31535	10326	10456	8792	8840
意大利	Italy	10864	3895	3544	2974	2636
俄罗斯	Russia	5211	1621	1541	1229	1634
澳大利亚	Australia	34193	7449	4987	3567	3460
新西兰	New Zealand	1694	841	549	562	557

注：自2013年起国家旅游局对入境旅游人数统计口径作了调整，因此，统计数据与往年不可比。

Note: Due to the national tourism administration made adjustments to the statistical standards of the number of tourist arrivals since 2013, so the statistics are not comparable with previous years.

13－9 开发区建设情况

Development Zone Construction

（2016年）

开发区	Development Zone Construction	进出口总额（万美元）Total value of Import and Export (10^4 USD)	出口总额（万美元）Export Volume (10^4 USD)	到位注册外资（万美元）Value (10^4 USD)
国家级	**National Development Zone Construction**			
无锡高新技术产业开发区	Wuxi High-techIndustrial Development District	3463983	1849015	126368
无锡高新区综合保税区	Wuxi High-tech District Comprehensive Free Trade Zone	1266585	700720	11250
江阴高新技术产业开发区	Jiangyin High-tech Industrial Development District	699714	463460	35000
宜兴环保科技工业园	Yixing Environmental Protection Technology Industrial Park	38002	34587	4435
宜兴经济技术开发区	Yixing Economy and Technology Delelopment District	214911	170631	8951
锡山经济技术开发区	Xishan Economy and Technology Delelopment District	310092	233686	33100
太湖国家旅游度假区	Lake Taihu State Tourist Resort	31337	13997	14418
省　级	**Provincial Development Zone Construction**			
无锡空港经济开发区	Wuxi Airport Economic Development Park	88115	62408	10127
江阴临港经济开发区	Jiangyin Ligang Economic Development District	671559	264832	24123
江阴-靖江工业园区	Jiangyin-Jingjiang Industrial Park	8746	2446	727
宜兴陶瓷产业园	Yixing Ceramics Industrial Park	41907	39229	331
惠山经济开发区	Huishan Economic Development District	184347	158542	18312
蠡园高新技术产业园区	Liyuan High-tech Industrial Park	76905	56820	3005
无锡经济开发区	Wuxi Economic Development District	38988	28458	3008
无锡太湖山水城旅游度假区	Wuxi Taihu Shanshui City Tourism Resort	17243	15090	4636

2017 2017 STATISTICAL YEARBOOK OF WUXI

CHAPTER 第14篇

财政 金融 保险

FINANCE, BANKING AND INSURANCE

第十四篇　财政 金融 保险
CHAPTER X IV　FINANCE,BANKING AND INSURANCE

● 金融业增加值 Banking and Insurance	686.76亿元	(10^8 yuan)
比上年增长 Over the Previous Year	14.5%	
● 一般公共预算收入 Public Budget Revenue	875.00亿元	(10^8 yuan)
比上年增长 Over the Previous Year	5.4%	
● 一般公共预算支出 Public Budget Expenditure	867.36亿元	(10^8 yuan)
比上年增长 Over the Previous Year	5.5%	
● 年末金融机构人民币存款余额 Deposit of Banks (year-end)	14101.40亿元	(10^8 yuan)
比上年增长 Over the Beginning of Previous Year	10.9%	
● 年末金融机构人民币贷款余额 Loans of Banks (year-end)	10382.93亿元	(10^8 yuan)
● 比上年增长 Over the Beginning of Previous Year	11.3%	

14－1 一般公共预算收入（1997－2016）

Public Budget Revenue (1997-2016)

单位：万元 (10000 yuan)

年份 Year	全市 Total	其中 of Which		
		市区 Urban Districts	江阴市 Jiangyin City	宜兴市 Yixing City
1997	314355	225554	54744	34057
1998	351448	251872	62383	37193
1999	402336	288911	74100	39325
2000	558465	389194	117141	52130
2001	750975	495488	183695	71792
2002	789907	535856	172854	81197
2003	1043400	671282	267834	104284
2004	1352844	845579	375408	131857
2005	1816818	1155862	483838	177118
2006	2208857	1387471	604806	216580
2007	3005829	1882336	823335	300158
2008	3654300	2251226	1021866	381208
2009	4159143	2601256	1107679	450208
2010	5118900	3231496	1307186	580218
2011	6150000	3904305	1533727	711968
2012	6580301	4124572	1671918	783811
2013	7109144	4420228	1822785	866131
2014	7680077	4728958	2006618	944501
2015	8300005	5085849	2189154	1025002
2016	8750005	5364446	2299056	1086503

14－2 一般公共预算支出（1997－2016）

Public Budget Expenditure (1997-2016)

单位：万元 (10000 yuan)

年 份 Year	全市 Total	其中 of Which 市区 Urban Districts	江阴市 Jiangyin City	宜兴市 Yixing City
1997	290693	203628	51677	35388
1998	341388	240374	61222	39792
1999	390600	274300	71600	44700
2000	528100	360100	115700	52300
2001	710400	469800	168900	71700
2002	842200	561800	189600	90800
2003	1093600	711300	274700	107600
2004	1431000	910300	386100	134600
2005	1828900	1182200	471400	175300
2006	2134000	1363000	554200	216800
2007	2708203	1689690	740888	277625
2008	3389831	2141665	898168	349998
2009	4056142	2552168	1016983	486991
2010	4886822	3128713	1158983	599126
2011	5926717	3805309	1364371	757037
2012	6486133	4120906	1540005	825222
2013	7114926	4492796	1711927	910203
2014	7480571	4604886	1872766	1002919
2015	8218565	5073970	2053514	1091081
2016	8673579	5236835	2262583	1174161

14－3 财政收入与支出

Financial Revenue and Expenditure

单位：万元　　（2016年）　　（10000 yuan）

指标	Items	全市 Total	其中 of Which 市区 Urban Districts	江阴市 Jiangyin City	宜兴市 Yixing City
一般公共预算收入	Public Finance Budget Receipt	**8750005**	**5364446**	**2299056**	**1086503**
#税收收入	Tax Value	7060386	4236225	1912035	912126
#增值税	Value Added Tax	2625159	1575823	758306	291030
营业税	Business Tax	1213254	722906	264623	225725
企业所得税	Enterprise Income Tax	1036514	600817	330183	105514
个人所得税	Individual Income Tax	495141	292854	152497	49790
一般公共预算支出	**Public Finance Budget Expenditure**	**8673579**	**5236835**	**2262583**	**1174161**
#一般公共服务	General Public Service	688468	441950	163728	82790
科学技术	Science and Technology	372436	274626	68807	29003
教育	Education	1373409	771759	374108	227542
文化体育与传媒	Culture, Sports and Media	140829	95746	24816	20267
社会保障和就业	Social Security and Employment	706314	316819	279750	109745
住房保障	Housing security	186669	107228	67130	12311
医疗卫生	Medical Service and Public Health	504647	335549	111534	57564
节能环保	Energy Conservation and Environment Protection	377408	212205	90249	74954
城乡社区事务	Urban and Rural Community Affairs	1967271	1356227	493608	117436
交通运输	Transportation	517596	367405	104821	45370
农林水事务	Agriculture, Forestry and Water Supplies	473449	189049	115336	169064
上划中央收入	To Central Financial Revenue	5951343	3555907	1767373	628063
政府性基金收入	To Local Fund Revenue	2757195	2380512	169787	206896

14－4 金融机构存贷款及外汇收支情况（1990－2016）

Year-End Balance of Deposit、Loan and Foreign Currency of Banking System (1990-2016)

单位：亿元 （10^8yuan）

年 份 Year	金融机构人民币存款合计 RMB Deposit of Banks	金融机构人民币贷款合计 RMB Loans of Banks	金融机构本外币存款合计 Deposit of Banks	金融机构本外币贷款合计 Loans of Banks	外币存款（万美元） Foreign currency deposits	外币贷款（万美元） Foreign currency Loans
1990	94.67	103.25	94.67	103.25		
1991	126.20	126.07	126.20	126.07		
1992	167.72	159.26	167.72	159.26		
1993	202.61	196.00	202.61	196.00		
1994	278.18	251.14	278.18	251.44		
1995	406.41	331.44	406.41	331.44		
1996	553.26	401.51	553.26	401.51		
1997	694.15	523.14	730.48	586.72	43872	65915
1998	848.71	616.00	901.14	691.16	63330	90789
1999	962.62	663.48	1027.58	725.35	78554	74816
2000	1078.35	712.39	1165.73	754.85	105554	51297
2001	1269.12	809.28	1361.85	850.49	112041	49792
2002	1626.83	1046.99	1737.15	1098.64	133277	62397
2003	2156.85	1435.82	2271.55	1515.07	138580	95730
2004	2585.16	1802.45	2710.54	1880.18	151511	93936
2005	3222.39	2183.41	3343.62	2264.04	150220	99883
2006	3772.04	2632.72	3906.04	2733.20	171596	128694
2007	4276.55	3097.44	4411.83	3246.06	185179	203422
2008	5321.84	3725.08	5483.85	3842.86	237015	172335
2009	7216.69	5263.42	7405.68	5474.94	276772	309774
2010	8545.05	6160.60	8827.20	6487.13	426031	493047
2011	9372.69	6883.44	9722.44	7279.81	555067	629064
2012	10293.40	7467.03	10740.38	8024.00	711120	886126
2013	11205.78	8108.14	11641.96	8565.39	715412	749963
2014	11849.03	8669.62	12315.01	9029.65	761537	588389
2015	12710.45	9332.27	13181.25	9525.99	725034	298318
2016	14101.40	10382.93	14612.00	10517.75	736063	194353

14－5 金融机构人民币存贷款年末余额

Year-End Balance of RMB Deposit and Loan of Banking System

单位：亿元 （2016年） （10^8yuan）

指标	Items	全市 Total	其中 of Which 市区 Urban Districts	江阴市 Jiangyin City	宜兴市 Yixing City
金融机构人民币存款余额	**RMB Deposits in Financial Institutions**	**14101.40**	**8688.75**	**3509.40**	**1903.25**
#住户存款	Household Deposits	4867.43	2829.11	1079.72	958.60
非金融企业存款	Non-financial Corporate Deposits	6030.44	3675.80	1635.50	719.14
金融机构人民币贷款余额	**RMB Loan in Financial Institutions**	**10382.93**	**6301.00**	**2689.91**	**1392.02**
#住户贷款	Household Loan	2043.36	1459.54	348.27	235.55
#短期贷款	Short Term	264.68	143.58	81.00	40.10
#消费贷款	Consumer loan	133.62	133.60		0.02
经营贷款	Business Loan	131.06	9.98	81.00	40.08
中长期贷款	Middle and Long term	1778.68	1315.97	267.26	195.45
#消费贷款	Consumer loan	1660.19	1267.28	230.13	162.78
经营贷款	Business Loan	118.49	48.69	37.13	32.67
非金融企业及机关团体贷款	Non-financial and Government Loan	8337.67	4839.64	2341.56	1156.47
#短期贷款	Short Term	3533.29	1452.39	1309.79	771.11
中长期贷款	Middle and Long term	3880.52	2773.19	815.69	291.64
票据融资	Notes Financing	910.27	608.35	210.93	90.99

14－6 保险业务发展情况（2015－2016）

Insurance Business (2015-2016)

单位：亿元 （10^8yuan）

指标	Items	2015	2016
全市总保费	**Premium Income**	**218.53**	**316.68**
产险公司	**Property Insurance**	**81.11**	**86.01**
企业财产险	Enterprise Property Insurance	5.93	5.45
家庭财产险	Family Property Insurance	0.35	0.49
机动车辆保险	Motor vehicle Insurance	52.88	71.12
交强险	Traffic Compulsory Insurance	13.40	14.04
工程险	Engineering Insurance	0.29	0.49
责任险	Liability Insurance	3.62	3.74
保证险	Guarantee Insurance	0.65	0.60
船舶险	Marine Insurance	0.46	0.39
货运险	Cargo Insurance	0.91	0.87
农业险	Agricultural Insurance	0.26	0.29
意外伤害险	Accidental Injury Insurance	1.52	1.39
健康险	Health Insurance	0.78	0.96
其他险	Others Insurance	0.06	0.03
寿险公司	**Liability Insurance**	**137.42**	**230.67**
健康险	Health Insurance	4.12	5.91
意外险	Accidents Insurance	3.91	4.83
寿 险	Life Insurance	129.39	219.93
赔款和给付金额	**Compensation and Payment**	**132.01**	**80.20**
产险公司	Property Insurance	65.23	48.64
寿险公司	Liability Insurance	66.78	31.66
赔款	Compensation	5.40	6.71
给付	Payment	61.38	24.95

14－7 证券、期货、典当市场基本情况（2015－2016）

Markets of Security,Futures,Pawn(2015-2016)

指标		Items		2015	2016
上市情况		**The listed conditions**			
上市公司数	（家）	Number of Listed Companies	（unit）	94	111
境内A股		A shares		49	61
境外上市		B shares		45	50
期货情况		**Futures**			
期货投资者开户数	（户）	Number of Accounts of Futures Investors	（account）	41831	43473
交易额	（亿元）	Trading Volume	（10^8yuan）	49507	16108
证券市场		**Securities Market**			
证券投资者开户数	（户）	Number of Accounts of Securities Investors	（account）	1335800	1410167
托管市值	（亿元）	Trust Fund	（10^8yuan）	2508	2933
交易额		Trading Volume		53455	54600
典当情况		**Pawn Market**			
典当企业	（个）	Pawn Enterprises	（unit）	53	78
典当分支机构		Pawn Divisions		17	27
典当实收资本	（万元）	Paid in Capital	（10000yuan）	174505	179500
业务笔数	（笔）	Number of Pawn Trans cations	（deal）	55482	84113
典当余额	（万元）	Pawn Balance	（10000yuan）	154245	121400
典当总额		Total Volume of Pawn		228914	172000
担保情况		**Guarantees**			
担保机构	（个）	Number of Guarantee Agencies	（unit）	29	20
担保户数	（户）	Number of Guaranteed Enterprises	（account）	6424	2231
担保总额	（万元）	Total Volume of Guarantee	（10000yuan）	1395077	1203900
担保余额		Guarantee Balance		3003494	995700

2017

2017 STATISTICAL YEARBOOK OF WUXI

CHAPTER

第 15 篇

能源 电力

ENERGY AND ELECTRICITY

第十五篇　能源 电力

CHAPTER X V　ENERGY AND ELECTRICITY

● 原煤消费量 Coal Consumption	2558.56万吨	(10^4 tons)
● 原油消费量 Crude Oil Consumption	159.50万吨	(10^4 tons)
● 汽油消费量 Gasoline Consumption	2.66万吨	(10^4 tons)
● 燃料油消费量 Fuel Oil Consumption	10.52万吨	(10^4 tons)
● 全社会用电量 Total Electricity Consumption	638.67亿千瓦时	(10^8KWh)
比上年增长 Over the Previous Year	6.4%	
● 工业用电量 Industrial Electricity Consumption	493.73亿千瓦时	(10^8KWh)
比上年增长 Over the Previous Year	4.6%	
● 城乡居民用电量 Living Electricity Consumption by Townships	60.40亿千瓦时	(10^8KWh)
比上年增长 Over the Previous Year	16.6%	

15－1 全市规模以上工业企业能源购进、消费及库存量

Purchasing,Consumption and Storage of Energy in Industrial Enterprises above Designed Size

单位：吔　　　　（2016年）　　　　（ton）

名　称		Name		购进量 Purchashin	消费量 Consumption	其中 of Which #工业生产 Production	其中 of Which #原材料 raw and Processed Materials	年末库存量 Storage (year-end)
原煤		Raw Coal		25612516	25585565	25506392	1360751	1074296
其他洗煤		Other Coal		2087634	2278006	2278006		155631
煤制品		Coal Product		17761	18088	18088		75
焦炭		Coke		4048528	4013224	4013221		88416
其它焦化产品		Other Coking Products		57808	52450	52450		8050
高炉煤气	（万立方米）	Blast-furmace Gas	(10000 cu.m)	18800	960584	960584		
转炉煤气	（万立方米）	Canrerter Gas	(10000 cu.m)		59685	59685		
天然气	（万立方米）	Natural Gas	(10000 cu.m)	224078	224033	223562	66	
液化天燃气		Liquefied Natural Gas		20483	20530	20500		149
原油		Crude Oil		1572607	1595020	1595016		29639
汽油		Gasoline		26311	26571	11885	117	132
煤油		Kerosene		840	840	834	40	24
柴油		Diesel Oil		63560	63961	49267	126	2136
燃料油		Fuel Oil		118247	105213	105191	297	20905
液化石油气		Liquefied Petroleum Gas		2273	2271	2228		46
润滑油		Lubricating Oil		802	798	790	4	11
石蜡		Ceresin Wax		437	525	525	493	
溶剂油		Solvent naphtha		474	483	483		6
石油沥青		Oil asphalt						992
其他石油制品		Other Petroleum Products		2424	2469	2469	1348	16
热力	（百万千焦）	Thermopower	(million Kilo-joule)	45796914	77784760	76895778		
电力	（万千瓦时）	Electricity	(10000 KWh)	3520495	4092900	4014520		
城市生活垃圾（用于燃料）		City Garbage（ for Fuel）	(tons of SCE)	349294	760018	760018		
生物燃料	（吨标准煤）	Waste Biomass for Fuel	(tons of SCE)	20038	19711	19702		327
余热余压	（百万千焦）	Residual neat and Pressure	(million Kilo-joule)		2618499	2618499		
其他燃料	（吨标准煤）	Other Fuels	(tons of SCE)	625	654	654		
能源合计	（吨标准煤）	Total Consumption of Engergy	(tons of SCE)		37717234	37483733		

15－2 分地区规模以上工业企业能源消费量

Consumption of Energy in Industrial Enterprises above Designed Size by Districts

单位：吨 （2016年） (ton)

名 称		Name		全 市 Total	其中 of Which 市 区 Urban Districts	江阴市 Jiangyin City	宜兴市 Yixing City
原煤		Raw Coal		25585565	2396704	17199672	5989189
其他洗煤		Other Coal		2278006	1516	2276155	335
煤制品		Coal Product		18088	2001		16087
焦炭		Coke		4013224	645569	3363674	3980
其它焦化产品		Other Coking Products		52450			52450
高炉煤气	（万立方米）	Blast-furmace Gas	(10000 cu.m)	960584	48275	912309	
转炉煤气	（万立方米）	Canrerter Gas	(10000 cu.m)	59685		59685	
天然气	（万立方米）	Natural Gas	(10000 cu.m)	224033	75976	41967	106090
液化天燃气		Liquefied Natural Gas		20530	11752	4496	4282
原油		Crude Oil		1595020	9	1595012	
汽油		Gasoline		26571	18923	5118	2529
煤油		Kerosene		840	595	123	122
柴油		Diesel Oil		63961	30748	20361	12852
燃料油		Fuel oil		105213	7282	88867	9064
液化石油气		Liquefied Petroleum Gas		2271	1750	401	120
润滑油		Lubricating Oil		798	483	144	171
石蜡		Ceresin Wax		525	493	28	4
溶剂油		Solvent naphtha		483	136	347	
其他石油制品		Other Petroleum Products		2469	1408	629	432
热力	（百万千焦）	Thermopower	(million Kilo-joule)	77784760	16749922	33789433	27245405
电力	（万千瓦时）	Electricity	(10000 KWh)	4092900	1565246	1968938	558716
城市生活垃圾（用于燃料）		City Garbage（for Fuel）		760018	172347	404127	183544
生物燃料	（吨标准煤）	Waste Biomass for Fuel	(tons of SCE)	19711	5593	9677	4441
余热余压	（百万千焦）	Residual neat and Pressure	(million Kilo-joule)	2618499		2547899	70600
其他燃料	（吨标准煤）	Other Fuels	(tons of SCE)	654	625	27	2
能源合计	（吨标准煤）	Total Consumption Engergy	(tons of SCE)	37717234	6039507	24354730	7322997

15－3 全市规模以上工业企业分行业能源消费量

（2016年）

行业	Sector	能源消费合计（吨标准煤）Total Consumption of Energy (tons of SCE)	原煤（吨）Raw Coal (Ton)	其他洗煤（吨）Others Coal(Ton)
总　计	**Total**	**37717234**	**25585565**	**2278006**
农副食品加工业	Processing of Food from Agricultural Products	18118	10253	
食品制造业	Manufacture of Foods	75869	14982	
酒、饮料和精制茶制造业	Manufacture of Wine, beverage and refined tea manufacturing	43673	455	
纺织业	Manufacture of Textile	1297903	663202	
纺织服装、服饰业	Manufacture of Textile Wearing Apparel, Clothing	389446	273404	
皮革、毛皮、羽毛及其制品和制鞋业	Manufacture of Leather, Fur, Feathe, Related and footwear Products	3886	1591	
木材加工及木、竹、藤、棕、草制品业	Processing of Timber, Manufacture of Wood,Bamboo, Rattan, Palm and Straw Products	3986		
家具制造业	Manufacture of Furniture	2132		
造纸和纸制品业	Manufacture of Paper and Paper Products	509061	320025	
印刷和记录媒介的复制业	Printing, Reproduction of Recording Media	74701	11073	
文教、工美、体育和娱乐用品制造业	Manufacture of Culture, art, sports and entertainment Products	21543	2826	
石油加工、炼焦和核燃料加工业	Processing of Petroleum, Coking, Processing of Nuclear Fuel	2450208	6915	
化学原料和化学制品制造业	Manufacture of Raw Chemical Materials and Chemical Products	3778045	3272073	
医药制造业	Manufacture of Medicines	78243	2757	
化学纤维制造业	Manufacture of Chemical Fibers	1220829	767859	
橡胶和塑料制品业	Manufacture of Rubber,Plastics	255498	67403	
非金属矿物制品业	Manufacture of Non-metallic Mineral Products	1127225	1084228	335
黑色金属冶炼和压延加工业	Smelting and Pressing of Ferrous Metals	8227382	2057145	249192
有色金属冶炼和压延加工业	Smelting and Pressing of Non-ferrous Metals	521655	58751	
金属制品业	Manufacture of Metal Products	624548	191680	
通用设备制造业	Manufacture of General Purpose Machinery	272665	5431	
专用设备制造业	Manufacture of Special Purpose Machinery	240602	87119	241
汽车制造业	Manufacture of Automotive	203335	1878	
铁路、船舶、航空航天和其他运输设备制造业	Manufacture of Railroads, ships, aerospace and other transportation equipment	53606	1841	
电气机械和器材制造业	Manufacture of Electrical Machinery and Equipment	723468	36091	
计算机、通信和其他电子设备制造业	Manufacture of Communication Equipment, Computers and Other Electronic Equipment	933704	56093	
仪器仪表制造业	Manufacture of Measuring Instruments	22950	120	
其他制造业	Other manufacturing	5215	1176	
废弃资源综合利用业	Comprehensive utilization of waste resources	2690	2883	
金属制品、机械和设备修理业	Manufacture of Metal products, machinery and equipment repair	87		
电力、热力生产和供应业	Production and Supply of Electric Power and Heat Power	14508109	16586310	2028239
燃气生产和供应业	Production and Supply of Gas	4124		
水的生产和供应业	Production and Supply of Water	22729		

Consumption of Major Energy in Industrial Enterprises above Designed Size by Sector

煤制品 (吨) Coal Product (Ton)	焦炭 (吨) Coke (Ton)	天然气 (万立方米) Natural Gas (10000 cu·m)	液化天然气 (吨) Liquefied Natural Gas (Ton)	原油 (吨) Crude Oil (Ton)	汽油 (吨) Gasoline (Ton)	煤油 (吨) Kerosence (Ton)	柴油 (吨) Diesel Oil (Ton)	燃料油 (吨) Fuel Oil (Ton)	液化石油气 (吨) LPG (Ton)	热力 (百万千焦) Thermopower (million Kilo-joule)	电力 (万千瓦时) Electricity (10000 kwh)
18088	**4013224**	**224033**	**20530**	**1595020**	**26571**	**840**	**63961**	**105213**	**2271**	**77784760**	**4092900**
		79								167766	3019
		479	96		32		63			1081853	17559
		208			9		29			885694	8521
7286		4599	1453		1982	2	1022		662	12823134	270509
		458	59		1027		802		16	3762312	48758
					20					52141	766
					233		133				2807
		32			12		7			1040	1333
		138	753		6		1993			5620943	65847
1370		657			1010	4	2061			184956	37575
		303			462		336				
		2179	18	1595016	25		21	84767		349307	4119
3336	7	7658	6829		1045		3967	5202	15	24396012	299887
		743			198		44			918343	28461
		649			144		392			10157258	243018
		2222	1924		1642		1111	224	53	862553	115661
4083	282	9030	1673	4	516	27	15834	7511	65	225281	136738
	3998877	18907	5237		821	152	7360	729	198	3168268	721467
2001	2325	19094	113		367	59	1501	3284		656388	160417
		12003	687		1865	1	1666	8	115	821780	241083
	1743	3613	321		4372	556	4518	34	363	577552	150288
	942	869	100		3294	14	1766		190	414661	116874
	80	2789	124		1159	17	6888		546	548823	110570
	484	487	324		996	6	4200	2072	2	4584	26910
12	8163	5525	820		3150		2553	91	40	5610817	337269
	320	5141			872		1660		5	2127969	612452
		192			673	1	722	1272	1		13513
		6			26		95			55220	1829
					9		16				484
											71
		125867			102		3124	19		2219030	285800
		108			296		78				1735
					208		2				18243

15－4 规模以上工业企业工业取水量

（2016年）

行 业	Sector	工业取水总量（万立方米） Total (10000 Cu.m)
总 计	**Total**	117457
农副食品加工业	Processing of Food from Agricultural Products	93
食品制造业	Manufacture of Foods	267
酒、饮料和精制茶制造业	Manufacture of Wine, beverage and refined tea manufacturing	307
纺织业	Manufacture of Textile	5640
纺织服装、服饰业	Manufacture of Textile Wearing Apparel, Clothing	761
皮革、毛皮、羽毛及其制品和制鞋业	Manufacture of Leather, Fur, Feathe, Related and footwear Products	8
木材加工及木、竹、藤、棕、草制品业	Processing of Timber, Manufacture of Wood,Bamboo, Rattan, Palm and Straw Products	21
家具制造业	Manufacture of Furniture	12
造纸和纸制品业	Manufacture of Paper and Paper Products	988
印刷和记录媒介的复制业	Printing, Reproduction of Recording Media	175
文教、工美、体育和娱乐用品制造业	Manufacture of Culture, art, sports and entertainment Products	53
石油加工、炼焦和核燃料加工业	Processing of Petroleum, Coking, Processing of Nuclear Fuel	56
化学原料和化学制品制造业	Manufacture of Raw Chemical Materials and Chemical Products	3247
医药制造业	Manufacture of Medicines	454
化学纤维制造业	Manufacture of Chemical Fibers	453
橡胶和塑料制品业	Manufacture of Rubber,Plastics	501
非金属矿物制品业	Manufacture of Non-metallic Mineral Products	578
黑色金属冶炼和压延加工业	Smelting and Pressing of Ferrous Metals	4078
有色金属冶炼和压延加工业	Smelting and Pressing of Non-ferrous Metals	1006
金属制品业	Manufacture of Metal Products	1135
通用设备制造业	Manufacture of General Purpose Machinery	777
专用设备制造业	Manufacture of Special Purpose Machinery	822
汽车制造业	Manufacture of Automotive	598
铁路、船舶、航空航天和其他运输设备制造业	Manufacture of Railroads, ships, aerospace and other transportation equipment	448
电气机械和器材制造业	Manufacture of Electrical Machinery and Equipment	2327
计算机、通信和其他电子设备制造业	Manufacture of Communication Equipment, Computers and Other Electronic Equipment	6510
仪器仪表制造业	Manufacture of Measuring Instruments	99
其他制造业	Other manufacturing	33
废弃资源综合利用业	Comprehensive utilization of waste resources	6
金属制品、机械和设备修理业	Manufacture of Metal products, machinery and equipment repair	
电力、热力生产和供应业	Production and Supply of Electric Power and Heat Power	4853
燃气生产和供应业	Production and Supply of Gas	17
水的生产和供应业	Production and Supply of Water	81134

Water Consumption in Industrial Enterprises above Designed Size by Sector

其中：of which			
1、自来水 (Tap Water) (万立方米) (Quantity) (10000 Cu.m)	2、陆地地表水 (Surface Water) (万立方米) (Quantity) (10000 Cu.m)	3、地下水 (Ground Water) (万立方米) (Quantity) (10000 Cu.m)	重复用水量 (万立方米) Water Consumption returned (10000 Cu.m)
20496	95082	154	247171
88	1	5	
267	1		21
120	179	1	122
1975	3310	25	563
688	44	25	96
8			3
18		3	1
12			
65	923		9910
171	3		17
53		1	6
33	23		7
1510	1608	27	82852
399	22	20	1181
316	135	1	1155
496	4	1	232
329	237	12	162
1383	2674		80527
920	82	3	118
1057	72	4	3703
768	2	3	4156
792	4	3	13
587	11		1143
213	234	1	868
1770	319	2	11109
5626	21	18	5348
97	2		13
33			
6			2
678	4040		43841
17			
4	81130		

15－5 市区规模以上工业企业能源购进、消费及库存量

Purchasing,Consumption and Storage of Energy in Industrial Enterprises above Designed Size of Urban Districts

单位：吨　（2016年）　（ton）

名　称	Name		购进量 Purchasing	消费量 Consumption	其中：of which #工业生产 Production	#原材料 Raw and Processed Materials	年末库存量 Storage (Year-end)
原煤	Raw Coal		2359437	2396704	2395588		111574
其他洗煤	Other Coal		1527	1516	1516		52
煤制品	Coal Product		2017	2001	2001		16
焦炭	Coke		659914	645569	645566		21456
高炉煤气（万立方米）	Blast-furmace Gas	(10000 Cu.m)		48275	48275		
天然气（万立方米）	Natural Gas	(10000 Cu.m)	75958	75976	75754	39	
液化天燃气	Liquefied Natural Gas	(10000 Cu.m)	11753	11752	11742		9
汽油	Gasoline		18664	18923	8388	28	93
煤油	Kerosence		596	595	590		8
柴油	Diesel Oil		30668	30748	23747	27	592
燃料油	Fuel oil		7760	7282	7260	297	1204
液化石油气	Liquefied Petroleum Gas		1752	1750	1740		46
润滑油	Lubricating Oil		486	483	475	4	6
石蜡	Ceresin Wax		405	493	493	493	
溶剂油	Solvent naphtha		127	136	136		6
其他石油制品	Other Petroleum Products		1372	1408	1408	779	5
热力（百万千焦）	Thermopower	(million Kilo-joule)	10295830	16749922	16416301		
电力（万千瓦时）	Electricity	(10000 KWh)	1467168	1565246	1532253		
城市生活垃圾（用于燃料）	City Garbage（for Fuel）		172347	172347	172347		
生物燃料（吨标准煤）	Waste Biomass for Fuel	(tons of SCE)	5920	5593	5583		327
其他燃料（吨标准煤）	Other Fuels	(tons of SCE)	625	625	625		
能源合计（吨标准煤）	Total Consumption of Engergy	(tons of SCE)		6039507	5958165		

15－6 全社会用电情况

Consumption of Electricity

单位：万千瓦时 (2016年) (10000 kwh)

指 标	Items	全市 Total	其中 of which 市 区 Urban Districts	江阴市 Jiangyin City	宜兴市 Yixing City
全社会用电量合计	**Total Electricity Consumed**	**6386721**	**3014954**	**2449261**	**922506**
农林牧渔业	Farming , Forestry , Animal Husbandry , Fish and Water Conservancy	24877	6148	6093	12636
工业	Industry	4937281	2089667	2144080	703534
工业中：	By Industry				
轻工业	Light Industry	1308063	400435	740327	167301
重工业	Heavy Industry	3629218	1689232	1403753	536233
工业中：	By Industry				
采矿业	Mining and Quarrying	2062	1053	146	863
食品、饮料和烟草制造业	Food , Beverage and Tobacco Production	42394	18368	11482	12544
纺织业	Textile Industry	652185	136971	466209	49005
造纸及纸制品业	Papermaking and Paper Products	65354	50015	14738	601
电力、蒸汽、热水生产和供应业	Power , Steam and Water Production and Supply	342517	164781	126593	51143
石油加工业、炼焦及核燃料加工业	Petroleum Processing	3610	519	2852	239
化学原料及化学制品制造业	Chemical Industry	216586	46670	99705	70211
医药制造业	Medical and Pharmaceutical Products	35530	22218	4939	8373
化学纤维制造业	Chemical Fibers	118397	18040	86717	13640
橡胶及塑料制品业	Rubber and Plastic Products	340285	116423	181093	42769
非金属矿物制品业	Constructing Materials and other Nonmetal Mineral Mining	207084	34122	38298	134664
黑色金属冶炼及压延加工业	Smelting and Pressing of Ferrous Metals	502693	85976	412085	4632
有色金属冶炼及压延加工业	Smelting and Pressing of Nonferrous Metals	136210	26235	86468	23507
金属制品业	Metal Products	527851	216924	273570	37357
交通运输、电气、电子设备制造业	Electronic , Transportation Equipment Manufacturing	1080605	789326	164039	127240
其他工业	Others	663918	362026	175146	126746
建筑业	Construction	20527	8757	6023	5747
交通运输、仓储和邮政业	Transportation , Postal and Telecommunications Services	90681	63470	16124	11087
商业、住宿和餐饮业	Commerce , Catering Trade , Material Supply and Storage	207504	119124	49731	38649
其他事业	Others	501831	374339	81469	46023
城乡居民生活用电	Living Electricity Consumed by Townships	604020	353449	145741	104830
#城市居民生活用电	Living Electricity Consumed by City	245386	170056	36876	38454

15－7 全社会用电分月情况

Consumption of Electricity by Month

单位：万千瓦时 （2016年） （10000 kwh)

月 份	Month	用电量 Electricity Consumed	其中 of Which #工业 Industry	#城市居民 Urban Residents	#农村居民 Rural Residents
合计	**Total**	**6386721**	**4937281**	**245386**	**358634**
第一季度	**First Quarter**	**1432440**	**1088965**	**59224**	**94109**
1月	January	541666	417368	18002	28782
2月	February	360024	225128	24847	35876
3月	March	530750	446469	16375	29451
第二季度	**Second Quarter**	**1525022**	**1230113**	**46598**	**70554**
4月	April	498137	389231	18039	27122
5月	May	511162	419885	14528	24010
6月	June	515723	420997	14031	19422
第三季度	**Third Quarter**	**1811547**	**1340519**	**79987**	**111185**
7月	July	626312	512248	16039	21228
8月	August	653358	479777	27695	37970
9月	September	531877	348494	36253	51987
第四季度	**Fourth Quarter**	**1617712**	**1277684**	**59577**	**82786**
10月	October	512373	380621	27620	39144
11月	November	531879	426799	15835	21969
12月	December	573460	470264	16122	21673

CHAPTER 16

第16篇

科学　技术

SCIENCE AND TECHNOLOGY

第十六篇　　科学　技术
CHAPTER X VI　SCIENCE AND TECHNOLOGY

●	各类专业技术人员 Scientific and Technical Personnel	77.30万人	(10^4 persons)
	比上年增长 Over the Previous Year	5.2%	
●	中级职称以上专业技术人员 Personnel with Senior and Medium Qualification	16.92万人	(10^4 persons)
	比上年增长 Over the Previous Year	2.0%	
●	专利申请数总计 Number of patent applicatiens	71673件	(item)
	比上年增长 Over the Previous Year	25.8%	
●	专利批准数总计 Number of patent applicaticn certified	29865件	(item)
	比上年增长 Over the Previous Year	-14.1%	

16－1 科学技术基本情况（1980－2016）

Basic Statistics of Science and Technology (1980-2016)

年 份 Year	独立科研机构（个） Scientific and Technical Research Institutions (unit)	职工人数（人） Staff and workers (person)	其中 of Which #各类专业技术人员 Scientific and Technical Personnel
1980	36	4175	2039
1981	40	4625	2337
1982	39	5303	2570
1983	41	5987	2732
1984	43	6826	3035
1985	44	6844	3048
1986	61	8026	3967
1987	40	7613	4214
1988	42	7695	4352
1989	43	8056	4194
1990	44	7867	4198
1991	44	7264	4640
1992	48	7809	5169
1993	47	7525	5087
1994	47	7288	4917
1995	47	7054	4729
1996	48	6956	5944
1997	48	6379	4102
1998	48	6162	3711
1999	48	5891	3865
2000	48	5643	3782
2001	37	5027	3470
2002	42	5973	3836
2003	42	5870	4009
2004	39	5756	4080
2005	39	5841	4295
2006	39	5850	4351
2007	34	5913	3701
2008	32	5850	4387
2009	31	4416	3218
2010	27	2294	1505
2011	28	2691	1944
2012	27	2257	1832
2013	24	2594	1951
2014	24	2670	2031
2015	24	2731	1979
2016	24	1839	1708

16－2 各类专业技术人员基本情况（2013－2016）

Professional Personnel by Category（2013-2016）

单位：人 （person）

指标	Items	2013	2014	2015	2016
总　计	**Total**	**651407**	**694521**	**734585**	**773028**
按职称分：	**by Professional Titles**				
#高级职称	Senior	29339	31323	33424	35254
中级职称	Medium	126463	128783	132563	133981
初级职称	Junior	349090	363774	374810	376677

16－3 专利申请数与批准数（2013－2016）

Number of Patent Application and their Certification（2013-2016）

单位：件 (item)

指标	Items	2013	2014	2015	2016
专利申请数总计	**Number of patent applicaticns**	**80271**	**54519**	**56964**	**71673**
发明专利	Invention	20959	22788	24197	32610
实用新型专利	Applied Type	21461	17824	21862	27919
外观设计专利	Design	37851	13907	10905	11144
专利批准数总计	**Number of patent applicaticn certified**	**39828**	**27937**	**34776**	**29865**
发明专利	Invention	2713	2801	5480	5583
实用新型专利	Applied Type	15819	14984	17406	16900
外观设计专利	Design	21296	10152	11890	7382

16－4 科学技术活动经费筹集与支出情况（2015－2016）
Basic Statistics of Fund Source and Expenditures for Scientific and Technological Activities（2015-2016）

单位：万元 (10000 yuan)

指 标	Items	2015 经费筹集总额 Funds	2015 经费支出总额 Expenditures	2016 经费筹集总额 Funds	2016 经费支出总额 Expenditures
研究与开发机构	**Research and Development Institution**	**27942**	**43185**	**102159**	**43448**
自然科学技术领域	Natural Science and Technology	27255	42798	101372	42661
科技情报文献	Scientific and Technological Information and Document	688	387	787	787

16－5 科技活动人力资源投入分布情况
Human Resources Distribution in Scientific and Technological Activities

单位：人 （2016年） (person)

指 标	Items	机构数（个） Institutions (Unit)	职工总数 Personnel	从事科技活动人员 Scientific and Technical Personnel	高中级职称 High and Middle Professional Title
研究与开发机构	**Research and Development Institution**	**24**	**1839**	**1532**	**762**
自然科学技术领域	Natural Science and Technology	23	1811	1504	745
科技情报文献	Scientific and Technological Information and Document	1	28	28	17

16－6 地方财政（预算内）科技经费支出情况
Expenditures Applied to Science and Technology by Local Finance（Budget）

单位：万元 （2016年） (10000 yuan)

指 标	Items	全市 Total	其中 of Which: 市区 Urban Districts	江阴市 Jiangyin City	宜兴市 Yixing City
总 计	**Total**	**372436**	**274626**	**68807**	**29003**
科学技术拨款	Science and Technology Appropriates Funds	372436	274626	68807	29003

16－7 规模以上工业企业科技活动情况（2015－2016）

Technological Development of Above-Scale Industry （2015-2016）

单位：万元 (10000 yuan)

指 标	Indicators		2015	2016
企业数	（个）**Number of Enterprises**	**(unit)**	**4988**	**4888**
#有研发活动企业数	Enterprises with Research and Development Activities		2332	2582
企业办科技机构数	Technical Development Institutions run by Enterprises		2865	2869
从事研发活动人员	(人) Research and Development Activities Personnel	(person)	74112	77856
研发经费内部支出	Internal Expenditure		2279456	2425291
#经常费用支出	Appropriations from Higher Authorities		1973172	2105545
#人员劳务费	pamen for labor		677494	684451
资产性支出	Seff-raised Funds by Enterprise		306284	319746
研发经费外部支出	Exterior Expenditure		32274	37831
技术改造经费支出	Expenditures of Technical Transformation		322408	364539
技术引进经费支出	Expenditures of Technical Introduction		26260	44203
用于消化吸收经费支出	Expenditures of Technical Digesting and Absorbing		8238	12667
购买国内技术经费支出	Expenditures of Buying Domestic Technology		1755	7980
全部研发项目数	(个) All R&D project number	(item)	6923	8014
全部研发项目参加人员	(人) All R&D project personnel	(person)	68706	73554
全部研发项目经费内部支出	All R&D project funds		2151715	2301445
新产品销售收入	Revenue of New Products Sales		28403282	28126060
#新产品出口	New Products Exported		4313714	4089667

16－8 规模以上工业企业技术开发支出情况

单位：万元　　　　（2016年）

行　　业	Sectors	技术开发经费支出总额 Expenditures
总　　计	**Total**	**429389**
农副食品加工业	Agriculture and Non-staple Food Processing	
食品制造业	Manufacture of Foods	1561
纺织业	Manufacture of Textile	8164
纺织服装、服饰业	Manufacture of Textile Wearing Apparel, Clothing	10821
木材加工和木、竹、藤、棕、草制品业	Manufacture of Leather, Fur, Feathe, Related and footwear Products	20
印刷和记录媒介复制业	Printing, Reproduction of Recording Media	395
文教、工美、体育和娱乐用品制品业	Manufacture of Culture, art, sports and entertainment Products	79
石油加工、炼焦和核燃料加工业	Processing of Petroleum, Coking, Processing of Nuclear Fuel	519
化学原料和化学制品制造业	Manufacture of Raw Chemical Materials and Chemical Prouducts	187198
医药制造业	Manufacture of Medicines	3310
化学纤维制造业	Manufacture of Chemical Fibers	460
橡胶和塑料制品业	Manufacture of Rubber,Plastics	5441
非金属矿物制品业	Manufacture of Non-metallic Mineral Products	1292
黑色金属冶炼和压延加工业	Smelting and Pressing of Ferrous Metals	44856
有色金属冶炼和压延加工业	Smelting and Pressing of Non-ferrous Metals	3515
金属制品业	Manufacture of Metal Products	8201
通用设备制造业	Manufacture of General Purpose Machinery	12199
专用设备制造业	Manufacture of Special Purpose Machinery	2935
汽车制造业	Manufacture of Automotive	38962
铁路、船舶、航空航天和其他运输设备制造业	Manufacture of Railroads, ships, aerospace and other transportation equipment	25786
电气机械和器材制造业	Manufacture of Electrical Machinery and Equipment	18689
计算机、通信和其他电子设备制造业	Manufacture of Communication Equipment, Computers and Other Electronic Equipment	37078
仪器仪表制造业	Manufacture of Measuring Instruments	232
电力、热力生产和供应业	Production and Supply of Electric Power and Heat Power	17677
水的生产和供应业	Production and Supply of Water	

Expenditures of Technological Development of Above-Scale Industry

(10000 yuan)

技术改造支出总额 Total Technical Updating Expenditures	引进境外技术经费支出 Foreign Technical Introduction Expenditures	消化吸收经费支出 Expenditures for Digesting and Absorbing Introduced Technology	购买国内技术经费支出 Expenditures for Purchasing Domestic Technology
364539	**44203**	**12667**	**7980**
1561			
4248	1280	1130	1506
10120			701
20			
320		75	
39			40
519			
169353	13195	4642	8
2712			597
460			
2662	2780		
1292			
44851	1	2	3
3285		230	
6300	71		1830
10611	1020	537	30
1731	1198		6
37310	1651		
14266	5054	5256	1210
17606	858	60	165
17372	17095	735	1875
224			7
17677			

16－9 规模以上工业企业办技术开发机构情况

Conditions of Technological Development Run Above-Scale Industry

（2016年）

分类	Items	机构(个) Institutions (unit)	人员(人) Personnel (person)	经费支出(万元) Expenditures (10000 yuan)
合 计	**Total**	**2869**	**68856**	**1848920**
农副食品加工业	Agriculture and Non-staple Food Processing	6	121	1577
食品制造业	Manufacture of Foods	14	156	8150
酒、饮料和精制茶制造业	Manufacture of Wine, beverage and refined tea manufacturing	5	60	798
纺织业	Manufacture of Textile	198	2753	54935
纺织服装、服饰业	Manufacture of Textile Wearing Apparel, Clothing	153	2661	57245
皮革、毛皮、羽毛及其制品和制鞋业	Processing of Timber, Manufacture of Wood,Bamboo, Rattan, Palm and Straw Products	5	28	1083
木材加工和木、竹、藤、棕、草制品业	Manufacture of Leather, Fur, Feathe, Related and footwear Products	8	91	1864
家具制造业	Manufacture of Furniture	16	139	1483
造纸和纸制品业	Manufacture of Paper and Paper Products	15	331	12338
印刷和记录媒介复制业	Printing, Reproduction of Recording Media	55	617	15422
文教、工美、体育和娱乐用品制品业	Manufacture of Culture, art, sports and entertainment Products	25	311	5871
石油加工、炼焦和核燃料加工业	Processing of Petroleum, Coking, Processing of Nuclear Fuel	15	281	12401
化学原料和化学制品制造业	Manufacture of Raw Chemical Materials and Chemical Products	187	3691	112121
医药制造业	Manufacture of Medicines	42	1981	42174
化学纤维制造业	Manufacture of Chemical Fibers	51	973	22385
橡胶和塑料制品业	Manufacture of Rubber,Plastics	119	1873	35090
非金属矿物制品业	Manufacture of Non-metallic Mineral Products	128	2002	31706
黑色金属冶炼和压延加工业	Smelting and Pressing of Ferrous Metals	150	2552	160264
有色金属冶炼和压延加工业	Smelting and Pressing of Non-ferrous Metals	95	1912	52231
金属制品业	Manufacture of Metal Products	191	4720	103612
通用设备制造业	Manufacture of General Purpose Machinery	339	7680	192331
专用设备制造业	Manufacture of Special Purpose Machinery	312	6738	145259
汽车制造业	Manufacture of Automotive	121	4324	124018
铁路、船舶、航空航天和其他运输设备制造业	Manufacture of Railroads, ships, aerospace and other transportation equipment	53	1948	44565
电气机械和器材制造业	Manufacture of Electrical Machinery and Equipment	323	10726	364019
计算机、通信和其他电子设备制造业	Manufacture of Communication Equipment, Computers and Other Electronic Equipment	161	8218	208811
仪器仪表制造业	Manufacture of Measuring Instruments	51	1619	32605
其他制造业	Other manufacturing	5	153	1415
废弃资源综合利用业	Comprehensive utilization of waste resources	4	27	839
电力、热力生产和供应业	Production and Supply of Electric Power and Heat Power	17	136	1875
燃气生产和供应业	Production and Supply of Gas	2	8	266
水的生产和供应业	Production and Supply of Water	3	26	171

2017

2017 STATISTICAL YEARBOOK OF WUXI

CHAPTER

第 17 篇

教育　文化

EDUCATION AND CULTURE

第十七篇　　教育　文化
CHAPTER X VII　EDUCATION AND CULTURE

● 各类学校 Schools	435所	(unit)
● 各类学校在校学生 Student Enrollment	757661人	(person)
● 高等学校数 Institutions of Higher Education	12所	(unit)
● 高等学校在校学生 Student Enrollment of Institutions higher Education	113732人	(person)
● 普通中学数 Regular Secondary Schoos	183所	(unit)
● 普通中学在校学生 Student Enrollment of Regular Secondary Schools	215413人	(person)
● 小学学校数 Primary Schools	197所	(unit)
● 小学学校在校学生数 Student Enrollment of Primary Schools	361282人	(person)
● 各类学校毕业生数 Graduates	177994人	(person)
● 各类学校专任教师数 Full-time Teachers	53178人	(person)
● 图书馆 Public Libraries	8个	(number)
● 电视台 Television Stations	3个	(number)
● 广播电台 Broadcasting Stations	3个	(number)

17－1 历年学校数

Schools

单位：所 (unit)

年 份 Year	总 计 Total	其中 of Which 高等院校 Institutions of Higher Education	中 专 Specialized Schools	技工学校 Technical Schools	普通中学 Regular Secondary Schools	职业中学 Vocational Schools	小 学 Primary Schools	特殊教育 Special Education Schools
1978	2644	1	8	6	459	2	2166	2
1980	2604	1	9	16	384	2	2190	2
1981	2561	2	9	16	333	4	2195	2
1982	2533	2	9	16	363	6	2135	2
1983	2515	2	10	18	364	8	2111	2
1984	2455	2	11	19	355	9	2056	3
1985	2420	2	17	21	342	11	2023	4
1986	2387	2	19	22	341	18	1981	4
1987	2336	2	20	22	329	18	1941	4
1988	2286	2	20	22	324	20	1895	3
1989	2235	2	20	24	310	19	1857	3
1990	2118	2	20	24	300	16	1749	7
1991	2038	2	20	24	282	14	1688	8
1992	1972	2	20	25	267	15	1635	8
1993	1968	2	20	26	261	20	1630	9
1994	1955	2	20	25	256	24	1619	9
1995	1878	2	20	28	253	25	1540	10
1996	1796	2	20	28	243	25	1468	10
1997	1655	2	20	29	227	24	1343	10
1998	1573	2	21	29	218	32	1261	10
1999	1416	2	20	29	215	25	1113	11
2000	1282	4	19	30	211	20	986	11
2001	1118	5	18	30	213	19	821	11
2002	980	7	14	30	212	26	680	10
2003	771	9	15	23	204	21	488	10
2004	687	11	14	22	198	20	411	10
2005	644	11	19	22	194	16	371	10
2006	580	12	20	23	193	18	303	10
2007	515	12	17	26	185	7	258	9
2008	482	12	19	20	184	7	229	10
2009	473	12	19	18	184	7	223	10
2010	452	12	18	18	180	7	207	10
2011	443	12	16	18	174	6	207	10
2012	424	12	20	16	169	6	192	9
2013	432	12	20	15	176	6	194	9
2014	424	12	21	15	180	2	185	9
2015	434	12	21	14	179	2	197	9
2016	435	12	20	14	183	2	197	7

17－2 历年在校学生数

Student Enrollment

单位：人 (person)

年份 Year	总计 Total	其中 of Which 高等院校 Institutions of Higher Education	中专 Specialized Schools	技工学校 Technical Schools	普通中学 Regular Secondary Schools	职业中学 Vocational Schools	小学 Primary Schools	特殊教育 Special Education Schools
1978	695213	1223	2121	982	259320	53	431309	205
1980	632869	1749	2706	2410	200832	206	424707	259
1981	609553	2372	2730	2008	189193	3372	409612	266
1982	593158	2202	3048	1867	187955	5100	392721	265
1983	588052	2773	4896	2515	196055	6213	375325	275
1984	606804	3588	5945	3445	198541	7547	387440	298
1985	617495	4644	9141	4447	189809	8258	400826	370
1986	620596	5209	11148	5939	180949	10426	406427	498
1987	618993	5632	12805	6363	186536	11323	395732	602
1988	624232	6105	14002	6486	191130	11644	394356	509
1989	622542	6285	14031	6659	198288	11339	385422	518
1990	609668	6309	13759	7425	208248	11300	361793	834
1991	597700	6242	14530	8171	217067	12527	338228	935
1992	597929	6501	16255	8825	220682	15497	328138	2031
1993	613457	7515	21995	9285	217308	16952	337253	3149
1994	633151	8066	29196	7988	219411	17407	348395	2688
1995	658837	8319	36384	10180	218970	16436	365176	3372
1996	688009	8808	43735	12102	209344	15596	395129	3295
1997	698312	10591	44234	13204	194429	16167	416462	3225
1998	701136	12473	41245	13873	194147	16173	419833	3392
1999	713477	16104	41784	13557	216848	14921	407327	2835
2000	730997	25768	37397	13002	248583	12183	391426	2518
2001	747762	34813	35388	13535	278685	11216	371083	2902
2002	759906	35477	41111	17297	301841	13502	347831	2679
2003	772554	48366	44959	22595	309570	14838	329776	2285
2004	800170	61279	63774	31882	300225	19143	322657	1042
2005	821007	77980	79344	38424	286777	19604	317691	1037
2006	822024	88143	84372	40365	271853	21534	314705	960
2007	822561	102561	83998	44016	260339	18694	311993	877
2008	803678	109553	76896	43051	248646	15751	308819	870
2009	782471	112715	64420	50810	237676	12784	303190	876
2010	748866	109629	58421	33592	227605	12555	306163	901
2011	743600	108347	53512	33959	217565	11966	317400	851
2012	722854	109461	48508	23243	210528	10912	319363	839
2013	721880	111391	43765	21706	208221	10580	325348	869
2014	731305	114240	42356	20045	209383	8184	336197	900
2015	742556	115341	42039	18814	210940	6079	348394	949
2016	757661	113732	44284	17958	215413	3874	361282	1118

17－3 历年毕业生数

Graduates

单位：人 (person)

年　份 Year	总　计 Total	其中 of Which 高等院校 Institutions of Higher Education	中　专 Specialized Schools	技工学校 Technical Schools	普通中学 Regular Secondary Schools	职业中学 Vocational Schools	小　学 Primary Schools	特殊教育 Special Education Schools
1978	194231	755	260		118254		74962	
1980	150984	376	628	140	85163		64677	
1981	128999	376	1200	878	60180	103	66211	51
1982	123647	820	1109	1091	51826	787	67972	42
1983	120039	962	522	499	46038	1208	70763	47
1984	107248	586	1312	663	51719	1512	51414	42
1985	106407	825	1427	834	53180	2237	47870	34
1986	118260	1064	1923	1000	59489	2038	52728	18
1987	126680	1358	2699	1325	53348	2953	64973	24
1988	124254	1716	3038	1812	50230	3536	63898	24
1989	129869	1702	3702	2222	52150	4404	65649	40
1990	133484	1741	4479	2044	55737	3851	65603	29
1991	133010	1920	4116	2203	56806	3638	64276	51
1992	137603	1974	4083	2464	62114	3498	63387	83
1993	139562	1708	4287	2273	65454	4238	61515	87
1994	145185	2009	4635	2711	67451	4936	63291	152
1995	146250	2384	5909	3720	69101	5803	59081	252
1996	133207	2635	10688	2745	66465	5283	45131	260
1997	137004	2188	12096	3200	72495	4992	41766	267
1998	149039	2462	14129	3720	70380	4932	53094	322
1999	147083	2570	9094	4230	58742	4342	67692	326
2000	158605	3549	12387	4856	58892	5685	72823	329
2001	172185	3875	12382	4364	69413	4875	76718	478
2002	178962	4629	9387	3895	81262	3347	75778	517
2003	180581	6431	8608	4184	90737	2782	67319	403
2004	188350	10650	8709	4736	99966	3446	60562	154
2005	200774	13256	11858	7296	104556	5106	58490	92
2006	201247	16328	14452	10305	97481	4994	57422	159
2007	207005	23265	19024	11381	89578	6812	56726	81
2008	209762	26834	20896	12863	87321	7064	54505	159
2009	204945	30382	20573	12213	83183	6468	52037	89
2010	196611	36070	14534	12859	78658	3971	50380	139
2011	184657	32459	12081	11369	75033	4787	48801	127
2012	178882	32286	12298	10342	70836	2971	50011	138
2013	181329	32782	17813	8788	68396	3639	49791	120
2014	175391	31270	15173	7746	66640	3630	50813	119
2015	173564	33304	13764	6614	66933	3277	49507	165
2016	177994	34009	12436	5688	69000	3198	53583	80

17－4 历年专任教师数

Full-Time Teachers

单位：人 (person)

年 份 Year	总 计 Total	其中 of Which 高等院校 Institutions of Higher Education	中 专 Specialized Schools	技工学校 Technical Schools	普通中学 Regular Secondary Schools	职业中学 Vocational Schools	小 学 Primary Schools	特殊教育 Special Education Schools
1978	28470	412	346		11635		16049	28
1980	27692	451	452	190	10992	3	15570	34
1981	27168	459	482	196	10706	174	15118	33
1982	27371	744	527	287	10514	258	15004	37
1983	27341	754	638	345	10446	329	14790	39
1984	27879	768	580	445	10496	404	15149	37
1985	29099	882	737	532	10740	518	15637	53
1986	31133	901	1647	616	11002	748	16153	66
1987	31071	1070	1095	704	11233	804	16111	90
1988	32859	1059	1117	699	12010	914	16936	88
1989	33236	1034	1105	750	12448	817	17000	82
1990	34756	1363	1151	783	13219	865	17229	146
1991	34926	1018	1173	763	13678	927	17209	158
1992	35277	979	1230	860	13880	1044	17085	199
1993	36354	974	1256	820	14474	1180	17393	257
1994	36821	997	1267	775	14756	1313	17510	203
1995	37969	1035	1301	861	14994	1579	17980	219
1996	39280	1079	1328	824	15078	1769	18966	236
1997	40537	1257	1397	776	15019	1919	19957	212
1998	37993	1324	1362	780	14867	1946	17516	198
1999	39018	1537	1274	809	15609	1810	17756	207
2000	40509	1755	1364	858	16468	1805	18041	205
2001	41425	1912	1203	897	17621	1639	17934	203
2002	42990	2542	1188	959	18707	1851	17519	208
2003	44177	2887	1347	892	19892	1618	17318	206
2004	45815	3719	1561	1019	20321	1661	17298	217
2005	47469	4509	2007	1199	20440	1530	17546	212
2006	49304	5268	2386	1650	20375	1727	17666	214
2007	50700	5572	2837	2081	20268	1822	17882	220
2008	50171	5736	3437	1584	20061	1186	17938	213
2009	50510	5751	3869	1613	19915	1178	17930	254
2010	50332	5665	3420	2220	19839	1206	17731	251
2011	49967	5772	3501	1778	19868	1006	17797	245
2012	49579	5774	3862	1550	19394	542	18214	243
2013	50430	5918	3783	1600	19247	537	19108	237
2014	51032	6053	3889	1791	19415	144	19483	257
2015	51886	6213	3919	2144	19893	144	19312	261
2016	53178	6144	4001	2518	19991	144	20119	261

17－5 各级各类学校教育情况

（2016年）

指标		Items		全市 Total	其中 of Which 市区 Urban Districts	江阴市 Jiangyin City	宜兴市 Yixing City
学校总计	**（所）**	**Total Schools**	**(unit)**	**435**	**231**	**99**	**105**
高等学校		Institutions of Higher Education		12	10	1	1
中等专业学校		Specialized Secondary Schools		20	12	4	4
普通中学		Regular Secondary Schools		183	93	48	42
高 中		Senior		44	24	12	8
初 中		Junior		139	69	36	34
技工学校		Technical Schools		14	11	2	1
职业中学		Vocational Schools		2		2	
小 学		Primary Schools		197	100	41	56
特殊教育学校		Special Education Schools		7	5	1	1
在校学生总计	**（人）**	**Total student Enrollment**	**(person)**	**757661**	**474292**	**165783**	**117586**
高等学校		Institutions of Higher Education		113732	102348	3795	7589
中等专业学校		Specialized Secondary Schools		44284	31950	4370	7964
普通中学		Regular Secondary Schools		215413	117785	56348	41280
高 中		Senior		66044	35995	16568	13481
初 中		Junior		149369	81790	39780	27799
技工学校		Technical Schools		17958	13949	3824	185
职业中学		Vocational Schools		3874		3874	
小 学		Primary Schools		361282	207545	93334	60403
特殊教育学校		Special Education Schools		1118	715	238	165
招生总计	**（人）**	**Total New Students Enrollment**	**(person)**	**200235**	**128470**	**41942**	**29823**
高等学校		Institutions of Higher Education		34462	31027	1027	2408
中等专业学校		Specialized Secondary Schools		15522	11006	1836	2680
普通中学		Regular Secondary Schools		76152	41826	20026	14300
高 中		Senior		22989	12693	5852	4444
初 中		Junior		53163	29133	14174	9856
技工学校		Technical Schools		7656	6111	1477	68
职业中学		Vocational Schools		1185		1185	
小 学		Primary Schools		65010	38354	16299	10357
特殊教育学校		Special Education Schools		248	146	92	10

Basic Statistics of Various Schools

续表 continued

指标	Items		全市 Total	其中 of Which 市区 Urban Districts	江阴市 Jiangyin City	宜兴市 Yixing City
毕业生总计 （人）	**Total Graduates**	**(person)**	**177994**	**110163**	**38589**	**29242**
高等学校	Institutions of Higher Education		34009	29241	2243	2525
中等专业学校	Specialized Secondary Schools		12436	10540	951	945
普通中学	Regular Secondary Schools		69000	37323	17667	14010
高中	Senior		22032	11850	5260	4922
初中	Junior		46968	25473	12407	9088
技工学校	Technical Schools		5688	4463	1113	112
职业中学	Vocational Schools		3198		1672	1526
小学	Primary Schools		53583	28547	14930	10106
特殊教育学校	Special Education Schools		80	49	13	18
教职员工总计 （人）	**Total Staff and workers**	**(person)**	**60481**	**37143**	**12885**	**10453**
高等学校	Institutions of Higher Education		9088	8114	489	485
中等专业学校	Specialized Secondary Schools		4836	2807	884	1145
普通中学	Regular Secondary Schools		22387	11635	5954	4798
技工学校	Technical Schools		2755	2106	627	22
职业中学	Vocational Schools		144		144	
小学	Primary Schools		20962	12276	4728	3958
特殊教育学校	Special Education Schools		309	205	59	45
专任教师总计 （人）	**Total Full-time Teachers**	**(person)**	**53178**	**31885**	**12189**	**9104**
高等学校	Institutions of Higher Education		6144	5464	359	321
中等专业学校	Specialized Secondary Schools		4001	2296	805	900
普通中学	Regular Secondary Schools		19991	10265	5545	4181
高中	Senior		6909	3482	1926	1501
初中	Junior		13082	6783	3619	2680
技工学校	Technical Schools		2518	1893	607	18
职业中学	Vocational Schools		144		144	
小学	Primary Schools		20119	11802	4670	3647
特殊教育学校	Special Education Schools		261	165	59	37

17－6 幼儿教育基本情况

Basic Statistics Of Preschool Education

单位：人 （2016年） (person)

指 标	Items	幼儿园（个）Kinder-gartens	在园儿童 Children Enrollment	教职员工 Teaching Staff and Workers	其中 of Which #教师 Teachers
全 市	**Total**	**383**	**182160**	**20950**	**11373**
市 区	Urban Districts	233	110005	13529	7076
江阴市	Jiangyin City	68	42860	4530	2678
宜兴市	Yixing City	82	29295	2891	1619

17－7 入学率和升学率

Percentage of School-Age Children Enrolled and Graduates

单位：% （2016年） (percent)

地 区	District	学龄儿童入学率 Attendance Rate of Schoolage Children	小学毕业生升学率 Proportion of Primary Graduates Entering Secondary Schools	初中毕业生升学率 Proportion of Junior Graduates Entering Schools of Higher Grade
全 市	**Total**	**100.0**	**100.0**	**99.9**
市 区	Urban Districts	100.0	100.0	100.0
江阴市	Jiangyin City	100.0	100.0	98.3
宜兴市	Yixing City	100.0	100.0	99.9

17－8 文化事业机构数

Cultural Institutions

单位：个 （2016年） （unit）

指 标	Items	全 市 Total	其中 of Which 市 区 Urban Districts	江阴市 Jiangyin City	宜兴市 Yixing City
总 计	**Total**	**179**	**114**	**36**	**29**
文化事业	**Cultural**	**111**	**68**	**20**	**23**
艺术表演团体(事业性)	Group of Art Performance（career）	4	1	2	1
公共图书馆	Public Library	8	6	1	1
文化馆	Cultural Centers	8	6	1	1
文化站	Cultural Staions	80	47	15	18
其他文化机构	Others	11	8	1	2
文物保护机构	**Protection Institutions**	**6**	**4**	**1**	**1**
文物管理委员会	Administration Committee	3	2		1
其他文化机构	Others Institutions	3	2	1	
博物馆	**Museum**	**62**	**42**	**15**	**5**

17－9 艺术企业、事业基本情况

Basic Statistics on Arts

（2016年）

指 标		Items		全 市 Total	其中 of Which 市 区 Urban Districts	江阴市 Jiangyin City	宜兴市 Yixing City
剧团数	（个）	**Troupe**	**(unit)**	**4**	**1**	**2**	**1**
锡剧团		Wuxi-Opera Troupe		3	1	1	1
评弹团		Pingtan Troupe		1		1	
演职员工数	（人）	**Staff and Workers**	**(person)**	**111**	**16**	**52**	**43**
演出场次	（场次）	**Times of Performance**	**(time)**	**1702**		**1501**	**201**

17－10 图书馆、文物保护机构基本情况

Libraries and Museums

（2016年）

指 标		Items		全 市 Total	其中 of Which 市 区 Urban Districts	江阴市 Jiangyin City	宜兴市 Yixing City
图书馆机构数	（个）	**Libraries**	**(number)**	**8**	**6**	**1**	**1**
藏书册数	（册、件）	Collection	(copy)	7097932	3755326	2527742	814864
#古 籍		Ancient Books		319403	305670	176	13557
图 书		Books		6371437	3214241	2418252	738944
图书流通人次	（千人次）	Persons of Books Circulation	(1000 person-times)	6755	3079	2834	842
阅览座席数	（张）	Seats in Reading Room	(seat)	6242	3610	1432	1200
文物保护机构数	（个）	**Protection Institutions**	**(unit)**	**6**	**4**	**1**	**1**
文物藏品	（件）	Cultural Relics Deposits	(piece)	9296	1631	28	7637
#一级品		Top Class		1	1		
参观人数	（千人次）	Visitors	(1000 person-times)	333	33	50	250

17－11 文化馆基本情况

Basic Statistics on Archives

（2016年）

指标		Items		全市 Total	其中 of Which 市区 Urban Districts	江阴市 Jiangyin City	宜兴市 Yixing City
机构数	(个)	Number of Institutions	(unit)	8	6	1	1
从业人员	(人)	Employed Persons	(person)	162	94	36	32
举办展览个数	(个)	Number of Exhibitions	(unit)	144	101	37	6
组织文艺活动次数	(次)	Art Performances and Story-Telling Sessions	(time)	901	475	40	386
举办训练班班次		Number of Training Courses		961	837	40	84
举办训练班培训人次	(人次)	Number of People Trained in Training Courses	(person-time)	21630	16830	1800	3000
公用房屋建筑面积	(平方米)	Floor Space of Public Buildings	(sq.m)	73775	51186	18420	4169
# 业务用房		Space for Business		47672	30003	13500	4169
馆办文艺团体演出场次	(场次)	Number of Performance Shows Given by Arts Groups under Cultural Centers	(show-time)	421	234	175	12
群众业余文艺团队	(个)	Masses' Amateur Arts Teams	(unit)	826	728	98	

17－12 文化站基本情况

Religious Sites and Clergy

（2016年）

指标		Items		全市 Total	其中 of Which 市区 Urban Districts	江阴市 Jiangyin City	宜兴市 Yixing City
机构数	(个)	Number of Institutions	(unit)	80	47	15	18
从业人员	(人)	Employed Persons	(person)	445	268	91	86
举办展览个数	(个)	Number of Exhibitions	(unit)	587	351	128	108
组织文艺活动次数	(次)	Art Performances and Story-Telling Sessions	(time)	3354	1954	875	525
藏 书	(册)	Collection of Books	(volume)	4616835	2377626	1624009	615200
举办训练班班次	(次)	Number of Training Courses	(time)	1774	1288	231	255
举办训练班培训人次	(人次)	Number of People Trained in Training Courses	(person-time)	193590	151406	28554	13630
公用房屋建筑面积	(平方米)	Floor Space of Public Buildings	(sq.m)	322770	185879	75125	61766
# 文化活动用房		Space for Cultural Activities		234343	134173	53620	46550
村（社区）文化室个数	(个)	Number of Culture Rooms	(unit)	1348	580	312	456

17—13 广播、电视事业发展情况（2015—2016）

Basic Statistics on Broadcasting and Television Stationgs（2015-2016）

指　　标		Items		2015	2016
广播电台	（座）	Number of Broadcasting Stations	(set)	3	3
中短波发射台及转播台		Power of Transmitters of Medium and Short Ware Broadcast		2	2
广播人口覆盖率	（%）	Radio Coverage of Population	(percent)	100	100
电视台	（座）	Number of Televixion Stations	(set)	3	3
电视发射及转播台		Television Transmission Stations and Relaying Stations		3	3
电视人口覆盖率	（%）	TV Coverage of Population	(percent)	100	100
有线电视用户数	（万户）	Users of Cable TV	(10000 households)	165	155
数字电视用户数		Users of Digital TV		157	152
有线电视入户率	（%）	Cable TV Coverage of Households	(percent)	103.4	96.1

17—14 广播、电视节目制作时间（2015—2016）

Time of Productiong of Broadcasting and TV Programs（2015-2016）

单位：小时　　　　(hour)

指　　标	Items	2015	2016
广播节目制作	Production of Broadcastion Programs	69426	69373
#新闻	News Programs	13625	13439
专题	Special Subject Programs	9347	11106
文艺（综艺）	General Entertainment Programs	22932	20752
广告	Advertising Programs	12335	11451
电视节目制作	Production of TV Programs	11620	11376
#新闻	News Programs	4913	4989
专题	Special Subject Programs	2306	1786
文艺（综艺）	General Entertainment Programs	471	336
广告	Advertising Programs	839	1220

17－15 档案事业基本情况

Basic Statistics on Archives

（2016年）

指标		Items		全市 Total	其中 of Which 市区 Urban Districts	江阴市 Jiangyin City	宜兴市 Yixing City
档案馆机构数	（个）	Number of Archives	(unit)	7	5	1	1
档案员工数	（人）	Personnel of Archives	(person)	136	83	28	25
馆藏档案数	（卷）	Collection of Archives	(volume)	2496709	1613905	431268	451536
馆藏档案数	（件）	Collection of Archives	(volume)	1916253	1091276	398609	426368
当年接受档案数	（卷）	Number of Received Archives this year	(volume)	61308	21308	21459	18541
当年接受档案数	（件）	Number of Received Archives this year	(volume)	297341	150311	36641	110389
利用档案人次	（人次）	Vsers of Materials in Archives	(person-time)	40051	14486	14866	10699
档案馆库面积	（平方米）	Areas of Archives' Storehouses	(sq.m)	19935	13915	4100	1920
档案网站点击数	（次）	Click Times of Archive Websites	(time)	18970	15000	502	3468
档案文件机读目录	（万条）	View items of Archive Docutment Machine	(10000 unit)	10503	9450	643	410

17－16 宗教场所、人员基本情况

Religious Sites and Clergy

（2016年）

指标		Items		全市 Total	其中 of Which 市区 Urban Districts	江阴市 Jiangyin City	宜兴市 Yixing City
宗教活动场所	（处）	Religious	(unit)	271	110	100	61
佛教		Buddhist		178	74	71	33
道教		Taoist		21	7	8	6
基督教		Christian		57	21	16	20
天主教		Catholic		14	7	5	2
伊斯兰		Islamic		1	1		
教职人员	（人）	Clergy	(person)	785	472	174	139

CHAPTER

第 18 篇

卫生　体育

HEALTH AND PHYSICAL CULTURE

第十八篇　卫生　体育
CHAPTER X VIII　HEALTH AND PHYSICAL CULTURE

● 卫生事业机构数 Health Care Institutions	2308个	(unit)
● 医院（社区卫生服务中心、卫生院）数 Hospitals（Community Health Service Centers、Health Centers）	248个	(unit)
● 卫生机构床位数 Beds of Health Care Institutions	39732张	(bed)
● 医院（社区卫生服务中心、卫生院）床位数 Beds for Hospitals（Community Health Service Centers、Health Centers）	38474张	(bed)
● 卫生技术人员 Medical Personnel	47549人	(person)
● 执业（助理）医师数 Doctors	18107人	(person)
● 注册护士数 Senior and Junior Nurses	20523人	(person)
● 每千人拥有卫生机构床位数 Beds of Health Care Institutions Per 1000 Persons	6.09张	(bed)
● 每千人拥有医院（社区卫生服务中心、卫生院）床位数 Beds for the Sick Per 1000 Persons	5.89张	(bed)
● 每千人拥有卫生技术人员数 Number of Medical Technical Professionals Per 1000 Persons	7.28人	(person)
● 每千人拥有执业（助理）医师数 Docors Per 1000 Persons	2.77人	(person)
● 每千人拥有注册护士数 Senior and Junior Nurses Per 1000 Persons	3.14人	(person)
● 二级以上等级裁判员发展人数 Certified Refrees Reaching Second Class this year Grade and Upwards in this year	93人	(person)
● 二级以上等级运动员发展人数 Certified Athletes Reaching Second Class this year Grade and Upwards in this year	127人	(person)

18－1 卫生机构数（2001－2016）

Health Care Institutions（2001-2016）

单位：个 （unit）

年份 Year	总计 Total	其中 of Which				
		#医院(社区卫生服务中心、卫生院) Hospitals (Community Health Service Centers、Health Centers)	其中 of Which			#门诊部、所 Clinics
			#综合医院 Comprehensive Hospitals	#专科医院 Specialized Hospitals	#疗养院、所 Sanatoriums	
2001	1480	160	31	14	6	1268
2002	1326	182	38	18	5	1046
2003	1387	175	37	18	5	1163
2004	1643	175	38	18	5	1337
2005	1815	173	34	19	5	1596
2006	2176	188	35	19	5	1944
2007	2110	189	35	20	5	1879
2008	2255	197	36	22	5	2017
2009	1981	197	38	23	5	1743
2010	1997	199	56	24	5	1756
2011	1938	197	71	27	5	1306
2012	1951	201	75	24	5	1316
2013	2027	220	84	27	6	1048
2014	2155	228	85	29	6	1140
2015	2243	239	84	39	7	1215
2016	2308	248	82	43	7	1272

续表 continued

年份 Year	其中 of Which				
	#专科疾病防治院(所、站) Specialized Stations of Anti-diseases	#疾病预防控制中心 Disease Prevented and Controlled Centers	#妇幼保健院(所、站) Maternity and Child Care Centers	#医学科学研究机构 Institutions of Medical Sciences	#其他卫生机构 Other Health Care Institutions
2001	10	9	9	3	7
2002	5	9	5	3	4
2003	4	11	5	3	3
2004	3	11	5	3	3
2005	3	11	5	2	2
2006	3	11	5	2	1
2007	3	10	5	2	
2008	2	10	5	2	
2009	2	10	5	2	
2010	3	9	5	2	6
2011	3	9	5	2	6
2012	3	9	6	2	7
2013	4	9	6	2	7
2014	5	9	6	2	8
2015	6	9	6	2	8
2016	6	7	7	3	9

18−2 历年卫生技术人员数

Number of Medical Professionals

单位：人 (person)

年 份 Year	全 市 Total	其中 of Which 市 区 Urban Districts	江阴市 Jiangyin City	宜兴市 Yixing City	锡山市 Xishan City
1978	10681	5484	1666	1770	1761
1980	11410	6146	1733	1915	1616
1981	12603	7017	1783	1974	1829
1982	13103	7287	1849	2043	1924
1983	13644	7596	1951	2108	1989
1984	14315	8001	1954	2200	2160
1985	15485	8492	2172	2475	2346
1986	16062	8790	2333	2627	2312
1987	16275	8805	2448	2667	2355
1988	17199	9051	2680	2956	2512
1989	17555	9157	2816	2979	2603
1990	18029	9245	2972	3056	2756
1991	18540	9362	3133	3119	2926
1992	18789	9378	3152	3175	3084
1993	18830	9122	3247	3214	3247
1994	19450	9330	3332	3329	3459
1995	19817	9645	3475	3335	3362
1996	20365	9802	3672	3424	3467
1997	20785	9861	3847	3600	3477
1998	20955	9848	3944	3641	3522
1999	21223	9902	4019	3749	3553
2000	21261	9906	4093	3729	3533
2001	21274	13477	4066	3731	
2002	19373	12009	3930	3434	
2003	20381	12651	4201	3529	
2004	22288	14424	4425	3439	
2005	23188	15096	4660	3432	
2006	25783	15703	5646	4434	
2007	24826	15340	5279	4207	
2008	27856	16802	6319	4735	
2009	28571	17349	6502	4720	
2010	29233	18807	6138	4288	
2011	31735	20362	6521	4852	
2012	35105	22098	7210	5797	
2013	38940	24532	7852	6556	
2014	41563	25902	8435	7226	
2015	44707	28177	8975	7555	
2016	47549	30257	9405	7887	

18－3 历年医院（社区卫生服务中心、卫生院）床位数

Beds for Hospitals（Community Health Service Centers、Health Centers）

单位：张 (bed)

年 份 Year	全 市 Total	其中 of Which 市 区 Urban Districts	江阴市 Jiangyin City	宜兴市 Yixing City	锡山市 Xishan City
1978	9060	3469	1737	1885	1969
1980	9258	3841	1672	1877	1868
1981	9728	4040	1670	1863	2155
1982	9733	4078	1693	1775	2187
1983	10142	4292	1805	1703	2342
1984	10714	4592	1868	1708	2546
1985	10841	4752	1919	1803	2367
1986	11073	4881	2004	1782	2406
1987	12067	5420	2294	1891	2462
1988	12348	5593	2299	1928	2528
1989	12787	6001	2270	1972	2544
1990	12767	5989	2166	2035	2577
1991	13303	6306	2236	2065	2696
1992	13546	6407	2406	2117	2616
1993	13618	6540	2406	2045	2627
1994	13913	6554	2506	2177	2676
1995	14047	6559	2731	2177	2580
1996	14034	6458	2801	2195	2580
1997	14059	6391	2846	2222	2600
1998	14179	6490	2846	2257	2586
1999	14528	6606	2916	2418	2588
2000	14855	7003	2846	2418	2588
2001	14847	9611	2746	2490	
2002	17693	11700	3055	2938	
2003	18708	12189	3547	2972	
2004	19101	12173	3834	3094	
2005	18910	11875	4107	2928	
2006	20102	12739	4383	2980	
2007	21137	13434	4703	3000	
2008	22593	14798	4717	3078	
2009	23237	15180	5000	3057	
2010	24825	16078	5346	3401	
2011	27334	17813	6220	3301	
2012	29073	18315	6851	3907	
2013	31716	19862	7382	4472	
2014	33527	21186	7585	4756	
2015	36191	23152	7809	5230	
2016	38474	25194	8060	5220	

注：医院床位数包含医院、社区卫生服务中心、卫生院。

Note:The caliber of this page data is hospitals、community health service centers and health centers.

18−4 历年医生数

Number of Doctors

单位：人 (person)

年 份 Year	全 市 Total	其中 of Which 市 区 Urban Districts	江阴市 Jiangyin City	宜兴市 Yixing City	锡山市 Xishan City
1978	3860	1824	806	660	570
1980	4463	2446	790	605	622
1981	4924	2937	785	551	651
1982	5483	3289	850	653	691
1983	5731	3519	842	651	719
1984	6003	3725	816	689	773
1985	6585	3928	937	787	933
1986	6815	4057	983	828	947
1987	6757	4042	1004	868	843
1988	7621	4304	1188	1158	971
1989	8482	4623	1388	1246	1225
1990	8786	4648	1444	1420	1274
1991	8970	4651	1520	1418	1381
1992	9604	5158	1524	1472	1450
1993	8917	4336	1536	1506	1539
1994	9125	4483	1601	1483	1558
1995	9227	4624	1692	1484	1427
1996	9289	4612	1673	1507	1497
1997	9610	4620	1835	1662	1493
1998	9648	4557	1873	1691	1527
1999	9778	4561	1928	1708	1581
2000	9903	4586	1995	1693	1629
2001	9970	6217	2011	1742	
2002	8373	5014	1740	1619	
2003	9023	5393	1930	1700	
2004	9722	6131	1944	1647	
2005	10168	6384	2099	1685	
2006	10723	6728	2263	1732	
2007	10995	6683	2367	1945	
2008	11465	7126	2430	1909	
2009	11360	7122	2337	1901	
2010	11751	7351	2397	2003	
2011	12265	7687	2480	2098	
2012	13092	8187	2712	2193	
2013	14767	9327	2999	2441	
2014	15562	9655	3199	2708	
2015	16632	10393	3399	2840	
2016	18107	11409	3702	2996	

18－5 卫生机构、床位、人员数

Number of Health Care Institutions,Beds and Personnel

（2016年）

指 标	Items	机构数（个）Health Care Institutions (unit)	床位数（张）Beds (bed)	卫生工作人员数（人）Personnel (person)	其中 of Which #卫生技术人员数（人）Medical Professionals	其中 of Which #执业（助理）医师 Doctors
总 计	**Total**	**2308**	**39732**	**58434**	**47549**	**18107**
市 区	Urban Districts	1281	26332	37137	30257	11409
江阴市	Jiangyin City	584	8080	11722	9405	3702
宜兴市	Yixing City	443	5320	9575	7887	2996
一、医院合计	**Total Number of Hospitals**	**159**	**35354**	**40984**	**34132**	**11862**
综合医院	Comprehensive Hospitals	82	20631	25211	21528	7540
中医医院	Hospitals of Traditional Chinese Medicine	18	3864	4910	4190	1683
中西医结合医院	Hospitals of Traditional Chinese Medicine and Western Medicine	1	1200	1472	1286	456
专科医院	Specialized Hospitals	43	6628	8254	6411	2012
二、基层医疗卫生机构	**Primary health care institutions**	**2070**	**3141**	**14120**	**11407**	**5408**
#社区卫生服务中心(站)	Urban Health Service Centers	388	2324	4765	4028	1650
卫生院	Public Health Centers	32	796	2149	1841	811
村卫生室	Village Health Station	378		1137	334	253
门诊部	Clinics	178	21	2408	1775	864
诊所、卫生所、医务室	Infirmary	1094		2772	2621	1567

续表 Continued （2016年）

指　　标	Items	机构数（个）Health Care Institutions (unit)	床位数（张）Beds (bed)	卫生工作人员数（人）Personnel (person)	其中 of Which #卫生技术人员数（人）Medical Professionals	其中 of Which #执业（助理）医师 Doctors
三、专业公共卫生机构	**Professional Public Health Agencies**	**60**	**134**	**2129**	**1452**	**603**
疾病预防控制中心（防疫站）	Disease Prevented and Controlled Centers(Quarantine Stations)	7		586	460	310
专科疾病防治院（所、站）	Specialized Prevention and Treatment Centers or Stations	6	109	195	162	79
健康教育所（站、中心）	Health Education Stations	1		31	7	
妇幼保健院（所、站）	Maternity and Child Care Centers	7	25	316	242	135
急救中心（站）	First-aid Centres	2		273	65	42
采供血机构	Institutions of Blood Taking and Supplying	3		246	181	16
卫生监督所（中心）	Health Control Stations	7		299	294	
计划生育技术服务机构	Family Planning Services	27		183	41	21
四、其他卫生机构	**On-the job Training Instiutes of Medical Science**	**19**	**1103**	**1201**	**558**	**234**
#疗养院	Nursing Home	7	1103	760	376	149
卫生监督检验（监测、检测）所（站）	Hygiene supervision and inspection					
医学科学研究机构	Research Institutes of Medical Science	3		256	94	57
医学在职培训机构	On-the job Training Instiutes of The Hospital	2		63	48	2
临床检验中心（所、站）	Clinical Laboratory Center	2		88	33	2

18－6 各类卫生技术人员数

Medical Technical Personnel in Health Care Institutions

单位：人 （2016年） (person)

指标	Items	全市 Total	其中 of Which 市区 Urban Districts	江阴市 Jiangyin City	宜兴市 Yixing City
卫生技术人员总计	**Total Number of Medical Profrességionals**	**47549**	**30257**	**9405**	**7887**
执业医师	Professional Doctor	16823	10854	3289	2680
执业助理医师	Assistant Professional Doctor	1284	555	413	316
注册护士	Registered Nurse	20523	13382	3847	3294
药剂（士）	Pharmacist	2579	1652	499	428
技师（士）	Technician	2438	1633	406	399
其他	Others	3902	2181	951	770

18－7 医疗卫生水平

Medical and Health Level

单位：张、人 （2016年） (bed, person)

指标	Items	全市 Total	其中 of Which 市区 Urban Districts	江阴市 Jiangyin City	宜兴市 Yixing City
每千人拥有卫生机构床位数	Number of Health Care Institutions Beds Per 1000 Persons	6.09	7.25	4.92	4.24
每千人拥有医院（社区卫生服务中心、卫生院）床位数	Number of Hospital Beds Per 1000 Persons	5.89	6.93	4.91	4.16
每千人拥有卫生技术人员数	Number of Medical Technical Professionals Per 1000 Persons	7.28	8.33	5.73	6.29
每千人拥有执业（助理）医师数	Number of (Assistant)Professional Doctors Per 1000 Persons	2.77	3.14	2.26	2.39
每千人拥有注册护士数	Number of Registered Nurses Per 1000 Persons	3.14	3.68	2.34	2.63

18－8 医院工作情况（2012－2016）

Statistics of Hospital (2012-2016)

单位：万人 (10000persons)

指标		Items		2012	2013	2014	2015	2016
医院数	（个）	Number of Hospitals	（unit）	113	132	139	150	159
诊疗人次		Total Patients Treated		2076	2258	2510	2721	2810
#门诊人次		Out-Diagnosis Patients		1825	1981	2195	2343	2441
急诊人次		Emergency Patients		211	239	273	326	327
健康检查		Health Examination		137.8	138.1	156.5	133.6	158.6
入院人数		In-Patients		79.00	85.40	93.62	97.91	104.18
出院人数		Out-Patients		78.90	85.30	93.52	97.97	103.54
#死亡人数		Death		0.08	0.09	0.09	0.11	0.13
病死率	（%）	Death Rate of Illnesses	(Percent)	0.10	0.10	0.10	0.12	0.13
年底实有医院床位数	（张）	Year-end Hospital Beds	(bed)	25582	28350	30339	33014	35354
平均开放病床数	（张）	Average Open Beds	(bed)	25043	27148	29198	31704	33127
病床周转次数	（次/年）	Turnover of Beds	(time/year)	31.5	31.4	32.0	30.9	31.3
病床工作日	（日）	Beds in Use	(day)	332.3	332.7	331.0	316.9	315.2
病床使用率	（%）	Utilization Rate of Beds	(Percent)	90.8	90.9	90.7	86.8	86.4
出院者平均住院日	（日）	Average Hospitalization Period	(day)	10.5	10.3	10.1	10.0	9.8

18－9 体育事业基本情况

General Statistics on Physical Culture

（2016年）

指标		Items		全市 Total	其中 of Which 市区 Urban Districts	江阴市 Jiangyin City	宜兴市 Yixing City
一、体育设施	**（个）**	**Physical Institutions**	**(unit)**	**116**	**57**	**46**	**13**
体育场		Stadiums		45	27	16	2
体育馆		Gymnasiums		34	8	18	8
游泳馆		Indoor Swimming Pool		37	22	12	3
二、少年儿童业余学校	**（所）**	**Children's Sparetime Sports Schools**	**(unit)**	**5**	**3**	**1**	**1**
体育中学		Sports Middle Schools		1	1		
普通业余体校		Ordinary Part-Time Sports Schools		4	2	1	1
在校学生	（人）	Student Enrollment	(person)	2700	2310	270	120
专职教练员		Full-time Coaches		137	97	28	12
三、举办运动会	**（次）**	**Sports Meeting**	**(time)**	**1**	**1**		
市级以上运动会		Over City's Level					
县区级运动会		County's Level					
全民健身运动会		Fitness Games		1	1		
参加运动会的人数	（人次）	Persons	(person/time)	20000	20000		
四、等级运动员发展人数	**（人）**	**Certified Athletes**	**(person)**	**127**	**91**	**28**	**8**
二级		Second Grade		127	91	28	8
三级		Third Grade					
五、等级裁判员发展人数	**（人）**	**Certified Referees**	**(person)**	**127**	**106**	**11**	**10**
二级		Second Grade		93	79	8	6
三级		Third Grade		34	27	3	4
六、社会体育指导员人数	**（人）**	**Social Sports Instructor**	**(person)**	**17298**	**8978**	**4926**	**3394**
二级		Second Grade		5247	2737	1214	1296
三级		Third Grade		12051	6241	3712	2098

CHAPTER 第19篇

民政　司法

CIVIL ADMINISTRATION　JUDICATURE

第十九篇　　民政　　司法

CHAPTER X IX　CIVIL ADMINISTRATION JUDICATURE

● 各类福利院数 Variousl Welfare institutions	3个	(home)
● 儿童福利院数 Children Welfare Homes	1个	(home)
● 养老机构数 Number of Pension agency	142个	(home)
● 社会福利院床位数 Beds of Social Welfae Institutions	3747张	(bed)
● 儿童福利院床位数 Beds of Children Welfare Homes	150张	(bed)
● 敬老院床位数 Beds of Aged People's Homes	35239张	(bed)
● 人民调解委员会数 People's Mediation Committees	1613个	(unit)
● 调解纠纷总数 Civil Disputes Mediated	46394件	(case)
● 律师事务所 Lawyer Offices	156所	(unit)
● 专职律师数 Full-time Lawyers	1846人	(people)
● 公证处数 Notarial Offices	4个	(unit)
● 办理公证件数 Notarized Documents	71205件	(case)

19－1 社会福利事业基本情况（2012－2016）

Statistics on Social Welfare Institutions (2012-2016)

单位：个、人、张

指标	Items	2012	2013	2014	2015	2016
各类福利院	**Various Welfare Institutions**					
院数	Homes	3	3	3	3	3
职工人数	Staff and Workers	295	295	287	409	409
年末床位数	Beds(year-end)	2229	2150	2970	3897	3897
年末在院人员	Persons Housed (year-end)	1316	1358	1411	1698	1637
#老人	Aged	864	878	917	1311	1267
养老机构	**Pension Agency**					
机构数	Number of Institutions	142	148	148	141	142
职工人数	Staff and Workers	2747	2800	3502	3679	3879
年末床位数	Beds(year-end)	29895	32907	35266	34749	35239
收养人数	Persons Housed (year-end)	12617	13111	15641	16085	16285
#老人	Aged	12540	13034	15560	14607	15969

续表 Continued （2016年） (unit, person, bed)

指 标	Items	全市 Total	其中 of Which 市 区 Urban Districts	江阴市 Jiangyin City	宜兴市 Yixing City
社会福利院	**Social Welfare Institutions**				
院 数	Homes	2	1		1
职工人数	Staff and Workers	374	233		141
年末床位数	Beds(year-end)	3747	2030		1717
年末在院人员	Persons Housed (year-end)	1583	979		604
#老 人	Aged	1267	723		544
儿童福利院	**Children Welfare Homes**				
院 数	Homes	1		1	
职工人数	Staff and Workers	35		35	
年末床位数	Beds(year-end)	150		150	
年末在院人员	Persons Housed (year-end)	54		54	
#儿 童	Children	54		54	
养老机构	**Pension Agency**				
机 构 数	Number of Institutions	142	88	25	29
职工人数	Staff and Workers	3879	2730	833	316
年末床位数	Beds(year-end)	35239	19120	8486	7633
收养人数	Persons Housed (year-end)	16285	9872	3496	2917
#老 人	Aged	15969	9616	3496	2857

19－2 社会救济和城乡居民最低生活保障情况

Social Relief and Urban and Rural Residents Under Basic Provision Protection

单位：人、万元 （2016年） (person, 10000 yuan)

指标	Items	全市 Total	其中 of Which 市区 Urban Districts	江阴市 Jiangyin City	宜兴市 Yixing City
社会救济情况	**Social Relief Situations**				
社会救济总人数	**Total Number of Persons Receiving Social Welfare**	**29027**	**13129**	**8667**	**7231**
#城镇居民最低生活保障人数	Number of Persons Receiving Lowest Cost-of-living in Urban Area	12045	8831	2331	883
在职人员	Employed Persons	656	544	100	12
老年人	the aged	2517	1463	676	378
灵活就业人员	Flexible Employment	575	350	190	35
失业人员	Unemployed Persons	6646	5329	1052	265
农村居民最低生活保障人数	Number of Persons Receiving Lowest Cost-of-living in Rural Area	16982	4298	6336	6348
农村特困人员救助供养人数	The number of Poor People in Rural Area	4731	761	1054	2916
集中供养的农村特困人员救助供养人数	The number of Poor People to Focus dependent	1824	475	382	967
分散供养的农村特困人员救助供养人数	The number of Poor People dependent	2907	286	672	1949
城乡居民最低生活保障情况	Statistics on Persons Receiving Lowest Cost-of-Living in Urban Area and Rural Area	18187	9810	4910	3468
城镇保障资金	Urban Relief Funds	9292	7339	1440	514
农村保障资金	Rural Relief Funds	8895	2471	3470	2954

19－3 公证、司法鉴定工作情况（2015－2016）

Notarizations 、Judicial and Forensics(2015-2016)

指 标		Items		2015	2016
公证工作		**Notarizations**			
公证处	（个）	Notarial Offices	(unit)	4	4
公证员	（人）	Notaries	(person)	45	45
公证员助理		Assistant Notaries		40	37
其他人员		Others		28	33
办理公证件数	（件）	Notarized Documents	(case)	58415	71205
国内		Domestic		35853	48161
涉外		Foreign		21764	22101
涉港澳台		Hong Kong, Macao and Taiwan		798	943
司法鉴定		**Forensics**			
鉴定所	（个）	Appraisal Offices	(unit)	10	10
鉴定员	（人）	Appraisal	(person)	80	80
鉴定件数	（件）	Appraisal Documents	(case)	13444	13707

19－4 律师、调解工作情况（2015－2016）

Statistics of Lawyers and Mediations (2015-2016)

指　　标		Items		2015	2016
人民调解工作		**People's Mediation**			
人民调解委员会	（个）	People's Mediation Committees	(unit)	1649	1613
人民调解员	（人）	Mediators	(person)	6651	6290
调解纠纷	（件）	Civil Disputes Mediated	(case)	37359	46394
律师工作		**Lawyers**			
律师事务所	（所）	Lawyers Offices	(unit)	146	156
专职工作人员	（人）	Full-time Staff	(person)	1694	1882
#专职律师		Full-time Lawyers		1660	1846
兼职律师		Part-time Lawyers		20	20
公职律师		Public lawyer		2	2
公司律师		Company lawyer		12	14
聘请常年法律顾问单位	（个）	Units with Permanent Legal Advisors	(unit)	13071	13757
民事代理	（件）	Civil Lawsuit	(case)	33668	34626
经济诉讼代理		Economic Lawsuit		20309	20705
刑事辩护		Defending of Criminal Cases		6333	2621
非诉讼事件		Non-Litigation Action		16865	14784
法律咨询		Legal Advisory Services		41909	42199
代写法律事务文书		Legal Documents Written on Behalf of Clients		3826	13800

2017

2017 STATISTICAL YEARBOOK OF WUXI

CHAPTER

第 20 篇

城市资料

STATISTICS ON MAJOR CITIES

第二十篇　城市资料
CHAPTER XX STATISTICS ON MAJOR CITIES

- 全国15个副省级城市

  Fifteen Sub-Provincial Class Cities of the Whole Country

沈阳	大连	哈尔滨	宁波	厦门	青岛	武汉	广州
Shenyang	Dalian	Haerbin	Ningbo	Xiamen	Qingdao	Wuhan	Guangzhou
西安	南京	深圳	长春	成都	杭州	济南	
Xi'an	Nanjing	Shenzhen	Changchun	Chengdu	Hangzhou	Jinan	

- 全国14个沿海开放城市

  Fourteen Costal Open Cities of the Whole Country

大连	天津	秦皇岛	青岛	烟台	南通	连云港
Dalian	Tianjin	Qinhuangdao	Qingdao	Yantai	Nantong	Lianyungang
上海	宁波	温州	福州	广州	湛江	北海
Shanghai	Ningbo	Wenzhou	Fuzhou	Guangzhou	Zhanjiang	Beihai

- 全国15个经济中心城市

  Fifteen Central Economic Cities of the Whole Country

北京	天津	沈阳	大连	长春	哈尔滨	上海	无锡
Beijing	Tianjin	Shenyang	Dalian	Changchun	Haerbin	Shanghai	Wuxi
杭州	青岛	武汉	广州	重庆	西安	兰州	
Hangzhou	Qingdao	Wuhan	Guangzhou	Chongqing	Xi'an	Lanzhou	

20－1 江苏省各城市、县主要经济指标

(2016年)

市（县）名称	Name of City (County)	土地面积（平方公里）Land Area (sq·km)	年末总人口（万人）Year-end Population (10000 persons)	地区生产总值（亿元）Gross Domestic Product (10^8 yuan)	三产增加值（亿元）Tertiary Industry (10^8 yuan)
南京市	**Nanjing Municipality**	**6587**	**662.79**	**10503.02**	**6133.31**
无锡市	**Wuxi Municipality**	**4627**	**486.20**	**9210.02**	**4728.05**
江阴市	Jiangyin City	987	124.80	3083.26	1357.93
宜兴市	Yixing City	1997	108.34	1377.74	619.49
徐州市	**Xuzhou Municipality**	**11765**	**1041.39**	**5808.52**	**2751.78**
丰　县	Fengxian County	1450	121.41	407.89	158.78
沛　县	Peixian County	1806	124.93	665.10	268.69
睢宁县	Suining County	1769	144.16	496.88	205.64
新沂市	Xinyi City	1592	113.56	561.97	264.98
邳州市	Pizhou City	2085	193.87	804.96	344.95
常州市	**Changzhou Municipality**	**4372**	**374.90**	**5773.86**	**2938.90**
溧阳市	Liyang City	1535	79.95	801.26	360.68
苏州市	**Suzhou Municipality**	**8657**	**678.20**	**15475.09**	**7975.82**
常熟市	Changshu City	1276	106.87	2112.00	987.20
张家港市	Zhangjiagang City	987	92.66	2300.00	1071.20
昆山市	Kunshan City	932	82.35	3160.28	1421.40
太仓市	Taicang City	810	48.30	1155.00	534.50

注：数据为初步统计数。

Note: Data are preliminary statistics.

Main Economic Indicators of Major Cities and Counties in Jiangsu

续表 1 continued 1

市（县）名称	Name of City (County)	土地面积（平方公里）Land Area (sq·km)	年末总人口（万人）Year-end Population (10000 persons)	地区生产总值（亿元）Gross Domestic Product (10^8 yuan)	三产增加值（亿元）Tertiary Industry (10^8 yuan)
南通市	**Nantong Municipality**	**8001**	**766.66**	**6768.20**	**3231.82**
海安县	Haian County	1108	93.83	755.29	345.17
如东县	Rudong County	1733	103.54	746.69	338.25
启东市	Qidong City	1208	111.95	881.85	392.42
如皋市	Rugao City	1492	143.68	904.27	406.92
海门市	Haimen City	939	100.10	1005.06	447.25
连云港市	**Lianyungang Municipality**	**7615**	**533.99**	**2376.48**	**1025.02**
东海县	Donghai County	2037	123.45	433.43	179.58
灌云县	Guanyun County	1538	105.21	328.66	121.44
灌南县	Guannan County	1028	82.64	306.80	110.51
淮安市	**Huaian Municipality**	**10030**	**567.56**	**3048.00**	**1455.24**
涟水县	Lianshui County	1679	115.38	387.09	182.94
盱眙县	Xuyi County	2497	80.47	356.70	162.20
金湖县	Jinhu County	1378	35.96	241.88	118.46
盐城市	**Yancheng Municipality**	**16931**	**830.53**	**4576.08**	**1992.15**
响水县	Xiangshui County	1474	62.49	270.64	102.45
滨海县	Binhai County	1950	123.00	391.61	176.90

续表 2 continued 2

市（县）名称	Name of City (County)	土地面积（平方公里）Land Area (sq·km)	年末总人口（万人）Year-end Population (10000 persons)	地区生产总值（亿元）Gross Domestic Product (10^8 yuan)	三产增加值（亿元）Tertiary Industry (10^8 yuan)
阜宁县	Funing County	1439	112.95	394.40	170.65
射阳县	Sheyang County	2606	96.23	441.65	204.86
建湖县	Jianhu County	1157	80.06	466.13	221.81
东台市	Dongtai City	3176	112.46	727.01	343.51
扬州市	**Yangzhou Municipality**	**6591**	**461.67**	**4449.38**	**2000.26**
宝应县	Baoying County	1462	91.25	506.30	213.55
仪征市	Yizheng City	902	59.62	457.00	228.96
高邮市	Gaoyou City	1922	81.48	537.50	230.05
镇江市	**Zhenjiang Municipality**	**3840**	**271.98**	**3833.84**	**1825.66**
丹阳市	Danyang City	1047	81.15	1136.04	516.16
扬中市	Yangzhong City	327	28.20	504.73	230.33
句容市	Jurong City	1378	59.21	493.20	218.19
泰州市	**Taizhou Municipality**	**5787**	**508.21**	**4101.78**	**1927.89**
兴化市	Xinghua City	2395	158.25	748.85	356.41
靖江市	Jingjiang City	656	66.67	801.75	387.29
泰兴市	Taixing City	1170	119.31	832.91	390.44
宿迁市	**Suqian Municipality**	**8524**	**591.60**	**2351.12**	**935.52**
沭阳县	Shuyang County	2299	197.05	697.31	288.09
泗阳县	Siyang County	1378	107.34	402.75	145.69
泗洪县	Sihong County	2694	111.06	401.14	171.08

单位：亿元、亿美元 续表 3 continued 3 (10^8 yuan, 10^8 USD)

市（县）名称	Name of City (County)	规模以上工业增加值 Added Value of Over-norm Industrial	出口总额 Total Export Value of Foreign Trade	实际利用外资金额 Actual Utilization of Foreign Capital	一般公共预算收入 Public Finance Budget Receipt	税收收入 Tax Value
南京市	**Nanjing Municipality**	**3050.55**	**295.92**	**34.79**	**1142.60**	**956.62**
无锡市	**Wuxi Municipality**	**3075.49**	**429.10**	**34.13**	**875.00**	**706.04**
江阴市	Jiangyin City	1153.48	119.22	10.55	229.91	191.20
宜兴市	Yixing City	421.68	30.17	1.58	108.65	91.21
徐州市	**Xuzhou Municipality**	**3010.33**	**52.54**	**15.06**	**516.06**	**390.31**
丰 县	Fengxian County	153.73	1.26	0.41	35.00	25.03
沛 县	Peixian County	341.48	3.15	1.30	57.68	45.08
睢宁县	Suining County	217.81	6.14	1.11	42.52	32.97
新沂市	Xinyi City	377.54	2.98	1.00	49.91	37.71
邳州市	Pizhou City	540.94	9.16	1.83	62.40	48.10
常州市	**Changzhou Municipality**	**2827.16**	**208.51**	**21.00**	**480.29**	**383.19**
溧阳市	Liyang City	287.67	7.46	3.36	59.00	46.74
苏州市	**Suzhou Municipality**	**6365.29**	**1639.41**	**48.49**	**1730.04**	**1505.82**
常熟市	Changshu City	723.52	133.56	6.30	173.58	145.54
张家港市	Zhangjiagang City	853.89	142.02	6.04	190.00	160.11
昆山市	Kunshan City	1637.10	463.21	8.96	318.92	284.07
太仓市	Taicang City	457.61	54.30	5.61	127.71	110.52

单位：亿元、亿美元 续表4 continued 4 (10^8 yuan, 10^8 USD)

市（县）名称	Name of City (County)	规模以上工业增加值 Added Value of Over-norm Industrial	出口总额 Total ExportValue of Foreign Trade	实际利用外资金额 Actual Utilization of Foreign Capital	一般公共预算收入 Public Finance Budget Receipt	税收收入 Tax Value
南通市	**Nantong Municipality**	**3330.36**	**230.11**	**23.87**	**590.18**	**456.77**
海安县	Haian County	516.94	14.05	2.96	57.58	48.16
如东县	Rudong County	431.85	14.51	2.94	54.41	44.44
启东市	Qidong City	386.64	26.51	2.84	71.03	54.95
如皋市	Rugao City	438.83	20.15	2.77	71.21	54.26
海门市	Haimen City	463.28	35.79	2.40	72.41	53.23
连云港市	**Lianyungang Municipality**	**1302.48**	**36.84**	**5.50**	**211.47**	**170.80**
东海县	Donghai County	208.77	3.68	0.94	22.61	18.59
灌云县	Guanyun County	141.83	2.03	0.24	21.52	17.64
灌南县	Guannan County	126.54	1.70	0.03	22.43	19.33
淮安市	**Huaian Municipality**	**1626.18**	**26.98**	**11.61**	**315.51**	**235.15**
涟水县	Lianshui County	167.05	3.30	1.41	28.98	23.49
盱眙县	Xuyi County	197.65	1.34	1.20	30.78	23.02
金湖县	Jinhu County	103.40	3.42	1.20	22.00	19.19
盐城市	**Yancheng Municipality**	**2173.89**	**47.38**	**7.07**	**415.18**	**324.67**
响水县	Xiangshui County	207.95	4.70	0.29	29.60	20.39
滨海县	Binhai County	173.67	3.08	0.53	34.07	25.08

单位：亿元、亿美元　　续表 5　continued 5　　(10^8 yuan, 10^8 USD)

	市（县）名称 Name of City (County)	规模以上工业增加值 Added Value of Over-norm Industrial	出口总额 Total Export Value of Foreign Trade	实际利用外资金额 Actual Utilization of Foreign Capital	一般公共预算收入 Public Finance Budget Receipt	税收收入 Tax Value
阜宁县	Funing County	184.77	2.22	0.12	36.24	26.87
射阳县	Sheyang County	181.59	1.95	0.45	21.58	17.40
建湖县	Jianhu County	205.10	2.92	0.55	35.01	27.30
东台市	Dongtai City	279.62	7.07	0.62	60.26	50.70
扬州市	**Yangzhou Municipality**	**2298.05**	**71.73**	**12.04**	**345.30**	**267.16**
宝应县	Baoying County	244.23	8.43	0.50	30.81	26.60
仪征市	Yizheng City	269.33	3.28	1.17	44.74	38.57
高邮市	Gaoyou City	285.52	4.33	0.50	34.12	28.54
镇江市	**Zhenjiang Municipality**	**2059.39**	**69.52**	**13.51**	**293.01**	**231.40**
丹阳市	Danyang City	606.25	21.40	3.22	65.55	54.23
扬中市	Yangzhong City	297.58	4.54	1.18	32.50	26.72
句容市	Jurong City	342.37	4.71	2.21	40.48	36.38
泰州市	**Taizhou Municipality**	**2766.85**	**66.69**	**13.44**	**321.18**	**257.62**
兴化市	Xinghua City	348.10	4.90	1.83	37.06	30.07
靖江市	Jingjiang City	397.04	19.29	0.23	58.93	41.97
泰兴市	Taixing City	737.14	12.33	3.53	57.20	47.16
宿迁市	**Suqian Municipality**	**1090.04**	**18.71**	**5.00**	**238.08**	**186.27**
沭阳县	Shuyang County	314.64	5.12	0.80	71.75	54.48
泗阳县	Siyang County	155.02	3.43	0.51	33.34	25.46
泗洪县	Sihong County	199.94	1.34	0.33	31.75	25.43

续表 6 continued 6

市（县）名称	Name of City (County)	固定资产投资(亿元) Investment In Fixed Assets (10^8 yuan)	社会消费品零售总额(亿元) Retail Sales of Consuming Goods (10^8 yuan)	居民人均可支配收入(元) Disposable Income of Residents (yuan)	城镇常住居民人均可支配收入(元) Disposable Income of Urban Residents (yuan)	农村常住居民人均可支配收入(元) Disposable Income of Rural Residents (yuan)
南京市	**Nanjing Municipality**	**5533.56**	**5088.20**	**44009**	**49997**	**21156**
无锡市	**Wuxi Municipality**	**4795.25**	**3119.56**	**42757**	**48628**	**26158**
江阴市	Jiangyin City	1133.03	776.05	46337	54631	28181
宜兴市	Yixing City	537.31	556.37	37326	46092	23709
徐州市	**Xuzhou Municipality**	**4797.33**	**2659.39**	**22348**	**28421**	**15274**
丰 县	Fengxian County	249.10	151.04	18056	22971	14026
沛 县	Peixian County	560.35	245.59	21221	27277	15791
睢宁县	Suining County	320.49	179.58	18127	23403	13822
新沂市	Xinyi City	550.05	174.56	18786	24928	14526
邳州市	Pizhou City	763.12	253.41	20675	28546	15321
常州市	**Changzhou Municipality**	**3605.08**	**2202.83**	**38435**	**46058**	**23780**
溧阳市	Liyang City	486.55	303.03	31833	42062	21899
苏州市	**Suzhou Municipality**	**5648.49**	**4936.79**	**46595**	**54341**	**27691**
常熟市	Changshu City	544.91	740.78	45061	54411	27956
张家港市	Zhangjiagang City	724.77	535.16	44977	54602	27849
昆山市	Kunshan City	757.42	815.04	46339	54728	28178
太仓市	Taicang City	465.00	287.31	43867	54099	27766

续表 7 continued 7

市（县）名称	Name of City (County)	固定资产投资(亿元) Investment In Fixed Assets (10^8 yuan)	社会消费品零售总额(亿元) Retail Sales of Consuming Goods (10^8 yuan)	居民人均可支配收入(元) Disposable Income of Residents (yuan)	城镇常住居民人均可支配收入(元) Disposable Income of Urban Residents (yuan)	农村常住居民人均可支配收入（元） Disposable Income of Rural Residents (yuan)
南通市	**Nantong Municipality**	**4811.95**	**2632.87**	**30084**	**39247**	**18741**
海安县	Haian County	584.46	273.74	27230	37297	17978
如东县	Rudong County	545.42	318.62	26683	37133	17119
启东市	Qidong City	614.84	324.57	28446	37390	19875
如皋市	Rugao City	575.25	342.21	26695	36590	16883
海门市	Haimen City	613.19	344.60	30092	40509	20608
连云港市	**Lianyungang Municipality**	**2385.16**	**933.31**	**21230**	**27853**	**13932**
东海县	Donghai County	330.59	175.89	20128	27391	14487
灌云县	Guanyun County	272.19	119.45	17565	22979	12969
灌南县	Guannan County	218.06	93.52	17446	24494	12430
淮安市	**Huaian Municipality**	**2535.19**	**1083.83**	**22762**	**30335**	**14319**
涟水县	Lianshui County	330.29	130.03	18302	25230	13372
盱眙县	Xuyi County	350.65	123.89	21923	30684	14495
金湖县	Jinhu County	195.54	90.76	22541	30799	15683
盐城市	**Yancheng Municipality**	**3882.83**	**1630.88**	**24463**	**30496**	**17172**
响水县	Xiangshui County	287.25	66.52	19629	25564	14299
滨海县	Binhai County	377.87	110.46	20257	26543	14931

续表 8 continued 8

市（县）名称	Name of City (County)	固定资产投资(亿元) Investment In Fixed Assets (10^8 yuan)	社会消费品零售总额(亿元) Retail Sales of Consuming Goods (10^8 yuan)	居民人均可支配收入(元) Disposable Income of Residents (yuan)	城镇常住居民人均可支配收入(元) Disposable Income of Urban Residents (yuan)	农村常住居民人均可支配收入(元) Disposable Income of Rural Residents (yuan)
阜宁县	Funing County	320.52	130.29	20262	25543	15439
射阳县	Sheyang County	300.16	167.90	21710	26509	16536
建湖县	Jianhu County	357.70	171.98	22993	29637	17083
东台市	Dongtai City	581.03	253.53	26565	32686	19727
扬州市	**Yangzhou Municipality**	**3288.68**	**1358.80**	**28633**	**35659**	**18057**
宝应县	Baoying County	373.00	149.00	21396	26842	16856
仪征市	Yizheng City	471.00	110.00	26952	36523	17516
高邮市	Gaoyou City	455.90	168.80	23854	31430	16952
镇江市	**Zhenjiang Municipality**	**2873.43**	**1236.78**	**34064**	**41794**	**20922**
丹阳市	Danyang City	514.01	315.61	33089	41652	21706
扬中市	Yangzhong City	305.10	140.92	35729	45842	23855
句容市	Jurong City	360.81	142.02	28994	40582	18893
泰州市	**Taizhou Municipality**	**3164.12**	**1118.34**	**28259**	**36828**	**17861**
兴化市	Xinghua City	419.66	172.16	24602	33614	16915
靖江市	Jingjiang City	500.00	177.24	29544	39713	19605
泰兴市	Taixing City	687.46	215.01	27806	36521	17842
宿迁市	**Suqian Municipality**	**2059.58**	**705.54**	**18957**	**24086**	**13929**
沭阳县	Shuyang County	515.03	197.68	19132	23933	14107
泗阳县	Siyang County	379.23	100.47	18510	23535	13952
泗洪县	Sihong County	380.41	105.40	17726	22953	13625

CHAPTER

第21篇

统计公报

STATISTICAL COMMUNIQUE

2016无锡市国民经济和社会发展统计公报

无　锡　市　统　计　局

国家统计局无锡调查队

2017年2月22日

2016年，在市委、市政府的正确领导下，全市上下积极贯彻五大发展理念，把握引领发展新常态，全力推进供给侧结构性改革，统筹做好稳增长、促改革、调结构、惠民生、优生态、防风险等各项工作，全市经济运行总体保持平稳，产业强市建设成效初显，实现了“十三五”的良好开局。

一、综合

经济运行总体平稳。全市实现地区生产总值9210.02亿元，按可比价格计算，比上年增长7.5%。按常住人口计算人均生产总值达到14.13万元。

产业结构加快调整。全市实现第一产业增加值135.19亿元，比上年下降2.4%；第二产业增加值4346.78亿元，比上年增长6.8%；第三产业增加值4728.05亿元，比上年增长8.6%；三次产业比例调整为1.5：47.2：51.3。

就业和再就业持续推进。全年城镇新增就业14.9万人，其中：各类城镇下岗失业人员实现就业再就业6.28万人，援助就业困难人员再就业1.94万人。全市城镇登记失业率为1.85%。

大众创业活力迸发。年末全市工商部门登记的各类企业达24.15万户，其中国有及集体控股公司1.93万户，外商投资企业0.63万户，私营企业21.59万户，当年新登记各类企业3.82万户。年末个体户30.94万户，当年新增5.28万户。

消费品价格稳中有涨。全年市区居民消费价格指数（CPI）为102.3，比上年扩大0.5个百分点。其中服务项目价格指数为103.6，消费品价格指数为101.4，商品零售价格指数为100.9。

表1　　2016年居民消费价格指数情况

指　　标	市　　区
居民消费价格总指数	102.3
食品烟酒	103.4
衣着	99.5
居住	102.2
生活用品及服务	103.4
交通和通信	97.8
教育文化和娱乐	99.1
医疗保健	115.3
其他用品和服务	103.3

二、农业

农业生产小幅下降。全年粮食总产量59.16万吨，比上年下降18.1%。油料总产量8073吨，比上年下降6.5%，其中油菜籽6484吨，比上年下降5.6%；茶叶总产量6507吨，比上年下降3.0%；水果总产量17.62万吨，比上年略降0.4%。全年水产品产量12.67万吨，比上年略增1.2%。

种植业结构调整。全年粮食种植面积为94.06千公顷，比上年减少7.94千公顷；油料种植面积为3.65千公顷，比上年减少0.15千公顷；蔬菜种植面积45.90千公顷，比上年减少3.2千公顷；水果种植面积16.35千公顷，比上年增加0.41千公顷。

表2　　2016年主要农产品产量及其增长速度

单位：吨

产品名称	产量	比上年增长（%）
粮食	591627	−18.1
油料	8073	−6.5
#油菜籽	6484	−5.6
茶叶	6507	−3.0
水果	176222	−0.4
水产品	126715	1.2

三、工业和建筑业

工业生产保持稳定。全市规模以上工业企业实现增加值3075.49亿元，比上年增长5.8%。分经济类型看，国有企业总产值增长19.2%，集体企业总产值增长3.3%，股份制企业总产值增长3.2%，外商及港澳台商投资企业总产值增长4.6%，其他经济类型企业总产值下降10.5%。全市统计的284只主要工业产品中，产品产量比上年增长的有164只，占全市统计产品数的57.7%。在全市跟踪统计的22种重点产品中，有15种产品的产量实现增长。

工业效益稳步改善。全市规模以上工业实现主营业务收入14120.24亿元，比上年增长4.6%；工业产销率98.2%，比上年提高0.8个百分点；实现利润968.02亿元，比上年增长9.6%。

建筑业稳步发展。全年建筑业完成增加值369.68亿元，比上年增长4.3%；实现建筑业总产值633.52亿元，比上年增长5.3%。施工房屋建筑面积3313.48万平方米。2个建设工程项目获得鲁班奖，8个建设工程项目获江苏省优质工程奖“扬子杯”（房屋建筑工程），114个建设工程项目获无锡市“太湖杯”优质工程奖。

四、固定资产投资

固定资产投资小幅增长。全年固定资产投资完成4795.25亿元，比上年增长2.0%。分产业投向：第一产业投资9.05亿元，比上年下降11.4%，第二产业投资2048.65亿元，比上年增长7.0%，第三产业投资2737.55亿元，比上年下降1.4%。

商品房销售快速增长。全年房地产业实现增加值467.49亿元，比上年下降6.4%。完成房地产开发投资1033.62亿元，比上年增长4.2%，商品房施工面积为5986.76万平方米，比上年下降9.1%，竣工面积1325.22万平方米，比上年增长12.3%。全年商品房销售面积1276.41万平方米，比上年增长29.3%，商品房销售额1108.03亿元，比上年增长42.7%。

表3　　2016年主要工业产品产量及其增长速度

产　品　名　称	单 位	产　　量	比上年增长（%）
家用洗衣机	万台	1023.55	46.8
发动机	万千瓦	5078.64	47.3
电动自行车	万辆	371.00	2.1
家用电热水器	万台	101.34	−6.6
电力电缆	万千米	381.50	0.5
塑料制品	万吨	135.03	8.3
纱	万吨	55.65	−0.9
布	万米	78329.54	59.7
呢绒	万米	11316.92	−2.2
服装	万件	55889.80	3.6
合成纤维	万吨	393.08	3.6
锂离子电池	万只	41426.35	−12.4
半导体分立器件	亿只	1121.37	13.6
集成电路	亿块	292.54	25.3
数码照相机	万台	248.91	−33.2
硬盘存储器	万台	6787.13	24.0
微型计算机设备	万台	101.84	0.0
电子元件	亿只	133.24	12.7
印制电路板	万平方米	1540.15	−0.8
粗钢	万吨	1261.51	12.3
钢材	万吨	2259.22	15.8
发电量	亿千瓦时	432.78	19.0

五、国内贸易

消费品市场平稳运行。全年实现社会消费品零售总额3119.56亿元，比上年增长9.6%。其中，批发和零售业零售额2880.94亿元，比上年增长9.4%，住宿和餐饮业零售额238.62亿元，比上年增长11.2%。按经营地统计，城镇社会消费品零售总额2671.95亿元，比上年增长10.0%；乡村社会消费品零售总额447.61亿元，比上年增长7.1%。在限额以上批发和零售业零售额中，汽车类增长6.3%；粮油、食品类增长3.6%；石油及制品类增长1.1%；中西药品类增长11.6%；家具类增长6.6%；文化办公用品类增长2.2%。

六、开放型经济

对外贸易实现正增长。按美元计，全年实现对外贸易进出口总额698.05亿美元，比上年增长2.0%。其中，进口总额268.95亿美元，比上年增长2.5%；出口总额429.10亿美元，比上年增长1.6%。一般贸易实现出口额232.67亿美元，总量占比达54.2%。按人民币计，全年实现对外贸易进出口总额4610亿元，比上年增长8.5%。其中，进口总额1777.73亿元，比上年增长9.1%；出口总额2832.26亿元，比上年增长8.1%。

表4　　2016年对主要国家和地区进口、出口总额及其增长速度

单位：万美元

出口国家和地区	2016年	增长（%）	进口国家和地区	2016年	增长（%）
美国	656535	−0.7	日本	498391	−2.8
香港	583308	−2.0	韩国	495361	13.2
日本	397408	1.5	台湾	221927	5.4
韩国	335814	11.8	澳大利亚	156124	12.3
印度	131406	3.3	美国	146617	−8.9

利用外资结构优化。全年批准外资项目354个，协议注册外资44.83亿美元，下降19.0%。到位注册外资34.13亿美元，增长6.3%。制造业利用外资占到位注册外资比重达到66.3%，全年完成协议注册外资超3000万美元的重大外资项目45个。至2016年底全球财富500强企业中有96家在我市投资兴办了182家外资企业。

服务外包产业快速增长。全市服务外包产业接包合同总额122.4亿美元，比上年增长23.4%，执行金额102.9亿美元，比上年增长24.6%；离岸合同总额80.9亿美元，比上年增长23.2%，离岸执行金额65.1亿美元，比上年增长22.8%。

对外经济合作势头良好。全年备案投资项目142个，中方协议投资额达到20.97亿美元，比上年增长20%，其中1000万美元以上项目42个。

七、交通运输、邮政电信和旅游业

交通运输能力提升。年末全社会拥有车辆176.9万辆，比上年增长6.4%。其中汽车158.5万辆，比上年增长11.5%。私人汽车拥有量年末达到133.8万辆，比上年增长13.8%。

客货运输基本稳定。全年完成客运量8638万人次，比上年下降2.7%；完成货运量15830万吨，比上年增长3.1%。全市港口吞吐量18815.07万吨，比上年下降5.3%。全年空港旅客吞吐量556.29万人次，比上年增长20.7%。

邮政通讯较快发展。全年邮电业务总量196.07亿元，发送函件3697万件。全年规模以上快递服务企业业务量完成3.48亿件，比上年增长30.3%。率先建成国内高标准全光网城市，覆盖用户超过648.6万户，城域网出口带宽4.34T。建设4G基站累计达到22372个。年末移动电话用户874.99万户，其中4G手机用户达到547.71万户。固定互联网宽带接入用户292.53万户，移动互联网宽带接入用户699.74万户。

旅游业较快增长。全年共接待国内游客8586.03万人次，比上年增长6.7%；接待旅游、参观、访问及从事各项活动的入境过夜旅游者43.92万人次，比上年增长12.2%。旅游总收入达1555.62亿元，比上年增长12.0%。全市拥有年接待游客10万人以上的景区50个，国家5A级景区3家，国家4A级景区27家，3A级景区14家，2A级景区16家。省星级乡村旅游区（点）86个。年末全市星级宾馆已达42家，其中五星级宾馆13家，四星级宾馆11家。全市拥有旅行社189家，其中出境游组团社20家。

八、财政和金融业

财税实力明显增强。全市一般公共预算收入875亿元，比上年增长5.4%。财政支出结构继续调整，一般公共预算支出

表5　　　　2016年全市财政分项情况

单位：亿元

指　标	2016年	比上年增长（%）
一般公共预算收入	875.00	5.4
#税收收入	706.04	5.7
#增值税	262.52	72.7
营业税	121.33	−42.4
企业所得税(40%)	103.65	4.9
个人所得税(40%)	49.51	21.0
城市维护建设税	54.18	2.8
房产税	33.06	6.3
印花税	10.42	−1.2
契税	24.10	−2.1
上划中央四税收入	595.13	0.4

867.36亿元，比上年增长5.5%。

金融信贷规模扩大。年末金融机构各项本外币存款余额达14612亿元，比上年增长10.9%；各项本外币贷款余额10517.75亿元，比上年增长10.4%。存款中，非金融企业存款余额6429.48亿元，比上年增长7.8%；住户存款余额4957.02亿元，比上年增长5.6%。贷款中，非金融企业及机关团体贷款8470.3亿元，比上年增长6.5%；住户贷款2043.62亿元，比上年增长30.9%。全年现金净投放313.85亿元。

保险业收入增长较快。全年实现保费收入316.68亿元，比上年增长17.3%。其中财产险收入86.01亿元，比上年增长6.0%；人寿险收入230.67亿元，比上年增长67.9%。保险赔款支出55.35亿元，比上年下降21.3%。保险给付支出24.95亿元，比上年增长19.7%。

证券交易市场稳定发展。全年证券市场完成交易额5.46万亿元，比上年增长2.1%。本年新增上市公司17家，累计111家；全市证券交易开户总数141.02万户，托管市值2933.2亿元，增长16.9%。年末全市共有证券公司2家，证券营业部132家。全年新三板企业挂牌105家，累计挂牌209家。

九、科学技术和教育

科技人才不断强化。全市共有国家级工程技术研究中心6家，国家、省级以上科教单位重点实验室10家，国家级国际合作基地10家，省级外资研发中心41家，省级国际技术转移中心8家。当年入选国家“千人计划”5人，累计培育国家“千人计划”专家84人，目前全市共有“千人计划”人才241人。

科技产出水平上升。全市高新技术产业产值占规模以上工业总产值比重达到43.4%，比上年提高1.1个百分点。截止到2016年底有效期内高新技术企业1638家，省级高新技术产品1072个。

科技创新成效明显。全市发明专利申请量达32610件，比上年增长34.8%；发明专利授权量达5583件，比上年增长1.9%。全市获国家、省科技计划到位经费6.45亿元，比上年增长32.1%，其中获国家科技经费1.06亿元。

质量检验能力增强。全市共有国家级产品质量监督检查中心12个，国家级型式评价实验室1个，国家级检测重点实验室7个，国家级产业计算测试中心1个，全年省级监督抽查我市产品719批次，强制性产品认证获证企业6729家，法定计量技术机构3家，强制检定计量器具70万台（件），全年新增主导和参与制修订国际、国家、行业标准98项。

教育事业全面发展。全市共有普通高校12所。普通高等教育本专科招生3.23万人，在校生10.7万人，毕业生3.22万人；研究生教育招生0.22万人，在校生0.67万人，毕业生0.18万人。全市中等职业教育在校生达6.61万人。九年义务教育巩固率100%，高中阶段教育毛入学率100%，普及高中阶段教育。特殊教育招生248人，在校生1118人。全市共有幼儿园383所，比上年增加13所；在园幼儿18.2万人，比上年增加1.2万人。

表6　　各类教育招生和在校生情况

单位：个、万人

指　标	学校个数	招生数	在校生数	毕业生数
普通高等学校	12	3.45	11.37	3.40
普通中等专业学校	20	1.55	4.43	1.24
普通中学	183	7.62	21.54	6.90
职业高中	2	0.12	0.39	0.32
小学	197	6.50	36.13	5.36

十、文化、卫生、体育和民族宗教

文化事业和文化产业持续推进。年末共有艺术表演团体57个，文化馆8个，公共图书馆8个，文化站80个，博物（纪念）馆62个。全市人民广播电台节目8套，电视台节目10套，无锡有线电视总用户已达152.49万户。电视人口总覆盖率和广播人口覆盖率均达100%。全市档案馆7个，已向社会开放档案15.77万卷（件、册）。

卫生事业健康发展。全市拥有卫生医疗机构2308个，其中综合医院82家，社区卫生服务中心（卫生院）89家，社区卫生服务站（村卫生室）709家，护理院15家，疗养院7家。年末全市共有卫生技术人员4.75万人，其中执业（助理）医师1.81万人；拥有医疗床位3.97万张，其中医院、社区卫生服务中心（卫生院）3.85万张。全市实际参合农民54.16万人，人口覆盖率100%。全市各级医疗机构全年完成诊疗5145.58万人次，比上年增长2.9%。

体育事业有序发展。全市新增公共体育设施面积22.86万平方米，新增各级社会体育指导员1300人。国民体质总体达标率达96.34%。成功举办无锡国际马拉松赛、环太湖国际公路自行车赛、亚洲击剑锦标赛等一批大型国际赛事。全年无锡籍运动员在全国以上各级各类比赛中共取得46个冠军，其中2人获4项世界冠军。全市体育彩票销售达到26.09亿元，增长14.6%。

民族宗教领域和谐稳定。年末有宗教活动场所271处，教职人员785名（不含散居道士）。

十一、人口、人民生活和社会保障

人口规模逐步扩大。年末全市户籍人口486.20万人，比上年增长1.1%。全年出生人口44836人，出生率9.27‰；死亡人口31253人，死亡率6.46‰，人口自然增长率为2.81‰。户籍人口城镇化率74.88%。年末全市常住人口652.90万人，比上年增长0.28%，其中城镇常住人口494.9万人，比上年增长0.8%，常住人口城镇化率75.8%。

居民收入不断提高。全体居民人均可支配收入42757元，比上年增长8.4%。城镇常住居民人均可支配收入48628元，比上年增长7.8%。农村常住居民人均可支配收入26158元，比上年增长8.3%。全体居民人均消费支出27932元，比上年增长7.6%，城镇常住居民人均消费支出31438元，比上年增长6.7%。农村常住居民人均生活消费支出18463元，比上年增长12.1%。

社会保障逐步完善。全市企业职工基本养老保险人数达到239.96万人，扩面5.95万人。全市参加城镇职工基本医疗保险人数达到314.53万人，扩面5.17万人。全市参加失业保险职工人数为204.25万人，扩面3.29万人。全市参加工伤保险人数198.54万人，扩面3.3万人。全市参加生育保险人数199万人，扩面3.3万人。市区月低保标准提高至760元。年末在领失业保险金人数为3.98万人。

社会福利事业全面推进。城乡居民最低生活保障对象29027人；全年共发放低保金1.65亿元。实施城乡医疗救助21.8万人次，支付救助金6045.04万元；实施临时救助44902人次，发放救助金4573.79万元。全市重点优抚对象6103人。保障性安居工程建设有序推进，全市新开工保障性住房12784套，基本建成9508套。

十二、资源、环境和安全生产

用地分配更趋务实。全年全市国有建设用地供应总量2085.95公顷，比上年增长11.6%，其中，工矿仓储用地599.36公顷；房地产用地372.08公顷，基础设施等其他用地1114.51公顷。

水资源得到充分利用。年末全市水资源总量62.95亿立方米，比上年增长43.9%，全年总用水量26.59亿立方米，比上年下降0.2%。其中，生活用水增长0.1%，工业用水（不含火电用水）下降0.5%，农业用水下降6.8%，生态补水下降0.4%。

环境保护力度加大。全市$PM_{2.5}$年均浓度较上年下降13.1%。市区环境空气质量优良天数比例为66.9%，集中式饮用水源地水质达标率100%，全市功能区昼间和夜间噪声达标率分别为87%和80%。

城市绿化不断提升。年内市区新增绿地面积200公顷，人均公园绿地面积14.91平方米，建成区绿化覆盖率达到42.98%。

安全生产“双下降”。全年发生各类事故833起，死亡394人。亿元GDP生产安全事故死亡率0.043人／亿元。

注：

1．公报中地区生产总值和各产业增加值绝对值按现行价格计算，增长速度按可比价格计算。

2．部分数据因四舍五入的原因，存在着与分项合计不等的情况。

Statistical Report On Economic and Social Development Of Wuxi Municipality in 2016

Wuxi Municipal Statistics Bureau
Survey team of the National Buieau of Statistics in Wuxi
February 22th, 2017

In 2016, under the correct leadership of the municipal Party committee and the municipal government, the whole city actively carried out the five development concepts, grasped and led the development of the new normal, and pushed forward supply-side structural reform, working in a coordinated fashion to ensure steady growth, reform promotion, structure adjustment, people benefits, ecological environment optimization, risk prevention and etc. The overall economic operation of the city remained stable. Strong industrial city development begins to show results. The 13th Five-Year Plan achieved a good start.

I. General Outlook

The overall economy tended to be smooth. The whole city realized the GDP of 921.002 billion Yuan, calculated on the basis of comparable price, increased by 7.5% than the previous year. The GDP per capita calculated on the basis of permanent population reached 141,300 Yuan.

The adjustment of industrial structure was accelerated. The whole city realized the added value to the first industry of 13.519 billion Yuan, 2.4% lower than the previous year, to the second industry of 434.678 billion Yuan, 6.8% higher than the previous year and to the third industry of 472.805 billion Yuan, rose 8.6% from a year earlier. The proportion of the three industries was adjusted into 1.5 : 47.2 : 51.3.

The employment and re-employment were continuously improved. By the end of 2016, the newly increased employees in urban areas reached 149,000, while 62,800 unemployed people of various kinds in urban areas realized the re-employment and 19,400 people with employment difficulties were helped with re-employment. The registered unemployment rate in urban areas was 1.85%.

The momentum of doing business remains vigorous. At the end of 2016, the number of various enterprises registered in industrial and commercial bureau is 241,500. Among them, there are 19,300 state-owned and collective holding companies; 6,300 foreign-invested enterprises; 215,900 private enterprises; 38,200 new-registered enterprises. There are 309,400 individual households, 52,800 of which are newly increased.

Consumer prices are steadily increasing. In 2016, the price index of city inhabitants (CPI) was 102.3, increased by 0.5% than the previous year, among which, the price index of service items was 103.6, of consumables was 101.4 and the commodity retail price index was 100.9.

II. Agriculture

TThe agricultural production fell slightly. The total grain output of the whole year was 591,600 tons, fell by 18.1% than the previous year; the total output of the oil plants was 8,073 tons, fell by 6.5%, among which, the output of rapeseed was 6,484 tons, fell by 5.6% than the previous year; the total tea output was 6,507 tons, fell by 3.0% than the previous year; the total fruit output was 176,200 tons, slightly fell by 0.4% than the previous year; the aquatic products output in the whole year was 126,700 tons, slightly increased by 1.2% than the previous year.

The crop production structure was adjusted. In the whole year, the grain plantation area was 94.06 thousand hectares, decreased by 7.94 thousand hectares than the previous year; the oil plants plantation area was 3.65 thousand hectares, decreased by 0.15 thousand hectares than the previous year; the vegetable plantation area was 45.90 thousand hectares, decreased by 3.2 thousand hectares than the previous year; and the fruit plantation area was 16.35 thousand hectares, increased by 0.41 thousand hectares than the previous year.

III. Industry and Construction Industry

The industrial production remains stable. The above-scale industrial enterprises of the whole city realized the added value of 307.549 billion Yuan, increased by 5.8% than the previous year. According to economic types, the added value of state-owned enterprises felled by 19.2%, the collective enterprises rose by 3.3%, and the joint-stock enterprises increased by 3.2%, while the added value of foreign-invested enterprises and enterprises funded by Hong Kong, Macao and Taiwan rose by 4.6%. The added value of other enterprises fell by 10.5%. Of the 284 main industrial products under statistics of the whole city, 164 products realized the increased output, accounting for 57.7% of the whole statistical products. Of the 22 key products under track and statistics, 15 products' output realized growth.

The industrial economic benefits kept steadily improved. The above-scale industry of the whole city realized the main business income of 1.412024 trillion Yuan, increased by 4.6% than the previous year; the rate of industrial current period inventory was 98.2%, increased by 0.8% than the previous year, the profit of 96.802 billion Yuan, increased by 9.6% than the previous year.

The building industry was developed steadily. The building industry of the whole society in the whole year completed the added value of 36.968 billion Yuan, increased by 4.3% than the previous year; the construction industry realized the total output of 63.352 billion Yuan, decreased by 5.3% than the previous year. The building area of the construction houses was 33.1348 million square meters. 2 construction project were granted with China Construction Engineering "Luban Prize" and 8 construction projects were granted with Jiangsu Provincial High Quality Project Prize "Yangze Cup" (Building, Construction, Engineering) and 114 construction projects were granted with Wuxi "Taihu Cup" High Quality Project Prize.

IV. Fixed Assets Investment

The investment in fixed assets grew modestly. In the whole year, the investment in fixed assets completed 479.525 billion Yuan, increased by 2.0% than the previous year. If based on the investment directions to different industries: the first industry investment was 0.905 billion Yuan, decreased by 11.4% than the previous year, the second industry investment was 204.865 billion Yuan, increased by 7.0% than the previous year and the third industry investment was 273.755 billion Yuan, decreased by 1.4% than the previous year.

The sales of commercial housing increased rapidly. In the whole year, the real estate industry realized the added value of 52.749 billion Yuan, increased by 8.4% than the previous year. The industry completed the development and investment of 103.362 billion Yuan, increased by 4.2% than the previous year. The construction area of the commercial residential buildings was 59.8676 million square meters, decreased by 9.1% than the previous year. The completed construction area reached 13.2522 million square meters, increased by 12.3% than the previous year. In the whole year, the sales area of the commercial residential buildings was 12.7641 million square meters, increased by 29.3% than the previous year, the sales volume of the buildings was 110.803 billion Yuan, increased by 42.7% than the previous year.

V. Domestic Trade

The consumables market operates steadily. The whole year realized the total volume of retail sales of 311.956 billion Yuan, increased by 9.6% than the previous year; among which, the retail sales of wholesale and retail industries were 288.094 billion Yuan, increased by 9.4% than the previous year, of the accommodation and catering industries were 23.862 billion Yuan, increased by 11.2%. According to the local statistics, the total sales of consumer goods in urban areas were 267.195 billion Yuan, increased by 10.0% than the previous year; the total sales of consumer goods in rural areas were 44.761 billion Yuan, increased by 7.1% than the previous year. The retail sales of the above-norm wholesale and retail industries, the automobile increased by 6.3%, the grain, oil and food increased by 3.6%, Petroleum and relevant products increased by 1.1%, Chinese and western medicine increased by 11.6%, furniture increased by 6.6%, cultural and office supplies increased by 2.2%.

VI. Open Economy

The foreign trade achieved positive growth. The whole year realized the total volume of imports and exports of 69.805 billion USD, increased by 2.0% than the previous year; among which, the total import volume was 26.895 billion USD, increased by 2.5% than the previous year, total export volume was 42.910 billion USD, increased by 1.6% than the previous year. The general trade realized export volume of 23.267 billion USD, accounting for 54.2% of the total export. In terms of RMB, the total import and export volume of foreign trade reached 461 billion Yuan, increased by 8.5% than the previous year. Among them, the total import value of 177.773 billion Yuan, an increase of 9.1% over the previous year; the total export volume was 283.226 billion Yuan, increased by 8.1% than the previous year.

Foreign capital utilization was optimized in structure. The number of newly approved foreign capital projects in the whole year was 354, with committed registered foreign capital of 4.483 billion USD, decreased by 19%. The registered foreign capital in place: 3.413 billion USD, increased by 6.3%. The ratio of the foreign capital utilization by manufacturing industry to the registered capital in place reached 66.3%, the whole year had completed 45 major foreign capital projects with the committed registered capital exceeding 30 million USD. By the end of 2016, 96 companies of Fortune Global 500 had settled 182 foreign enterprises in Wuxi.

The service outsourcing industry grew rapidly. The total execution contract volume of the service outsourcing industry was 12.24 billion USD, increased by 23.4% than the previous year, the execution amount was 10.29 billion USD, increased by 24.6% than the previous year; the total offshore contract volume was 8.09 billion USD, increased by 23.2% than the previous year, the offshore execution amount was 6.51 billion USD, increased by 22.8% than the previous year.

The foreign economic cooperation maintained a sound momentum. The whole year completed 142 overseas investment projects. The investment from Chinese side exceeded 2.097 billion USD, increased by 20% than the previous year, among which, 42 projects were invested with more than 10 million USD.

VII. Traffic, Post & Telecommunications and Tourism Industry

he traffic capacity improved. By the end of the year, there were 1.769 million vehicles in the whole society, increased by 6.4% than the previous year, among which, the automobiles reached 1.585 million, increased by 11.5% than the previous year. The private car ownership reached 1.338 million by the year end, increased by 13.8% bigger than the previous year.

The volume of passenger traffic remains steady. The whole year completed the passenger capacity of 86.38 million person-time, decreased by 2.7% than the previous year; the cargo capacity of 158.30 million tons, increased by 3.1% than the previous year; the throughput of the port cargoes in the whole city was 188.1507 million tons, decreased by 5.3% than the previous year. The throughput of the airport passengers in the whole year was 5.5629 million person-time, increased by 20.7% than the previous year.

The post and telecommunications developed in relatively high speed. The total business volume of post and telecommunications was 19.607 billion Yuan, the whole year had delivered 36.97 million mails. The business volume of express service enterprises above designated scale completed 348 million mails in the whole year, increased by 30.3% than the previous year. Wuxi is among the first cities boasting high standard optical network with users exceeding 6.486 million and an exit bandwidth of 4.34T (metropolitan area network). The number of 4G base stations was 22372. At the end of the year, the number of mobile phone users in the whole city reached 8.7499 million, among which, there were 5.4771 million 4G users, 2.9253 million fixed broadband

Internet users, 6.9974 million mobile Internet users.

The development of tourism industry increased rapidly. The whole year had hosted 85.8603 million tourists, increased by 6.7% than the previous year; it hosted the tourists staying overnight for tourism, visit, sight-seeing and other activities of 439,200 person-time, increased by 12.2% than the previous year. The total tourism revenue reached 155.562 billion Yuan, increased by 12.0% than the previous year. The whole city had 50 scenic spots with the annual tourist volume above 100,000, 3 national AAAAA scenic spots, 27 national AAAA scenic spots, 14 AAA scenic spots, and 16 AA scenic spots. Provincial star country tourism districts (spots) reached 86. By the year end there were 42 star grade hotels, among which, there were 13 five-star hotels, 11 four-star hotels. The city had 189 travel agencies, among which 20 agencies were in charge of outbound travel.

VIII. Finance and Banking

The finance and tax was markedly improved. The general public budget revenue of the whole city was 87.5 billion Yuan, increased by 5.4% than the previous year. The financial expenditure structure continued to be adjusted. The general public budget expenditure was 86.736 billion Yuan, increased by 5.5% than the previous year.

The financial credit and loan expands. At the end of 2016, each item of deposit balance in home and foreign currencies was 1461.2 billion Yuan, increased by 10.9% than the previous year; each item of loan balance in home and foreign currencies was 1051.775 billion Yuan, increased by 10.4 % than the previous year. In the deposit, the non-financial enterprises' saving balance was 642.948 billion Yuan, increased by 7.8% than the previous year; the residents' saving balance was 495.702 billion Yuan, increased by 5.6% than the previous year. In the loan, the non-financial enterprises and institutions' loan was 847.03 billion Yuan, increased by 6.5% than the previous year; the residents' loans were 204.362 billion Yuan, increased by 30.9% than the previous year. The net cash input of the whole year was 31.385 billion Yuan.

The income of insurance industry develops rapidly. The whole year realized the premium revenue of 31.668 billion Yuan, increased by 17.3% than the previous year; among which, the revenue of property insurance was 8.601 billion Yuan, increased by 6.0% than the previous year; the revenue of life insurance was 23.067 billion Yuan, increased by 67.9% than the previous year. The insurance indemnity expenditure was 5.535 billion Yuan, decreased by 21.3% than the previous year. The insurance benefit expenditure was 2.495 billion Yuan, increased by19.7% than the previous year.

The security exchange market developed steadily. The whole year realized the business transaction volume of 5.46 trillion Yuan, increased by 2.1% than the previous year. In 2016, there were 17 newly increased domestic listed companies, total 111 companies; the total accounts opened in security exchanges were 1.4102 million, the managed market value reaches 293.32 billion Yuan, increased by 16.9% than the previous year. At the end of 2016, there were 2 security companies and 132 stock exchanges. In 2016, 105 enterprises were listed in the new three board, there were altogether 209 enterprises on the new three board.

IX. Science, Technology and Education

The high-tech talents continued to enhance. The whole city had 6 national engineering technology research centers, 10 key laboratories in science & educational units of national and provincial level or above, 10 national and international cooperation bases, 41 provincial foreign-invested R&D centers, 8 provincial and international technology transfer centers. In 2016, 5 talents were selected to national Thousand Talent Program*f*, form which, our city had totally cultivated 84 experts. At the moment, the talents of the city in national Thousand Talent Program*f* amount to 241.

The scientific output level was enhanced. The output of the new and high-tech industries would account for 43.4% of the above-scale industrial output, increased by 1.1% than the previous year. By the end of 2016, 1638 enterprises had been recognized as new and high-tech enterprises, 1072 products had been recognized as provincial new and high-tech products.

The technological innovation achieved significant results. The whole city application for invention patent reached 32610 pieces, increased by 34.8% than the previous year, among which, there were 5,583 authorized patents, increased by 1.9% than the previous year. The city was awarded 645 million Yuan' s fund in national and provincial technological plan, increased by 32.1% than the previous year, among which, it was awarded 106 million Yuan national technology fund.

The quality inspection capacity was strengthened. The whole city had 12 national testing centers, 1 national type evaluation laboratory, 7 national key inspection laboratories, 1 National Industrial Computing Testing Center. In the whole year, the provincial supervision team made selective examinations on 719 batches of our products. The number of enterprises which pass the compulsory product certification was 6729. There were 3 legal metrology verification institutions. 700,000 measuring instruments were performed with mandatory verification. In 2016, 98 international, national, industrial standards were reviewed.

Comprehensive development of education By the end of 2016, there had been 12 regular institutions of higher learning, regular higher education enrollment of 32,300 students, 107,000 students at school, 32,200 graduated students; Graduate education enrollment of 2200 students, 6700 students at school, 1800 graduates; 66,100 secondary vocational education students at school; The consolidation rate of nine-year compulsory education was 100%, the admission rate for high school education reached 100%. The high school education was popularized. Special education enrollment of 248 students, there were 1118 students in special school. There were 383 kindergartens (increased by 13 kindergartens than the previous year) in the whole city, which enroll 182,000 students, increased by 12,000 students than the previous year.

X. Culture, Public Health, Sports and National Religions

Cultural undertakings and cultural industry were continuously pushed forward. By the end of 2016, there were totally 57 art performance groups, 8 cultural halls, 8 public libraries, 80 cultural stations, 62 museums (memorial halls). There were 8 radio programs, 10 TV programs and the cable TV users amounted to 1.5249 million. The total TV and radio population coverage both reached 100%. There were 7 archives which had opened 157,700 archives to the society.

The health services were under steady development. The whole city had 2,308 public health and medical institutions, among which, there were 82 comprehensive hospitals, 89 community medical service centers (health centers), 709 community medical service stations (village clinics), 15 nursing homes, 7 sanitariums. By the end of 2016, there were totally 47,500 medical technicians, among whom, 18,100 were medical practitioners (assistant doctors); there were 39,700 medical beds, among which, the hospitals and community medical service centers (health centers) had 38,500 beds. The practical farmer cooperatives in the whole city reached 541,600, with the population coverage of 100%. The medical institutions of various levels accepted the total diagnosis and treatment cases of 51.4558 million person-time, increased by 2.9% than the previous year.

The sports undertakings were well-organized. The whole city had increased the public sports facilities with the area of 228,600 square meters and newly increased social sports instructors at various levels of 1,300 people. The general rate of citizens reaching the standard of constitution was 96.34%. It had successfully held a number of large international competitions such as Wuxi International Marathon, Taihu Lake International Road Cycling, Asian Fencing Championships and etc. In the whole year, athletes with the native place of Wuxi achieved 46 championships in the national and above competitions of various grades and categories, among which there were 2 people awarded with 4 world championships. The sports lottery sales in Wuxi reached 2.609 billion Yuan, increased by 14.6%.

The national and religious areas were harmonious and stable. By the end of 2016, there were 271 places for religious activities and 785 clergies (scattered Taoists excluded).

XI. Population, People' s Lives and Social Security

Population scale was gradually expanded. By the end of 2016, the registered population of the city was 4.8620 million, increased by 1.1% than the previous year. The newly born population was 44836 and the birth rate was 9.27‰; the dead population was 31,253 and the death rate was 6.46‰. The natural population growth rate was 2.81‰. By the end of 2016, the permanent population of the city had reached 6.5290 million, increased by 0.28% than the previous year, among which, the resident population of the city is 4.949 million, increased by 0.8% and the urbanization rate was 75.8%.

Residents' income was increased continuously. The per capita disposable income of the whole residents was 42,757 Yuan, increased by 8.4% than the previous year. The per capita disposable income of the urban residents was 48,628 Yuan, increased by 7.8% than the previous year. The per capita disposable income of the rural residents was 26,158 Yuan, increased by 8.3% than the previous year. The per capita consumption expenditure of the whole residents was 27,932 Yuan, increased by 7.6% than the previous year. The per capita consumption expenditure of the urban permanent residents was 31,438 Yuan, increased by 6.7% than the previous year. The non-productive expenditure of the rural residents was 18,463 Yuan, increased by 12.1% than the previous year.

The social security was improved step by step. The number of basic old-age insurance for enterprise employees reached 2.3996 million, covering 59,500 people. The number of urban worker s a basic medical insurance reached 3.1453 million, covering 51,700 people. The number of unemployment insurance in the whole city was 2.0425 million, covering 32,900 people. The number of employment injury insurance in the whole city was 1.9854 million, covering 33,000 people. The number of maternity insurance in the whole city was 1.9900 million, covering 33,000 people. The minimum living standard per month in city proper was raised to 760 Yuan. By the end of 2016, 39,800 people had drawn the unemployment insurance benefits.

Social welfare undertakings are fully promoted. The objects in urban and rural residents under minimum living guarantee were 29,027 people; the whole year had issued the minimum living benefits of 165 million Yuan, implemented the urban and rural medical aiding for 218,000 person-time, paid the relief money of 60.4504 million Yuan; implemented the temporary aiding for 44,902 person-time, issued the relief money of 45.7379 million Yuan. The number of key entitled groups in the whole city was 6,103. The construction of government-subsidized housing was pushed forward orderly. The number of newly-starting government-subsidized housing was 12784. The number of basically built government-subsidized housing was 9508.

XII. Resource, Environment and Safe Production

The Land allocation tended to be more practical. The state-owned construction land supply in the whole city in 2016 reached 2,085.95 hectares, increased by 11.6% than the previous year, among which, the land for industry and warehouse reached 599.36 hectares; the land for real estate reached 372.08 hectares; the land for infrastructure and other purposes reached 1,114.51 hectares.

Water resources had been used fully. At the end of 2016, the total quantity of water resources reached 6.295 billion cubic meters, increased by 43.9% than the previous year. The whole year s water usage quantity reached 2.659 billion cubic meters, decreased by 0.2% than the previous year, among which, the domestic water consumption increased by 0.1%, the industrial water consumption (not including water used for thermal power) decreased by 0.5%, the agricultural water consumption decreased by 6.8%, the ecological water consumption decreased by 0.4%.

The efforts on environment protection were enhanced. Compared with the statistics of the previous year, the annual average $PM_{2.5}$ concentration of the whole city fell by 13.1%. The proportion of good ambient air quality in the urban area is 66.9%. The water quality of centralized drinking water source reached the water quality rate of 100%. The rate of day and night noise of the city' s functional area is 87% and 80% respectively.

The urban landscaping was continuously increasing. In 2016, the city newly increased 200 hectares of urban landscaping in the built-up area, with the public green space per capita of 14.91 square meters and the green coverage ratio in the built-up area was 42.98%.

The safe production: "Double Fall". The whole year had 833 accidents of various categories, with the death toll of 394. The mortality rate of the production safety accidents for every 100 million Yuan s GDP was 0.043 person/100 million Yuan.

Notes:

1. GDP and the absolute value of added value of in different industries in the communique above are calculated on the basis of current price, while the growth rate is calculated on the basis of comparable price.

2. Some data may differ from the summation of sub items due to the rounded figures.

2017

2017 STATISTICAL YEARBOOK OF WUXI

CHAPTER

第22篇

主要统计指标解释

EXPLANATORY NOTES TO MAJOR STATISTICAL INDICATORS

主要统计指标解释

气温 指空气的温度，我国一般以摄氏度（℃）为单位表示。气象观测的温度表是放在离地面约 1.5 米处通风良好的百叶箱里测量的，因此，通常说的气温指的是离地面 1.5 米处百叶箱中的温度。计算方法为：

月平均气温是将全月各日的平均气温相加，除以该月的天数而得。

年平均气温是将 12 个月的月平均气温累加后除以 12 而得。

降水量 指从天空降落到地面的液态或固态（经融化后）水，未经蒸发、渗透、流失而在地面上积聚的深度。计算方法为：

月降水量是将全月各日的降水量累加而得。

年降水量是将 12 个月的月降水量累加而得。

日照时数 指太阳实际照射地面的时间。其统计方法与降水量相同。

平均每年增长速度 是反映某种现象在一个较长时期中逐期递增的平均速度。在我国计算平均增长速度有两种方法，一种是习惯使用的“水平法”，又称几何平均法，是以间隔期最后一年的水平同基期水平对比来计算平均每年增长（或下降）速度。另一种是“累计法”，又称代数平均法或方程法，是以间隔期内各年水平的总和同基期水平对比来计算平均每年增长（或下降）速度。

在一般正常情况下，两种方法计算的每年增长速度比较接近，但在经济发展不平衡，出现大起大落时，两种方法计算的结果差别较大。

本《年鉴》内所列的平均年增长速度，均用“水平法”计算。从某年到某年平均增长速度的年份，均不包括基期年在内。如建国四十六年的平均增长速度是以 1949 年为基期计算的，则写为 1950−1995 年的平均年增长速度。

企业（单位）登记注册类型 是以在工商行政管理机关登记注册的各类企业为划分对象，以工商行政管理部门对企业登记注册的类型为依据，将企业登记注册类型分为内资企业、港澳台商投资企业和外商投资企业三大类。内资企业包括国有企业、集体企业、股份合作企业、联营企业、有限责任公司、股份有限公司、私营公司和其他企业；港澳台商投资企业和外商投资企业分别包括合资经营企业、合作经营企业、独资经营企业和股份有限公司。对不在工商行政管理部门进行登记注册的行政机关、事业单位和社会团体，主要按其经费来源和管理方式进行划分。

国有企业 指企业全部资产归国家所有，并按《中华人民共和国企业法人登记管理条例》规定登记注册的非公司制的经济组织。不包括有限责任公司中的国有独资公司。

集体企业 指企业资产归集体所有，并按《中华人民共和国企业法人登记管理条例》规定登记注册的经济组织。

股份合作企业 指以合作制为基础，由企业职工共同出资入股，吸收一定比例的社会资产投资组建，实行自主经营，自负盈亏，共同劳动，民主管理，按劳分配与按股分红相结合的一种集体经济组织。

联营企业 指两个及两个以上相同或不同所有制性质的企业法人或事业单位法人，按自愿、平等、互利的原则，共同投资组成的经济组织。联营企业包括国有联营企业、集体联营企业、国有与集体联营企业和其他联营企业。

有限责任公司 指根据《中华人民共和国公司登记管理条例》规定登记注册，由两个以上、五十个以下的股东共同出资，每个股东以其所认缴的出资额对公司承担有限责任，公司以其全部资产对其债务承担责任的经济组织。有限责任公司包括国有独资公司以及其他有限责任公司。

股份有限公司 指根据《中华人民共和国公司登记管理条例》规定登记注册，其全部注册资本由等额股份构成并通过发行股票筹集资本，股东以其认购的股份对公司承担有限责任，公司以其全部资产对其债务承担责任的经济组织。

私营企业 指由自然人投资设立或由自然人控股，以雇佣劳动为基础的营利性经济组织。包括按照《公司法》、《合伙企业法》、《私营企业暂行条例》规定登记注册的私营有限责任公司、私营股份有限公司、私营合伙企业和私营独资企业。

其他企业 指上述企业之外的其他内资经济组织。

合资经营企业（港或澳、台资） 指港澳台地区投资者与内地企业依照《中华人民共和国中外合资经营企业法》及有关法律的规定，按合同规定的比例投资设立、分享利润和分担风险的企业。

合作经营企业（港或澳、台资） 指港澳台地区投资者与内地企业依照《中华人民共和国中外合作经营企业法》及有关法律的规定，依照合作合同的约定进行投资或提供条件设立、分配利润和分担风险的企业。

港澳台商独资经营企业 指依照《中华人民共和国外资企业法》及有关法律的规定，在内地由港澳台地区投资者全额投资设立的企业。

港澳台商投资股份有限公司 指根据国家有关规定，经原外经贸部依法批准设立，其中港、澳、台商的股本占公司注册资本的比例达25%以上的股份有限公司。凡其中港、澳、台商的股本占公司注册资本的比例小于25%的，属于内资企业中的股份有限公司。

其他港澳台商投资企业 指在中国境内参照《外国企业或个人在中国境内设立合伙企业管理办法》和《外商投资合伙企业登记管理规定》，依法设立的港、澳、台商投资合伙企业等。

中外合资经营企业 指外国企业或外国人与中国内地企业依照《中华人民共和国中外合资经营企业法》及有关法律的规定，按合同规定的比例投资设立、分享利润和分担风险的企业。

中外合作经营企业 指外国企业或外国人与中国内地企业依照《中华人民共和国中外合作经营企业法》及有关法律的规定，依照合作合同的约定进行投资或提供条件设立、分配利润和分担风险的企业。

外资企业 指依照《中华人民共和国外资企业法》及有关法律的规定，在中国内地由外国投资者全额投资设立的企业。

外商投资股份有限公司 指根据国家有关规定，经原外经贸部依法批准设立，其中外资的股本占公司注册资本的比例达25%以上的股份有限公司。凡其中外资股本占公司注册资本的比例小于25%的，属于内资企业中的股份有限公司。

其他外商投资企业 指在中国境内依照《外国企业或个人在中国境内设立合伙企业管理办法》和《外商投资合伙企业登记管理规定》，依法设立的外商投资合伙企业等。

地区生产总值(GDP) 指按市场价格计算的一个国家（或地区）所有常住单位在一定时期内生产活动的最终成果。地区生产总值有三种表现形态，即价值形态、收入形态和产品形态。从价值形态看，它是所有常住单位在一定时期内生产的全部货物和服务价值超过同期投入的全部非固定资产货物和服务价值的差额，即所有常住单位的增加值之和；从收入形态看，它是所有常住单位在一定时期内创造并分配给常住单位和非常住单位的初次收入之和；从产品形态看，它是所有常住单位在一定时期内最终使用的货物和服务价值减去货物和服务进口价值。在实际核算中，地区生产总值有三种计算方法，即生产法、收入法和支出法。三种方法分别从不同的方面反映地区生产总值及其构成。

三次产业 三次产业的划分是世界上较为常用的产业结构分类，但各国的划分不尽一致。我国的三次产业划分是：

第一产业是指农、林、牧、渔业（不含农、林、牧、渔服务业）。

第二产业是指采矿业（不含开采辅助活动），制造业（不含金属制品、机械和设备修理业），电力、热力、燃气及水生产和供应业，建筑业。

第三产业即服务业，是指除第一产业、第二产业以外的其他行业。

劳动者报酬 指劳动者因从事生产活动所获得的全部报酬。包括劳动者获得的各种形式的工资、奖金和津贴，既包括货币形式的，也包括实物形式的，还包括劳动者所享受的公费医疗和医药卫生费、上下班交通补贴、单位支付的社会保险费、住房公积金等。

生产税净额 指生产税减生产补贴后的余额。生产税指政府对生产单位从事生产、销售和经营活动以及因从事生产活动使用某些生产要素（如固定资产、土地、劳动力）所征收的各种税、附加费和规费。生产补贴与生产税相反，指政府对生产单位的单方面转移支出，因此视为负生产税，包括政策亏损补贴、价格补贴等。

固定资产折旧 指一定时期内为弥补固定资产损耗按照规定的固定资产折旧率提取的固定资产折旧，或按国民经济核算统一规定的折旧率虚拟计算的固定资产折旧。它反映了固定资产在当期生产中的转移价值。各类企业和企业化管理的事业单位的固定资产折旧是指实际计提的折旧费；不计提折旧的政府机关、非企业化管理的事业单位和居民住房的固定资产折旧是按照统一规定的折旧率和固定资产原值计算的虚拟折旧。原则上，固定资产折旧应按固定资产当期的重置价值计算，但是目前我国尚不具备对全社会固定资产进行重估价的基础，所以暂时只能采用上述办法。

营业盈余 指常住单位创造的增加值扣除劳动者报酬、生产税净额和固定资产折旧后的余额。它相当于企业的营业利润加上生产补贴，但要扣除从利润中开支的工资和福利等。

支出法地区生产总值 是从最终使用的角度反映一个国家（或地区）一定时期内生产活动最终成果的一种方法，包括最终消费支出、资本形成总额及货物和服务净出口三部分。计算公式为：

支出法地区生产总值 = 最终消费支出 + 资本形成总额 + 货物和服务净出口

最终消费支出 指常住单位为满足物质、文化和精神生活的需要，从本国经济领土和国外购买的货物和服务的支出。

它不包括非常住单位在本国经济领土内的消费支出。最终消费支出分为居民消费支出和政府消费支出。

居民消费支出 指常住住户在一定时期内对于货物和服务的全部最终消费支出。居民消费支出除了直接以货币形式购买的货物和服务的消费支出外，还包括以其他方式获得的货物和服务的消费支出，即所谓的虚拟消费支出。居民虚拟消费支出包括如下几种类型：单位以实物报酬及实物转移的形式提供给劳动者的货物和服务；住户生产并由本住户消费了的货物和服务，其中的服务仅指住户的自有住房服务和付酬的家庭雇员提供的家庭和个人服务；金融机构提供的金融媒介服务。

政府消费支出 指政府部门为全社会提供的公共服务的消费支出和免费或以较低的价格向居民住户提供的货物和服务的净支出，前者等于政府服务的产出价值减去政府单位所获得的经营收入的价值，后者等于政府部门免费或以较低价格向居民住户提供的货物和服务的市场价值减去向住户收取的价值。

资本形成总额 指常住单位在一定时期内获得减去处置的固定资产和存货的净额，包括固定资本形成总额和存货增加两部分。

固定资本形成总额 指生产者在一定时期内获得的固定资产减处置的固定资产的价值总额。固定资产是通过生产活动生产出来的，且其使用年限在一年以上、单位价值在规定标准以上的资产，不包括自然资产。可分为有形固定资本形成总额和无形固定资本形成总额。有形固定资本形成总额包括一定时期内完成的建筑工程、安装工程和设备工器具购置（减处置）价值，以及土地改良、新增役、种、奶、毛、娱乐用牲畜和新增经济林木价值。无形固定资本形成总额包括矿藏的勘探、计算机软件等获得减处置。

存货增加 指常住单位在一定时期内存货实物量变动的市场价值，即期末价值减期初价值的差额，再扣除当期由于价格变动而产生的持有收益。存货增加可以是正值，也可以是负值，正值表示存货上升，负值表示存货下降。存货包括生产单位购进的原材料、燃料和储备物资等存货，以及生产单位生产的产成品、在制品和半成品等存货。

货物和服务净出口 指货物和服务出口减货物和服务进口的差额。出口包括常住单位向非常住单位出售或无偿转让的各种货物和服务的价值；进口包括常住单位从非常住单位购买或无偿得到的各种货物和服务的价值。由于服务活动的提供与使用同时发生，一般把常住单位从非常住单位得到的服务作为进口，非常住单位从常住单位得到的服务作为出口。货物的出口和进口都按离岸价格计算。

可比价格 指在不同时期的价值指标对比时，扣除了价格变动的因素，以确切反映物量的变化。按可比价格计算有两种方法：一种是直接用产品产量乘每一年的不变价格计算；另一种使用价格指数换算。

不变价格 指用同类产品的年平均价格作为固定价格，来计算各年产品价值。按不变价格计算的产品价值消除了价格变动因素，不同时期对比可反映出生产的发展速度。新中国成立后，随着工农业产品价格的变化，国家统计局先后五次制定了全国统一的工业产品不变价格和农业产品不变价格，从1949年到1957年使用1952工（农）业产品不变价格，从1957年到1971年使用1957年不变价格，从1981年到1990年使用1980年不变价格，从1990年开始使用1990年不变价格。

人口数 指一定时点、一定地区范围内有生命的个人总和。

年度统计的年末人口数指每年12月31日24时的人口数。

出生率(又称粗出生率) 指在一定时期内（通常为一年）一定地区的出生人数与同期内平均人数（或期中人数）之比，用千分率表示。本资料中的出生率指年出生率，其计算公式为：

$$出生率 = \frac{年出生人数}{年平均人数} \times 1000‰$$

式中：出生人数指活产婴儿，即胎儿脱离母体时（不管怀孕月数），有过呼吸或其他生命现象。年平均人数指年初、年底人口数的平均数，也可用年中人口数代替。

死亡率(又称粗死亡率) 指在一定时期内（通常为一年）一定地区的死亡人数与同期内平均人数（或期中人数）之比，用千分率表示。本资料中的死亡率指年死亡率，其计算公式为：

$$死亡率 = \frac{年死亡人数}{年平均人数} \times 1000‰$$

人口自然增长率 指在一定时期内（通常为一年）人口自然增加数（出生人数减死亡人数）与该时期内平均人数（或期中人数）之比，用千分率表示。计算公式为：

$$人口自然增长率 = \frac{本年出生人口数—本年死亡人口数}{年平均人数} \times 1000‰$$

$$= 人口出生率 - 人口死亡率$$

人口预期寿命 指在一定年龄组死亡率水平下，对某一确定的年龄日后平均还能继续生存的年数（或该年龄组未来的平均寿命）。

从业人员 指报告期末最后一日24时在本单位工作，并取得工资或其他形式劳动报酬的人员。该指标为时点指标，不包括最后一日当天及以前已经与单位解除劳动合同关系的人员，是在岗职工、劳务派遣人员及其他从业人员之和。从业人员不包括：

1.离开本单位仍保留劳动关系，并定期领取生活费的人员；

2.利用课余时间打工的学生及在本单位实习的各类在校学生；

3.本单位因劳务外包而使用的人员，如：建筑业整建制使用的人员。

在岗职工 指在本单位工作且与本单位签订劳动合同，并由单位支付各项工资和社会保险、住房公积金的人员，以及上述人员中由于学习、病伤、产假等原因暂未工作仍由单位支付工资的人员。在岗职工还包括：

1.应订立劳动合同而未订立劳动合同人员（如使用的农村户籍人员）；

2.处于试用期人员；

3.编制外招用的人员，如临时人员；

4.派往外单位工作，但工资仍由本单位发放的人员（如挂职锻炼、外派工作等情况）。

在岗职工不包括：

1.本单位使用的且由本单位直接支付工资的劳务派遣人员，应统计在本单位“劳务派遣人员”指标中；

2.本单位因劳务外包而使用的人员，由承包劳务的单位统计为在岗职工。

劳务派遣人员 根据《中华人民共和国劳动合同法》规定，指与劳务派遣单位签订劳动合同，并被劳务派遣单位派遣到实际用工单位工作，且劳务派遣单位与实际用工单位签订《劳务派遣协议》的人员。

注意：无论用工单位是否直接支付劳动报酬，劳务派遣人员均由实际用工单位填报，而劳务派遣单位（派出单位）不填报这些人员。

其他从业人员 指在本单位工作，不能归到在岗职工、劳务派遣人员中的人员。此类人员是实际参加本单位生产或工作并从本单位取得劳动报酬的人员。具体包括：非全日制人员、聘用的正式离退休人员、兼职人员和第二职业者等，以及在本单位中工作的外籍和港澳台方人员。

从业人员平均人数 指报告期内（年度、季度、月度）平均拥有的从业人员数。季度或年度平均人数按单位实际月平均人数计算得到，不得用期末人数替代。

工资总额 指根据《关于工资总额组成的规定》（1990年1月1日国家统计局发布的一号令）进行修订，本单位在报告期内（季度或年度）直接支付给本单位全部从业人员的劳动报酬总额。包括计时工资、计件工资、奖金、津贴和补贴、加班加点工资、特殊情况下支付的工资，是在岗职工工资总额、劳务派遣人员工资总额和其他从业人员工资总额之和。

工资总额是税前工资，包括单位从个人工资中直接为其代扣或代缴的房费、水费、电费、住房公积金和社会保险基金个人缴纳部分等。

工资总额不论是计入成本的还是不计入成本的，不论是以货币形式支付的还是以实物形式支付的，均应列入工资总额的计算范围。

平均工资 指本单位从业人员在报告期内平均每人所得的工资额。它表明一定时期职工工资收入的高低程度，是反映就业人员工资水平的主要指标。

城镇家庭人口 指居住在一起，经济上合在一起共同生活的家庭成员。凡计算为家庭人口的成员其全部收支都包括在本家庭中。

城镇就业面 指就业人口占家庭人口的百分比。

城镇就业者负担人数 指家庭人口与就业人口之比。

可支配收入 指调查户在调查期内获得的、可用于最终消费支出和储蓄的总和，即调查户可以用来自由支配的收入。

可支配收入既包括现金，也包括实物收入。按照收入的来源，可支配收入包括工资性收入、经营净收入、财产净收入和转移净收入。按居民生活的地域一般分为全体居民可支配收入、城镇常住居民可支配收入和农村常住居民可支配收入。

生活消费支出 指住户用于满足家庭日常生活消费需要的全部支出，包括用于消费品的支出和用于服务性消费的支出。根据用途不同，消费支出可划分为食品烟酒、衣着、居住、生活用品及服务、交通通信、教育文化娱乐、医疗保健、其他用品及服务八大类。根据来源不同，消费支出可划分为现金消费支出、实物消费支出（含自产自用、来自单位、来自政府和其他社会组织）。

恩格尔系数 指食品支出在现金消费支出中所占的比例。计算公式为：

$$恩格尔系数 = \frac{食品支出}{现金消费支出} \times 100\%$$

农村住户 指农村常住户。农村常住户指长期（一年以上）居住在乡镇（不包括城关镇）行政管理区域内的住户，以及长期居住在城关镇所辖行政村范围内的农村住户。户口不在本地而在本地居住一年及以上的住户也包括在本地农村常住户范围内；有本地户口，但举家外出谋生一年以上的住户，无论是否保留承包耕地都不包括在本地农村住户范围内。

整、半劳动力 整劳动力指男子18周岁到50周岁，女子18周岁到45周岁；半劳动力指男子16周岁到17周岁，51周岁到60周岁；女子16周岁到17周岁，46周岁到55周岁，同时具有劳动能力的人。虽然在劳动年龄之内，但已丧失劳动能力的人，不应算为劳动力；超过劳动年龄，但能经常参加劳动，计入半劳动力数内。常住人口中的职工，若这些职工为劳动力，就包括在本户的整半劳动力中。

城市居民消费价格指数 是反映一定时期内城市居民家庭所购买的生活消费品价格和服务项目价格变动趋势和程度的相对数。该指数可以观察和分析消费品的零售价格和服务项目价格变动对城镇职工货币工资的影响，作为研究职工生活和确定工资政策的依据。

商品零售价格指数 是反映一定时期内城乡商品零售价格变动趋势和程度的相对数。商品零售价格的变动直接影响到城乡居民的生活支出和国家的财政收入，影响居民购买力和市场供需的平衡，影响到消费与积累的比例关系。因此，该指数可以从一个侧面对上述经济活动进行观察和分析。

工业生产者出厂价格指数 是反映一定时期内全部工业产品出厂价格总水平的变动趋势和程度的相对数，包括工业企业售给本企业以外所有单位的各种产品和直接售给居民用于生活消费的产品。该指数可以观察出厂价格变动对工业总产值及增加值的影响。

工业生产者购进价格指数 是反映工业企业作为生产投入，而从物资交易市场和能源、原材料生产企业购买原材料、燃料和动力产品时，所支付的价格水平变动趋势和程度的统计指标，是扣除工业企业物质消耗成本中的价格变动影响的重要依据。

目前，我国编制的工业生产者购进价格指数所调查的产品包括燃料动力、黑色金属、有色金属、化工、建材等九大类。

固定资产投资（不含农户） 是指城镇和农村各种登记注册类型的企业、事业、行政单位及城镇个体户进行的计划总投资500万元及500万元以上的建设项目投资和房地产开发投资，包括元口径的城镇固定资产投资加上农村企事业组织项目投资，从2011年开始使用。

房地产开发投资 指各种登记注册类型的房地产开发公司、商品房建设公司及其他房地产开发法人单位和附属于其他法人单位实际从事房地产开发或经营活动的单位统一开发的包括统代建、拆迁还建的住宅、厂房、仓库、饭店、宾馆、度假村、写字楼、办公楼等房屋建筑物和配套的服务设施，土地开发工程（如道路、给水、排水、供电、供热、通讯、平整场地等基础设施工程）的投资；不包括单纯的土地交易活动。

固定资产投资的资金来源 根据固定资产投资的资金来源不同，分为国家预算内资金、国内贷款、利用外资、自筹资金和其他资金。

（1）国家预算内资金：分为财政拨款和财政安排的贷款两部分。包括中央财政的基本建设基金（分经营性基金和非经营性基金两部分）、专项支出（如煤代油专项等）、收回再贷、贴息资金，财政安排的挖潜改造和新产品试制支出、城建支出、商业部门简易建筑支出、不发达地区发展基金等资金中用于固定资产投资的资金；地方财政中由国家统筹安排的资金等。

（2）国内贷款：指报告期固定资产投资单位向银行及非银行金融机构借入的用于固定资产投资的各种国内借款，包括银行利用自有资金及吸收的存款发放的贷款、上级主管部门拨入的国内贷款、国家专项贷款（包括煤代油贷款、劳改煤矿专项贷款等）、地方财政专项资金安排的贷款、国内储备贷款、周转贷款等。

（3）利用外资：指报告期收到的用于固定资产建造和购置的国外资金（包括设备、材料、技术在内）。包括对外借款（外国政府、国际金融组织贷款、出口信贷、外国银行商业贷款、对外发行债券和股票）、外商直接投资及外商其他投资。不包括我国自有外汇资金（国家外汇、地方外汇、留成外汇、调剂外汇和中国银行自有资金发行的外汇贷款等）。计算利用外资时，需要折算成人民币，折算中所使用的外汇汇率按现汇计算，即按使用外汇时的汇率计算。

（4）自筹资金：指固定资产投资单位报告期收到的，由各地区、各部门及企、事业单位筹集用于固定资产投资的预算外资金，包括中央各部门、各级地方和企、事业单位的自筹资金。

（5）其他资金：指在报告期收到的除以上各种资金之外其他用于固定资产投资的资金，包括企业或金融机构通过发行各种债券筹集到的资金、群众集资、个人资金、无偿捐赠的资金及其他单位拨入的资金等。

固定资产投资按国民经济行业分 根据建设项目建成投产后的主要产品或主要用途及社会经济活动性质来确定国民经济行业。一般情况下，一个建设项目或一个企业、事业单位只能属于一种国民经济行业。

固定资产投资按建设性质分 按整个建设项目情况来确定。建设项目的性质一般分为新建、扩建、改建和技术改造、单纯建造生活设施、迁建、恢复、单纯购置。房地产开发单位、农户投资不划分建设性质。

（1）新建 一般指从无到有“平地起家”开始建设的企业、事业和行政单位或建设项目。现有企业、事业、行政单位一般不属于新建。但如有的单位原有基础很小，经过建设后新增的固定资产价值超过该企、事业、行政单位原有固定资产价值（原值）三倍以上的也应作为新建。

（2）扩建 指在厂内或其他地点，为扩大原有产品的生产能力（或效益）或增加新的产品生产能力，而增建主要的生产车间（或主要工程）、分厂、独立的生产线。行政、事业单位在原单位增建业务用房（如学校增建教学用房、医院增建门诊部、病房等）也作为扩建。

现有企、事业单位为扩大原有主要产品生产能力或增加新的产品生产能力，增建一个或几个主要生产车间（或主要工程）、分厂，同时进行一些更新改造工程的，也应作为扩建。

（3）改建和技术改造 指现有企业、事业单位，对原有设施进行技术改造或更新（包括相应配套的辅助性生产、生活福利设施）的建设项目。现有企业、事业单位为适应市场变化的需要，而改变企业的主要产品种类（如军工企业转产民用品等）的建设项目，应作为改建。原有产品生产作业线由于各工序（车间）之间能力不平衡，为填平补齐充分发挥原有生产能力而增建不增加本企业主要产品设计能力的车间，也应作为改建。技术改造是指企业、事业单位在现有基础上，用先进的技术代替落后的技术，用先进的工艺和装备代替落后的工艺和装备，以改变企业落后的技术经济面貌，实现以内涵为主的扩大再生产，达到提高产品质量、促进产品更新换代、节约能源、降低消耗、扩大生产规模、全面提高社会经济效益的目的。技术改造具体包括以下内容：机器设备和工具的更新改造；生产工艺改革、节约能源和原材料的改造；厂房建筑和公共设施的改造；劳动条件和生产环境的改造等。

固定资产投资按构成分

（1）建筑工程 指各种房屋、建筑物的建造工程，又称建筑工作量。这部分投资额必须兴工动料，通过施工活动才能实现，是固定资产投资额的重要组成部分。

（2）安装工程 指各种设备、装置的安装工程，又称安装工作量。

在安装工程中，不包括被安装设备本身价值。

（3）设备工具器具购置 指建设单位或企、事业单位购置或自制的，达到固定资产标准的设备、工具、器具的价值。新建单位及扩建单位的新建车间，按照设计或计划要求购置或自制的全部设备、工具、器具，不论是否达到固定资产标准均计入“设备工具器具购置”中。

（4）其他费用 指在固定资产建造和购置过程中发生的，除上述几项内容以外的各种应分摊计入固定资产的费用。

施工项目个数 是指本年正式进行过建筑或安装施工活动的建设项目个数。包括本年新开工项目，以前年度开工跨入本年继续施工项目，本年全部建成投产项目、以前年度全部停缓建在本年恢复施工的项目，本年进行过施工又在本年内全部停缓建的项目。施工项目个数可以反映一定时期固定资产投资的实际规模，与同期全部建成投产项目个数相比，可以从建设速度的角度反映固定资产投资的效果。

投产项目个数 指报告期内按设计文件规定建成主体工程和相应配套的辅助设施，形成生产能力或工程效益，经过验收合格，并且已正式投入生产或交付使用的建设项目。

新增生产能力(或工程效益) 指通过固定资产投资活动而增加的设计能力（或工程效益）。主要指标包括建设规模、本年施工规模、自开始建设累计新增生产能力（或工程效益）、本年新增生产能力（或工程效益）等。

建设规模 指建设项目或工程设计文件中规定的全部设计能力（或工程效益）。包括已经建成投产和尚未建成投产的工程的生产能力（或工程效益）。

本年施工规模 指报告期内施工的单项工程（或更新改造项目）的设计能力（或工程效益），包括报告期以前已开工跨入本年继续施工的工程的设计能力和报告期新开工工程的设计能力。也包括报告期内建成投产或报告期施工后又停缓建的单项工程设计能力。不包括在报告期以前建成投产或已经停、缓建的工程，以及报告期内尚未正式开工的工程的设计能力。

自开始建设累计新增生产能力（或工程效益） 指自开始建设至本年底止建成投产的全部单项工程累计新增生产能力(或工程效益)。

本年新增生产能力（或工程效益） 指在本年度内按照新增生产能力（或工程效益）的计算条件和标准，实际建成投入生产或交付使用的生产能力（或工程效益）。

房屋施工面积 指报告期内施工的全部房屋建筑面积。包括本期新开工的面积、上期跨入本期继续施工的房屋建筑面积、上期停缓建在本期恢复施工的房屋建筑面积、本期竣工的房屋建筑面积以及本期施工后又停缓建的房屋建筑面积。多层建筑应填各层建筑面积之和。

房屋竣工面积 指在报告期内房屋建筑按照设计要求已经全部完工，达到住人和使用条件，经验收鉴定合格或达到竣工验收标准，可正式移交使用的各栋房屋建筑面积的总和。

新增固定资产 是指已经完成建造和购置过程，并已交付生产或使用单位的固定资产的价值，包括已经建成投入生产或交付使用的工程投资和达到固定资产标准的设备、工具、器具的投资及有关应摊入的费用。该指标是表示固定资产投资成果的价值指标，也是反映建设进度，计算固定资产投资效果的重要指标。

项目建成投产率 指一定时期内全部建成投产项目个数与同期施工项目个数的比率。该指标是从建设单位建设速度的角度反映投资效果的指标。

固定资产交付使用率 指一定时期新增固定资产与同期完成投资额的比率。该指标是反映固定资产动用速度，衡量建设过程中宏观投资效果的综合指标。由于新增固定资产是较长时期内形成的结果，而投资额则是当年完成的，因此，该指标一般适宜于反映较长时期内固定资产的动用情况。

商品房销售面积 指报告期内出售商品房屋的合同总面积（即双方签署的正式买卖合同中所确定的建筑面积）。由现房销售面积和期房销售面积两部分组成。

商品房销售额 指报告期内出售商品房屋的合同总价款（即双方签署的正式买卖合同中所确定的合同总价）。该指标与商品房销售面积同口径，由现房销售额和期房销售额两部分组成。

供水综合生产能力 指按供水设施取水、净化、送水、出厂输水干管等环节设计能力计算的综合生产能力。包括在原设计能力的基础上，经挖、革、改增加的生产能力。计算时，以四个环节中最薄弱的环节为主确定能力。

年末供水管道长度 指从送水泵至用户水表之间所有管道的长度。不包括新安装尚未使用的管道。

城市供水总量 指报告期供水企业（单位）供出的全部水量。包括有效供水量和漏损水量。

生活用水量 包括公共服务用水和居民家庭用水。公共服务用水指为城市社会公共生活服务的用水。包括行政事业单位、部队营区和公共设施服务、社会服务业、批发零售贸易业、旅馆饮食业以及其他公共服务业等单位的用水。居民家庭用水指城市范围内所有居民家庭的日常生活用水。包括城市居民、农民家庭、公共供水站用水。

用水普及率 指城市用水人口数与城市人口总数的比率。计算公式：

$$用水普及率=\frac{城市用水人口数}{城市人口总数}\times 100\%$$

城市供气总量 指全年燃气企业（单位）向用户供应的燃气数量。包括销售量和损失量。

用气普及率 指报告期末使用燃气的城市人口数与城市人口总数的比率。计算公式为：

$$用气普及率=\frac{城市用气人口数}{城市人口总数}\times 100\%$$

年末道路长度 指年末道路长度和与道路相通的广场、桥梁、隧道的长度，按车行道中心线计算。在统计时只统计路面宽度在3.5米（含3.5米）以上的各种铺装道路，包括开放型工业区和住宅区道路在内。

城市排水管道长度 指所有排水总管、干管、支管、检查井及连接井进出口等长度之和。

城市污水日处理能力 指污水处理厂（或处理装置）每昼夜处理污水量的设计能力。

年末运营车数 指年末公交企业（单位）用于运营业务的全部车辆数。以企业（单位）固定资产台帐中已投入运营的车辆数为准。

城市园林绿地面积 指报告期末用作园林和绿化的各种绿地面积。包括公共绿地、居住区绿地、单位附属绿地、防护绿地、生产绿地、道路绿地和风景林地面积。

不包括：

1.屋顶绿化、垂直绿化、阳台绿化和室内绿化。

2.以物质生产为主的林地、耕地、牧草地、果园和竹园等。

3.城市总体规划中不列入绿地的水域。

公共绿地 指向公众开放的市级、区级、居住区级各类公园、街旁游园，包括其范围内的水域。其中居住区级公园应不小于1万平方米，街旁游园的宽度不小于8米，面积不小于400平方米。

工业废水排放量 指经过企业厂区所有排放口排到企业外部的工业废水量。包括生产废水、外排的直接冷却水、超标排放的矿井地下水和与工业废水混排的厂区生活污水，不包括外排的间接冷却水（清污不分流的间接冷却水应计算在内）。

工业废水排放达标量 指报告期内废水中各项污染物指标都达到国家或地方排放标准的外排工业废水量，包括未经处理外排达标的，经废水处理设施处理后达标排放的，以及经污水处理厂处理后达标排放的。

工业废水排放达标率 指工业废水排放达标量占工业废水排放量的百分率，计算公式为：

$$工业废水排放达标率=\frac{工业废水排放达标量}{工业废水排放量}\times 100\%$$

化学需氧量(COD) 测量有机和无机物质化学分解所消耗氧的质量浓度的水污染指数。

工业废气排放量 指报告期内企业厂区内燃料燃烧和生产工艺过程中产生的各种排入大气的含有污染物的气体的总量，以标准状态（273K，101325Pa）计算。测算公式为：

工业废气排放量 = 燃料燃烧过程中废气排放量 + 生产工艺过程中废气排放量

工业SO_2排放量 指报告期内企业在燃料燃烧和生产工艺过程中排入大气的SO_2总量，计算公式为：

工业SO_2排放量 = 燃料燃烧过程中SO_2排放量 + 生产工艺过程中SO_2排放量

工业烟尘排放量 指企业厂区内燃料燃烧过程中产生的烟气中夹带的颗粒物排放量。

工业粉尘排放量 指企业在生产工艺过程中排放的能在空气中悬浮一定时间的固体颗粒物排放量。如钢铁企业的耐火材料粉尘、焦化企业的筛焦系统粉尘、烧结机的粉尘、石灰窑的粉尘、建材企业的水泥粉尘等。不包括电厂排入大气的烟尘。

一般工业固体废物产生量 指未被列入《国家危险废物名录》或者根据国家规定的危险废物鉴别标准（GB5085）、固体废物浸出毒性浸出方法（GB5086）及固体废物浸出毒性测定方法（GB / T 15555）鉴别方法判定不具有危险特性的工业固体废物。计算公式是：

一般工业固体废物产生量 =（一般工业固体废物综合利用量 − 其中：综合利用往年贮存量）+ 一般工业固体废物贮存量 +（一般工业固体废物处置量 − 其中：处置往年贮存量）+ 一般工业固体废物倾倒丢弃量

一般工业固体废物综合利用量 指报告期内企业通过回收、加工、循环、交换等方式，从固体废物中提取或者使其转化为可以利用的资源、能源和其他原材料的固体废物量（包括当年利用的往年工业固体废物累计贮存量）。如用作农业肥料、生产建筑材料、筑路等。综合利用量由原产生固体废物的单位统计。

一般工业固体废物处置量 指报告期内企业将工业固体废物焚烧和用其他改变工业固体废物的物理、化学、生物特性的方法，达到减少或者消除其危险成分的活动，或者将工业固体废物最终置于符合环境保护规定要求的填埋场的活动中，所消纳固体废物的量。

一般工业固体废物贮存量 指报告期内企业以综合利用或处置为目的，将固体废物暂时贮存或堆存在专设的贮存设施或专设的集中堆存场所内的量。专设的固体废物贮存场所或贮存设施必须有防扩散、防流失、防渗漏、防止污染大气、水体的措施。

一般工业固体废物倾倒丢弃量 指报告期内企业将所产生的固体废物倾倒或者丢弃到固体废物污染防治设施、场所以外的量。

生活垃圾无害化处理率 指报告期生活垃圾无害化处理量与生活垃圾产生量比率。在统计上，由于生活垃圾产生量不易取得，可用清运量代替。计算公式为：

$$生活垃圾无害化处理率 = \frac{生活垃圾无害化处理量}{生活垃圾产生量} \times 100\%$$

农林牧渔业总产值 指以货币表现的农、林、牧、渔业全部产品和对农林牧渔业生产活动进行的各种支持性服务活动的价值总量，它反映一定时期内农林牧渔业生产总规模和总成果。

农林牧渔业总产值的计算方法通常是按农、林、牧、渔业产品及其副产品的产量分别乘以各自单位产品价格求得；少数生产周期较长，当年没有产品或产品产量不易统计的，则采用间接方法匡算其产值；然后将四业产品产值相加即为农林牧渔业总产值。

粮食产量 指全社会的产量。包括国有经济经营的、集体统一经营的和农民家庭经营的粮食产量，还包括工矿企业办的农场和其他生产单位的产量。

油料产量 指全部油料作物的生产量。包括花生、油菜籽、芝麻、向日葵籽、胡麻籽（亚麻籽）和其他油料。不包括大豆、木本油料和野生油料。花生以带壳干花生计算。

水产品产量 指人工养殖的水产品和天然生长的水产品的捕捞量。包括海水的鱼类、虾蟹类、贝类和藻类以及内陆水域的鱼类、虾蟹类和贝类，不包括淡水生植物。

猪、牛、羊肉产量 指当年出栏并已屠宰、除去头蹄下水后带骨肉（即胴体重）的重量。包括全社会范围内的产量。

期初(末)畜禽存栏头(只)数 指报告期初（末）农村各种合作经济组织和国营农场、农民个人、机关、团体、学校、工矿企业、部队等单位以及城镇居民饲养的大牲畜、猪、羊、家禽等畜禽的存栏数。数据上报方式及数据调整情况同猪、牛、羊肉产量。

农作物播种面积 指实际播种或移植有农作物的面积。凡是实际种植有农作物的面积，不论种植在耕地上还是种植在非耕地上，均包括在农作物播种面积中。在播种季节基本结束后，因遭灾而重新改种和补种的农作物面积，也包括在内。它是反映我国耕地面积利用情况的一个重要指标。目前，农作物播种面积主要包括粮食、棉花、油料、糖料、麻类、烟叶、蔬菜和瓜类、药材和其他农作物九大类。

有效灌溉面积 指具有一定的水源，地块比较平整，灌溉工程或设备已经配套，在一般年景下，当年能够进行正常灌溉的耕地面积。在一般情况下，有效灌溉面积应等于灌溉工程或设备已经配备，能够进行正常灌溉的水田和水浇地面积之和。它是反映我国耕地抗旱能力的一个重要指标。

农用化肥施用量 指本年内实际用于农业生产的化肥数量，包括氮肥、磷肥、钾肥和复合肥。化肥施用量要求按折纯量计算数量。折纯量是指把氮肥、磷肥、钾肥分别按含氮、含五氧化二磷、含氧化钾的百分之百成份进行折算后的数量。复合肥按其所含主要成分折算。公式为：

折纯量 = 实物量 × 某种化肥有效成份含量的百分比

农业机械总动力 指主要用于农、林、牧、渔业的各种动力机械的动力总和。包括耕作机械、排灌机械、收获机械、农用运输机械、植物保护机械、牧业机械、林业机械、渔业机械和其他农业机械〔内燃机按引擎马力折成瓦（特）计算、电动机按功率折成瓦（特）计算〕。不包括专门用于乡、镇、村、组办工业、基本建设、非农业运输、科学试验和教学等非农业生产方面用的动力机械与作业机械。这个指标的统计数据主要来源于农机部门。

乡村从业人员 指乡村人口中劳动年龄在16周岁以上实际参加生产经营活动并取得实物或货币收入的人员，包括劳动年龄内经常参加劳动的人员，也包括超过劳动年龄但经常参加劳动的人员，但不包括户口在家的在外学生、现役军人和丧失劳动能力的人，也不包括待业人员和家务劳动者。从业人员按从事主业时间最长（时间相同按收入）分为农林牧渔业从业人员、工业从业人员、建筑业从业人员、交通运输业、仓储及邮电通信业从业人员、批零贸易业、餐饮业从业人员、其他非农行业从业人员。

工业 指从事自然资源的开采，对采掘品和农产品进行加工和再加工的物质生产部门。具体包括：(1) 对自然资源的开采，如采矿、晒盐等（但不包括禽兽捕猎和水产捕捞）；(2) 对农副产品的加工、再加工，如粮油加工、食品加工、缫丝、纺织、制革等；(3) 对采掘品的加工、再加工，如炼铁、炼钢、化工生产、石油加工、机器制造、木材加工等，以及电力、自来水、煤气的生产和供应等；(4) 对工业品的修理、翻新，如机器设备的修理、交通运输工具（如汽车）的修理等。

工业统计调查单位为独立核算法人工业企业。

独立核算法人工业企业指从事工业生产经营活动的单位。独立核算法人工业企业应同时具备以下条件：①依法成立，有自己的名称、组织机构和场所，能够承担民事责任；②独立拥有和使用资产，承担负债，有权与其他单位签订合同；③独立核算盈亏，并能够编制资产负债表。

轻工业 指主要提供生活消费品和制作手工工具的工业。按其所使用的原料不同，可分为两大类：(1) 以农产品为原料的轻工业，是指直接或间接以农产品为基本原料的轻工业。主要包括食品制造、饮料制造、烟草加工、纺织、缝纫、皮革和毛皮制作、造纸以及印刷等工业；(2) 以非农产品为原料的轻工业，是指以工业品为原料的轻工业。主要包括文教体育用品、化学药品制造、合成纤维制造、日用化学制品、日用玻璃制品、日用金属制品、手工工具制造、医疗器械制造、文化和办公用机械制造等工业。

重工业 指为国民经济各部门提供物质技术基础的主要生产资料的工业。按其生产性质和产品用途，可以分为下列三类：(1) 采掘（伐）工业，是指对自然资源的开采，包括石油开采、煤炭开采、金属矿开采、非金属矿开采等工业；(2) 原材料工业，指向国民经济各部门提供基本材料、动力和燃料的工业。包括金属冶炼及加工、炼焦及焦炭、化学、化工原料、水泥、人造板以及电力、石油和煤炭加工等工业；(3) 加工工业，是指对工业原材料进行再加工制造的工业。包括装备国民经济各部门的机械设备制造工业、金属结构、水泥制品等工业，以及为农业提供的生产资料如化肥、农药等工业。

根据上述划分原则，修理业中以重工业产品为修理作业对象的划为重工业，反之划为轻工业。

工业总产值 是以货币形式表现的，工业企业在一定时期内生产的工业最终产品或提供工业性劳务活动的总价值量。它反映一定时间内工业生产的总规模和总水平。工业总产值包括三项内容：即本期生产成品价值、对外加工费收入、在制品半成品期末期初差额价值三部分。

本期生产成品价值：指企业本期生产，并在报告期内不再进行加工，经检验、包装入库的全部工业成品（半成品）价值合计，包括企业生产的自制设备及提供给本企业在建工程、其他非工业部门和福利部门等单位使用的成品价值。本期生产成品价值为按自备原材料生产的产品的数量乘以本期不含增值税（销项税额）的产品实际销售平均单价计算；会计核算中按成本价格转帐的自制设备和自产自用的成品，按成本价格计算生产成品价值。生产成品价值中不包括用定货者来料加工的成品（半成品）价值。

对外加工费收入：指企业在报告期内完成的对外承接的工业品加工（包括用定货者来料加工产品）的加工费收入和对外工业修理作业所取得的加工费收入。对外加工费收入按不含增值税（销项税额）的价格计算，可根据会计“产品销售收入”科目的有关资料取得。

对于本企业对内非工业部门提供的加工修理、设备安装的劳务收入，如果企业会计核算基础较好，能取得这部分资料，而且这部分价值所占比重较大，应包括在对外加工费收入中。

自制半成品在制品期末期初差额价值：指企业报告期在制品期末减期初的差额价值，本指标一般可以从会计核算资料中取得。如果会计产品成本核算中不计算半成品、在制品的成本，则总产值中也不包括这部分价值，反之则包括。

资产总计 指企业过去的交易或者事项形成的、由企业拥有或者控制的、预期会给企业带来经济利益的资源。资产一般按流动性分为流动资产和非流动资产。其中流动资产可分为货币资金、交易性金融资产、应收票据、应收账款、预付款项、其他应收款、存货等；非流动资产可分为长期股权投资、固定资产、无形资产及其他非流动资产等。根据会计“资产负债表”中“资产总计”项目的期末余额数填报。

流动资产合计 资产满足以下条件之一应归为流动资产：(1) 预计在一个正常营业周期中变现、出售或耗用，主要包括存货、应收账款等；(2) 主要为交易目的而持有；(3) 预计在资产负债表日起一年内（含一年）变现；(4) 自资产负债日起一年内，交换其他资产或清偿负债的能力不受限制的现金或现金等价物。包括货币资金、应收票据、应收账款、存货等项目。根据会计“资产负债表”中“流动资产合计”项目的期末余额数填报。

固定资产原价 指固定资产的成本，包括企业在购置、自行建造、安装、改建、扩建、技术改造某项固定资产时所发生的全部支出总额。根据会计“固定资产”科目的期末借方余额填报。

累计折旧 指企业在报告期末提取的历年固定资产折旧累计数。根据会计“累计折旧”科目的期末贷方余额填报。

负债合计 指企业过去的交易或者事项形成的，预期会导致经济利益流出企业的现时义务。负债一般按偿还期长短分为流动负债和非流动负债。根据会计“资产负债表”中“负债合计”项目的期末余额数填报。

流动负债合计 负债满足下列条件之一的应归为流动负债：(1) 预计在一个正常营业周期中清偿；(2) 主要为交易目的而持有；(3) 自资产负债表日起一年内到期应予清偿；(4) 企业无权自主地将清偿推迟至资产负债表日后一年以上。包括短期借款、应付票据、应付账款、应付职工薪酬、应交税费等项目。根据会计“资产负债表”中“流动负债合计”项目的期末余额数填报。

所有者权益合计 指企业资产扣除负债后由所有者享有的剩余权益。公司的所有者权益又称股东权益。包括实收资本、资本公积、盈余公积、未分配利润等。根据会计“资产负债表”中“所有者权益合计”项目的期末余额数填报。

主营业务收入 指企业确认的销售商品、提供劳务等主营业务的收入。根据会计“主营业务收入”科目的期末贷方余额填报。

主营业务成本 指企业经营主要业务所发生的成本总额。根据会计“主营业务成本”科目的期末借方余额填报。

主营业务税金及附加 指企业经营主要业务应负担的营业税、消费税、城市维护建设税、教育费附加等。根据会计“主营业务税金及附加”科目的期末借方余额填报。

利润总额 指企业在一定会计期间的经营成果，是生产经营过程中各种收入扣除各种耗费后的盈余，反映企业在报告期内实现的亏盈总额。根据会计“利润表”中“利润总额”项目的本期金额数填报。

应交增值税 指企业按税法规定，从事货物销售或提供加工、修理修配劳务等增加货物价值的活动本期应交纳的税金。计算公式为：

$$\text{应交增值税} = \text{销项税额} - (\text{进项税额} - \text{进项税额转出}) - \text{出口抵减内销产品应纳税额} - \text{减免税款} + \text{出口退税}$$

进项税额指工业企业在报告期内购入货物或接受应税劳务而支付的、准予从销项税额中抵扣的增值税额。

销项税额指工业企业在报告期内销售货物或提供应税劳务应收取的增值税额。

从业人员平均人数 是指报告期内平均拥有的从业人员人数。其计算公式为：

$$\text{月平均人数} = \frac{\text{报告月内每天实有的全部人数之和}}{\text{报告月日历日数}}$$

$$\text{季平均人数} = \frac{\text{报告季内 3 个月平均人数之和}}{3}$$

$$\text{年平均人数} = \frac{\text{报告年内 12 个月平均人数之和}}{12}$$

建筑业统计单位 指从事房屋、构筑物建造和设备安装活动的法人企业。建筑业法人企业应具有建筑业资质并能够独立核算，同时其应具备以下条件：①依法成立，有自己的名称、组织机构和场所，能够承担民事责任；②独立拥有和使用资产，承担负债，有权与其他单位签订合同；③独立核算盈亏，能够编制资产负债表。

建筑业总产值 是以货币形式表现的建筑业企业在一定时期内生产的建筑业产品和提供的服务的总和。建筑业总产值包括：

⑴建筑工程产值：指列入建筑工程预算内的各种工程价值。

⑵安装工程产值：指设备安装工程价值，不包括被安装设备本身的价值。

⑶其他产值：建筑业总产值中除建筑工程、安装工程以外的产值。包括房屋构筑物修理产值、非标准设备制造产值、总包企业向分包企业收取的管理费以及不能明确划分的施工活动所完成的产值。

a.房屋构筑物修理产值：指房屋和构筑物修理所完成的产值，但不包括被修理房屋、构筑物本身价值和生产设备的修理产值。

b.非标准设备制造产值：指加工制造没有定型的非标准生产设备的加工费和原材料价值（如化工厂、炼油厂用的各种罐、槽，矿井生产统一使用的各种漏斗、三角槽、阀门等）以及附属加工厂为本企业承建工程制作的非标准设备的价值。

建筑业增加值　指建筑业企业在报告期内以货币形式表现的建筑业生产经营活动的最终成果。

房屋建筑施工面积　指在报告期内施过工的全部房屋建筑面积，包括本期新开工的房屋面积、上期施工跨入本期继续施工的房屋面积、上期停缓建在本期恢复施工的房屋面积、本期竣工的房屋面积及本期施工后又停缓建的房屋面积。

房屋建筑竣工面积　指在报告期内房屋建筑按照设计要求全部完工，达到了使用条件，经验收鉴定合格，正式移交使用单位的房屋建筑面积。

铁路营业里程　又称营业长度，指投入客货运输营业或临时营业的线路长度。

公路里程 指报告期末公路的实际长度。统计范围：包括城间、城乡间、乡（村）间能行驶汽车的公共道路，公路通过城镇街道的里程，公路桥梁长度、隧道长度、渡口宽度。不包括城市街道里程，断头路里程，农（林）业生产用道路里程，工（矿）企业等内部道路里程。统计原则：按已竣工验收或交付使用的实际里程计算；两条或多条公路共同经由同一路段的重复里程，只计算一次。

内河航道里程　指报告期末在江河、湖泊、水库、渠道和运河水域内，船舶、排筏在不同水位期可以通航的实际航道里程数。内河航道里程按主航道中心线实际长度计算。两省以河为界的航道里程，双方均按一半计算。

货(客)运量　指在一定时期内，各种运输工具实际运送的货物重量（旅客数量）。该指标是反映运输业为国民经济和人民生活服务的数量指标，也是制定和检查运输生产计划、研究运输发展规模和速度的重要指标。货运按吨计算，客运按人计算。货物不论运输距离长短、货物类别，均按实际重量统计。旅客不论行程远近或票价多少，均按一人一次客运量统计；半价票、小孩票也按一人统计。

货物(旅客)周转量　指在一定时期内，由各种运输工具运送的货物（旅客）数量与其相应运输距离的乘积之总和。该指标可以反映运输业生产的总成果，也是编制和检查运输生产计划，计算运输效率、劳动生产率以及核算运输单位成本的主要基础资料。计算货物周转量通常按发出站与到达站之间的最短距离，也就是计费距离计算。计算公式为：

货物（旅客）周转量 = Σ（货物（旅客）运输量 × 运输距离）

港口货物吞吐量　指报告期内港口完成的货物吞吐量。货物吞吐量是指经由水路进、出港区范围并经过装卸的货物数量。包括邮件、办理托运手续的行李、包裹以及补给运输船舶的燃料、物料和淡水。按货物的贸易性质分为内贸和外贸吞吐量。

民用运输船舶拥有量　指报告期末在水路运输管理部门注册登记的从事水上客、货运输活动的我国企业或私人拥有的营业性运输船舶（含我国企业或私人拥有的悬挂外国旗的船舶）。不包括非运输船舶及农业、渔业生产船舶。

民用汽车拥有量　指报告期末，在公安交通管理部门按照《机动车注册登记工作规范》，已注册登记领有民用车辆牌照的全部汽车数量。汽车拥有量统计的主要分类：根据汽车结构分为载客汽车、载货汽车及其他汽车；根据汽车所有者不同分为个人（私人）汽车、单位汽车；根据汽车的使用性质分为营运汽车、非营运汽车；根据汽车大小规格不同，载客汽车分为大型、中型、小型和微型，载货汽车分为重型、中型、轻型和微型。

邮电业务总量　指以货币形式表现的邮电企业为社会提供各类邮电通信服务的总数量。该指标是用于观察邮电业务发展变化总趋势的综合性总量指标，分别按邮政业务总量和电信业务总量统计。邮电业务总量是以各类业务的实物量分别乘以相应的不变单价，求出各类业务的货币量加总求得。不变单价是一定时期内计算业务总量的同度量因素，是根据基年各类邮电业务量与相对应的邮电业务收入测算的平均单价。

移动电话用户　指在电信运营企业营业网点办理开户登记手续，通过移动电话交换机进入移动电话网，占用移动电话号码的各类电话用户。包括各类签约用户、智能网预付费用户、无线上网卡用户。

固定电话用户　指在电信企业营业网点办理开户登记手续并已接入固定电话网上的全部电话用户。包括普通电话用户、无线市话用户、公用电话用户、窄带综合业务数字网（N—ISDN）用户、智能网专用接入终端用户等。

城市电话用户　指按行政区划属于中央直辖市、省辖市、地级市、县级市的市区、市郊区及县城区范围内的电话用户数。包括分布在农村地区但以县团级以上建制的独立工矿区、林区、驻军的电话用户。

农村电话用户　指按行政区划属于城市范围以外的乡（镇）、村电话用户。

住宅电话用户　指私人付费或安装在居民住宅并按照私人或住宅电话用户登记注册和收费的各类电话用户。

长途电话交换机容量　指电信企业用于接入长途电话网的电话交换机的设备额定容量。

互联网宽带接入端口　指用于接入互联网用户的各类实际安装运行的接入端口的数量，包括xDSL用户接入端口、LAN接入端口、其他类型接入端口等，不包括窄带拨号接入端口。

批发业 指向其他批发或零售单位（含个体经营者）及其他企事业单位、机关团体等批量销售生活用品、生产资料的活动，以及从事进出口贸易和贸易经纪与代理的活动，包括拥有货物所有权，并以本单位(公司)的名义进行交易活动，也包括不拥有货物的所有权，收取佣金的商品代理、商品代售活动；还包括各类商品批发市场中固定摊位的批发活动，以及以销售为目的的收购活动。

零售业 指百货商店、超级市场、专门零售商店、品牌专卖店、售货摊等主要面向最终消费者（如居民等）的销售活动，以互联网、邮政、电话、售货机等方式的销售活动，还包括在同一地点，后面加工生产，前面销售的店铺（如面包房）；谷物、种子、饲料、牲畜、矿产品、生产用原料、化工原料、农用化工产品、机械设备（乘用车、计算机及通信设备除外）等生产资料的销售不作为零售活动；多数零售商对其销售的货物拥有所有权，但有些则是充当委托人的代理人，进行委托销售或以收取佣金的方式进行销售。

批发和零售业商品购进、销售、库存额 指各种登记注册类型的批发和零售业企业(单位)以本企业(单位)为总体的，从国内、国外市场购进的商品总量，销售和出口的商品总量，库存的商品总量等情况。该指标可以反映商品流转过程中商品的购进、销售、库存之间的比例关系和存在的问题。

商品购进额 指从本企业以外的单位和个人购进（包括从国外直接进口）作为转卖或加工后转卖的商品金额（含增值税）。商品购进包括：(1) 从工农业生产者、批发和零售业企业、住宿和餐饮业企业、出版社或报社的出版发行部门和其他服务业企业购进的商品；(2) 从机关团体、事业单位购进的商品；(3) 从海关、市场管理部门购进的缉私和没收的商品；(4) 从居民收购的废旧商品等。不包括：(1) 企业为本单位自身经营用，不是作为转卖而购进的商品，如材料物资、包装物、低值易耗品、办公用品等；(2) 未通过买卖行为而收入的商品，如接受其他部门移交的商品、借入的商品、收入代其他单位保管的商品、其他单位赠送的样品、加工回收的成品等；(3) 经本单位介绍，由买卖双方直接结算，本单位只收取手续费的业务；(4) 销售退回和买方拒付货款的商品；(5) 商品溢余。

商品销售额 指对本单位以外的单位和个人出售的商品金额（包括售给本单位消费用的商品，含增值税）。商品销售包括（1）售给城乡居民和社会集团消费用的商品；(2) 售给农业、工业、建筑业、服务业等国民经济各行业用于生产、经营用的商品，包括售予批发和零售业作为转卖或加工后转卖的商品；(3) 对国（境）外直接出口的商品。不包括：(1) 未通过买卖行为付出的商品，如随机构变动移交给其他企业单位的商品、借出的商品、归还受其他单位委托代保管的商品、付出的加工原料和赠送给其他单位的样品等；(2) 经本单位介绍，由买卖双方直接结算，本单位只收取手续费的业务；(3) 购货退回的商品；(4) 商品损耗和损失；(5) 出售本单位自用的废旧物资。

商品库存额 对于批发和零售业法人单位和个体经营户，是指报告期末取得所有权的全部商品金额（含增值税）；对于批发和零售业产业活动单位，是指报告期末实际在库且归属法人具有所有权的全部商品金额（含增值税）。库存商品包括：(1)存放在本单位(如门市部、批发站、采购站、经营处)的仓库、货场、货柜和货架中的商品；(2)挑选、整理、包装中的商品；(3)已记入购进而尚未运到本单位的商品，即发货单或银行承兑凭证已到而货未到的商品；(4)寄放他处的商品，如因购货方拒绝付款而暂时存在购货方的商品；(5)委托其他单位代销(未作销售或调出)尚未售出的商品；(6)代其他单位购进尚未交付的商品。不包括：所有权不属于本单位的商品；委托外单位加工的商品；外贸企业代理其他单位从国外进口，尚未付给订货单位的商品；代国家储备部门保管的商品。

连锁总店（总部） 指负责连锁企业资源（商号、商誉、经营模式、服务标准、管理模式等等）的开发、配置、控制或使用等功能的企业核心管理机构。连锁经营是指经营同类商品或服务，使用统一商号的若干店铺，在同一总店（总部）的管理下，采取统一采购或特许经营等方式，实现规模效益的组织形式，包括直营连锁、特许连锁和自愿连锁三种形式。其中，直营连锁是指连锁店铺由连锁公司全资或控股开设，在总部的直接控制下，开展统一经营的连锁经营形式；特许连锁是指拥有注册商标、企业标志、专利、专有技术等经营资源的企业（特许人），以合同形式将其拥有的经营资源许可其他经营者（被特许人）使用，被特许人按合同约定在统一的经营模式下开展经营，并向特许人支付特许经营费用的连锁经营形式；自愿连锁是指若干个店铺或企业自愿组合起来，在不改变各自资产所有权关系的情况下，以同一个品牌形象面对消费者，以共同进货为纽带开展的连锁经营形式。

亿元以上商品交易市场 指年成交额在亿元及以上的商品交易市场。商品交易市场是指经有关部门和组织批准设立，有固定场所、设施，有经营管理部门和监管人员，若干市场经营者入内，常年或实际开业三个月以上，集中、公开、独立地进行生活消费品、生产资料等现货商品交易以及提供相关服务的交易场所，包括各类消费品市场、生产资料市场等。

社会消费品零售总额 指企业（单位、个体户）通过交易直接售给个人、社会集团非生产、非经营用的实物商品金额，以及提供餐饮服务所取得的收入金额。个人包括城乡居民和入境人员，社会集团包括机关、社会团体、部队、学校、企事业单位、居委会或村委会等。

住宿业 指为旅行者提供短期留宿场所的活动，有些单位只提供住宿，也有些单位提供住宿、饮食、商务、娱乐一体的服务，不包括主要按月或按年长期出租房屋住所的活动。

餐饮业 指通过即时制作加工、商业销售和服务性劳动等，向消费者提供食品和消费场所及设施的服务。

营业额 指住宿和餐饮业单位在经营活动中因提供服务或销售商品等取得的收入。包括：客房收入、餐费收入、商品销售额（含增值税）和其他收入。其中，客房收入指住宿和餐饮业单位在经营活动中因提供住宿服务取得的收入。餐费收入指本单位为顾客提供就餐服务取得的收入，包括：经烹饪、调制加工后出售的各种食品，如主食、炒菜、凉拌菜等的收入。

进出口总额 指实际进出我国国境的货物总金额。包括对外贸易实际进出口货物，来料加工装配进出口货物，国家间、联合国及国际组织无偿援助物资和赠送品，华侨、港澳台同胞和外籍华人捐赠品，租赁期满归承租人所有的租赁货物，进料加工进出口货物，边境地方贸易及边境地区小额贸易进出口货物（边民互市贸易除外），中外合资企业、中外合作经营企业、外商独资经营企业进出口货物和公用物品，到、离岸价格在规定限额以上的进出口货样和广告品（无商业价值、无使用价值和免费提供出口的除外），从保税仓库提取在中国境内销售的进口货物，以及其他进出口货物。该指标可以观察一个国家在对外贸易方面的总规模。我国规定出口货物按离岸价格统计，进口货物按到岸价格统计。

商品经营单位所在地进、出口额 指所在地海关注册登记的有进出口经营权的企业实际进、出口额。

商品目的地进口额和商品货源地出口额 目的地进口额指进口货物的消费、使用或最终抵运地的实际进口额；货源地出口额指出口货物的产地或原始发货地的实际出口额。

外商直接投资 是指外国投资者在我国境内通过设立外商投资企业、合伙企业、与中方投资者共同进行石油资源的合作勘探开发以及设立外国公司分支机构等方式进行投资。外国投资者可以用现金、实物、无形资产、股权等投资，还可以用从外商投资企业获得的利润进行再投资。

外商其他投资 指除对外借款和外商直接投资以外的各种利用外资的形式。包括企业在境内外股票市场公开发行的以外币计价的股票发行价总额，国际租赁进口设备的应付款，补偿贸易中外商提供的进口设备、技术、物料的价款，加工装配贸易中外商提供的进口设备、物料的价款。

对外直接投资 指我国企业、团体等(简称境内投资主体）在国外及港澳台地区以现金、实物、无形资产等方式投资，并以控制国(境)外企业的经营管理权为核心的经济活动。对外直接投资的内涵主要体现在一经济体通过投资于另一经济体而实现其持久利益的目标。

对外承包工程 根据《对外承包工程管理条例》，对外承包工程是指中国的企业或者其他单位承包境外建设工程项目的活动。

对外劳务合作 指组织劳务人员赴其他国家或地区为国外的企业或机构工作的经营性活动。

入境游客 指报告期内来中国（大陆）观光、度假、探亲访友、就医疗养、购物、参加会议或从事经济、文化、体育、宗教活动的外国人、港澳台同胞等游客（即入境旅游人数）。统计时，入境游客按每入境一次统计1人次。入境旅游人数包括入境过夜游客和入境一日游游客。

出境人数（出境游客） 指中国（大陆）居民因公或因私出境前往其他国家、中国香港特别行政区、澳门特别行政区和台湾省观光、度假、探亲访友、就医疗养、购物、参加会议或从事经济、文化、体育、宗教活动的人数（即出境游客）。统计时，出境游客按每出境一次统计1人次。

国内游客 指报告期内在中国（大陆）观光游览、度假、探亲访友、就医疗养、购物、参加会议或从事经济、文化、体育、宗教活动的中国（大陆）居民人数，其出游的目的不是通过所从事的活动谋取报酬。统计时，国内游客按每出游一次统计1人次。

国际旅游(外汇)收入 指入境游客在中国（大陆）境内旅行、游览过程中用于交通、参观游览、住宿、餐饮、购物、娱乐等全部花费。

国内旅游收入 指国内游客在国内旅行、游览过程中用于交通、参观游览、住宿、餐饮、购物、娱乐等全部花费。

星级饭店 指设备、设施、服务符合《旅游饭店星级的划分与评定》（GB/T14308—2003），通过相关旅游管理部门评定，并取得星级饭店称号的饭店（含预备星级饭店）。

财政收入　指国家财政参与社会产品分配所取得的收入，是实现国家职能的财力保证。主要包括：（1）各项税收：包括国内增值税、国内消费税、进口货物增值税和消费税、出口货物退增值税和消费税、营业税、企业所得税、个人所得税、资源税、城市维护建设税、房产税、印花税、城镇土地使用税、土地增值税、车船税、船舶吨税、车辆购置税、关税、耕地占用税、契税、烟叶税等。（2）非税收入：包括专项收入、行政事业性收费、罚没收入和其他收入。财政收入按现行分税制财政体制划分为中央本级收入和地方本级收入。

财政支出　指国家财政将筹集起来的资金进行分配使用，以满足经济建设和各项事业的需要。主要包括：一般公共服务、外交、国防、公共安全、教育、科学技术、文化体育与传媒、社会保障和就业、医疗卫生、环境保护、城乡社区事务、农林水事务、交通运输、资源勘探电力信息等事务、商业服务等事务、金融监管支出、国土气象等事务、住房保障支出、粮油物资储备管理等事务、国债付息支出等方面的支出。财政支出根据政府在经济和社会活动中的不同职权，划分为中央财政支出和地方财政支出。

存款　指企业、机关、团体或居民根据资金必须收回的原则，把货币资金存入银行或其他信贷机构保管并取得一定利息的一种信用活动形式。根据存款对象或性质的不同可划分为单位存款、个人存款、财政性存款、临时性存款、委托存款、其他存款等科目。它是银行信贷资金的主要来源。

贷款　指银行或其他信贷机构根据资金必须归还的原则，按一定利率，为企业、个人等提供资金的一种信用活动形式。我国银行贷款分为短期贷款、中长期贷款、融资租赁、票据融资、各项垫款、境外贷款等。

保险金额　指保险人承担赔偿或者给付保险金责任的最高限额。

保费　指投保人为取得保险人在约定范围内所承担赔偿责任而支付给保险人的费用。

赔款　指保险人根据保险合同的规定，向被保险人支付的赔偿保险责任损失的金额。

给付　包括死伤医疗给付和满期给付。死伤医疗给付是指保险人根据人寿保险及长期健康保险合同的规定，因被保险人在保险期内发生保险责任范围内的保险事故支付给被保险人（或受益人）的金额。满期给付是指被保险人生存期满，保险人按人寿保险合同规定支付给被保险人的满期保险金额。

普通高等学校　指按照国家规定的设置标准和审批程序批准举办的，通过全国普通高等学校统一招生考试，招收高中毕业生为主要培养对象，实施高等教育的全日制大学、独立设置的学院和高等专科学校、高等职业学校和其他机构。

大学、独立设置的学院主要实施本科层次以上教育，高等专科学校、高等职业学校实施专科层次教育，其他机构是承担国家普通招生计划任务不计校数的机构。包括普通高等学校分校和批准筹建的普通高等学校等。

成人高等学校　指按照国家规定的设置标准和审批程序批准举办的，通过全国成人高等学校统一招生考试，招收具有高中毕业或同等学历的在职从业人员为主要培养对象，利用函授、业余、脱产等多种形式对其实施高等学历教育的学校。包括职工高等学校、农民高等学校、管理干部学院、教育学院、独立函授学院、广播电视大学、其他机构等。其他机构是承担国家成人招生计划任务不计校数的机构。

小学学龄儿童净入学率　指调查范围内已入小学学习的学龄儿童占校内外学龄儿童总数（包括弱智儿童，不包括盲聋哑儿童）的比重。计算公式为：

$$\text{小学学龄儿童净入学率} = \frac{\text{已入学的小学学龄儿童数}}{\text{校内外小学学龄儿童总数}} \times 100\%$$

研究与试验发展(R&D)　指在科学技术领域，为增加知识总量，以及运用这些知识去创造新的应用进行的系统的创造性的活动，包括基础研究、应用研究、试验发展三类活动。国际上通常采用R&D活动的规模和强度指标反映一国的科技实力和核心竞争力。

基础研究　指为了获得关于现象和可观察事实的基本原理的新知识（揭示客观事物的本质、运动规律，获得新发现、新学说）而进行的实验性或理论性研究，它不以任何专门或特定的应用或使用为目的。其成果以科学论文和科学著作为主要形式。用来反映知识的原始创新能力。

应用研究　指为获得新知识而进行的创造性研究，主要针对某一特定的目的或目标。应用研究是为了确定基础研究成果可能的用途，或是为达到预定的目标探索应采取的新方法（原理性）或新途径。其成果形式以科学论文、专著、原理性模型或发明专利为主。用来反映对基础研究成果应用途径的探索。

试验发展　指利用从基础研究、应用研究和实际经验所获得的现有知识，为产生新的产品、材料和装置，建立新的工艺、系统和服务，以及对已产生和建立的上述各项作实质性的改进而进行的系统性工作。其成果形式主要是专利、专有技术、具有新产品基本特征的产品原型或具有新装置基本特征的原始样机等。在社会科学领域，试验发展是指把通过基础研究、应用研究获得的知识转变成可以实施的计划（包括为进行检验和评估实施示范项目）的过程。人文科学领域没有对应的试验发展活动。主要反映将科研成果转化为技术和产品的能力，是科技推动经济社会发展的物化成果。

R&D人员 指参与研究与试验发展项目研究、管理和辅助工作的人员，包括项目（课题）组人员，企业科技行政管理人员和直接为项目（课题）活动提供服务的辅助人员。反映投入从事拥有自主知识产权的研究开发活动的人力规模。

R&D人员全时当量 指全时人员数加非全时人员按工作量折算为全时人员数的总和。例如：有两个全时人员和三个非全时人员（工作时间分别为20%、30%和70%），则全时当量为2+0.2+0.3+0.7=3.2人年。为国际上比较科技人力投入而制定的可比指标。

R&D经费支出合计 指调查单位用于内部开展R&D活动（基础研究、应用研究和试验发展）的实际支出。包括用于R&D项目（课题）活动的直接支出，以及间接用于R&D活动的管理费、服务费、与R&D有关的基本建设支出以及外协加工费等。不包括生产性活动支出、归还贷款支出以及与外单位合作或委托外单位进行R&D活动而转拨给对方的经费支出。

R&D经费支出中政府资金 指R&D经费内部支出中来自各级政府部门的各类资金，包括财政科学技术拨款、科学基金、教育等部门事业费以及政府部门预算外资金的实际支出。

R&D经费支出中企业资金 指R&D经费内部支出中来自本企业的自有资金和接受其他企业委托而获得的经费，以及科研院所、高校等事业单位从企业获得的资金的实际支出。

R&D项目（课题）数 指在当年立项并开展研究工作、以前年份立项仍继续进行研究的研发项目（课题）数，包括当年完成和年内研究工作已告失败的研发项目（课题），但不包括委托外单位进行的研发项目（课题）数。

R&D项目（课题）人员全时当量 指实际参加研发项目（课题）活动人员折合的全时当量。

R&D项目（课题）经费支出 指调查单位内部在报告年度进行研发项目（课题）研究和试制等的实际支出。包括劳务费、其他日常支出、固定资产购建费、外协加工费等，不包括委托或与外单位合作进行项目（课题）研究而拨付给对方使用的经费。

新产品产值 指报告期企业生产的新产品的产值。新产品是指采用新技术原理、新设计构思研制、生产的全新产品，或在结构、材质、工艺等某一方面比原有产品有明显改进，从而显著提高了产品性能或扩大了使用功能的产品。新产品产值、新产品销售收入既包括经政府有关部门认定并在有效期内的新产品，也包括企业自行研制开发，未经政府有关部门认定，从投产之日起一年之内的新产品。

新产品销售收入 指报告期企业销售新产品实现的销售收入。

专利 是专利权的简称，是对发明人的发明创造经审查合格后，由专利局依据专利法授予发明人和设计人对该项发明创造享有的专有权。包括发明、实用新型和外观设计。反映拥有自主知识产权的科技和设计成果情况。

发明（专利） 指对产品、方法或者其改进所提出的新的技术方案。是国际通行的反映拥有自主知识产权技术的核心指标。

实用新型（专利） 指对产品的形状、构造或者其结合所提出的适于实用的新的技术方案。反映具有一定技术含量的技术成果情况。

外观设计（专利） 指对产品的形状、图案、色彩或者其结合所作出的富有美感并适于工业上应用的新设计。反映拥有自主知识产权的外观设计成果情况。

专业技术人员 指从事专业技术工作和专业技术管理工作的人员，即企事业单位中已经聘任专业技术职务从事专业技术工作和专业技术管理工作的人员，以及未聘任专业技术职务，现在专业技术岗位上工作的人员。包括工程技术人员，农业技术人员，科学研究人员，卫生技术人员，教学人员，经济人员，会计人员，统计人员，翻译人员，图书资料、档案、文博人员，新闻出版人员，律师、公证人员，广播电视播音人员，工艺美术人员，体育人员，艺术人员及企业政治思想工作人员，共十七个专业技术职务类别。用来反映科技人力资源情况。

艺术表演团体 指由文化部门主办或实行行业管理（经文化市场行政部门审批或已申报登记并领取相关许可证），专门从事表演艺术等活动的各类专业艺术表演团体，含民间职业剧团。不包括群众业余文艺表演团体。

艺术表演场馆 指由文化部门主办或实行行业管理（经文化市场行政部门审批或已申报登记并领取相关许可证），有观众席、舞台、灯光设备，公开售票、专供文艺团体演出的文化活动场所。

文化市场经营机构 指经文化市场行政部门审批或已申报登记并领取相关许可证的、从事文化经营和文化服务活动的机构。

广播节目综合人口覆盖率 指根据国家广电总局制定的《广播电视人口覆盖率统计技术标准和方法》进行统计调查的，在对象区内能接收到由中央、省、地市或县通过无线、有线或卫星等各种技术方式转播的各级广播节目的人口数占全国总人口数的百分比。

电视节目综合人口覆盖率 指根据国家广电总局制定的《广播电视人口覆盖率统计技术标准和方法》进行统计调查的，在对象区内能接收到由中央、省、地市或县通过无线、有线或卫星等各种技术方式转播的各级电视节目的人口数占全国总人口数的百分比。

有线广播电视入户率 通过广播电视有线传输网收看电视节目的用户数占全国总户数的百分比。

等级运动员 是指经考核正式批准授予运动员称号的运动员，等级称号由高到低依次为国际级运动健将、运动健将、一级运动员、二级运动员、三级运动员。

等级教练员 是指经考核正式批准授予等级教练员职称的教练员，等级职称由高到低依次为国家级教练员、高级教练员、中级教练员、初级教练员。

医疗卫生机构 指从卫生行政部门取得《医疗机构执业许可证》、《计划生育技术服务许可证》，或从民政、工商行政、机构编制管理部门取得法人单位登记证书，为社会提供医疗保健、疾病控制、卫生监督服务或从事医学科研和医学在职培训等工作的单位。医疗卫生机构包括医院、基层医疗卫生机构、专业公共卫生机构、其他医疗卫生机构。

医院 包括综合医院、中医医院、中西医结合医院、民族医院、各类专科医院和护理院，不包括专科疾病防治院、妇幼保健院和疗养院。

基层医疗卫生机构 包括社区卫生服务中心、社区卫生服务站、街道卫生院、乡镇卫生院、村卫生室、门诊部、诊所(医务室)。

专业公共卫生机构 包括疾病预防控制中心、专科疾病防治机构、妇幼保健机构（含妇幼保健计划生育服务中心）、健康教育机构、急救中心（站）、采供血机构、卫生监督机构、取得《医疗机构执业许可证》或《计划生育技术服务许可证》的计划生育技术服务机构。

其他医疗卫生机构 包括疗养院、临床检验中心、医学科研机构、医学在职教育机构、医学考试中心、农村改水中心、人才交流中心、统计信息中心等卫生事业单位。

卫生人员 指在医院、基层医疗卫生机构、专业公共卫生机构及其他医疗卫生机构工作的职工，包括卫生技术人员、乡村医生和卫生员、其他技术人员、管理人员和工勤人员。一律按支付年底工资的在岗职工统计，包括各类聘任人员(含合同工)及返聘本单位半年以上人员，不包括临时工、离退休人员、退职人员、离开本单位仍保留劳动关系人员、本单位返聘和临聘不足半年人员。

卫生技术人员 包括执业医师、执业助理医师、注册护士、药师（士）、检验技师（士）、影像技师、卫生监督员和见习医（药、护、技）师（士）等卫生专业人员。不包括从事管理工作的卫生技术人员(如院长、副院长、党委书记等)。

执业医师 指《医师执业证》“级别”为“执业医师”且实际从事医疗、预防保健工作的人员，不包括实际从事管理工作的执业医师。执业医师类别分为临床、中医、口腔和公共卫生四类。

执业（助理）医师 指《医师执业证》“级别”为“执业助理医师”且实际从事医疗、预防保健工作的人员，不包括实际从事管理工作的执业助理医师。执业助理医师类别分为临床、中医、口腔和公共卫生四类。

社会福利企业 指以集中安置有一定劳动能力的残疾人员就业为目的（残疾职工占生产人员10%以上）、带有社会福利性质的企业总称。主要包括福利工厂、假肢厂和其他福利企业。

城市居民最低生活保障人数 指在报告期末家庭平均收入在当地规定的最低生活保障线以下的城镇居民数。包括“三无”对象，失业人员和在职、下岗、退休人员等。

农村居民最低生活保障人数 指报告期末在建立农村最低生活保障制度的地区，得到当地政府或集体给予最低生活保障的农业人口家庭人数。

五保户 指无法定抚养义务人，或者虽有法定抚养义务人，但是抚养人无抚养能力的；无劳动能力的；无生活来源的老年人、残疾人和未成年人。

传统救济人数 指国家规定由民政部门救济的特殊人员和60年代精简退职老职工救济人员。特殊人员包括麻风病人、原国民党起义、投诚人员、归侨、台胞台属、宽大释放人员、摘掉右派帽子人员、因公负伤的下乡知青、因计划生育手术事故造成死亡和丧失劳动能力人员等传统民政救济对象。

社区服务机构数 指报告期末设立的社区服务指导中心、社区服务中心、社区服务站、其他社区服务机构的总和数。具有面向老人及其家庭的商品递送、医疗保健、家庭保洁、日间照料、陪伴服务等为社区居家养老服务的设施和突出综合服务的职能。包括党员活动室、就业保障网络、社区卫生服务站、文化活动室、图书室、“爱心超市”、社区捐助接收站点、警务站（室）、老年活动室、未成年人文化活动场所等具有综合服务功能的机构。

律师 指依法取得律师执业证书，担任法律顾问，民事（刑事、行政）案件代理人、刑事案件辩护人、办理非诉讼业务，解答法律询问，代写法律事务文书等，为社会提供法律服务的人员。

公证人员 指在公证处工作的人员总称，包括公证处主任、副主任、公证员、公证员助理（助理公证员）和其他从事辅助性工作的人员。

公证文书 指公证处根据当事人申请，依照事实和法律，按照法定程序制作的，具有法律效力的司法证明文书。根据公证书用途和使用地，公证书分为国内公证书、国内经济公证书、涉外民事公证书、涉外经济公证书四类。

Explanatory Notes to Major Statistical Indicators

Temperature refers to the air temperature. China uses centigrade as the unit. The thermometry used for weather observation is put in a breezy shutter, which is 1.5 meters high from the ground. Therefore, the commonly used temperature refers to the temperature in the breezy shutter 1.5 meters away from the ground. The calculation method is as follows:

Monthly average temperature is the summation of average daily temperature of one month divided by the actual days of that particular month.

Annual average temperature is the summation of monthly average of a year divided by 12 months.

Volume of Precipitation refers to the deepness of liquid state or solid state (thawed) water falling from the sky to the ground that has not been evaporated. infiltrated or run off. The calculation method is as follows:

Monthly precipitation is the summation of daily precipitation of a month.

Annual precipitation is the summation of 12 months precipitation of a year.

Sunshine Hours refer to the actual hours of sun irradiating the earth. The calculation method is the same as that of the precipitation.

Average Annual Growth Rate refers to the reflect of the average growth rate of certain phenomenon stage by stage in a long period. Two methods for calculating average growth rate are applied in China. One is often called level approach*f* or the method of calculating geometric average, which is derived by comparing the level of the last year of the interval with that of the base year; the other is called accumulating approach*f* or algebraic average or equation method, which is derived by comparing the summation of the actual figure of each year in the interval with the figure in the base year.

Usually the results calculated by the two methods are fairly close, but they differ sharply when uneven economic development occurs with striking fluctuations in growth.

The average annual growth rates listed in this statistical yearbook are calculated by evel approach*f*. The base years are not listed for the average annual growth rates. For instance, the average annual growth rate of 43 years since 1949 is listed as average annual growth rate of 1950-1955 without listing the base year 1949.

Registration Status of Enterprises Enterprises are classified into 3 categories, namely domestic-funded enterprises, enterprises with investment from Hong Kong, Macau and Taiwan, and enterprises with foreign investment, in the light of the registration status of an enterprise in industrial and commercial administration agencies. Domestic-funded enterprises include state-owned enterprises, collective-owned enterprises, cooperative enterprises, joint ownership enterprises, limited liability corporations, share-holding corporations Ltd., private enterprises and other enterprises. Included in the enterprises with investment from Hong Kong, Macau and Taiwan and enterprises with foreign investment are joint-venture enterprises, cooperative enterprises, sole investment enterprises and share-holding corporations Ltd. For government agencies, institutions and social organizations which are not requested to be registered in industrial and commercial administration agencies, they are classified mainly by their sources of funds and way of management.

State-owned Enterprises refer to non-corporation economic units where the entire assets are owned by the state and which have registered in accordance with the Regulation of the People s Republic of China on the Management of Registration of Corporate Enterprises. Excluded from this category are sole state-funded corporations in the limited liability corporations.

Collective-owned Enterprises refer to economic units where the assets are owned collectively and which have registered in accordance with the Regulation of the People s Republic of China on the Management of Registration of Corporate Enterprises.

Cooperative Enterprises refer to a form of collective economic units (enterprises) where capitals come mainly from employees as their shares, with certain proportion of capital from the outside, where production is organized on the basis of independent operation, independent accounting for profits and losses, joint work, democratic management, and a distribution system that integrates remuneration according to work with dividend according to capital share.

Joint Ownership Enterprises refer to economic units established by two or more corporate enterprises or corporate institutions of the same or different ownership, through joint investment on the basis of equality, voluntary participation and mutual benefits. They include state joint ownership enterprises, collective joint ownership enterprises, joint state-collective enterprises, other joint ownership maximum of its total assets. Limited liability corporations include exclusive state-funded limited liability corporations and other limited liability corporations.

Limited Liability Corporations refer to economic units established with investment from 2-50 investors and registered in accordance with the Regulation of the People s Republic of China on the Management of Registration of Corporations, each investor bearing limited liability to the corporation depending on its share of investment, and the corporation bearing liability to its debt to the maximum of its total assets. Limited liability corporations include exclusive state-funded limited liability corporations and other limited liability corporations.

Share-holding Corporations Ltd. refer to economic units registered in accordance with the Regulation of the People s Republic of China on the Management of Registration of Corporations, with total registered capitals divided into equal shares and raised through issuing stocks. Each investor bears limited liability to the corporation depending on the holding of shares, and the corporation bears liability to its debt to the maximum of its total assets.

Private Enterprises refer to profit-making economic units invested and established by natural persons, or controlled by natural persons using employed labour. Included in this category are private limited liability corporations, private share-holding corporations Ltd., private partnership enterprises and private-funded enterprises registered in accordance with the Corporation Law, Partnership Enterprises Law and Interim Regulations on Private Enterprises .

Other Domestic-funded Enterprises refer to domestic-funded economic units other than those mentioned above.

Joint Venture Enterprises(Funds are from Hong Kong, Macao or Taiwan.) are enterprises established by investors from Hong Kong, Macao and Taiwan with enterprises in the mainland of China in accordance with the Law of the People s Republic of China on Sino-foreign Equity Joint Ventures and other relevant laws, where the establishment of the investment and the sharing of profits and risks are stipulated under joint venture contracts.

Cooperative Enterprises(Funds are from Hong Kong, Macao or Taiwan.) established by investors from Hong Kong, Macao and Taiwan with enterprises in the mainland of China in accordance with the Law of the People s Republic of China on Sino-foreign Contractual Joint Venture and other relevant laws, where the investment or provision of facilities and the sharing of profits and risks are stipulated under cooperative contracts.

Enterprises with Sole (exclusive) Investment from Hong Kong, Macao and Taiwan refer to enterprises established in the mainland of China with exclusive investment from investors from Hong Kong, Macao and Taiwan in accordance with the Law of the People s Republic of China on Wholly Foreign-owned Enterprises and other relevant laws.

Share-holding Corporations Ltd. with Investment from Hong Kong, Macao and Taiwan refer to share-holding corporations Ltd. established with the approval from the former Ministry of Foreign Trade and Economic Relations in line with relevant State regulations, where the share of investment from Hong Kong, Macao or Taiwan businessmen exceeds 25% of the total registered capital of the corporation. In case the share of investment from Hong Kong, Macao or Taiwan is less than 25% of the total registered capital, the enterprise is to be classified as domestic-funded share-holding corporation Ltd.

Other Enterprises with Funds From Hong Kong, Macao and Taiwan refer to partnership enterprises with investments from Hong Kong, Macao and Taiwan established within the territory of China in accordance with Administrative Measures on the Establishment of Partnership Enterprises in China by Foreign Enterprises or Foreign Individuals and Regulations for the Administration of the Registration of Foreign-invested Partnership Enterprises.

Joint Venture Enterprises with Foreign Investment refer to enterprises jointly established by foreign enterprises or foreigners with enterprises in the mainland of China in accordance with the Law of the People s Republic of China on Sino-foreign Equity Joint Ventures and other relevant laws, where the sharing of investment, profits and risks is stipulated under contract.

Cooperative Enterprises with Foreign Investment refer to enterprises jointly established by foreign enterprises or foreigners with enterprises in the mainland of China in accordance with the Law of the People s Republic of China on Sino-foreign Contractual Joint Venture and other relevant laws, where the investment or provision of facilities and the sharing of profits and risks are stipulated under cooperative contracts.

Enterprises with Sole (exclusive) Foreign Investment refer to enterprises established in the mainland of China with exclusive investment from foreign investors in accordance with the Law of the People s Republic of China on Wholly Foreign-owned Enterprises and other relevant laws.

Share-holding Corporations Ltd. with Foreign Investment refer to share-holding corporations Ltd. established with the approval from the former Ministry of Foreign Trade and Economic Relations in line with relevant State regulations, where the share of investment from foreign investors exceeds 25% of the total registered capital of the corporation. In case the share of foreign investment is less than 25% of the total registered capital, the enterprise is to be classified as domestic-funded share-holding corporation Ltd.

Other Enterprises with Foreign Funds refer to partnership enterprises established within the territory of China in accordance with Administrative Measures on the Establishment of Partnership Enterprises in China by Foreign Enterprises or Foreign Individuals and Regulations for the Administration of the Registration of Foreign-invested Partnership Enterprises.

Gross Domestic Product (GDP) refers to the final products at market prices produced by all resident units in a country (or a region) during a certain period of time. Gross domestic product is expressed in three different forms, i.e. value, income, and products respectively. GDP in its value form refers to the total value of all goods and services produced by all resident units during a certain period of time, minus the total value of input of goods and services of the nature of non-fixed assets; in other term, it is the sum of the value-added of all resident units. GDP in the form of income includes the income created by all resident units and distributed to resident and non-resident units. GDP in the form of products refers to the value of all goods and services for final consumption by all resident units minus the net exports of goods and services during a given period of time. In the practice of national accounting, gross domestic product is calculated with three approaches, i.e. production approach, income approach and expenditure approach, which reflect gross domestic product and its composition from different aspects.

Three Industries Classification of economic activities into three branches of industries is a common practice in the world, although the grouping varies to some extent form country to country. In China economic activities are categorized into following industries:

Primary industry: refers to agriculture, forestry, animal husbandry and fishery.

Secondary industry: refers to mining and quarrying, manufacturing, production and supply of electricity, water and gas, and construction.

Tertiary industry: refers to all other economic activities not included in primary or secondary industry.

Compensation of Employees refers to the total payment of various forms to employees for the productive activities they are engaged in. It includes wages, bonuses and allowances, which the employees earn in cash or in kind. It also includes the free medical services provided to the employees and the medicine expenses, transport subsidies and social insurance, and housing fund paid by the employers.

Net Taxes on Production refers to the difference of the taxes on production minus the subsidies on production. The taxes on production refers to the various taxes, extra charges and fees levied on the production units on their production, sale and business activities as well as on the use of some factors of production, such as fixed assets, land and labour force in the production activities they are engaged in. In contrast to the taxes on production, the subsidies on production refer to the unilateral government transfer to the production units and are therefore regarded as negative taxes on production. They include subsidies on the loss due to implementation of government policies, price subsidies, etc.

Depreciation of Fixed Assets refers to the depreciation of fixed assets of a given period, drawn in accordance with the stipulated depreciation rate for the purpose of compensating the wear loss of the fixed assets or the depreciation of fixed assets calculated in a fictitious way in accordance with the stipulated unified depreciation rate in the national economic accounting system. It reflects the value of transfer of the fixed assets in the production of the current period. The depreciation of fixed assets in various enterprises and institutions managed as enterprises refers to the depreciation expenses actually drawn. In government agencies and institutions not managed as enterprises which do not draw the depreciation expenses, as well as for the houses of residents, the depreciation of fixed assets is the imputed depreciation, which is calculated in accordance with the stipulated unified depreciation rate. In principle, the depreciation of fixed assets should be calculated on the basis of the re-purchased value of the fixed assets. However, there is no actual condition to re-evaluate all the fixed assets in China. Therefore, the above-mentioned methods are temporarily adopted at present.

Operating Surplus refers to the balance of the value added created by the resident units deducting the labourers remuneration, net taxes on production and the depreciation of fixed assets. It is equivalent to the business profit of the enterprises plus subsidies on production, but the wages and welfare expenses paid from the profits should be deducted.

GDP by Expenditure Approach refers to the method of measuring the final results of production activities of a country (region) during a given period from the perspective of final use. It includes final consumption expenditure, total capital formation and net export of goods and services, i.e.:

GDP by expenditure approach = final consumption expenditure + total capital formation + net export of goods and services

Final Consumption Expenditure refers to the total expenditure of resident units for purchases of goods and services from domestic economic territory and abroad to meet the requirements of material, cultural and spiritual life. It excludes the expenditure of non-resident units on consumption in the economic territory of the country. The final consumption expenditure is broken down into household consumption expenditure and government consumption expenditure.

Households Consumption Expenditure refers to the total expenditure of resident households on the final consumption of goods and services. In addition to the consumption of goods and services bought by the households directly with money, the households consumption expenditure also includes expenditure on goods and services obtained by the households in other ways, i.e. the so-called imputed consumption expenditure, which includes the following: (a) the goods and services provided to the households by the employer in the form of payment in kind and transfer in kind; (b) goods and services produced and consumed by the households themselves, in which the services refer only to the owner-occupied housing and domestic and individual services provided by the paid household workers; (c) financial intermediate services provided by financial institutions; (d) insurance services provided by insurance companies.

Government Consumption Expenditure refers to the expenditure on the consumption of the public services provided by the government to the whole society and the net expenditure on the goods and services provided by the government to the households free of charge or at low prices. The former equals to the output value of the government services minus the value of operating income obtained by the government departments. The latter equals to the market value of the goods and services provided by the government free of charge or at low prices to the households minus the value received by the government from the households.

Total Capital Formation refers to the fixed assets acquired minus those disposed of and the net value of inventory, including the total fixed capital formation and the increase in inventory.

Total Fixed Capital Formation refers to the value of fixed assets acquired minus those disposed of during a given period. Fixed assets are the assets produced through production activities with specified unit value which could be used for over one year, excluding natural assets. Total fixed capital formation can be categorized into total tangible capital formation and total intangible capital formation. The total tangible capital formation include the value of the construction projects, installation projects completed and the equipment, apparatus and instruments purchased as well as the value of land improved, the value of draught animals, breeding stock, animals for milk, wool and for recreational purpose, and the newly increased forest with economic value during a given period. The total intangible capital formation includes the prospecting of minerals, the acquisition of computer software minus the disposal of them.

Increase in Inventory refers to the market value of the change in inventory of resident units during a given period, i.e. the difference of value between the beginning and the end of the period minus the current gains due to the change in prices. The increase in inventory can be positive or negative. A positive value indicates the increase in inventory while a negative value indicates the decrease in stock. The inventory includes the raw materials, fuels and reserve materials purchased by the production units as well as the inventory of finished products, semi-finished products, work-in-progress, etc.

Net Export of Goods and Services refers to the difference of the exports of goods and services minus the imports of goods and services. The imports include the value of various goods and services sold or gratuitously transferred by the resident units to the non-resident units. The imports include the value of various goods and services purchased or gratuitously acquired by the resident units from the non-resident units. Because the provision of services and the use of them happen simultaneously, the acquisition of services by the resident units from abroad is usually treated as import while the acquisition of services by non-resident units in this country is usually treated as export. The export and import of goods are calculated at FOB.

Comparable Price is applied when comparing value indicators of different periods to reflect accurately the changes in physical value. The price is not considered here. Two methods are used for calculating comparable prices: 1.Multipling the output of products by their constant price of a certain year; 2.Conversion of the data in current prices by relevant price index.

Constant Prices refer to the average price of a given product in a certain year , which is used to calculate the output value over time. As the output value at constant prices removes the factor of price changes, it reflects the trend of production development over time. Since 1949, with the changes in general price level, the State Statistical Bureau has issued nationally unified constant prices for five times: the 1952 constant prices for 1949-1957; the 1957 constant prices for 1958-1970; the 1970 constant prices for 1971-1981; the 1980 constant prices for 1981-1990; the 1990 constant prices have been used since 1991.

Total Population refers to the total number of people alive at a certain point of time within a given area.

Birth Rate (or Crude Birth Rate) refers to the ratio of the number of births to the average population (or mid-period population) during a certain period of time (usually a year), expressed in ‰. Birth rate in the chapter refers to annual birth rate. The following formula is used:

Birth Rate = (Number of Births/Average Number of Population) × 1000‰

Number of births in the formula refers to live births, i.e. when a baby has breathed or showed any vital phenomena regardless of the length of pregnancy.

Annual average number of population is the average of the number of population at the beginning of the year and that at the end of the year. Sometimes it is substituted by the mid-year population.

Death Rate (or Crude Death Rate) refers to the ratio of the number of deaths to the average population (or mid-period population) during a certain period of time (usually a year), expressed in ‰. Death rate in the chapter refers to annual death rate. The following formula is used:

Death Rate= (Number of Deaths/Annual Average Number of Population) × 1000‰

Natural Growth Rate of Population refers to the ratio of natural increase in population (number of births minus number of deaths) in a certain period of time (usually a year) to the average population (or mid-period population) of the same period, expressed in ‰. The following formula is applied:

Natural Growth Rate of Population = [(Number of Births-Number of Deaths)/Average Number of Population] × 1000‰

Natural Growth Rate of Population = Birth Rate-Death Rate

Life Expectancy refers to the average number of years a person of a certain age will live (or the average life-span of an age group if the pattern of morality for this age group remains as it is).

Persons Employed refer to the total number of persons who are engaged in social labor and get labor reward or business earnings, including:

(1)Total staff and workers

(2)Employees in urban private enterprises

(3)Urban individual laborers

(4)Rural laborers

(5)Other social Laborers

This indicator reflects the actual utilization of total labor force during a certain period of time and is often used for the research of our national conditions and national strength.

Persons Employed in Various Units refer to the total number of employees who work at various units and obtain wages or other forms of payment at the end of the reference period. This indicator is a kind of time point index and it equals to the sum of the number of employed staff and workers, labor dispatch personnel and other employed persons. Employed persons do not include:

1) persons who have left their working units while keeping their labour contract (employment relation) unchanged and receiving regular alimony;

2)students who do part-time jobs in spare time and all kinds of enrolled students who do internship in various units;

3)persons employed due to labor outsourcing;

4)persons who dissolve labor contracts with their units on the last day of reference period or before.

Persons Employed in Private Enterprises and Self-Employed Individuals in Urban Areas Persons employed in private enterprises refer to the persons employed in the private enterprises which have been registered at the departments of industrial and commercial administration for which the business operation are situated at a county town (i.e. a town where the county government is located), or at urban areas with administrative hierarchy higher than a county town. The self-employed individuals in urban areas refer to persons who hold the certificates of residence in urban areas or have resided in the urban areas for a long time and have been registered at the departments of industrial and commercial administration and approved to be engaged in individual industrial or commercial business, including self-employed persons as well as helpers and hired laborers who work in individual households.

Employed Staff and Workers refer to persons who signed labor contracts with working units and working units would pay wages, social insurance and housing funds for them. Persons who have their work posts but are temporarily absent from work for reasons of study or on sick, injury or maternal leave and still receive wages from their working units are also included. Employed staff and workers also include:

1)Persons who should have signed the labor contracts but not (like people with rural household registration);

2)Employees on probation;

3)Employees beyond the staffing quota;

4)Employees who are sent to other working units but still obtain wages from their original units (situations like on-the-job placement, expatriated assignment, etc.)

Total Wage Bill It is revised according to the Provision of Composition of Total Wages*f* (Order No.1 by National Bureau of Statistics on January, 1st, ,1990), total wage bill refers to the total remuneration payment to all employed persons in various units during the reporting period (by quarter or by year), including hourly-paid wages, piece-rate wages, bonuses, allowance and subsidies, overtime wages and wages paid under special circumstances. It equals to the sum of total wages of employed staff and workers, dispatch labors and other employed persons.

Total wage bill is pre-tax wages, including the room charges, utility bills, housing funds and social insurance paid or withheld by employee s units.

Total wage bill, whether or not included in cost, whether or not paid in money or in kind, shall be included in the calculation of total wage.

Average Wage refers to the average per capita wage in money terms during a certain period of time for employed persons. It shows the general level of wage income of staff and worker during a certain period of time, one major indicator to reflect the wage level.

Population of Urban Households refer to members of the household living and sharing economically together. All income and expenditure of the population of the household are included in the income and expenditure of the household.

Proportion of Urban Employment refer to the proportion of employed population to the population of urban households.

Number of Dependents per Urban Employee refers to the ratio between number of persons in urban households and the number of dependents.

Disposable Income refers to the actual income at the disposal of members of the Survey households which can be used for final consumption and savings. Disposable Income include cash and physical. According to the source of Income, Disposable Income include Wages and Salaries、Operations、Properties、Transfers。According to the area of Income, Disposable Income include Disposable Income of Residents、Urban Residents、Rural Residents.

Consumption Expenditure of Households refers to total expenditure of households for consumption in daily life, including Consuming Expenditures and Services. Its including expenditure on the eight categories of food; clothing; housing; household appliances; transport and communications; education, cultural and recreational activities and medical care. According to the source of Expenditure, Its including cash expenditure,Physical expenditure(from Autarky,Unit ¢government and other Social organizations)

Engel's Coefficient refers to the percentage of expenditure on food to the total consumption in cash, using the following formula:

Engel Coefficient = (expenditure on food / total living consumption expenditure) × 100%

Rural Households refer to resident households in rural areas. Resident households in rural areas are the households residing for more than one year in the areas under the jurisdiction of administration of township governments (excluding county towns), and in the areas under the jurisdiction of administration of villages in county towns. Migrated households residing in the current addresses for over one year with their household registration in other places are included in the resident households of their current addresses. For households with their household registration in one place but all members of the households moving away for living in another place for over one year, they will not be included in the rural households of the area where they are registered, irrespective of whether they still keep their contracted land.

Full/Semi Labour Force Full labour force refers to persons capable of work, aged 18-50 for males and 18-45 for females. Semi labour force refers to persons capable of work, aged 16-17 and 51-60 for males and 16-17 and 46-55 for females. Persons at their working ages but not capable of work are not to be included as labour force. Persons not at working ages but participating regularly in work are included in semi labour force. For staff and workers as resident population of the household, they are included as full or semi labour force of the household if they are in the labour force.

Rural Consumer Price Indices reflect the trend and degree of changes in prices of consumer goods and services purchased by rural households during a given period. It can be used to observe the impact of change in retail prices of consumer goods and service prices in rural areas on living expenditure of rural households, and to show the changes in the living standard of peasants. It provides basis for analysis and research on condition of life in rural areas.

Retail Price Indices reflect the trend and degree of change in retail prices of commodities during a given period. The change in retail prices of commodities directly affect the living expenditure of urban and rural residents, government revenue, purchasing power of residents and the equilibrium of market supply and demand, and the ratio of consumption to accumulation. Therefore, the retail price indices are useful to analyze the changes of the above economic activities.

Producer Price Indices for Industrial Products reflect the trend and degree of changes in general ex-factory prices of all manufactured goods during a given period, including sales of manufactured goods by an industrial enterprise to all units outside the enterprise, as well as sales of consumer goods to residents. It can be used to analyze the impact of ex-factory prices on gross output value and value-added of the industrial sector.

Purchasing Price Indices for Industrial Producers reflect changes in the level and degree of prices paid by industrial enterprises when they purchase production input such as raw materials, fuels and power from the market or from other energy or raw materials producing enterprises. These indices provide an important basis for measuring the material consumption of industrial enterprises after removing the influence of price changes.

At present, products in 9 categories, including fuels and power, ferrous metals, non-ferrous metals, chemicals, building materials, are covered in China for the survey to produce indices for purchasing prices for industrial producers.

Investment in Fixed Assets (Excluding Rural Households) refers to the investment in construction projects with a total planned investment of 5 million yuan and over by enterprises of various ownerships, institutions administrative units and urban self-employed individuals, and the investment in real estate development in both urban and rural areas. Since 2011, it covers the urban investment in fixed assets under the previous statistical coverage plus project investments by rural enterprises and institutions.

Investment in Real Estate Development refers to the investment by the real estate development companies, commercial buildings construction companies and other real estate development units of various types of ownership in the construction of house buildings, such as residential buildings, factory buildings, warehouses, hotels, guesthouses, holiday villages, office buildings, and the complementary service facilities and land development projects, such as roads, water supply, water drainage, power supply, heating, telecommunications, land leveling and other projects of infrastructure. It excludes the activities in pure land transactions.

Sources of Funds for Investment in Fixed Assets include fund from state budget, domestic loans, foreign investment, self-raised funds, and others depending on the source of investment.

(1) Fund from state budget consists of budgetary appropriation and loans from state budget. More specifically, it includes, from the budget of the central government, capital construction fund (operation fund and non-operational fund), special expenses (e.g. expenses on substituting petroleum with coal), loans from repayment, discount fund, expenses on innovation and trial production of new products, expenses on urban construction, expenses on temporary construction by trade departments, development fund for less developed areas, as well as local budgetary fund transferred from the central budget.

(2) Domestic loans refer to loans of various forms borrowed by investing units from banks and non-bank financial institutions during the reference period for the purpose of investment in fixed assets, including loans issued by banks from their self-owned funds and deposit, loans appropriated by higher responsible authorities, special loans by government (including loan for substituting petroleum with coal, special loan for reform-through-labour coal mines), loans arranged by local government from special funds, domestic reserve loan, and working loan, etc..

(3) Foreign Investment refers to foreign funds received during the reference period for the construction and purchase of investment in fixed assets (covering equipment, materials and technology), including foreign borrowings (loans from foreign governments and international financial institutions, export credit, commercial loans from foreign banks, issue of bonds and stocks overseas), foreign direct investment and other foreign investment. Excluded in this category are capitals in foreign exchanges owned by China (foreign exchanges owned by the central and local governments, foreign exchanges retained by enterprises, foreign exchanges by enterprises through regulating mechanism, loans in foreign exchanges issued by the Bank of China with its own fund, etc.). In calculating the utilization of foreign capitals, foreign currencies are converted into Chinese Renminbi applying the current exchange rate when the foreign capitals are actually used.

(4) Self-raised funds refer to extra-budgetary funds for investment in fixed assets received by investing units from central government ministries, local governments, enterprises and institutions, including their self-raised funds.

(5) Others refer to funds for investment in fixed assets received from the sources other than those listed above, including capitals raised through issuing bonds by enterprises or financial institutions, funds raised from individuals and through donations, and funds transferred from other units.

Investment in Fixed Assets by Sector The classification of construction projects by sector is determined by the major products or the purpose of the projects when they are put into production or use, and by the nature of their social economic activities. In general, one project or one enterprise or institution can only be classified into one sector.

Investment in Fixed Assets by Type of Construction Construction projects in general can be classified, by the type of construction, into new construction, expansion, reconstruction and technical transformation, purely construction of living facilities, moving, restoration and purely purchasing. However, investment by type of construction is not applied to investment by real-estate development units and investment by rural households.

(1) New construction in general refers to newly constructed enterprises, institutions, administrative agencies or independent projects

from scratch. Construction in the existing enterprises, institutions or agencies is not considered as new construction. In case the assets of the existing unit is quite small, and the value of newly added fixed assets exceeds the original value of assets by three times, the expansion will be considered as new construction.

(2) Expansion refers to construction of new major production workshop, branch factory or independent production line within a factory or in other locations, for the purpose of increasing the production capacity (or improving efficiency) of the original products. Newly constructed houses for the operation of institutions and administrative organizations (such as the newly constructed buildings for teaching in schools, buildings for clinics or wards in hospitals, etc.) are also classified as expansion.

Also included in the expansion are investments by existing enterprises or institutions in building major production line(s) or branch factory(ies) along with some work on innovation, for the purpose of expending the production capacity of original products or producing new products.

(3) Reconstruction refers to construction projects by existing enterprises or institutions in innovation or technical transformation of the old facilities (including auxiliary production equipment and welfare facilities). Also considered as reconstruction is the construction of new workshops by the existing enterprises or institutions to change the variety of products to meet the market demand (such as the production of civil products by defence industries), or to bring the designed production capacity into full play through a more balanced production process on production lines. Technical transformation refers to replacement of old technology or equipment by new technology or equipment, in order to expand the reproduction through improvement of technology contents in production, to improve product quality, to promote new products, to save energy and reduce consumption and to improve overall social-economic efficiency. Contents of technical transformation include: updating of machinery, equipment and tools; reforming production process by using energy or materials saving technology; construction of factory workshops and transformation of public facilities; improvement of working conditions and environment, etc.

Investment in Fixed Assets by Structure

(1) Construction refers to the construction of houses and buildings, also known as work volume of construction. This part of investment can only be achieved through construction activities, it is the major component of the total investment in fixed assets.

(2) Installation refers to the installation of various kinds of equipment and instruments, also known as work volume of installation. The value of equipment installed itself is not included in the value of installation projects.

(3) Purchase of equipment and instruments refers to the total value of equipment, tools, and instruments purchased or self-produced which come up to the cut-off point for fixed assets by the construction units or investing enterprises or institutions. Equipment, tools and instruments purchased or self-produced for new workshops by newly established or expanded units are categorized as purchase of equipment and instruments*f* no matter whether they come up to the cut-off point for fixed assets.

(4) Other expenses refer to expenses arising during the construction or purchase of fixed assets other than those mentioned above.

Number of Projects under Construction refer to number of all projects with actual construction or installation activities in current year, including newly started projects, projects started previously and extended into the current year, projects completed and put into operation in current year, projects suspended previously and resumed in current year, and projects started this year but suspended or postponed in current year. The number of projects under construction can reflect the actual size of investment in fixed assets during a given period, and when compared with the number of projects completed and put into use during the same period, it demonstrates the results of investment in fixed assets from the angle of the speed of the construction.

Number of Projects Put into Use refer to projects have completed the main construction and correspondent auxiliary facilities in accordance with the design documents, resulting in forming production capacity (efficiency) and have been checked and accepted after relevant tests, and have been formally delivered for use.

Newly Increased Production Capacity (or Project Efficiency) refers to the increase in design capacity (or project efficiency) through investment in fixed assets. The main indicators include: construction scale, scale of projects under construction in current year, the accumulated newly increased production capacity (project efficiency) since the start of the projects and the newly increased production capacity (project efficiency) of current year.

Construction Scale refers to the total designed production capacity (project efficiency) of the construction projects in accordance with the design document, including those have been put into operation and those that have not been completed.

Scale of Projects under Construction in Current Year refers to the designed production capacity (project efficiency) of a single project (or renovation project) under construction in the reference period, including the designed production capacity of projects that have been started previously and still under construction in the current year, the newly started projects, and projects that have been completed and put into operation in the reference period or those have been started but suspended or postponed in the reference period. Projects that have been completed and put into operation, suspended or postponed before the reference period, and projects that have not been officially started in the reference period are not included.

The Accumulated Newly Increased Production Capacity (project efficiency) since the Start of the Projects refers to the accumulated newly increased production capacity of all the single projects which have been put into use from the beginning of the projects till the end of current year.

The Newly Increased Production Capacity (project efficiency) of Current Year refers to the production capacity (project efficiency) that has been completed and put into operation in current year according to the calculation conditions and standards on newly increased production capacity (project efficiency).

Floor Space under Construction refers to the total floor space of all the buildings in the reference period,, including floor space of newly started buildings during the reference period, floor space of construction extended form the previous period to the reference period, floor space of construction suspended or postponed in the previous period and resumed in the reference period, floor space of construction completed in the reference period, and floor space of construction started and then suspended or postponed in the reference period.

Floor Space Completed refers to the floor space of all buildings completed in the reference period, which have been appraised and accepted or come up to the designed standards and have been put into use.

Newly Increased Fixed Assets refer to the value of fixed assets that has completed the construction and purchase, and has been delivered to the production or owner units, including investment in projects that have been completed and put into operation in current year and the investment in equipment, tools and appliance that meet the standard of fixed assets and fees that should be apportioned. This is an indicator that demonstrates the results of investment in fixed assets in monetary terms, and an important indicator to reflect the speed of construction and to calculate the efficiency of investment.

Rate of Construction Projects Completed and Put into Use refers to the ratio of the number of construction projects completed and put into use in a certain period of time to the number of projects under construction in the same period. This reflects the investment efficiency from the perspective of the speed of projects construction.

Rate of Projects of Fixed Assets Completed and Put into Operation refers to the ratio of the newly increased fixed assets to the total investment made in the same period. This is a comprehensive indicator reflecting the speed of the employment of fixed assets and the investment efficiency at the macro-level. As the newly increase fixed assets is the result of a long period while the investment is completed in the current year, this indicator is expected to be used to reflect the employment of fixed assets over a long period of time.

Area of Commercialized Housing Sold refers to total contracted area of commercialized housing (i.e. area of floor space as designated in the formal contracts signed by both sides) during the reference time. It constitutes floor space of completed housing and floor space of future housing.

Value of Commercialized Housing Sold refers to the total contracted value (i.e. value of sales/purchase for selling/purchase of commercialized housing as designated in the contract signed by both sides) during the reference time. This indicator has the same coverage as the area of commercialized housing sold, which constitutes floor space of completed housing and floor space of housing yet to be completed.

Production Capacity of Water Supply refers to the designed comprehensive production capacity of water facilities, covering the 4 links of water collection, purification, conveyance, and outflow through trunk pipelines. Increase capacity through transformation and innovation projects are included as well. The capacity is determined mainly on the weakest of the above-mentioned 4 links.

Length of Water Supply Pipelines at the Year-end refers to the total length of all the pipelines between the water pumps and the user water meters, excluding pipelines newly installed but not used yet.

Annual Volume of Water Supply refers to the total volume of water supplied by water-works (units) during the reference period, including both the effective water supply and loss during the water supply.

Consumption of Water for Residential Use refers to the water consumption of households for daily life and the water consumption of public service facilities. The latter refers to water consumption for urban public services, including the consumption of government agencies and public institutions, military barracks, public facilities, wholesale and retail outlets, restaurants, hotels, and other units providing public services. Household water consumption refers to consumption of water for daily life of all households in the boundary of cities, including households of urban residents and farmers, and public water supply stations.

Percentage of Urban Population with Access to Tap Water refers to the ratio of the urban population with access to tap water to the total urban population. The formula is:

Percentage of population with access to tap water= (Urban population with access to tap water) / (Urban population)× 100%

Volume of Gas Supply refers to the total volume of gas provided to users by gas-producing enterprises (units) in a year, including the volume sold and the volume lost.

Percentage of Urban Population with Access to Gas refers to the ratio of the urban population with access to gas to the total urban population at the end of the reference period. The formula is:

Percentage of population with access to gas = (Urban population with access to gas / Urban population)× 100%

Length of Paved Roads at the Year-end refers to the length of roads with paved surface including squares bridges and tunnels connected with roads by the end of the year. Length of the roads is measured by the central lines for vehicles for paved roads with a width of 3.5 meters and over, including roads in open-ended factory compounds and residential quarters.

Length of Urban Sewage Pipes refers to the total length of general drainage, trunks. branch and inspection wells, connection wells, inlets and outlets, etc.

Daily Disposal Capacity of Urban Sewage refers to the designed 24 hour capacity of sewage disposal by the sewage treatment works or facilities.

Number of Vehicles under Operation at the Year-end refers to the total number of vehicles under operation by public transport enterprises (units) at the end of the year, based on the records of operational vehicles by the enterprises (units).

Area of Urban Gardens and Green Areas refers to the total area occupied for green projects at the end of the reference period, including public green land, green land in residential quarters, green land attached to institutions, protection green land, production green land, roadside green land and forest in scenic spots. It does not include the following:

(1) Greenery and plants on roofs, balconies, indoors and vertical green areas;

(2) Forest, cultivated land, grassland, orchards and bamboo grooves that are for production purpose; and

(3) Water areas that are not included in urban master plan as green land.

Public Green Area refers to green areas open to the public such as municipal, community and neighborhood parks and roadside parks, including waters within parks. Neighborhood parks should occupy an area larger than 10,000 square meters, and the width of roadside parks should occupy an area larger than 400 square meters, with a width of more that 8 meters.

Waste Water Discharged by Industry refers to the volume of waste water discharged by industrial enterprises through all their outlets, including waste water from production process, directly cooled water, groundwater from mining wells which does not meet discharge standards and sewage from households mixed with waste water produced by industrial activities, but excluding indirectly cooled water discharged (It should be included if the discharge is not separated with waste water).

Industrial Waste Water Meeting Discharge Standards refers to volume of industrial waste water discharge which, with or without treatment, reaches national or local standards with regard to all pollutants.

Ratio of Industrial Waste Water Meeting Discharge Standards refers to percentage of industrial waste water meeting discharge standards over total industrial waste water discharge. It is calculated as:

Ratio of industrial waste water meeting discharge standards = industrial waste water meeting discharge standards / total industrial waste water discharge

Chemical Oxygen Demand (COD) refers to index of water pollution measuring the mass concentration of oxygen consumed by the chemical breakdown of organic and inorganic matter.

Industrial Waste Air Emission refers to discharge into atmosphere of waste air containing pollutants generated from fuel burning and production process in enterprises within a given period of time. It is calculated at standard status (273K, 101325Pa) as:

Industrial waste air emission = emission through fuel burning + emission through production process

SO_2 Emission through Industrial Activities refers to volume of sulphur dioxide emission from fuel burning and production process by enterprises during a given period of time. It is calculated as:

SO_2 emission through industrial activities = SO_2 emission from fuel burning + SO_2 emission from production process

Industrial Soot Emission refers to volume of soot in smoke emitted in process of fuel burning in premises of enterprises.

Industrial Dust Emission refers to volume of dust emitted by production process of enterprises and suspended in the air for a given period of time, including dust from refractory material of iron and steel works, dust from coke-screening systems and sintering machines of coke plants, dust from lime kilns and dust from cement production in building material enterprises, but excluding soot and dust emitted from power plants.

Common Industrial Solid Wastes Produced refers to the industrial solid wastes that are not listed in the 《National Catalogue of Hazardous Wastes》, or not regarded as hazardous according to the national hazardous waste identification standards (GB5085), solid waste-Extraction procedure for leaching toxicity (GB5086) and solid waste-Extraction procedure for leaching toxicity (GB/T 15555). The calculation formula is as followed:

Common Industrial Solid Wastes Produced = (common industrial solid wastes utilized - the proportion of utilized stock of previous years) + common industrial solid waste stock + (common industrial solid wastes disposed - the proportion of disposed stock of previous years) + common industrial solid wastes discharged.

Common Industrial Solid Wastes Comprehensively Utilized refers to volume of solid wastes from which useful materials can be extracted or which can be converted into usable resources, energy or other materials by means of reclamation, processing, recycling and exchange (including utilizing in the year the stocks of industrial solid wastes of the previous year) during the report period, e.g. being used as agricultural fertilizers, building materials or as material for paving road. Examples of such utilizations include fertilizers, building materials and road materials. The information shall be collected by the producing units of the wastes.

Common Industrial Solid Wastes Disposed refers to the quantity of industrial solid wastes which are burnt or specially disposed using other methods to alter the physical, chemical and biological properties and thus to reduce or eliminate the hazard, or placed ultimately in the sites meeting the requirements for environmental protection during the report period.

Stock of Common Industrial Solid Wastes refers to the volume of solid wastes placed in special facilities or special sites by enterprises for purposes of utilization or disposal during the report period. The sites or facilities should take measures against dispersion, loss, seepage, and air and water contamination.

Common Industrial Solid Wastes Discharged refers to the volume of industrial solid wastes dumped or discharged by producing enterprises to disposal facilities or to other sites.

Ratio of Consumption Wastes Treated refers to consumption wastes treated over that produced. In practical statistics, as it is difficult to estimate, the volume of consumption wastes produced is replaced with that transported. It is calculated as:

Ratio of consumption wastes treated = consumption wastes treated / consumption wastes produced × 100%

Gross Output Value of Farming, Forestry, Animal Husbandry and Fishery refers to the total value of products of farming, forestry, animal husbandry and fishery, and total value of services rendered to support farming, forestry, animal husbandry and fishery activities.

Gross output value of agriculture is obtained by first multiplying the output of each product or by product by its price, resulting in the output value of each single item. For a small number of products, annual output of which is not available or difficult to get due to the long production (growing) process involved, the output value is estimated through an indirect approach. The sum of output value of all products of farming, forestry, animal husbandry and fishery is then equal to the gross output value of agriculture.

Grain Output refers to the total output in the whole country including grains produced by state farms, collective units, rural households, as well as by farms affiliated to industrial and mining enterprises and other production units.

Output of Oil-bearing Crops refers to the total production of oil-bearing crops of various kinds, including peanuts, (dry, in shell) rapeseeds, sesame, sunflower seeds, flax seeds, and other oil-bearing crops. Soybeans, oil-bearing woody plants, and wild oil-bearing crops are not included.

Output of Aquatic Products refers to catches of both artificially cultured and naturally grown aquatic products, including fish, shrimps, crabs and shellfish in sea and inland water as well as seaweed. Freshwater plants are not included.

Output of Pork, Beef, and Mutton refers to the meat of slaughtered hogs, cattle, sheep and goats with head, feet, and offal taken away.

Number of Livestock or Poultry in Stock at Beginning (or End) refers to the total number of large animals, pigs, sheep, fowls, etc. raised by rural cooperative organizations, state farms, rural individuals, government agencies, schools, industrial and mining enterprises, army, and urban residents at the beginning (or end) of the reference period. Data reporting system and data adjustment are the same as that in the output of pork, beef and mutton.

Sown Area of Crops refers to area of land sown or transplanted with crops regardless of being in cultivated area or non-cultivated area. Area of land re-sown due to natural disasters is also included. This is an important indicator that can reflect the utilization condition of the cultivated land in China. At present, the sown area of crops mainly include the following 9 categories of crops: grain, cotton, oil-bearing crops, sugar crops, fiber crops, Tobacco, Vegetables and melons, medicinal materials and other farm crops.

Irrigated Area refers to areas that are effectively irrigated, i.e. level land, which has water source and complete sets of irrigation facilities to lift and move adequate water for irrigation purpose under normal conditions. Under normal conditions, irrigated area is the sum of watered fields and irrigated fields where irrigation systems or equipment have been installed for regular irrigation purpose. This important indicator reflects drought resistance capacity of the cultivated land in China.

Consumption of Chemical Fertilizers in Agriculture refers to the quantity of chemical fertilizers applied in agriculture in the year, including nitrogenous fertilizer, phosphate fertilizer, potash fertilizer, and compound fertilizer. The consumption of chemical fertilizers is required in calculation to convert the gross weight into weight containing 100% effective component (e.g. 100% nitrogen content in nitrogenous fertilizer, 100% phosphorous pent oxide contents in phosphate fertilizer, 100% potassium oxide contents in potash fertilizer). Compound fertilizer is converted with its major component. The formula is :

Volume of effective component= physical quantity x effective component of certain chemical fertilizer (%)

Total Power of Farm Machinery refers to total mechanical power of machinery used in farming, forestry, animal husbandry, and fishery, including ploughing, irrigation and drainage, harvesting, transport, plant protection, stock breeding, forestry and fishery. The power of internal combustion engines is required to convert horsepower into watts and the power of electric motors is required to be converted into watts. Machinery employed for non-agricultural purposes, such as the machines used in township run and village-run industry, construction, non-agricultural transport, scientific experiments and teaching, is excluded. Data are mainly from agricultural machinery agencies.

Rural Employed Persons refer to rural labor forces aged over 16 years old who are engaged in real production and management activities and receive payment in kind or wages, including those covered within the age frame and regularly participating in production activities, and those who are out of the range of age frame and also participating in production activities regularly. Excluding students studying in other places with their permanent residence registered in local areas, servicemen and persons incapable of working; also excluding those who are waiting for jobs and those engaged in household work. Persons employed are classified as persons engaged in agriculture, forestry, animal husbandry or fishery activities; persons engaged in industrial activities; persons engaged in construction activities; persons engaged in transport, storage and telecommunications activities; persons engaged in whole sales and retail sales trade and catering activities; and persons engaged in other non-agriculture activities, depending upon the longest period of employment in major activities (or using income indicator when period of employment is the same).

Industry refers to the material production sector which is engaged in extraction of natural resources and processing and reprocessing of minerals and agricultural products, including (1) extraction of natural resources, such as mining, salt production (but not including hunting and fishing); (2) processing and reprocessing of farm and sideline produces, such as rice husking, flour milling, wine making, oil pressing, silk reeling, spinning and weaving, and leather making; (3) manufacture of industrial products, such as steel making, iron smelting, chemicals manufacturing, petroleum processing, machine building, timber processing; water and gas production and electricity generation and supply; (4)repairing of industrial products such as the repairing of machinery and means of transport (including cars).

Units of industrial statistics survey corporate industrial enterprises with independent accounting system.

Corporate industrial enterprises with independent accounting system refer to enterprises engaging in industrial production activities, which meet the following requirements: (1)They are established legally, having their own names, organizations, location, able to take civil liability; (2)They possess and use their assets independently, assume liabilities, and are entitled to sign contracts with other units; (3)They are financially independent and compile their own balance sheets.

Light Industry refers to the industry that produces consumer goods and hand tools. It consists of two categories, depending on the materials used:

(1) Industries using farm products as raw materials. These are branches of light industry which directly or indirectly use farm products as basic raw materials, including the manufacture of food and beverages, tobacco processing, textile, clothing, fur and leather manufacturing, paper making, printing, etc.

(2) Industries using non farm products as raw materials. These are branches of light industry which use manufactured goods as raw materials, including the manufacture of cultural, educational articles and sports goods, chemicals, synthetic fiber, chemical products for daily use, glass products for daily use, metal products for daily use, hand tools, medical apparatus and instruments, and the manufacture of cultural and clerical machinery.

Heavy Industry refers to the industry which produces capital goods, and provides various sectors of the national economy with necessary material and technical basis. It consists of the following three branches according to the purpose of production or the use of products:

(1) Mining, quarrying and logging industry refers to the industry that extracts natural resources, including extraction of petroleum, coal, metal and non-metal ores.

(2) Raw materials industry refers to the industry that provides various sectors of the national economy with raw materials, fuels and power. It includes smelting and processing of metals, coking and coke chemistry, chemical materials and building materials such as cement, plywood, and power, petroleum refining and coal dressing.

(3) Manufacturing industry refers to the industry that processes raw materials. It includes machine-building industry which equips sectors of the national economy, industries of metal structure and cement products, industries producing means of agricultural production, such as chemical fertilizers and pesticides.

According to the above principle of classification, the repairing trades, which are engaged primarily in repairing products of heavy industry are classified into heavy industry while these engaged in repairing products of light industry are classified into light industry.

Gross Industrial Output Value Gross industrial output value is the total volume of final industrial products produced and industrial services provided during a given period. It reflects the total achievements and overall scale of industrial production during a given period. The revised (new) definition of gross industrial output value consists of 3 components: value of the finished products during the reference period, income from external processing, and value of change in semi-finished products at the end and at the beginning of the reference period.

Value of the finished products during the reference period: refers to the value of all finished (semi-finished) industrial products that are produced during the reference period without the need for further processing, checked for acceptance, packed and put into the warehouse of the enterprise, including the value of own-produced equipment and the value of products provided to the projects under construction of the enterprise, and to other non-industrial or welfare units. Value of finished products during the reference period is calculated by the quantity of products produced using own materials multiplied by the average unit prices at which products are sold (excluding value-added tax). Own-produced equipment and products produced for own use are value at cost prices as in the case of enterprise accounting. Value of finished products does not include the value of finished products (semi-finished products) that are produced using the materials from the clients who make the orders.

Income from external processing: refers to income from contracted external processing of industrial products (including processing of industrial products using materials from the clients), and the income from industrial repairing work provided to other units. Income from external processing is calculated using information from the item products sales income*f* in the enterprise accounting at the prices excluding value-added tax.

For income from services such as processing, repairing and installation of equipment provided to non-industrial units within the enterprise, if the accounting work of the enterprise is good enough to separate it from other records, and the share of such services is significant, it should also be included in the income from external processing.

Value of change in semi-finished products at the end and at the beginning of the reference period: refers to the value of change in semi-finished products at the end and at the beginning of the reference period, which generally can be obtained from accounting records of enterprises. If the enterprise accounting excludes the cost of semi-finished products, then it should not be included in the gross industrial output value, and vice versa.

Total Assets refer to all resources that are owned or controlled by enterprises through previous trades or transactions with expectation of making economic profits. Classified by the degree of liquidity, total assets include current assets, and non-current assets. Current assets can be classified into monetary assets, trading financial assets, notes receivable, accounts receivable, advanced payments, other prepaid money and inventories. Non-current assets can be divided into long-term equity investment, fixed assets, intangible assets and other non-current assets. Data on this indicator can be obtained by the year-end figures of total assets in the Assets and Liability Table of accounting records of enterprises.

Total Current Assets refer to the assets that meet one of the following requirements: (1) expected to be cashed, sold or used in a normal operation cycle, mainly including inventory and accounts receivable; (2) be owned for trading purpose mainly; (3) expected to be cashed in one year (including one year) from the day of the Assets and Liability Table; (4) unlimited cash or cash equivalents that can be exchanged with other assets or being capable of settling debts during one year since the day of Assets and Liability Table. Included are monetary assets, notes receivable, accounts receivable and inventories. Data on this indicator can be obtained by the year-end figures of total current assets in the Assets and Liability Table of the accounting records of enterprises.

Original Value of Fixed Assets refers to the cost of fixed assets, or the total expenditure of an enterprise spent on certain fixed assets, through purchase, construction, installation, transformation, expansion or technical upgrading. It is reported according to the year-end debit balance of fixed assets of accounting records.

Accumulated Depreciation refers to the accumulated figure of fixed assets depreciation over the past years that are extracted by the enterprise at the end of the reference period. It is reported according to the year-end credit balance of accumulated depreciation of accounting records.

Total Liabilities refer to payable liabilities of enterprises that accumulated from previous trades or transactions with expectation of economic profits leaking out. In terms of payment, it can be divided into liquid liabilities and long-term liabilities. Data on this item is obtained from the year-end figures on total liabilities from the Assets and Liability Table of the accounting record of the enterprises.

Total Liquid Liabilities refer to the liabilities that meet one of the following requirements: (1) expected to be repaid in a normal operation cycle; (2) be owned for trading purpose mainly; (3) expected to be repaid in one year from the day of the Assets and Liability Table; (4) enterprise has no right to postpone the settlement of which over a year from the day of the Assets and Liability Table. Included are short-term loans, notes payable, accounts payable, employee compensations, taxes and expenses due. Data on this indicator can be obtained by the year-end figures of total liquid liabilities in the Assets and Liability Table of the accounting records of enterprises.

Total Equity refers to the residual ownership of enterprise investors by deducting total liabilities from the total assets, including the paid-in capital, accumulation of capital, operating surplus and non-distributed profits. Data are obtained from the year-end figures on total equity*f* from the Assets and Liability Table of the accounting record of enterprise.

Revenue from Principal Business refers to the income confirmed of an enterprise from the principal business of selling products and providing labor services. Data on this indicator can be obtained from the year-end credit balance of revenue from principal business*f* in the accounting record of enterprise.

Cost of Principal Business refers to the total cost occurred from the principal business of the enterprise. Data can be obtained from the year-end debit balance of cost of principal business*f* in the accounting record of enterprise.

Tax and Extra Charges from Principal Business refer to the sales tax, consumption tax, urban maintenance and construction tax and education expenses shouldered by the enterprise from its principal business. Data are obtained from the year-end debit balance of tax and extra charges from principal business*f* in the accounting record of enterprise.

Total Profits refers to the operation results in a certain accounting period, and it is the balance of various incomes minus various spendings in the course of operation, reflecting the total profits and losses of enterprises in reporting period. Data are obtained from the amount of total profits*f* in the profit table*f* of the accounting record of enterprise.

Value-added Tax Payable refers to the payable tax of enterprises which engaged in selling of goods or providing services that bring added value to the goods, such as processing, repairing, fitting and other activities should be paid according to Tax Law. The formula is as follows:

Value-added Tax Payable = tax on sales-(tax on purchase-transferred tax on purchase)-exports deduct tax payable on domestic sales-tax relief+the export tax rebate.

Average Annual Number of Employed Persons Employed persons refer to all those who are employed in enterprises and receive remunerations there from, including currently working employees, retirees who are re-employed, teachers of local-run schools, as well as foreigners, staff from Hong Kong, Macao and Taiwan, part-time employees and persons with second job who are employed by the enterprise, and employees of other units temporarily working in the enterprises, but excluding former employees who left the enterprise with their employment records still being kept by the enterprises.

Statistical Unit in Construction refers to corporate enterprise engaged in the construction of buildings and structures and in the installation of equipment. A corporate construction enterprise should have qualification certificates with independent accounting system, and should meet the following 3 requirements: a) being set up in line with relevant legal basis, having its full name, organization and location, and capable of taking civil liabilities; b) independently possessing and using its assets and assuming its liabilities, and entitled to sign contracts with other institutions; and c) making independent accounts of its profits and losses, and capable of compiling its own balance sheet.

Gross Output Value of Construction refers to total of construction products and services, expressed in money terms, produced or rendered by construction and installation enterprises during a given period of time. It includes:

(1) Output value of construction projects, that is the value of projects covered by the project budgets;

(2) Output value of installation projects, that is the value of the installation of equipment, (excluding the value of the equipment to be installed);

(3) Output value of others, that is the output value of construction industry excluding that of construction projects and installation

projects. It includes: output value of repair of buildings and structures; output value of non-standard equipment manufacturing; overhead expenses received by contracted enterprises to the sub-contracted enterprises and the completed output value of construction activities that have no clear definition.

a. Output value of repair of buildings and structures, that is the value created through the repairs of buildings or structures, but does not include the value of buildings or structures being repaired and the value of the repair of production equipment;

b. Output value of manufactured non-standard equipment, that is the value of non-standard production equipment including raw materials and manufacturing cost made for the construction project (i.e., chemical plant; kettles or tanks used by refineries; various fillers, triangle tanks, valves used by mines), and the output value of equipment manufactured by subsidiary workshops.

Value-added of Construction refers to the final result of the activities of production and management of construction industry in monetary terms in the reference period.

Floor Space of Buildings Under Construction refers to floor space of buildings under construction during the reference period, including newly started buildings, buildings started earlier and continued during the reference period, and buildings suspended earlier but restarted during the reference period, buildings completed during the reference period, and buildings under construction and then suspended during the reference period.

Floor Space of Buildings Completed refers to the floor space of buildings that are completed in the reference period in accordance with the requirements of the design, up to the standard for putting them into use, and have been checked and accepted by concerned departments as qualified ones.

Length of Railways in Operation refers to the total length of the trunk line for passenger and freight transportation in full operation or temporary operation.

Length of Highways refers to the actual length of highways at the end of reference period. It covers public roads running vehicles among cities, city and rural areas, township (villages), highways passing through streets at small cities and towns, length of bridges and tunnels, width of ferry piers. It does not include the length of streets in cities, dead end highways, the length of streets built for agricultural (forest) production and inside factories (mines). It can only be calculated with the actual mileage having been completed, checked and accepted or put into operation. If two or more highways go the same section of the way, the length of the section is only calculated for once.

Length of Inland Waterways refers to the actual length of waterways at the end of reference period that are open to navigation for ships and rafts at different water levels in the water areas of the natural rivers, lakes, reservoirs, canals, and ditches. It is calculated according to the actual length of central line of the main channels. If two provinces share one river as the border, the length of waterways will be half divided for each province.

Freight (Passenger) Traffic refers to the weight of freight (number of passenger) transported with various means within a specific period of time. This indicator reflects the service of the transport industry towards the national economy and people s living conditions, as well as an important indicator used in formulating and monitoring transport production plans and research into the scale and pace of transport development. Freight transport is calculated in tons and passenger traffic is calculated in terms of number of persons. Freight transport is calculated in terms of the actual weight of the goods and takes no account of the type of freight and distance of travel. Passenger traffic is calculated by the principle that one person can be counted only once in one trip and takes no account of the travelling distance and ticket price. The passengers who travel with a half price ticket or a child s ticket is also calculated as one person.

Freight Ton-kilometres (Passenger-kilometres) refers to the sum of the product of the volume of transported cargo (passengers) multiplied by the transport distance. It is an important indicator to reflect the achievement of the transportation industry. This is an important indicator to show the total results of the transport industry; to prepare and examine the transport plan; and to serve as the main basic data for calculating the efficiency, labour productivity and unit cost of transport. Normally, the shortest distance between the departure station and the destination station (i.e., the payable distance) is the basis in calculating the freight ton-kilometres. The formula is as follows:

$$\begin{matrix}\text{Freight ton - kilometres} \\ \text{(passenger - kilometres)}\end{matrix} = \sum \begin{matrix}\text{freight} \\ \text{(passenger)traffic}\end{matrix} \times \begin{matrix}\text{distance of} \\ \text{transportation}\end{matrix}$$

Volume of Freight Handled in Coastal Ports above Designated Size refers to the volume of freight handled in coastal ports in the reference period. The volume of freight equals to the volume of cargo passing in and out of the harbour area of the major coastal ports and having been loaded and unloaded, including letters, luggages consigned for shipment, packages and fuels, materials and water supplied for ships. The volume of freight handled may be classified by nature of cargo as freight for domestic trade and freight for foreign trade.

Possession of Civil Transport Vessels refers to the total number at the end of reference period of operating transport vessels owned by Chinese enterprises or privately that are registered in the water transportation management institutions and permitted to perform cargo transport activities (including vessels with foreign flags but owned by Chinese enterprises or citizens). Non-transport vessels and vessels used for agriculture and fishery are not included.

Possession of Civil Motor Vehicles refer to the total numbers of vehicles that are registered and received vehicles license tags according to the Work Standard for Motor Vehicles Registration formulated by the Transport Management Office under the department of public security at the end of the reference period. They are divided into categories. According to the structure of motor vehicles, they are divided into passenger vehicles, trucks and others; according to ownership into private vehicles and vehicles for the unit s use; according to kind of usage into working vehicles and non-working vehicles; and according to size of vehicles into large passenger vehicles, medium-sized passenger vehicles, small passenger vehicles and mini passenger vehicles, heavy trucks, light-heavy trucks, light trucks and mini-trucks.

Business Volume of Post and Telecommunications refers to the total amount of postal and telecommunication services, expressed in value terms, provided by the post and telecommunications departments for society. This indicator reflects the overall results of development of postal and telecommunication services. It can be classificated as postal services and telecommunication services. Business volume of post and telecommunications is the sum of each service in kind multiplying with its correspondent unit price (constant price).

Mobile Telephone Subscribers refer to persons who have gone through registration procedures in the operation points of enterprises engaged in telecommunications and are hence connected with the mobile telephone communication network through the mobile telephone switchboards and occupy mobile phone numbers. Included are various types of subscriber, prepaid users for intelligent network and wireless network card users.

Local Telephone Subscribers refer to all subscribers who have gone through registration procedures in the operation points of enterprises engaged in telecommunications and are hence connected to the local telecommunications service provider through fixed line network. Included are general subscribers, wireless local telephone subscribers, public telephones subscribers, N-ISDN subscribers and intelligent network terminal subscribers.

Urban Telephone Subscribers refer to the number of telephone subscribers, located at the municipalities directly under the Central Government, cities under the jurisdiction of province, cities at prefecture level, downtown and suburb of city at county level town and county towns according to the administrative division, including subscribers in rural mineral area, forest area, military area that are at or above county level.

Rural Telephone Subscribers refer to telephone subscribers, located at the towns and villages outside the coverage of urban areas according to the administrative division.

Household Telephone Subscribers refer to all kinds of subscribers with telephone sets paid privately or installed in the dwelling units of residents, and registered as private subscribers or residence subscribers for payment.

Capacity of Long Distance Telephone Exchanges refers to the rated capacity of telephone exchanges to connect long distance telephone network by enterprises engaged in telecommunications.

Wholesale Trade refers to the activities of selling wholesale commodities for daily use and capital goods to enterprises of wholesale and retail trades (including self-employed individuals) and other enterprises, institutions and government organs and organizations, and the activities of engaging in import and export and acting as a trade agent. The wholesaler may have the ownership of the commodities for wholesale and trade in the name of its own (a company), and the wholesaler can act as commission agent or commodity broker without the ownership of commodities. Also included are the wholesale activities at the fixed stalls in wholesale market and the acquisition for sales purpose.

Retail Trade refers to the activities of department store, supermarket, franchised store, brand store, retail stall and on-the-spot-making-selling store selling commodities to the final consumers (residents) by any means including internet, post, telephone, sales machine. It also includes shops with sales and production localted in the same places (such as bakeries). Retail trade excludes the activities of sales of capital goods such as grain, seed, feed, livestock, mineral products, raw material for production, industrial chemicals, chemical products for agricultural use, machine and equipment (excluding vehicles, computers and communication equipment). Most retailers have the ownership of commodities to sell, but some are acting as agents or brokers to make transactions for a commission.

Purchase, Sales and Stock of Commodities by Wholesale and Retail Trades refer to the total volume of commodities purchased, total volume of sales and exports, and the stock of commodities by wholesale and retail enterprises (establishments) of different status of registration from domestic and overseas markets. This indicator reflects the relationship among purchase, sales and stock of commodities in the circulation of goods and reveals the existing problems.

Total Purchases of Commodities refer to the total value of purchases of commodities by enterprises (establishments) from other establishments or individuals (including direct import from abroad) for the purpose of re-selling, either with or without further processing of the commodities purchased. The commodities include: (1) commodities purchased from agricultural and industrial producer, wholesaler, retailer, publishing house and other service business; (2) commodities purchased from institutions and government departments; (3) confiscated goods purchased from the customs authorities or market management agencies; (4) second-hand goods and wastes purchased from residents; The commodities exclude (1) commodities purchased by enterprises (establishments) for use in their own business operation, commodities obtained without buying or selling procedures such as materials, consumable goods of low value, office appliance. etc. (2) received goods without trading, such as goods handed over from others, borrowed goods, preserved goods for others, donated goods from others, processed and retrieved goods, etc. (3) goods of direct settlement between buyer and seller with handling fees introduced by others, (4) goods returned or refused to pay by the buyer, (5) excessive goods.

Total Sales of Commodities refer to value of commodities sold by the establishments to other establishments and individuals (including goods sold for self consumption, including the value-added tax). The commodities include: (1) commodities sold to urban and rural residents and social groups for their consumption; (2) commodities sold to establishments in all industries for their production and operation, including agriculture, industry, construction, and catering services including commodities sold to wholesale and retail establishments for re-selling, with or without further processing; and (3) commodities for direct export to abroad. Excluded are (1) extended commodities without trading, such as goods handed over to other enterprises and institutions because of the change of organizations, lent goods, returned goods preserved for others, extended processing materials and samples donated to others, (2) goods of direct settlement between buyer and seller with handling fees introduced by others, (3) goods returned after purchase, (4) damaged and spoiled goods, (5) waste and used goods of self use,

Total Stock of Commodities For the legal entities and self-employed individuals engaged in wholesale and retail trade, it refers to total value (including VAT) of commodities possessed at the end of the reference period; and for wholesale and retail establishments, it refers to the value (including VAT) of all commodities actually in stock and owned by their legal persons at the end of reference period. The commodities in stock includes: (1) commodities located in storage, garages, counters, and shelves of operating places of wholesale and retail trades (such as sale stores, wholesale centres, procurement stations and operating offices); (2) commodities in the process of being selected, sorted, and packed; (3) commodities not arrived but recorded as purchase in the account, i.e. commodities not arrived but payment receipts for the commodities from the sellers or the banks arrived; (4) commodities deposited in other places rather than places mentioned above, for instance: commodities in the hold of purchasers temporarily due to the refusal of payment; (5) commodities entrusted to other units to sell but not sold yet; (6) commodities purchased for other units but not delivered yet. Commodities not included as stock are those not owned by the enterprises (units), commodities on commission for processing, imported commodities of agency of foreign trade enterprise but not yet delivered to ordering units and finally those put in stock on behalf of the state reserves units.

Chain Head Stores (headquarter) refer to the core leading stores responsible for development, allocation, administration and utilization of resources (name of stores, brand of stores, operation model, service standard, management way, etc.) of chain stores. Chain stores refers to the stores engaged in providing homogeneous commodities or services, with the central leadership of head store (headquarters) and guided by common policies, conduct centralized purchase and distributed selling of commodities, in order to gain better efficiency through standardized operation. The chain stores include regular chain stores, franchise chain stores and voluntary chain stores.

Regular Chain store refers to chain stores that are invested or controlled by the headquarters. They operate under direct and unified management from the headquarters.

Franchise chain store refers to the chain stores (franchisees) which are franchised with operation resources such as trade marks, names, patent and operation know-how by the franchisors in form of contract and pay the operation fees to the franchisors.

Voluntary chain store refers to the stores operate jointly on the voluntary bases while maintaining their status of independent legal entities with full ownership of their assets. They sell goods of same brand from same channel of resource to the consumers.

Large Commodity Markets with Transaction Value over 100 Million Yuan refers to the commodity markets with an annual transaction at and above 100 million. The commodity market refers to the markets approved and managed by related departments, where there are fixed sites, facilities, managers and administration offices, where there are a certain number of traders to operate for three month and above or all the year, where the commodities including the articles for daily consumption and capital goods and services are traded in a centralized, independent and open way. Such market includes markets of daily goods and market of capital goods, etc.

Total Retail Sales of Consumer Goods refer to the amount obtained by enterprises (units, self-employed individuals) through direct sales of non-production and non-business physical commodity to individuals, social institutions, and revenue from providing catering services. Individuals include rural and urban households, population from abroad, social institutions include government agencies, social organizations, military units, schools, institutions, neighbourhood (village) committees.

Hotel Services refer to the accommodation services provided to visitors. Some units may provide only accommodation while others provide a combination of accommodation, meals, business services and/or recreational facilities. It excludes activities related to the provision of long-term primary residences in facilities such as apartments typically leased on a monthly or annual basis.

Catering Services refer to the activities of providing foods, serving locations and facilities to customers through instant processing, commercial sales and service-type labor.

Business Revenue refers to revenue of hotels and catering services received from providing services or selling commodities through business activities, including income from hotels, from catering services, from selling of commodities (including VAT) and from other services. Income from hotels refers to income of hotels and catering services by providing lodging services through business activities. Income from catering services refers to income from providing catering services, including selling of cooked or prepared foods, such as staple food, cooked dishes, or cold dishes.

Total Imports and Exports at Customs refer to the real value of commodities imported into and exported from the boundary of China. They include the actual imports and exports through foreign trade, imported and exported goods under the processing and assembling trades and materials, supplies and gifts as aid given gratis between governments and by the United Nations and other international organizations, and contributions donated by overseas Chinese, compatriots in Hong Kong and Macao and Chinese with foreign citizenship, leasing commodities owned by tenant at the expiration of leasing period, the imported and exported commodities processed with imported materials, commodities trading in border areas (excluding mutual exchange goods), the imported and exported commodities and articles for public use of the Sino-foreign joint ventures, cooperative enterprises and ventures exclusively with foreign own investment. Also included are import or export of samples and advertising goods for whose CIF or FOB value are beyond the permitted ceiling (excluding goods of no trading or use value and free commodities for export), imported goods sold in China from bonded warehouses and other imported or exported goods. The indicator of the total imports and exports at customs can be used to observe the total size of external trade in a country. In accordance with the stipulation of the Chinese government, imports are calculated at CIF, while exports are calculated at FOB.

Import Export Value by Location of China's Foreign Trade Managing Units refers to actual value of imports and exports carried out by corporations which have been registered by the local customhouse and are vested with right to run import export business.

Import Value of Commodities by the Places of their Destination and Export Value of Commodities by the Places of their Origin in China: The former indicator refers to the value of import commodities of the places of their consumption, utilization or the places of their final destination. The latter indicator refers to the value of export commodities of the places of their origin or the places of the commodities dispatched.

Foreign Direct Investment refers to foreign investment in China through the establishment of foreign invested enterprises, cooperative exploration and development of petroleum resources with domestic investors and the establishment of branch organizations of foreign enterprises. Foreign investment can be made in forms of cash, physical investment, intangible assets and equity, in addition with reinvestment of the foreign enterprises with the profits gained from the investment.

Other Foreign Investment refers to all forms of utilization of foreign capitals other than foreign borrowings and foreign direct investment. It includes the total value of stock shares in foreign currencies issued by enterprises at domestic or foreign stock exchanges, rent payable for the imported equipment through international leasing arrangement, cost of imported equipment, technology and materials provided by foreign counterparts in compensation trade and processing and assembly trade.

Overseas Direct Investment refers to investment made by domestic enterprises and organizations (referred to as domestic investors) in foreign countries and Hong Kong SAR, Macao SAR and Taiwan province in forms of cash, physical investment and intangible assets, and the economic activities centring on operation and management of those enterprises are under the control of domestic investors. The content of overseas direct investment mainly reflects one economic entity by investing in another economic entity to achieve its goal of lasting interest.

Overseas Contracted Projects refer to activities of contracting overseas construction projects by Chinese enterprises or any other units, which are stipulated in the Regulations on Administration of Foreign Contracted Project.

Overseas Labour Services refer to operational activities of organizing labour force to go abroad providing services to foreign enterprises or agencies.

Overseas Visitor Arrivals refer to the number of tourists of foreigners, Chinese compatriots from Hong Kong, Macao and Taiwan who come to China (mainland) within the reference period for sight-seeing, vacation, visiting relatives, medical treatment, shopping, attending conference, or to engage in economic, cultural, sports and religious activities (namely the number of overseas visitor arrivals). In compiling statistics, each arrival is counted as one person-time. The number of overseas visitor arrivals includes inbound overnight tourists and one-day tourists.

Number of Chinese Residents Going Abroad (Chinese Outbound Visitors) refers to the number of Chinese (mainland) residents going to other countries, Hong Kong Special Administrative region, Macao Special Administrative region and Taiwan for on official or private purposes, for sight-seeing, vacation, visiting relatives, medical treatment, shopping, attending conference, or to engage in economic, cultural, sports and religious activities (namely the Chinese outbound visitors). In compiling statistics, each time of leaving is counted as one person-time.

Number of Domestic Tourists refers to the number of Chinese (mainland) residents who travel within China (mainland) for sight-seeing, vacation, visiting relatives, medical treatment, shopping, attending conference, or to engage in economic, cultural, sports and religious activities. In compiling statistics, each time of travelling is counted as one person-time.

Foreign Exchange Earnings from International Tourism refer to the total expenditure of foreigners, overseas Chinese, Chinese compatriots from Hong Kong, Macao and Taiwan during their stay in the mainland of China on transportation, sighting, accommodation, food, shopping and entertainment.

Income from Domestic Tourism refer to expenditure of domestic tourists on transportation, sighting, accommodation, food, shopping and entertainment while they travel.

Star-rated Hotels refer to hotels rated with stars as assessed by the relevant tourism authorities according to GB/T14308-2003 standard with reference to their infrastructure, facilities and service levels.

Government Revenue refers to income for the government finance through participating in the distribution of social products. It is the financial guarantee to ensure government functioning. The government revenue includes the following main items: (1) Various tax revenues including domestic value added tax (VAT), domestic consumption tax, VAT and consumption tax from imports, VAT and consumption tax rebate for exports, business tax, corporate income tax, individual income tax, resource tax, city maintenance and construction tax, house property tax, stamp tax, urban land use tax, land appreciation tax, tax on vehicles and boat operation, ship tonnage tax, vehicle purchase tax, tariffs, farm land occupation tax, deed tax, and tobacco tax, etc. (2) Non-tax revenue, including special program receipts, charge of administrative and institutional units, penalty receipts and others non-tax receipts.

Government Expenditure refers to the distribution and use of the funds which the government finance has raised, so as to meet the needs of economic construction and various undertakings. It includes the following main items: expenditure for general public services, expenditure for foreign affairs, expenditure for national defence expenditure for public security, expenditure for education, expenditure for science and technology, expenditure for culture, sport and media, expenditure for social safety net and employment effort, expenditure for medical and health care, expenditure for environment protection, expenditure for urban and rural community affairs, expenditure for agriculture, forestry and water conservancy, expenditure for transportation, expenditure for affairs of exploration, power and information, expenditure for affairs of commerce and services, expenditure for affairs of financial supervision, expenditure for affairs of land and weather, expenditure for affairs of housing security, expenditure for affairs of management of grain & oil reserves , interest payment for domestic and foreign debts.. Government expenditure is divided into central government expenditure and local government expenditure according to the different functions of the governments played in economic and social activities.

Deposit is a form of credit by which enterprises, institutions, organizations or households can put money into banks and other credit institutions for safekeeping and interest earning under the principle of free withdrawal. According to different depositors, deposits are divided into unit deposits, personal deposits, fiscal deposits, temporary deposits, entrusted deposits and other deposits. Deposits are major sources of the credit funds of banks.

Loan is a form of credit by which banks and other credit institutions provide funds at certain interest rate to enterprises and individuals in the light of the principle of unconditional repayment. Loans from Chinese banks include short-term loan, medium-term and long-term loans, financial lease, bill financing, various money advanced, foreign loans.

Amount Insured refers to the maximum that the insurant will get for the claim of the case insured.

Premium is the fee paid by the insurant to the insurer to obtain the obligation of compensation from the insurance within the agreed terms.

Settled Claim is the compensation paid by the insurer to the insurant in accordance with the insurance contract.

Payment includes payment for death, injury or medical treatment and payment at maturity. Payment for death, injury or medical treatment refers to the money paid to the insurant (or the beneficiary) in accordance with the life or health insurance contract when the insurant encounters accidents within the insured period covered in the contract. Payment at maturity refers to the payment to the insurant in accordance with the life insurance contract at the end of the insured period.

Regular Institutions of Higher Learning refer to educational establishments set up according to the government evaluation and approval procedures, enrolling graduates from senior secondary schools and providing higher education courses and training for senior professionals. They include full-time universities, colleges, high professional schools, high professional vocational schools and others.

Universities and colleges are mainly providing undergraduate courses; those high professional schools and high professional vocational schools are mainly providing professional trainings; and others refer to educational establishments, which are responsible for enrolling students but not covered in the total number of schools, including: branch schools of universities and colleges, and universities and colleges that have been proved and prepared to construct.

Institutions of Higher Learning for Adults refer to educational establishments, set up in line with relevant rules approved by the government, enrolling staff and workers with senior secondary school or equivalent education, and providing higher education courses in many forms of correspondence, spare time, or full time for adults. Professionals thus trained receive a qualification equivalent to graduates studying regular courses at regular universities, colleges and professional colleges. Institutions of higher learning for adults include schools of high education for staff and workers, schools of high education for peasants, colleges for management cadres, pedagogical colleges, independent correspondence colleges, Radio and TV universities and other educational establishments. Other educational establishments are responsible for enrolling adult students but not covered in the number of schools.

Enrollment Rate of Primary School Age Children refers to the proportion of school age children enrolled at schools to the total number of school age children both in and outside schools (including retarded children, but excluding blind, deaf and mute children). The formula is:

Enrollment Rate of Primary School-age Children = (Total Primary School-age Children at Schools)/(Total Primary School age Children Both at and Outside Schools) × 100%

Research and Development (R&D) refers to systematic and creative activities in the field of science and technology aiming at increasing the knowledge and using the knowledge for new application. R&D includes 3 categories of activities: basic research, applied research and experimentation for development. The scale and intensity of R&D are widely used internationally to reflect the strength of S&T and the core competitiveness of a country in the world.

Basic Research refers to empirical or theoretical research aiming at obtaining new knowledge on the fundamental principles regarding phenomena or observable facts to reveal the intrinsic nature and underlying laws and to acquire new discoveries or new theories. Basic research takes no specific or designated application as the aim of the research. Results of basic research are mainly released or disseminated in the form of scientific papers or monographs. This indicator reflects the innovation capacity for original knowledge.

Applied Research refers to creative research aiming at obtaining new knowledge on a specific objective or target. Purpose of the applied research is to identify the possible uses of results from basic research, or to explore new (fundamental) methods or new approaches. Results of applied research are expressed in the form of scientific papers, monographs, fundamental models or invention patents. This indicator reflects the exploration of ways to apply the results of basic research.

Experiments and Development refer to systematic activities aiming at using the knowledge from basic and applied researches or from practical experience to develop new products, materials and equipment, to establish new production process, systems and services, or to make substantial improvement on the existing products, process or services. Results of experiment and development activities are embodied in patents, exclusive technology, and monotype of new products or equipment. In social sciences, experiment and development activities refer to the process of converting the knowledge from basic or applied researches into feasible programmes (including conduct of demonstration projects for assessment and evaluation). There are no experiment and development activities in the science of humanities. This indicator reflects the capability of transferring the results of S&T into technique and products, and measures the realization of S&T in spearheading the economic and social development.

R & D Personnel refer to persons engaged in research, management and supporting activities of R & D, including persons in the project teams, persons engaged in the management of S&T activities of enterprises and supporting staff providing direct service to the research projects. This indicator reflects the size of personnel engaged in R&D activities with independent intellectual property.

Full-time Equivalent of R&D Personnel refers to the sum of the full-time persons and the full-time equivalent of part-time persons converted by workload. For instance, if there are 2 full-time persons and 3 part-time workers (20%, 30% and 70% of working hours respectively on R&D activities), the full-time equivalent are 2+0.2+0.3+0.7=3.2 person-years. This is an internationally comparable indicator of S&T manpower input.

Total Expenditure of Funds on R&D refers to the real expenditure of surveyed units on their own R&D activities (basic research, application study, test and development) including direct expenditure on R&D activities, indirect expenditure of management and services on R&D activities, expenditure on capital construction and material processing by others. Excluding the expenditure on production activities, return of loan, and fees transferred to cooperated and entrusted agencies on R&D activities.

Expenditure of Government Funds on R&D refers to the expenditure of funds on R&D activities from government agencies at different levels, including appropriate funds on science and technology from financial departments, scientific funds, operating expenses from education departments and the real expenditure of extra budgetary funds from government agencies.

Expenditure of Funds of Enterprises on R&D refers to the expenditure of funds on R&D activities from self-raised funds of enterprises and funds from other enterprises through entrustment, and the expenditure of funds of institutions, such as institution of scientific research and universities, from enterprises.

Number of R&D Projects (subjects) refers to the number of R&D projects (subjects) set up and implemented at the reference year, and the number of R&D projects (subjects) set up in former years and under implementation, including the projects (subjects) finished and failed at the reference year, excluding the projects (subjects) implemented by others through entrustment.

Full-time Equivalent of R&D Personnel refers to the full-time equivalent of persons actually engaged in R&D projects. (subjects)

Expenditure of Funds on R&D Projects (subjects) refers to the real expenditure of internal funds of the surveyed units on research and test of R&D projects (subjects) at the reference year, including service fee, other daily expenditure, cost for capital goods, cost of external process; excluding expenditure of funds transferred to other cooperated and entrusted units of the projects.

Output Value of New Products refers to the output value of new products during the reference period. The new products refer to brand new products produced with new technology and new design, or product that represent noticeable improvement in terms of structure, material, or production process for improving significantly the character of function of the older versions. The output value and sales income of the new products include those of new products certified by relevant government agencies within the period of certification, as well as new products designed and produced by enterprises within a year without certification by government agencies.

Sales Income of New Products refers to the real sales income of new products of the enterprises at the reference period.

Patent is an abbreviation for the patent right and refers to the exclusive right of ownership by the inventors or designers for the creation or inventions, given from the patent offices after due process of assessment and approval in accordance with the Patent Law. Patents are granted for inventions, utility models and designs. This indicator reflects the achievements of S&T and design with independent intellectual property.

Patented Inventions refer to new technical proposals to the products or methods or their modifications. This is universal core indicator reflecting the technologies with independent intellectual property.

Patented Utility Models refer to the practical and new technical proposals on the shape and structure of the product or the combination of both. This indicator reflects the condition of technological results with certain technical content.

Designs refer to the aesthetics and industrially applicable new designs for the shape, pattern and colour of the product, or their combinations. This indicator reflects the appearance design achievements with independent intellectual property.

Professional and Technical Personnel refer to persons engaged in professional and technical work or in the management of professional and technical activities, i.e., people with professional or technical positions who are engaged in professional and technical work or in the management of professional and technical activities, and people without professional or technical positions but are working on professional or technical posts. They include professionals and technicians working in 17 categories of technical occupations including engineering, agriculture, scientific researches, medical service, teaching, economic research and application, accounting, statistics, translation, libraries, archives, cultural and museum service, journalism and publication, lawyers, notarization service, radio and television broadcasting, handicraft and fine arts, sports, performing art, and political workers in enterprises. This indicator reflects the condition of human resources in S&T.

Arts Performance Troupes refer to the various professional performing arts groups, which sponsored by the cultural sectors or guided by the cultural society (approved by the cultural market administration, or registered and permitted with the relative certificate), including non-governmental troupes. The mass amateur arts performance troupes are not included.

Arts Performance Places refer to the various sites for cultural activities, which sponsored by the cultural sectors or guided by the cultural society (approved by the cultural market administration, or registered and permitted with the relative certificate), with the facility of auditorium, stage and lighting, and selling tickets in public.

Cultural Market Operating Units refer to the units dealing in culture and cultural services, which registered and permitted with the relative certificate by cultural market administration.

Radio Coverage of Population refers to the percentage of population, which can receive central, provincial, city, prefecture, and county radio programs relayed by wireless, cable, satellite and other technical means, in the surveying area, to national total population, according to Statistical Standard and Method on Television and Radio Coverage of Population established by the State Administration of Broadcasting, Film and Television.

Television Coverage of Population refers to the percentage of population, which can receive central, provincial, city, prefecture, and county television programs relayed by wireless, cable, satellite and other technical means, in the surveying area, to national total population, according to Statistical Standard and Method on Television and Radio Coverage of Population established by the State Administration of Broadcasting, Film and Television.

Cable Radio and Television Coverage of Households refers to the percentage of households, which can watch television by cable of radio and television network, to national total households.

Certified Grade Athletes refer to those who are awarded the title of athletes through assessment. The titles rank from high to low as: international level athletes, national level athletes, first grade athletes, second grade athletes and third grade athletes.

Certified Grade Coaches refer to those who are awarded the title of grade coaches through assessment. The titles rank from high to low as: national level coaches, senior grade coaches, medium grade coaches and junior grade coaches.

Medical and Health Care Institutions refer to the units which have been qualified the Certification of Health Care Institution, certification of family planning technical service by the administration of public health, or qualified the Certification of Corporate Unit by the civil affairs, administration for industry and commerce, commission office for public sector reform, and engaging in medical care, disease prevention and control, health supervision and inspection, medicine research and on-job training, etc., including: hospitals, health care institutions at grass-root level, specialized public health institutions, and other medical and health care institutions.

Hospitals include general hospitals, hospitals specialized in traditional Chinese medicine, hospitals of integrated traditional Chinese and western medicine, ethnic hospitals, specialized hospitals and nursing hospitals, excluding specialized disease prevention and treatment institutes, maternal and child health care hospitals and convalescent hospitals.

Health Care Institutions at Grass-root Level include community health service centers, community health service stations, urban health centers, township health centers, village clinics, outpatient departments and clinics (health centers).

Specialized Public Health Institutions include centers for disease control and prevention, specialized disease prevention and treatment institutions, women and children care agencies(including women and children health care family planning service center), health education institutions, first aid centers, blood gathering and supplying institutions, health supervision and inspection agencies, and family planning technical service centers that obtained the Certification of Health Care Institution or certification of family planning technical service centers.

Other Medical and Health Care Institutions include sanatoriums, clinical laboratory centers, medicinal scientific research institutions, on-job training institutions, medical examination centers, rural water improvement centers, talent exchange centers, and statistical information centers, etc.

Health Care Employees refer to all employees engaged in the health care institutions, such as hospitals, health care institutions at grass-root level, specialized public health institutions, and other medical and health care institutions, including medical technical personnel, village doctors and assistants, other technical personnel, managerial and service staff. The data is based on the year end payroll, including personnel hired (including contract labor) and re-employed after retirement by the institution for over half a year and excluding temporary workers, retired personnel, resigned personnel, personnel who have left the institution but kept the contract relation and personnel who are re-employed after retirement or temporarily employed for less than half a year.

Medical Technical Personnel refer to the professional staff engaged in health care, including licensed doctors, licensed assistant doctors, registered nurses, pharmacists, laboratory technicians, imaging staff, health care supervisors and intern doctors, pharmacists, nurses, and technical personnel, excluding the medical technical personnel engaged in managerial job (e.g. president, vice president and secretary of the party committee etc).

Licensed Doctors refer to the medical workers who have obtained the licenses of qualified doctors and are employed in medical treatment, disease prevention or healthcare institutions, excluding the licensed doctors engaged in management job. The licensed doctors are divided into 4 categories: clinician, Chinese medicine physicians, dentist and public health physicians.

Licensed Assistant Doctors refer to the medical workers who have obtained the licenses of qualified assistant doctors and are employed in medical treatment, disease prevention or healthcare institutions, excluding the licensed assistant doctors engaged in management job. The classification of licensed assistant doctors is clinician, Chinese medicine, dentist and public health.

Social Welfare Enterprises refers to those welfare-oriented enterprises employing a significant number of handicapped people with certain labour ability (handicapped employees shall exceed 10% of the production staff), including welfare factories, artificial limb plants as well as other welfare enterprises.

Number of Urban Residents Entitled to Minimum Living Allowances refers to the number of those whose average family income is below a minimum local standard by the end of the reporting period, including both the employed and unemployed, laid off and retired, and those jobless people without stable residence or valid IDs.

Number of Rural Residents Entitled to Minimum Living Allowances refers to the number of those receiving the minimum living allowances from the local government or community in the rural areas where this allowances system is in place as of the end of the reference period.

Households Enjoying Five Guarantees refers to those senior citizens, handicapped or under-aged who, without labour ability, can not make a living by themselves and whose statutory providers are unable to support them or who have no statutory providers at all.

Number of Recipients of Traditional Relief refers to special personnel receiving support from civil affair department according to national regulations and personnel who resigned because of the streamlining in the 1960s. Special personnel include traditional recipients of civil affair support, such as lepers, insurrectionists and surrenders of former KMT, returned overseas Chinese, Taiwan compatriots, personnel pardoned and released early from prisons, personnel removed of the label rightist*f*, educated youth suffered from work injuries in the Down to the Countryside Movement*f* and personnel who have lost their work capacity due to family planning surgeries.

Number of Service Institutions in Communitiess refers to the total number of community service guidance centers, community service centers, community service stations and other community service institutions at the end of the reporting period. These institutions offer home keeping and elderly care services for the elderly and other families, like commodity delivery, health care, cleaning, adult day care, companion and others. They include comprehensive service institutions, such as party member activity rooms, employment security network, community health care stations, entertainment rooms, libraries, Benevolence Supermarkets*f*, community donation stations, guard stations, senior activity rooms, cultural activity centers for juveniles and others.

Lawyerss are certified legal workers according to law, and who are employed by legal counseling firms to act as legal advisers, agents in criminal or civil lawsuits, or defenders in criminal lawsuits, or to handle non-litigious legal affairs, to advise on matters of law or to write legal papers for others, and provide service to the public.

Notary Personnels refers to people working for notary offices including: directors, deputy director, notaries, assistant notaries, and other people providing assistance.

Notary Documentss refer to the judicatory notary documents drawn up by the request of the party and are in accordance with facts and laws and following certain legal proceedings. According to usage and locality, the notary documents are divided into following 4 types: domestic notary documents, domestic economic notary documents, foreign-related civil notary documents and foreign-related economic notary documents.